政治廣告
——理論與實務

鈕則勳◎著

從新聞聚焦到貼近民衆

倘從新聞的觀點來看廣告，似乎除了政治廣告之外，較少有廣告能夠成爲新聞經常之焦點；比如政黨及候選人在刊播新的競選廣告時，都會以記者會的形式擺出大陣仗希望搶攻媒體版面，而通常亦多能如願。又如利益團體在宣傳理念或進行遊行時，宣傳廣告之搭配進行，也能夠成爲媒體焦點，作爲強化活動主訴求之能量。也就因爲政治廣告有這樣的屬性、能夠成爲新聞焦點，所以確實有深入討論之必要。

我的同事鈕則勳博士花了兩年的時間撰寫這本《政治廣告——理論與實務》是很値得肯定的，因爲在我的印象中，這本書應該是第一本將所有包含政治訊息的廣告納入討論的教科書；鈕博士有政治及廣告傳播之專業背景，他以各類廣告傳播之原理、原則爲「經」，將相關政治之概念、理論爲「緯」，同時結合實務觀點來綜合討論，這應該也可說是一項披荊斬棘的工作吧！除此之外，我還覺得本書有幾個特點。

首先，這是一本教育民衆如何監督政府的書。在書中的章節中多有提到政府相關之廣告宣傳策略要以民衆需求爲依據；相對的，民衆或其所參加的利益團體亦應透過各式管道勇於表達其需求，讓政府正視，以形成對等之溝通互動關係。是以從相互溝通中，民衆亦可從其中檢視政府之相關作爲，進一步地促使政府要落實對民衆需求之滿足。

其次，這是一本建議政府如何節省資源、強化施政的書。綜觀現今的各式政府廣告，有些廣告訊息不是陳義過高、就是自說自話，讓民衆不知道其所要表達的意義爲何，更遑論要民衆去支持政府政策或肯定政府之形象、作爲；而本書中提出了非常多的政府廣告製播的策略，皆可作為政府在製播相關廣告訊息之基礎，更能夠讓其將成本資源花在刀口上。

最後，這也是一本提醒政治行為者如何更貼近民意的書。不論是政府還是政黨，政治廣告之目的應是透過它能縮短民眾與政治行為者之距離，同時透過它來儘可能使眞理愈辯愈明；政治行為者不應將政治廣告當作統治工具，而應將其當作貼近民意的法寶。

民主時代中，政治廣告占有一定之份量，即使它經常是新聞聚焦的熱點，但這應該不是重點；透過政治廣告來貼近民意、滿足民眾需求、闡述政治行為者之作為，才是眞正重要而可貴的。政治實務工作者應以此為基準，也唯有如此，「民眾」才眞正可能成為「頭家」。

中國文化大學新聞暨傳播學院院長

沈慧聲

美味牛肉與鬆軟麵包

一九八二年間，溫蒂漢堡向麥當勞宣戰。溫蒂漢堡在電視廣告影片中安排了三個老太太，對著麥當勞的大漢堡猛展開數落，三人前前後後、掀起漢堡包、東張西瞧，先是讚嘆「好大、好鬆軟的麵包」，然後對著一丁點兒的肉餡，異口同聲地重複質疑：「牛肉在哪裡？牛肉在哪裡？牛肉在哪裡？」（Where is the beef? Where is the beef?），意指麥當勞漢堡的牛肉餡不如溫蒂漢堡紮實，只是混著洋蔥、洋芋的牛肉餅。這一句"Where is the beef?"居然成了當時的流行語，並成爲當年雷根總統的競選文宣主軸。這是廣告與政治的第三類接觸！從此之後，「牛肉」竟成爲競選期間政治人物口中「政見」之代名詞。

國父孫中山先生在民權主義第一講中將政治這個名詞下了一個定義：「政就是眾人的事，治就是管理，管理眾人的事便是政治。」所以眞正民主的社會政治應該是以民意爲依歸的社會，而民意的形成有賴充分資訊的彙集且透過便利的管道完整地告知全體公民。過去，或因掌權者刻意隱瞞、或因時空阻隔、或因傳播管道受少數人操控，人民作爲「國家的主人」並沒有享受「被充分告知」的權利；而今，由於電信電腦網路的崛起，網路使用者可以超越過主流媒體的過濾、突破時空的限制，直接取得各類資訊，這同時也意味著透過這樣的程序，「民主社會」應是可以達成的目標。

廣告也是自由競爭的經濟制度之下的產物，「廣告，是指在傳播訊息（不論電波、印刷或其他訊息）中，明示廣告主，根據廣告主所擬定之對象，或選擇非特定多數人爲對象，以形成有利態度、或引起行動爲意圖，爲達成廣告目的而由廣告主支付費用，就商品、服務、觀念、創意、人物、政黨或機構等所做的非人員式情報傳播活動。這種非人員式的傳播，往往會藉由大眾傳播媒體，或其他各種可資運用的廣告媒體來傳送訊息。廣告目的在於遂行企業目標，滿足消費者、利用者或支持民眾需求，並且增進或擴展社會及經濟福祉。」

廣告的範圍早就超越了商品與服務，舉凡一個觀念、創意、人物、事件、議題、政黨、機構、活動，甚至於國家，都可以運用廣告來進行行銷傳播。

廣告與政治都是以民眾爲對象，都必須以民眾的意願作爲依歸，都必須以民眾的需求作爲基礎，都必須以增進民眾福祉作爲目標。如果將「政治」比喻爲美味牛肉的話，「廣告」就像是鬆軟麵包。

我的摯友與同事鈕則勳兄，花了一年多的時間，將美味牛肉與鬆軟麵包巧妙地結合，調製出可口誘人的完美漢堡：《政治廣告——理論與實務》，終於出爐了！內容完整、條理分明，對於政治廣告關心或興趣的人士而言，您千萬無法錯過這麼完美的餐點！就請搶鮮品嚐吧！

中國文化大學廣告系系主任

羅文坤

政治廣告，其用也大

廣告行銷學是一門讓人聰明務實之學。

因爲它是一門研究人類消費動機行爲的學問，消費行爲和生產行爲構成人類行爲之主要部分。其中消費行爲更是人性的自然需求，人從消費中滿足需求、實現自我。

因此，廣告行銷學也可以說是一門研究讓人如何「滿足需求、實現自我」的學問。

但廣告行銷只是工具，不是目的。它是協助，不是主體。

任何主體加上廣告行銷的協助，大都有助於其目的之達成。

不只商品需要廣告的推銷，一切需要對象接受的事物，包括：宗教、思想、禮俗、愛情等，廣告知識都有意想不到的用處。

善用廣告知識，會讓你更能瞭解對象、掌握狀況，採取適當有效的說服行動。而讓你的說服對象深覺選擇你更能「滿足需求、實現自我」。

當然，政治這種需要大量受眾的產品，廣告之用，也不例外。

有人說：「美國總統是電視（廣告）選出來的。」一般來說，愈民主的社會，愈懂廣告的政黨，愈容易成爲執政黨。

最近（二〇〇五年九月）日本首相小泉純一郎因不滿派閥與金權政治的阻擾，斷然解散國會，重新舉行眾議院大選。大幅提名新人挑戰政壇老將，大獲全勝，不僅取得國會絕對過半數的執政優勢，並且將小泉個人政治聲勢再次推向高峰。小泉大勝，跌破眼鏡。事實上，小泉是擅用政治廣告知識的高手。他切中日本選民厭惡守舊、渴望改革的主流民意與核心價值。利用「郵政民營化」的改革牌作爲主訴求，主導選戰議題，讓對手落入反改革的泥淖，大幅提名各行各業清新知名人士，「對照」政壇老將之守舊顢頇。在在都看出小泉善用廣告行銷之妙用。

由此例可知，過去的「從馬上得天下」，要改爲「從廣告得天下」的時代了。這個現象，値得政界人士和政治學者好好深思。

鈕則勳博士是一位傑出的政治廣告學者，他不僅任教於文化大學廣告系，並將所學運用於實際政治與選舉事務中，屢獲佳績。他的每部著作，我都仔細研讀；學院派所缺乏的體驗知識和實務派所缺乏的系統知識，他卻能巧妙地結合。讀來淋漓盡致，獲益匪淺。

政治廣告，其用也大。可以興國，亦可禍國。如何取其善、避其害，惟有更多人瞭解其妙用，形成開放的競爭，避免爲少數人所獨占，而以「政治是高明的騙術」手段，操弄民粹，禍國殃民。

由此觀之，鈕博士大作，也算是一本善書。

戰國策國際顧問公司總經理

吳春城

廣告，把政治變有趣了

這本書寫了兩年終於完成了。自擔任教職以來，總希望能夠寫一本結合理論與實務，配合自己的研究專長，同時將國內含有政治訊息的各式廣告作一綜合歸納與整理的政治廣告教科書；一方面希望能夠藉以提高政治廣告被重視的程度，另一方面則希望國內政治廣告能夠在既有的基礎上製作的更有策略及章法，同時能進一步達到預期之效果。畢竟我國於民主化之後，政治廣告已成爲了政府機構、政黨、候選人及利益團體與民眾溝通的最基本工具，透過廣告宣傳不僅能讓民眾瞭解前述相關行爲者的理念及作爲，同時也可讓民眾瞭解相關行爲者對民眾的關心及用心；是以，本書的內容也是以政府廣告、競選廣告、政黨廣告及利益團體廣告爲中心。

細部來說，在政府廣告的討論中，其焦點置於形象塑造、政策行銷、公益及國際宣傳各種廣告；在競選廣告的討論中，本書依據廣告訊息的正面或負面，將其歸納爲正面廣告、負面攻擊廣告及正負面訊息皆有的攻守兼具、反制消毒及告急催票廣告。在政黨及利益團體廣告的討論中，亦會將政黨及利益團體之宣傳思考作清楚之交代。此外，廣告的基礎策略及相關理論、現今可能的傳播管道及在整合行銷傳播時代中政治廣告的未來趨勢與可能遭遇的問題，本書皆有頗多之著墨。而從其中的論述之中，讀者也可清楚地發現，由於廣告在政治活動中的展現，原本冷冰冰或很嚴肅的「政治」也漸漸變的比較輕鬆、有趣了。政治廣告不僅能成爲茶於飯後的話題，也可能和流行文化相結合，相互烘托。

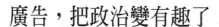

本書的完成首先要感謝政大政治系陳義彥教授及政大新聞系彭芸教授，兩位教授是筆者博士論文指導教授，也因爲兩位恩師之啓發與不斷的提攜，使筆者能持續進行有關政治傳播及廣告方面之研究。政

大廣告系鄭自隆教授亦給予筆者許多有關廣告研究的寶貴建議，更開闊了筆者在該領域的研究視野；中國文化大學新聞暨傳播學院院長沈慧聲教授與廣告系主任羅文坤教授於百忙中爲本書作序，如此恩澤更激勵了筆者要以更好的研究品質爲這塊研究領域進行更深刻的貢獻。戰國策國際顧問公司吳總經理春城以權威實務者的角度切入爲本書作序，吳總經理與夫人實踐大學張美慧教授於平日針對相關議題對筆者之提點，亦爲本書注入理論與實務兼顧的源頭活水。

此外，爲了更豐富本書的內容及閱讀性，是以在其中亦將相關的廣告圖片納入編排，這是一項頗複雜的工作；衷心感謝願意免費提供廣告圖片使用授權的政府機關及政黨，包括中國國民黨、民主進步黨、台北市政府、台北縣政府、內政部、經濟部、法務部、行政院勞工委員會、行政院環境保護署、內政部家庭暴力及性侵害防治委員會、內政部警政署刑事警察局、國防部總政戰局、經濟部國際貿易局、交通部觀光局、衛生署疾病管制局、衛生署國民健康局等，此舉不但能使讀者透過廣告圖片更容易瞭解書中之內容外，也能夠使相關單位之廣告宣傳作業展現更大的可能宣傳空間。惟行政院新聞局一些頗值得作爲本書教材加以宣傳的廣告佳作，卻因爲該局相關授權法規之條件限制，幾經溝通無法達成共識，故相關廣告無法一併展現給讀者，實屬可惜。

再次感謝揚智文化團隊的工作同仁，有他們細心的規劃經營，本書才能以最快的時間與大家見面；最後還是要感謝家人在這段過程中的鼓勵與支持，讓我產生全力衝刺的最大動能，謹以本書獻給我最敬愛的父母親大人。

目錄

第一篇　緒論

本篇筆者擬先針對與本書有關之大概念進行敘述及說明。首先，第一章將針對政治、廣告、政治廣告等名詞進行界定，討論政治廣告與政治行銷間之關係，進而敘述台灣的政治廣告。第二章則欲針對廣告之基本策略及企劃進行一般性的說明，以使後面章節相關廣告策略的討論能夠有所基礎。

chapter 1

第一章　廣告與政治

- 何謂政治廣告
- 政治行銷與政治廣告
- 政治廣告在台灣
- 本書的篇章架構安排

第一節 何謂政治廣告

以下茲將何謂政治、何謂廣告及政治廣告概述分別介紹如下：

何謂政治

到底何謂「政治」？最常聽人說到「政治是管理眾人之事」，但到底什麼是「眾人之事」，總是非常複雜且難以理解，更難以用一「放諸四海皆準」的定義來規範它。即使如此，一般人對政治仍有一些概念：如政府絕對就是政治的概念、政黨取得政權是政治、政府推行政策是政治、候選人競選也是政治、政黨形象塑造以求獲取選民的愛戴也是政治，而選民去投票支持某政黨或候選人當然也屬政治的範疇。

然而政治之範圍並不只限於有關政府、政策、政黨或選舉事務，其實它充滿在我們的日常生活中，甚至我們在交談或討論時皆可能用到「政治」這個字眼也是在進行類似政治的活動；如「某某人之所以會被升爲公司經理，不是因爲他能力強，而是因爲他會搞政治」，又如校長可能會說：「某些政治人物正在干預高等教育」，或者是在公司中或班級中都會有許多一小團的團體，而這些團體彼此有時候會看不太順眼，還有透過投票決定我們要去哪家餐廳用餐，甚至你和朋友在討論相關政治事務時，還有可能會拳腳相向。其實這些都是涉及政治或和政治有關的事務，也就是所謂「眾人之事」；總之，我們的生活中充滿了政治，可說是「生活政治化」，也可說我們過的是一種「政治生活」。

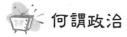

從類似的看法中約略可知一些和政治或政治生活有關的特色。首先，它有所謂「團體」的特性：亦即人在社會中不可能離群索居，其

和團體總是脫不了關係；最簡單的，男人和女人就是團體的概念，依照種族與生活習慣又可區分爲不同團體，依照共同利益價值也可組成團體，就連公司高層職務出缺也會自然形成不同團體支持特定人選。其次，它涉及利益分配之問題：因爲資源有其「稀少性」，有利於甲團體就可能不利乙團體，所以很明顯地，各團體或個人爲了想分配較多的資源，都會進行一些相關的動作，以保全或擴大利益及價值。再者，「衝突」可能無法避免：因爲有不同的團體，又要分配有限稀少的資源，「衝突」的潛在因子可能早已埋下。此外，政治範圍廣泛，政治不僅在政府內部運作，也存在於民間團體和日常生活中。另外，「強制與權威」亦是特色之一；如政府會對民眾行使權力，民眾無法挑戰其權威。最後，政治似乎都是意味自私地奪取私人而非增進公共利益；所以許多人會在被問到「政治是什麼」的問題時，所回答的答案可能都是如「骯髒下流」、「利益交換」、「作秀」等較具負面評價的用語。

有關政治的定義，可引用下列學者的說法，來進一步加以說明。Lasswell（1963: 13）認爲政治現象即人際關係中的權力現象，國際政治古典現實主義者Morgenthau（1978: 30）認爲政治即是權力鬥爭；Easton（1965）認爲政治是「權威性的價值分配」，因爲社會中有許多人都想獲得的價值（如財富、權力），政治權威的需要就是爲了處理和解決此不均資源的分配問題。另外，Ranny（1991: 2）則指出政治是制定政府政策的過程；Friedrich（1963: 423）認爲政治的基本功能就是要解決紛爭；Heywood（1997: 1）則認爲從最寬廣的角度來看，政治是人們透過制定、維繫及修正其生活一般規定的活動，其難免和衝突與合作有關聯。周育仁（2002：9）指出政治是個人或團體透過影響政府權威性分配，以極大化自身利益的一個過程。

基於以上討論，大致可以瞭解「政治」的基本概念與邏輯，不論喜歡或不喜歡，每個民眾的生活皆和政治息息相關；特別是在現今民主政治時代，政府與民眾之距離可謂愈來愈近，政府要傾聽民意來施政，民意可以透過不同的管道來讓主政者瞭解其眞正的需求，雙向互動的概念儼然形成。政府很清楚地瞭解，做得不好選民就會以選票來將它拉下台，選民亦很清楚他有影響政府的能力；是以，雙方都要在新時代中更加增進對彼此的瞭解，也因而使「政治溝通」在民主社會中日益重要。而廣告作爲一種相互溝通的方式，藉以傳遞訊息使對方瞭解，也就有其値得討論的基礎。

何謂廣告

每一天廣告都與我們的生活息息相關，早晨看報紙會看到報紙廣告，出門坐捷運或等公車也會看到車體、內廂及燈廂廣告，上網會看到網路廣告，中午用餐走在街上會看到大樓外牆廣告、大看板廣告還有電腦顯示板LED廣告，下午休息時間聽廣播節目也會聽到廣播廣告，晚上回家看電視則會有更多的電視廣告。我們的生活與廣告脫不了關係，廣告中所傳遞的大量資訊或多或少對我們的生活也造成了影響；而近來網路廣告普及，讓我們進入了網路科技時代，新產品研發的資訊透過廣告傳輸，讓我們瞭解便利的生活近在咫尺，它甚至可以決定你要吃什麼、穿什麼、用什麼，甚至可能決定你要支持哪位候選人或政黨。

根據美國行銷協會（American Marketing Association, AMA）的定義：「廣告是由特定而明示的廣告主，將其創意、商品、勞務等銷售，以付費的方式所作的非人際傳播」[1]。蕭富峯（1994：36）認爲廣告就是溝通訊息，目的是要去說服、去影響目標視聽衆；進一步說，廣告就是廣告主以付費的方式，透過適當的媒體，針對特定的對象傳遞經過設計的訊息，以期達到特定的廣告目的，並有助於整體行銷的運作。黃俊英（2004：342）認爲廣告是指由一明確的贊助者經由付費的各種媒體所做的一種非人員溝通；在各種推廣工具中，廣告是相當重要的一種，因爲廣告的傳播媒體非常廣泛。許安琪、樊志育

（2002：3）則表示廣告者係訊息中所明示的廣告主，將商品、勞務或特定的觀念，爲了使其對廣告主採取有利的行爲，所做的非個人付費的傳播。

劉美琪、許安琪、漆梅君等（2000：4-6）則從心理、行銷、經濟、傳播四面向來探究廣告的定義，同時將許多學者的定義做了統整；以心理學面向來說，他們指出學者A. J. Brewster偏重於心理效果的定義，即「廣告是銷售的宣傳，按照一定的計畫進行，使一般人依廣告人的意向去思考或行動」。以行銷來說，劉美琪等則指出美國經營學者Paul H. Nystrom的定義「廣告是對於所有顧客予以滿足的事情」；同時也說明日本學者小林太三郎教授「廣告目的與行銷的目的皆然，在於滿足消費者或使用者，即滿足訴求對象的需求」的論述。以經濟學來說，廣告人Otto Kleppner於一九九三年，其所著之*Kleppner's Advertising Procedure*一書開宗明義地指出廣告屬於經濟活動的一環，認爲「廣告是構成人類經濟體系不可或缺的部分，並直接與製造商、供應商、行銷和商品勞務之銷售產生關聯。日本栗屋義純教授也強調廣告的經濟學觀點，其著作《廣告戰略》一書中載明「廣告是企業爲了達到經濟目的所使用的手段，與商品的大量銷售結合，意即爲大量推銷商品或服務所實施有計畫的商業活動」。W. D. Moriaty更言簡意賅的闡明「廣告是獲得市場的一種手段」。最後，以傳播學角度來看，S. Watson Dunn和A. M. Barban於一九七四年定義廣告爲「由企業、非營利團體、或個人所付費，經由各種媒體的非親身傳播，以某種方法在廣告訊息中識別出廣告主。廣告主利用其告知或說服特定的視聽眾」；學者Neil H. Borden也以「廣告是一種說服性傳播」，強調廣告的傳播定義。

從以上各種對廣告的定義來看，許安琪、樊志育（2002：3）歸納出了一些廣告的特色：(1)廣告要特定而明示廣告主；(2)廣告以商品、勞務、創意爲內容；(3)非人際傳播；(4)廣告是付費的。榮泰生（2000：7）也認爲在廣告的標準定義中，它有六個構面：(1)廣告是付費的溝通形式（paid form of communication），雖然廣告的有些形式，例如，公共服務（public service），會使用免費的媒體空間及時間；(2)廣告具有可認明的廣告主（identifiable sponsor）；(3)廣告的目的在於說服或影響（persuade or influence）消費者去從事某些事情（但有時候廣告訊息只是在使消費者瞭解某種產品或某個公司）；(4)廣告訊息是透過各式各樣的大眾媒體（mass media）來傳遞；(5)廣告是要接觸到廣大的目標閱聽人或潛在消費者；(6)廣告是非個人化的（non-personal），因爲廣告是大眾傳播的一種形式。

至於廣告有何功能？許安琪、樊志育（2002：4-6）認爲其有如下之功能：(1)行銷上的功能：如確認及識別產品、傳達有關產品訊息、增加對產品的使用等；(2)傳播上的功能：廣告可以以目標群眾、地點、媒體或目的來區分；(3)教育上的功能：廣告可提供免費的知識，不論是生活、科技或人文；(4)經濟上的功能：較大規模的廣告活動常可能使製造者以大量、低價、標準的品質來生產消費者所需的產品；(5)社會促進的功能：廣告可使大眾生活增加娛樂性、話題性和多樣性。李孟麗、徐村和（1999：12-13）指出其具有：(1)資訊功能：其傳遞產品特色、功能、價格等給消費者；(2)說服功能：其試圖說服消費者購買廣告商的品牌；(3)提醒功能：其常提醒顧客本身所需的產品。

由上可知，廣告在現今社會中有其存在之必要性，透過廣告中的資訊讓消費者或民眾可以瞭解到相當多的事務，其可以依據資訊去做其認爲適當的選擇，在商業市場中是如此，在政治市場中亦然。同時以廣告的發展配合社會的變遷來看，廣告的範圍也日益擴大，政治市場中對廣告的使用似乎也如商業廣告般頻繁，各種類型及表現方式亦充滿了多樣性，是以接下來我們就將焦點放在政治廣告上，進行更細部之研究。

政治廣告概述

前面有提到取得政權是政治，推行政策是政治，獲取選民好感或愛戴是政治，團體要取得相關資源也是政治；那要怎麼樣才能讓這樣的結果變得較可能、或比較快達到呢？其中一種很簡單的方法就是在達到此目標的過程中透過一些方式來加速其運作，而透過廣告來進行宣傳，就是能夠儘快達成目標或是較容易達成目標的方式。而這種廣告其中所傳遞的訊息就必定有些「政治味」，所以我們就將他稱作「政治廣告」；至此，我們大致可瞭解政府會要做廣告，因爲他們要讓民眾喜歡他們，政黨要做廣告，因爲他們想贏得選舉取得政權，候選人要做廣告，因爲他們想當選，利益團體也會作廣告，因爲他們要宣傳理念使政府制定相關政策。接下來，筆者就針對「政治廣告」來做些定義的說明。

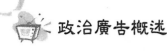

政治廣告在台灣算是一門十分新穎的研究課題，但是實際上政治廣告（political advertisement）的行爲出現的時間甚早。美國建國不久之後，於一七九六年亞當斯與傑佛遜相互競選時，亞當斯便已經開始使用傳單來影響人們對於傑佛遜的看法，甚至在傳單上更是抨擊、攻訐傑佛遜，將傑佛遜描繪成爲一位無神論者，而亞當斯同時也被攻擊爲一位支持君主政治而反對民主政治的候選人[2]。綜觀上述歷史政治廣告的歷史竟然有如此的久遠，而到底何謂政治廣告呢？根據美國政治廣告大師Kaid（1986）曾經替政治廣告下了一個定義如下：「在一般狀況之下是由一個候選人或政黨買下或選擇各類『機會』，透過大眾媒介將想要或企圖影響選民『認知、態度，以及行爲之政治訊息』傳遞及播送出去，因此政治廣告又可被視爲一種傳播之過程。」在另一方面，Denton和Woodward（1985）認爲政治廣告有七大功能：(1)建立名字的認識；(2)使選民對候選人產生興趣；(3)認別主要政見並建構公眾辯論的問題；(4)展現候選人的才華；(5)提供支持候選人的

動力；(6)刺激民眾參與；(7)提供娛樂[3]。根據上述的學者說法，似乎將政治廣告都聚焦在競選廣告上；的確如此，一般來說美國的政治廣告就是競選廣告，兩者劃上等號，至於政令宣導的廣告（如預備軍官團徵兵、公債發行等）則被歸爲「公益廣告」（Public Service Announcement, PSA）[4]。雖然美國的情況是如此，但是就台灣來說，政治廣告的討論就會涉及較廣的層面，不只是競選廣告，政令宣導、政府形象塑造皆是政治廣告所要討論的內容。

筆者認爲政治廣告的行爲過程模式是由政府、政黨、候選人和各種政治利益團體透過大眾傳播媒介，取得或付費購買時間、空間、機會和篇幅，傳達自身想要告知接收者的政治訊息；而其政治訊息當中包含政府、政黨、候選人或各種政治團體自身的政治中心思想及要影響接收者政治態度的勸服訊息、信念或政治行爲的傳播過程。首先，其廣告主很明顯的就是政府、政黨、候選人或利益團體，其本身或是所要傳遞的訊息或服務即是所謂「產品」概念，其不僅期望透過廣告讓民眾知道其產品或服務，更希望透過訊息傳遞能讓受眾瞭解其特質，進而能與其他產品訊息進行區隔，以獲取傳播者可欲的結果，如支持政策、投票支持某政黨或候選人等。

其次，由於是付款購買的政治廣告，因此與商業或者是任何形式的廣告一樣是一種說服的活動；政府、政黨或候選人僱用廣告專家透過精心宣傳和包裝，來對自身的政治理想、政策內容或者是自身所期盼之人們心中之形象做出陳述，利用非政治方式來推銷政治，目的便是要透過設計和廣告宣傳把一定的符號和具體的動機聯繫起來，以傳播者所希望的描繪方式，直接面對身處於公共領域裡的大眾，向受眾準確的散播或建構傳播者希望傳送的資訊和形象，而在此付費者（政府、政黨、候選人和各種政治團體）有相對性的完整性權利來控制政治訊息的內容與形式的權利。

就是因爲台灣社會在學術研究上的獨特性，因此在政治廣告的類目上並無法如同國外的政治廣告研究的方式進行分類，而是需要將台灣的政治廣告放置於台灣的社會脈絡當中；因此在台灣的政治廣告不僅是只有單純的競選式的政治廣告而已，筆者大膽的欲利用本書來探究並推廣台灣政治廣告的範疇，大致上將其分類爲政府廣告、政黨廣告、利益團體廣告及競選廣告等四大面向，並將於本書後進行論述探究之，期盼可以將政治廣告的敘述及討論符合台灣社會的眞實現象，並進一步地推廣政治廣告的研究。

而在正式進入政治廣告的分項討論前，筆者欲先將政治廣告置於政治行銷的脈絡中進行討論，讓讀者能夠在行銷的大架構與觀點中來瞭解廣告在行銷上之功能；進而則將台灣的政治廣告類型進行初步之分類，同時介紹本書之相關內容及架構。

第二節　政治行銷與政治廣告

以下茲將行銷與政治行銷、政治廣告與政治行銷的關係分別說明：

行銷與政治行銷

何謂行銷？依據美國行銷協會的定義：「行銷是規劃和執行理念、貨品和服務之概念、定價、推廣和分配的過程，用以創造交換，滿足個人和組織的目標」[5]。而行銷大師Kotler（2003: 4-5）則認爲，行銷是一種社會過程，個人及團體可經由創造、提供並與他人自由交換具有價值的產品及服務，以滿足其需求，獲取其想要的東西。許安琪（2002：6）指出「行銷」一詞，代表所有企業活動所欲達到之目標：(1)找尋顧客群及消費者的需要；(2)開發產品以滿足消費者欲望；(3)將產品送達消費者手中。簡言之，行銷就是公司用以滿足消費者需求及獲取利潤的過程。

一九六四年行銷學者John McCarthy所提出的「行銷組合」（marketing mix）觀念——「行銷4P」〔產品（Product）、價格（Price）、通路（Place）及推廣（Promotion）〕，而此「4P」觀念通常是以廠商（賣方）立場來思考。時至九〇年代，B. Lauterboum教授則認爲須以消費者（買方）爲基礎的「4C」立場著眼，而4C則包括消費者（Consumer's needs & wants）、物超所值（Cost to satisfy）、便利性（Convenience to buy）、溝通（Communication）[6]。

行銷的概念也漸漸被用到政治上面，漸形成了學界對「政治行銷」的討論，至於其定義則有學者的相關論述。Farrell和Wortmann於一九八七年則認爲政治市場是一種交換系統，其以兩個或更多的參與者相互交換有價值的東西，這個「銷售者」提供表現給他們的「顧客」以酬謝支持。此種交換活動發生在選舉時，以保證最大收益，銷售者銷售他們自己經由直接宣傳的活動中申請。他們銷售其特別的演出風格及特殊意圖，對政府就如同是「產品」一般，而產品則包括政黨形象、首長形象、告示目的或競選特殊議題。銷售的實行由產品設計及密切注意市場需求的策略所組成。以市場研究的方式考察此市場，透過市場區隔找出潛在目標；銷售者有四種控制影響其顧客之方式，即產品政策、傳播、銷售政策及價格[7]。

Wring在一九九六年則以更具現代行銷觀念的角度來界定政治行銷，他認爲政黨及候選人的意見調查之運用及環境分析來描繪競爭態勢，這將有利於其瞭解組織目標及選民團體對其之滿意，進而交換其投票行爲。其中Wring藉著「選民滿意」含蓄地提及了其與行銷之關係[8]。

鄭自隆（1995：20）則認爲政治行銷可界定爲任何一種以政治主張爲訴求的運動（campaign），以試圖改變民眾的認知、態度與行爲。

Henneberg（2002: 103）則認爲政治行銷企圖在有利於社會的基礎下，來建立、維持與加強長期的選民關係，以致於個人政治動者和組織的目標能夠達成；而此目標之達成亦是透過相互的交換和承諾的履行。此定義之範圍即包含了政府政治行銷、利益團體政治行銷，及政黨和候選人的政治行銷；其進一步讓我們瞭解政治行銷永久的特質，知曉其理論和國際上的意涵。而此定義也藉由只聚焦一般性的戰略目標（如建立、維持與加強和選民之關係），而不將工具層級的討論置於定義中。

Henneberg（2002: 104-106）也指出一個政治行銷的基本元素（或概念），首先就是交換過程（exchange process）；而交換過程要能發生須符合四個前提；即：(1)要有兩個行為者（個人、團體或組織）參與；(2)每個行為者必須要擁有某種有價值的東西，而此東西至少要有其他行為者想要；(3)每個行為者必須有意願以價值交換此屬於其他行為者的東西；(4)最後，為了促使價值交換的行為產生，這些行為者必須相互接觸。另外一個政治行銷之結構性概念就是通常會以管理的觀念來看選民的傾向（voter-orientation），此包括著以消費者的觀點來看選民需求及滿足等。就政黨來說，要滿足選民需求，基本就要有相關知識來瞭解「民意」；而選民的市場區隔、目標設定、定位、對內外環境之瞭解也是在滿足選民需求過程中的重要步驟。另一個政治行銷的基本概念則是，任何行銷途徑都有許多面向（any marketing approach has several dimensions），可以從傾向、前景或哲學層次來看政治行銷；而它也包括了如何去執行這些行銷概念的技術。最後一個政治行銷的基本概念則是「服務」，任何政治行銷活動就是一種服務的行銷，政治交易的本質就是服務；如利益團體和參與者、候選人和贊助者、政府和市民間之關係，基本上前者要為後者提供服務以換取後者對其之支持。而Henneberg提出這些政治行銷的基本元素則是建構在「關係建立」（relationship-building）這個特質上。

至於政治行銷管理的功能為何？Henneberg（2002: 115-122）提出了以下八項功能：(1)產品功能：為了使政黨與選民間之主要轉換過程更為簡單，政治組織必須提供一些有價值的東西，亦即政治本身；(2)

散布功能：舉例來說，藉由候選人與選民接觸來決定散布之管道；如會議、演講、政黨協商和適切的媒體選擇，都與散布功能相關；(3)成本功能：亦即一組織所獲得的直接交換所得；而由成本的觀點來促使交易的過程，也是爲了將選民的選舉投票決策成本極小化；(4)溝通功能：其告知交易夥伴有關提出的承諾和可以利用的資訊，以政黨爲例還包括議程及形象等；其提供政治市場所需的資訊，包括名字或品牌識別、形象塑造、議題設定及攻防等；(5)新聞管理功能：新聞管理是重要的，因爲任何的政治活動、聲明及決策都會包含其中；媒體會將包含政黨及候選人的政治訊息、評論直接傳達給選民。而其亦可被界定成對政黨生存有舉足輕重影響的一項明顯且具功能性的首要條件；(6)募款功能：政黨或候選人通常會從與捐贈者的交易行爲過程中獲取金援；(7)類似競選之管理功能：協調（coordination）是類似競選活動管理功能的重心；此功能之目標是設定在一些舉辦活動與該些政黨目標與方法、方針相符合的組織上，而基本上雙方要同意主張同一路線；(8)內部協調管理功能：政黨內部的協商也與其政治提供或承諾的基本形式有關；是以政黨決策人士必須適應內部委託人之意見，因爲那就像市場力量和大眾意見一樣重要。

Henneberg（2002: 125-129）也提出了政治行銷管理的工具，它是立基於「行銷4P」——產品、通路、溝通和成本價格。

產品政策

其具三個產品要素。首先，產品工具是有關候選人的形象和特徵，也就是提供服務及保證之政黨主要的「明確財產」，候選人就是政黨的主要「產品代言人」。而以「候選人定位導向」的產品策略常常會被使用，無論是在以候選人爲中心還是以政黨爲中心的政黨體系中都是一樣。其次，政黨形象是另外一個政治行銷管理的產品工具要素。其形象要素包括政黨的守舊或創新、傾聽民意之能力、內部民主精神等。最後，政黨及候選人的主要保證通常會安排在一種長期的宣言（按：如政黨黨綱）中，而特別的政治立場都會在此宣言中被闡述。

很明顯的，此三個產品主要工具要素是互相關聯的，如候選人形象的變好或強化會增加政黨的形象效果，而政黨宣言的重新定位勢必也會與政黨及候選人要素來作協調。

通路政策

通路工具構成了產品／服務提供者和潛在消費者／選民之間的橋樑。其包括政治活動會議、面對面遊說、會見選民、公眾演說等傳統通路；亦包括媒體活動照片、電台演說選擇和採訪等。這些通路策略其實和溝通策略也會有重疊的部分。

溝通政策

對所有的政治參與者來說，最重要的政治行銷工具即是溝通技巧；政治產品會藉由廣播政治廣告、傳單、信件、call-in節目、論談性電視廣播節目等溝通工具，來創造影響與建立政黨之形象。而透過溝通工具之行銷，能夠讓這些與選舉有關之基本觀念闡述能被理解或易於曝光；同時論談性節目亦可讓特別的議題不斷被提起。

成本價格政策

即使此項工具在政治行銷上較常被忽略，但必須指出其和前項溝通政策則有密切相關，即政治行動者會較以節省資源的方式來試圖降低對每個選民的溝通花費。除此之外，成本管理還要能瞭解到一些選民心理的知識，如其就應該知道唯有當選民或民眾認知到去參與政治活動其成本是不高的或可以接受的，而藉由參與政治的過程中其亦能獲取相當的利益時，民眾才會去從事政治活動。

政治廣告與政治行銷的關係

許安琪、樊志育（2002：6）指出廣告與上述「將產品送達消費者手中」這個企業活動所欲達到的目標有關，它是行銷人員的一種工具，通常用來通知、說服及提醒消費者有關的產品及勞務；而成功的廣告仍有賴於其他行銷活動的適當執行。然而我們亦能從行銷的「4P」及「4C」來看廣告與其之關係：首先，廣告是產品推廣的一種工具，透過廣告產品能夠提高其能見度與接觸到更多的消費者，其次，廣告亦為和消費者溝通的重要工具，透過廣告所傳遞的訊息可以對消費者產生告知、影響情感態度，甚至是行為的功能。

倘若以行銷的角度來看，廣告屬於行銷的範疇，透過廣告可強化行銷的效果；同樣的，政治廣告當然亦屬於政治行銷的範圍，政治行銷的行為者（不論是政府、政黨、利益團體或候選人），亦都會借用政治廣告來達到建立形象、推銷政策或催促選民投票行為的目的。

我們亦可以從「4P」及「4C」的觀念進一步地來看政治廣告與政治行銷的關係：(1)以產品或民眾需求來看：政治廣告可以將「產品」——不論是政府、政治人物、政黨、政策或候選人的相關訊息傳遞出去，同時這些「產品」的訊息亦儘可能會滿足民眾之需求；(2)以價格或成本來看：民眾可以透過廣告訊息的傳輸來進行其對該項標的的理解，以作為是否對其支持或去投票支持的判斷依據，如前文所述，此即涉及了民眾的成本效益考量；(3)以通路或接觸方便來看：政治廣告或文宣的通路則可以是：A.人際通路：如人際間面對面的政治溝通或基層的口耳語傳播，來將廣告訊息傳遞出去；B.團體組織通路：如地方黨組織體系或基層公務體系會將廣告文宣的訊息傳遞出去，同時政治傳播者亦會和相關團體進行接觸進行宣傳；C.大眾傳播媒體通路：即透過一切可能接觸到大規模視聽眾的傳播媒介，如電視、報紙、雜誌、廣播、網路等載具來將相關訊息傳遞出去；(4)以推廣活動及溝通來看：廣告是推廣的一種方式，然而其他有助於推廣的方式（如公共關係、人員銷售、銷售促進），都有可能和廣告（訊息）相互搭配，以求和視聽眾能夠有最多元且廣泛有效的溝通。是以不只是廣告對於行銷活動有其不可或缺性；政治廣告亦是政治行銷活動不可分割的一部分。

不僅如此，近年來盛行「整合行銷傳播」（Integrated Marketing Communications, IMC）模式，其中說服性的傳播工具就包含了廣告、公共關係、事件行銷（event）、直效行銷（direct mail）與促銷，該模式期望透過這些工具將產品的一致訊息傳遞給消費者，以產生較大的宣傳說服效果，而其中廣告仍爲該模式中非常重要的一環。

第三節　政治廣告在台灣

以下將台灣政治廣告之涵義、類型加以簡述：

台灣政治廣告之涵義

前面也提到國內的實際案例及狀況並非與美國相同，因爲政治行爲、政治傳播與政治廣告在台灣的社會幾乎到達了無所不在之境地，是以台灣政治廣告的涵義可謂非常廣泛，就不像美國的政治廣告研究僅須對於大選過程當中的行爲或策略進行分析研判便可得知大概的政治廣告之行爲模式及其動機，而是需要更多面向及複雜的觀察，才可描繪出台灣政治廣告的面貌。

孫秀蕙、馮建三（1998：43-44）指出，在工商活動較不發達的年代，政府廣告往往舉足輕重；如一九五○年代初期的台灣媒體，很少商業廣告，而以政府公告爲主（僅限刊登於省營的《新生報》與黨營的《中央日報》），包括課稅通知及招標等。然而由於社會快速的變遷發展，正如同商業廣告的內容，從早期的資訊提供，發展到現在的突顯生活風格，強調消費氣氛的營造；政府廣告的功能，同樣從先前的告知、通報政令等資訊屬性，逐漸演變爲政策或政府形象之包裝。

鄭自隆（2004：51-53）指出學者Perloff（1999）審視美國兩百年來的總統選舉，將其劃分成爲菁英政治（elite politics）、民眾政治（popular politics）及商品化政治（merchandised politics）三個階段；其也認爲台灣戰後五十年的政治傳播，由於社會快速變遷，也可以看到菁英政治、民眾政治及商品化政治等三個階段，茲將其論述簡述如後。

菁英政治時期（一九四五～一九六九年）

即威權時期，在該階段的台灣政治廣告的類型大部分著重於政府機構的政令宣導或意識形態宣揚，甚至當時的教育體制及教育內容似乎也能納入廣義的政治廣告的說服功能論述當中，因爲不論是當時宣導「統一政策」、「愛在最高點，心中有國旗」、「保密防諜，人人有責」的內容所倡導的也便是所謂的大中國主義的政府形象及政黨中心思想。

民眾政治時期（一九七〇～一九八八年）

當時的媒體情況依舊呈現一大一小的二元對立，一大集團爲三台兩報（台、中、華視及中時、聯合兩報）依舊是依循著主僕式的媒體經營哲學及策略來對於當時黨國一體的政治文化進行形象上的包裝及塑造。雖然在此階段已經有前謂之一小媒體——《自立晚報》的出現，並且黨外人士及社會運動已開始漸漸成形，但是似乎以當時的社會氛圍、政治資源、媒介資源及權利能力分配上看不出有足以撼動黨國制度之可能。

並且在上述兩個時代階段中的政治廣告因爲選罷法尚未容許當時的三項公職人員選舉候選人或政黨使用印刷媒介廣告[9]，而當時的電子媒體又掌控於政府手中，因此在前兩個時期的政治廣告大部分是由政府所製播的政策性宣導或者是政府形象塑造的廣告的成分及數量上居多，尚未看到宛如現今社會中公職人員競選時的廣告大爆炸之情況。

(三)商品化政治時期（一九八九年～至今）

其中我們可以很清楚地見到現今的政治廣告的情況，是如此的多元以及數量龐大。導致此情況的主因爲一九八九年修訂選舉罷免法後，使當時的三項公職人員選舉候選人或政黨候選人可以使用印刷媒介進行個人或政黨的政策式、形象等類型的廣告；另一方面，中華民國政府在一九八七年解嚴、一九八八年開放報禁、一九九〇年終止動員戡亂時期、臨時條款廢止等政治因素，加上因應的社會氛圍逐漸的民主化的活絡思維之下，此一階段的政治廣告內容也完整的脫離上述兩個階段的呆板或是主僕式的包裝型態，重新的展現出屬於政治廣告應有的活力。而台灣的政治廣告型態也逐漸的轉變成爲多元化及商業化的型態。

從以上的敘述約略可發現，在台灣包括政治訊息的政治廣告就不如美國般的單純。鄭自隆（1995：26）也指出在台灣，含有政治訊息的政治廣告或政治傳播至少有四種形式：(1)政令宣導：其廣告主爲政府單位；主要的訊息內容包括政令宣導或包括意識形態之灌輸等。至於何時會有這類型的廣告則不一定；而它的目的則有宣導政令、灌輸意識形態、間接暗示投票支持等；(2)意識形態宣揚：廣告主則可能有政府、政黨、其他政治性團體或個人；訊息內容首重宣揚特定的意識形態，但亦可能有涉及個人崇拜的訊息。其並無特定之廣告時間，甚至在選舉期間都可能出現。至於該項廣告之目的主要在灌輸意識形態，但亦可能間接暗示投票支持；(3)形象廣告：政府、政黨、政治團體或政治人物都要進行形象塑造，故其皆可能成爲廣告主；毫無疑問地，包裝形象便成爲了其主要欲傳達之訊息。只要有進行形象塑造之必要時，該類型廣告就可能出現，故其廣告時間並無特定，在選舉期間則更常見各政黨或候選人的形象塑造廣告。廣告目的頗單純，除了塑造形象外，亦可能間接暗示投票支持；(4)競選廣告：在選舉期間，角逐之政黨、候選人皆會進行競選廣告，甚至連支持者都可能成爲競選廣告之廣告主。其間之主要訊息不外乎形象、政見等，其亦會透過攻擊訊息來進行相互間之攻防，主要目的當然是想藉以當選，而塑造形象、傳遞政見或灌輸意識形態也可能成爲其相關之目的。

台灣政治廣告之類型

綜合以上所述，台灣的政治廣告則就如前述有幾大類型；但爲了便於歸類討論及說明，本書則欲將其分成政府廣告、競選廣告、政黨廣告與利益團體廣告四大類，而其內容則將以戰術及戰略之擬定、各類廣告之細部類型、各類廣告之內容與特色等次類目加以貫穿，並配合相關理論來對各類型之政治廣告進行分析討論，而這也就是我國的政治廣告主要類型。以下便以上述四大廣告類型加以簡述。

政府廣告

本書將政府廣告分成政府形象塑造廣告、政策行銷廣告、政府公益廣告、政府國際宣傳廣告共四個面向分別論述。而綜觀其最重要的目的，那便是要將政府的整體形象向上提升或重新包裝，不論是國際形象或者是國內人民心中的政府形象。現茲將其簡述如下：

■政府形象塑造

目前政府每年編列了一定的經費來建構屬於政府的形象，然而爲何要建構政府形象？因爲政府想要讓民眾知道他做了很多爲民服務的事，滿足了民眾的需求；或者希望透過形象的建立，讓民眾心中產生對政府之期許；或許政府要透過廣告來宣傳它的政績，讓民眾繼續投票給他。不論如何，透過廣告的運用來強化或塑造政府的形象，讓更多的民眾瞭解他並支持他，絕對是政府形象塑造廣告的主要目的。例如，國防部近年就採用幹譙龍、阿貴……等國內知名卡通人物來作為廣告「代言人」，以期盼建構出屬於新國軍形象中的年輕化、科技化之特點；除了以年輕族群熟知的語言來接近他們之外，也希望藉此突破民眾心中國軍的老舊印象，讓青年學子能再次接受國軍的邀約。

■政策行銷

政府政策行銷，顧名思義便是政府針對於其未來或現今正在推動的公共政策進行陳述、介紹、說服或者是鋪陳。而在目前政府所做的政策行銷方面常運用較為軟性的方式來進行政策之推動或者是說服，例如，政府運用了卡通動畫——豆豆看世界系列的方式來推行非核家園、SARS防疫、節省水資源……等公共政策。或者是運用拍攝廣告短片的方式來建構民眾未來的公共政策之趨勢，例如，在推動數位城市的公共政策上，政府先行運用電視政策廣告的方式來先行吸引及告知民眾未來數位城市中的一環——數位電視的美好及優點。政府目前在推動公共政策的方式不僅由傳統的文宣或書面的政治廣告之方式來告知民眾政府施政的方向，更是轉變成為運用新科技的電腦動畫、電視廣告的方式來倡導公共政策的趨勢，更增添了政策行銷的多元性及互動性，並且完整的將政策行銷與政治廣告的面向做出了一個完美的連結。

■政府公益

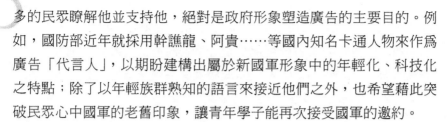

「政府公益廣告」望文生義可以瞭解其內涵主要是以政府的名義來宣導公益，期望以政府公正中立之角色來推展社會公益之觀念；除了藉此希望民眾能夠知曉相關道德標準，更希望民眾能夠進一步在行動上加以配合或支持。而讓民眾覺得政府有帶頭做公益的感覺，當然也是政府公益廣告想要達到之目的；而主管官署將其主要希望民眾配合之相關情事，以社會公共利益的角度來進行宣傳包裝，倘能使相關負面情事發生率降至低點，當然有有助於該機構之政績。是以，筆者亦將政府公益廣告之宣導歸類為政治廣告之範疇，除了因為其廣告主

爲政府之外，亦包含上述原因。而政府的公益廣告亦可說是不勝枚舉，例如，行政院衛生署與董氏基金會所共同推動的戒菸系列的政府公益廣告如二〇〇四年Quit & Win戒菸就贏系列、無菸餐廳系列，內政部「防止家庭暴力」系列等。

■政府國際宣傳

不論是在哪一個國家或地區做研究，國際宣傳都必定會納入政治廣告的一部分，因爲每一個國家政府都希望自己國家能夠拓展其國際能見度，進而增加或強化其在國際政治事務中之重要地位。除了其廣告主爲政府之外，國家想藉由該類廣告提高國際能見度及地位之企圖，很明顯地使這類廣告亦很適當地歸類爲政治廣告。

而台灣的國際宣傳類型亦分成許多面向，有純粹的國家情勢宣傳、招商廣告、亦有訴求加入或參與國際組織之廣告；如二〇〇四年雅典奧運政府短片廣告，雖然在另外一部分的平面文宣在受到相關壓力有所撤檔，但是在此次的雅典奧運期間，我國成功地在英國廣播公司（BBC）及美國有線電視新聞網歐洲台（CNNI）播送我國所製播的形象影片長達百餘檔次的國際宣傳行動，可見我國政府在國際宣傳上的努力成果。

㈢競選廣告

競選廣告在台灣漸漸占有非常重要的比重，每逢選舉，候選人及政黨便一定會製播（刊登）競選廣告；此種廣告能幫助建立競選人或政黨的名氣、知名度，提出他們認爲對競選最關鍵的問題，還能表現他們的性格、才能和將來的工作議程；另一方面，競選廣告有助於選民增加政治知識，瞭解政治事件。當然，最重要的即是政黨或候選人都希望透過競選廣告之攻防來影響選民的認知、情感與投票行爲。以廣告主來看，競選廣告有許多是政黨製作刊播的，競選總部、候選人、後援會、支持者團體也都可能成爲廣告主；若以其訊息屬性來看，正面訊息的廣告包括候選人或政黨形象塑造、政策及政績等廣告，負面訊息最主要的就是現今使用頗多的攻擊廣告，正負面訊息皆有的競選廣告則包括反制消毒廣告、攻守兼具廣告及告急催票廣告等。

政黨廣告

政黨可說是政治傳播中的主要傳播者，爲了求取執政機會，有企圖心的政黨勢必會進行相關的作爲，以獲取民眾的肯定與支持；是以，任何可能透過廣告宣傳以強化民眾認知及記憶的訊息，都是政黨廣告之可能內容。而最常見的政黨廣告類型大致分爲政黨形象、政見行銷及競選廣告三個類型，以下分別簡述之。

■政黨形象廣告

當政黨的廣告內容是敘述政黨自身的理念或態度、國家社會的未來期許，或是宣傳該政黨正在塑造一群政治菁英、領導人的政績時，則該政黨的此型廣告便可稱爲政黨形象廣告。而我國的政黨形象廣告目前並非宛如競選廣告有著極大的數量，僅有少數幾個政黨形象廣告在專門訴求單一理念或建構政黨之形象；如民進黨於黨慶時會製播有關的形象廣告來突顯其對台灣民主的貢獻，同時自我期許，國民黨也於失去政權後開始有重塑政黨形象之廣告。大部分的政黨形象廣告仍是以與競選廣告相輔相成的方式將政黨的形象與競選廣告作一個結合，例如，二〇〇四年總統大選連宋陣營所製播的億載金城篇的形象廣告內容，便是將連戰形塑成爲一個有情有義且眞正愛台灣的一位台灣人，也有建構國民黨「愛台灣」形象之意圖。

■政見行銷

政黨之政見行銷廣告的目的是向選民提供政黨和候選人希望他們看見和聽見屬於他們政見的中心思想，甚至選擇接受。而這類的政治廣告內容或者是行爲大部分也都是會配合選戰提出，而當社會面臨了重大的事件或重要議題出現時，各政黨亦會於非選舉時期提出自己對特定議題看法立場之廣告。例如，民進黨爲了爲「教改」進行說明

（或稱護盤），便製播了有關教改之政黨政策（政見）行銷廣告，期盼國人多支持教改；而民進黨宣導「公民投票」的廣告也於非競選時期出現。

■競選廣告

競選廣告是候選人或政黨向選民傳達資訊的主要途徑，它亦是政黨廣告中最具重要性，也可能是最大的一塊；而其中包含競選訊息之政黨競選廣告也成了競選廣告的最大宗。故本書將競選廣告獨列專篇加以討論。

(三)利益團體廣告

在此所謂的利益團體是泛指所有非政黨、候選人、政府等政治團體以外的團體，而這些不同的利益團體，多數是追求其自身的最大利益之滿足；然而也有一種以公共利益為主要訴求的利益團體，一般將其稱之為「非營利組織」，而其也納入利益團體此大範圍來進行討論。這些團體為了宣傳理念或達成其目標，亦會使用廣告，通常其廣告類型主要包括遊說廣告、理念宣傳廣告，以下亦先簡單敘述。

■遊說廣告或說帖宣傳

部分的利益團體為了謀取自身最大的獲利，因此在政府擬定公共政策時，許多利益團體都會企圖參與或影響公共政策的擬定者或立法者，期望他們在擬定公共政策或立法時對該團體不會構成威脅，甚至是有利於該團體。雖然其宣傳行為和一般的廣告主透過媒體刊播來宣傳訊息的廣告模式不太相同，但是在某些程度上這些利益團體對於公共政策的擬定者進行說服的過程當中，其實質亦為廣告中宣傳及說服之功能；同時利益團體藉由此種宣傳模式，在政治行為或政治決策過程當中亦有著極大的影響力，故筆者也將利益團體遊說行為列為政治廣告的一部分來分類敘述。

如在公共場所禁菸的公共政策制定的過程中，屢見菸商嘗試對於禁菸的相關法令表示自己不同之意見，雖然最後並未成功，但是從相關政策或法案制定的過程當中屢受到阻撓或延宕的情況來看，可以發現遊說廣告或宣傳對於政治行為或公共政策上的影響力。利益團體中之非營利組織也會為了追求進一步公益政策或法案的訂定實施而進行遊說；如董氏基金會便是在推動禁菸或鼓勵戒菸的公益活動當中一直努力不懈。進一步亦可發現，在上述的禁菸公共政策立法過程當中，董氏基金會與菸商為了本身的立場產生相互拉扯；而此種拉扯某程度來說就是一種政治衝突，而衝突雙方都會盡力說服有權的主其事者——政府，當然是政治宣傳的過程。

■理念宣傳廣告

如上所述，此處所論及的理念宣傳廣告也便是前項所定義利益團體所製作或提出的廣告內容或訴求。其所欲影響的對象不僅如第一面向遊說式廣告所要影響的少數人或所謂的社會菁英，更是要向大多數的民眾或者是甚至是全民的層面來進行宣傳，或是陳述其利益團體所想要宣傳的中心思想及其對於單一議題的意見；更甚者，其亦期盼利益團體之中心思想或意見可以形成所謂的強勢的意見氣候，不僅主導社會的輿論，更進而影響公共政策的決定及走向。

而在國內的利益團體宣傳廣告的案例的例子不在少數，例如，二〇〇〇年十月核四停建的過程當中，可以屢見到前民進黨黨主席林義雄所帶領的「核四公投促進會」不斷地以遊行、靜坐及標語等方式來進行促進核四停建及核四停建應由公投決定的理念陳述，並且也藉由不斷地運用大眾媒體宣傳的方式來告知民眾他們團體的信念及中心思想。

第四節　本書的篇章架構安排

本書之章節安排大致如下，第一篇緒論部分，主要是一至二章。第一章談政治與廣告之關係；除了將基本概念先行敘述並引進政治行銷概念以充實廣告討論外，同時亦兼論我國的政治廣告類型。第二章則將基礎廣告策略與企劃之相關理論進行整體之說明，主要目的是希望讀者先初步瞭解有關廣告之策略，在進行到後面各章節時，對於各種廣告之策略更能夠快速地吸收。

第二篇（第三至第六章）則以政府廣告之討論爲主。第三章敘述政府形象塑造廣告，第四章談政府政策行銷廣告，第五章說明政府公益廣告之相關策略，第六章則進行政府國際宣傳廣告之討論。

第三篇（第七章至第九章），討論之焦點在競選廣告上。第七章討論競選廣告理論及策略擬定之部分，第八章則分析競選廣告之各種類型及功能，至於第九章則將西元二〇〇〇年總統大選至二〇〇五年任務型國代選舉這段期間之競選廣告作一綜合整理、歸納及說明。

第四篇（第十及第十一章）則介紹政黨及利益團體廣告。第十章敘述政黨廣告，第十一章討論利益團體廣告。在這兩章中，筆者亦會將政黨及利益團體之定義及運作方式加以說明，然而重點仍會聚焦在其宣傳策略上，以和廣告討論相結合。

第五篇（第十二及第十三章）中第十二章則討論廣告訊息傳輸的各項工具，如電視、報紙、雜誌、網路等管道對政治廣告之影響，除此之外，亦將整合行銷傳播其他與廣告配套之相關傳播作爲作一說明。第十三章則爲政治廣告的反思與前瞻，包括討論政治廣告正面及負面影響，及未來的可能趨勢，並提出可能與政治廣告有關的新興議題。

註釋

❶許安琪、樊志育著，《廣告學原理》（台北：揚智，2002），頁二。

❷彭芸，《政治廣告與選舉》（台北：正中書局，1992），頁三。

❸Denton, Robert E. & Gary C. Woodward, *Political Communication in American*(Praeger Publishers, 1985).

❹鄭自隆，《競選廣告》（台北：正中書局，1995），頁二十六。

❺ "AMA Board Approves New Definitions," *Marketing News*(March 1, 1985), p.1；轉引自黃俊英，《行銷學原理》（台北：華泰，2004），頁四。

❻許安琪、樊志育著，前揭書，頁七至八。

❼轉引自Stephen C. M. Henneberg, *Understanding Political Marketing*; in Nicholas J. O' Shaughnessy, Editor & Stephan C. M. Henneberg, Associate Editor, *The Idea of Political Marketing*(Praeger Publishers, 2002), pp.99-100.

❽Ibid., p.101.

❾一九八九年立委、縣市長、省市議員三項公職人員選舉；首次開放報紙競選廣告。

chapter 2

第二章　廣告策略與企劃之基本概念

- 調查研究
- 廣告訊息設計及表現
- 廣告效益評估

作任何事情都要有方法，廣告也不例外，而作廣告的方法稱爲「廣告策略」，沒有策略只是浪費人力物力，到頭來只是白忙一場，有了策略才能夠對症下藥，把錢花在刀口上。而成功的廣告案例，能夠使消費者會心一笑、印象深刻，進而使其「心有戚戚焉」，並促使其購買欲望、進行消費；要能達到上述之效果，就一定要有好的廣告策略來搭配，並依照策略執行。反之，若策略擬定錯誤，非但無法達到行銷或廣告目標，還可能導致產品與企業的扣分。是以，廣告策略的確是整體廣告活動的幕後推手。

通常廣告的策略發想並沒有固定的模式，只要能表現出傑出的策略，把廣告做好就是好的策略，然而要形成一個充滿創意、具威力及有效解決商品行銷問題的廣告策略，必須要掌握以下要點：(1)由廣告商品與品牌分析中找出癥結對症下藥；(2)由顧客購買行爲決策過程切入問題核心；(3)從商品特性及訴求方式中思考可行策略❶。

廣告策略在整體廣告活動中占了相當大的比重，一件廣告活動的成功與否，全依賴當初所擬定的廣告策略而定。而廣告策略的內涵通常包括目的、策略、預算等，分述如下：(1)目的：廣告的目的是設定戰略的基礎，目的不同，戰略各異；(2)策略：廣告策略由基本策略、表現策略、媒體策略所構成。基本策略及商品行銷策略，一旦掌握市場行銷的焦點，然後要考慮傳播策略，即針對廣告的對象，用何種構想作表現策略，用何種媒體作媒體策略；(3)預算：廣告策略更須包括爲推行整個廣告策略所需的費用，也就是爲達成廣告目的所需的費用，以最少的費用達到最大的效果❷。

而如何構想出好的廣告策略來加強廣告活動，即是本章節的重點，筆者擬針對整個廣告策略的流程；包括與策略擬定有關的調查研究、與策略呈現有關的訊息產製及如何評估廣告所可能產生的效果等三面向，分別進行說明。最後要附帶說明一點，本章之所以敘述廣告策略與企劃之基本概念，主要是因爲本書專注於各類政治廣告之討論，而各類政治廣告之產製，均與基本的廣告策略與企劃有密切關係，是以在進行各類廣告之分項討論前，先將焦點至於此，使讀者能對廣告策略擬定有一定之瞭解。

第一節　調查研究

羅文坤（2002：373-374）指出在作廣告之前，廣告人會非常渴望鑑認出所要針對的消費者具有什麼特徵？有什麼需求？屬於哪一種區隔？他們會如何看待及使用商品？等，而這些答案往往要靠研究而得知，也就是詳盡地蒐集資訊、分析資訊。

另外，他也指出調查研究爲擬定策略的最基本步驟，包括市場分析、產品分析、競爭者分析及消費者分析，透過一連串的研究與分析結果，能夠擬定出最合適的廣告策略來進行後續的廣告活動，分述如下：(1)市場分析：調查一區域之工商業、收入行情、市場變動等，這些資料可分析出產品在各市場的銷售前景；(2)產品分析：目的在找出消費者尚未得以滿足產品，或更新一代的產品，或新產品的特性等。這類資訊有助於產品定位（positioning），意即在消費者心中刻劃成「安置」產品，突顯產品的差異點；(3)競爭者分析：瞭解競爭者的數量、競爭者的實力，以及競爭者的作法得失，並時時監測競爭環境動態，可取得長處，或制敵先機；(4)消費者分析：試圖找出消費者可能購買產品及其原因，或消費者對產品的知覺、評價等。透過消費者利益（consumer benefit）的歸納，有助於廣告的訊息設計。

劉美琪等（2000：153-154）亦認爲策略擬定前必須對廣告商品所處之地域調查清楚，以能站在有利的位置擬定未來正確的策略；而此「情勢分析」（situational analysis）一般除了要瞭解廣告主企業外，主要包括了市場分析、產品分析、競爭者分析與消費者分析。分述如下：(1)市場分析主要在探討外在環境對廣告產品之影響，包括政治、經濟、社會、文化、人文、自然等，還包括產業結構；(2)產品分析則包括成分、容量、包裝、優缺點、消費者利益、價格等；(3)競爭者分析，則需要儘可能蒐集競爭商品概況的資料，包括它現在、未來可能做些什麼，同時分析其廣告策略、投資金額等相關策略；(4)消費者分析則需要瞭解現有使用者或潛在消費者的人口統計特徵、心理特徵、生活習慣、居住地區及產品使用習慣等，而目標對象之購買動機與決策等，都是要分析之要項。

李孟麗、徐村和（1999：143）亦認爲公司或企業透過市場調查研究來瞭解目前所面臨的問題爲何，包括產品在市場上的占有率如何；消費者對其的評價爲何；與競爭對手的比較爲何；整體市場環境現況爲何等等，藉由調查所得的分析結果來獲取最有利的資訊，並運用相關資訊來決定其行銷組合和解決現有的顧客或潛在顧客的消費問題。

將已整理好的研究調查資料加以運用，輔佐以SWOT分析，即優勢（Strength）、劣勢（Weak）、機會（Opportunity）和威脅（Threat），並且確切地找出自身的「獨特銷售主張」（Unique Selling Proposition, USP），同時配合以市場區隔（Segmentation）、目標市場（Targeting）、定位（Position）建構出的"STP"策略，將整體廣告活動目標明顯確立之後，就能夠進一步地以廣告策略來達成整體廣告活動目標。

首先，SWOT包含內在條件及外在環境兩個部分，內在條件表示企業或商品本身的優劣勢條件，找出本身的優點加以運用，而劣勢則加以補強；外在環境則包括了機會與威脅，在整體市場環境中是否有可切入的機會點以及對於競爭對手造成的威脅是否有因應之道等。而「強化優勢、彌補弱勢、利用機會、避免威脅」應是各項產品、企業或個人在作SWOT分析時必定要掌握之要點。

其次就「獨特銷售主張」來看，劉美琪等（2000：183-184）認爲從字面上來看，也就是要找出該商品與其他商品最大不同的地方、最特別的地方，而這些不同之處能夠吸引更多的消費者，而獨特銷售主張可運用在商品本身與廣告創意上面。劉美琪等（2000：183-184）亦指出要找出獨特銷售主張得包含下列三項特點：(1)須包含特定的商品利益，每一個廣告必須對消費者聲明一個主張，廣告不只是文字或虛誇產品，而是要提及商品利益和解決問題的聲明；(2)所強調的主張必須是獨特且唯一，而同質競爭品牌是做不到或無法解決的；(3)必須與「銷售」有關聯，也就是強而有力，足以感動消費大眾，能夠吸引新的或潛在顧客購買。

再者，獨特銷售主張的提出，通常需要對產品本身和消費者使用情形等作深入和追蹤的調查研究。

接著來談談市場區隔、目標市場及定位所構築的“STP”策略；劉美琪等（2000：87-89）認為其主要意義在於選定目標市場進行區隔或區隔市場再訂定目標對象，進而發展產品定位。市場區隔基於市場異質化（消費者需求及特性不同），在廣泛的市場中以若干層面描繪各個次市場（sub-market），即將較大的市場區分為較小的市場分解（market disaggregation）過程。基於此，市場區隔的條件則包括同質性（同一市場內之消費者，對行銷組合之變項產生類似反應）、異質性（不同市場內之消費者，對行銷組合之變項產生不同反應）、足量性（市場區隔之規模須使企業產生足夠利潤）及可操作性（市場區隔所使用之量化或質化變數須有利於行銷組合及消費者）。而黃俊英（2004：162）所指出的可衡量（區隔市場之大小、購買力及一般特徵應能加以衡量）、可接近（區隔市場能有效地去接觸和提供服務）、足量的（市場要夠大及有利可圖）、可區別的（對不同行銷組合要素有不同反應）、可行動的（能夠設計有效之方案去吸引和服務區隔市場）五項條件和前者亦有異曲同工之妙。

李孟麗、徐村和（1999：101-102）則指出市場區隔的目的主要讓行銷人員能夠設計一個更符合各區隔消費者需求的行銷組合，市場區隔是由一或一種以上相似特性的個人、群體或組織所構成，他們有著相當相近的產品需求。通常市場區隔可以是民族群體、地理區域或是一明確的國家地區。他們也認爲通常使用市場區隔來表示消費者市場的方式有四大類：(1)人口統計；(2)地理區域；(3)消費行爲以及(4)心理因素。而表示工業市場的區隔方法有三大類：(1)地理區域；(2)組織型態以及(3)產品使用（表2-1）。

至於如何選擇目標市場？羅文坤（2002：155-156）指出，透過研究的方式來瞭解消費者所關心、需求、欲望的是什麼，可幫助決策者進行目標市場的選擇，進而配合市場區隔方式找出目標消費者；而不同的消費者對於同一件商品可能有不同的涉入度，因此在策略擬定時必須確認好該商品的特性，以及所要傳播訊息的對象爲何。他也指出，透過目標對象特性之界定，也愈能夠幫助「目標對象」的釐清，廣告策略也會愈精準、有效。大致來說，界定目標群眾可由以下幾點來加以進行：(1)地理特性描繪：描繪所居住的地區或地理特性，如都會、郊區、氣候、城鎮規模等；(2)人口特性描繪：描繪其人口特性，如性別、年齡、教育程度、收入、職業、家庭狀況、家庭生命週期、

表2-1　區隔消費者市場與工業市場的方法

區隔消費者市場的方法	
方法	變數
人口統計	年齡、性別、家庭形態、家庭生命週期、教育、職業、宗教、國籍、人種
地理	地區、人口型態、密度、氣候
行為	利益尋求、使用量、品牌忠誠度
心理	生活型態、個性
區隔工業市場的方法	
方法	變數
地理區域	位置
組織型態	SIC Code（標準工業法則）
產品使用	何地使用、如何使用

資料來源：李孟麗、徐村和（1999），《廣告學：策略與管理》。台北：五南，頁一○二。

社會階層、宗教信仰等；(3)心理特性描繪：描繪其心理特性與生活型態，如人格特質、動機、生活型態等；(4)媒體接觸習慣描繪：描繪其媒體接觸行爲與閱聽習慣，如報章雜誌的訂閱與閱讀習慣、廣播電視的收聽與收視習慣、或是其他媒體的接觸行爲或習慣等；(5)購買使用行爲描繪：描繪其購買行爲與消費特性，如使用量、購買特性、品牌忠誠度、價格敏感度等。

黃俊英（2004：163-165）則認爲在市場區隔化之後，廠商要衡量本身條件及各市場潛力以選定目標市場。而他指出廠商的目標市場策略有三種選擇，即無差異行銷策略（undifferentiated marketing）、差異行銷策略（differentiated marketing）和集中行銷策略（concentrated marketing）三種：(1)無差異行銷策略：此策略是廠商忽視不同區隔市場之差異性，而將整個市場是爲一個同質性市場，提供單一的產品和服務；強調的是購買者共同的需要，而非其差異性。採行此策略最主要之理由是成本的經濟性；因爲只有單一產品，所以生產、存貨及運輸成本均降至最低；(2)差異行銷策略：指廠商決定在兩個或兩個以上的區隔市場內營運，且分別爲各個不同的區隔市場開發不同產品和設計不同行銷方案；採行此策略之廠商希望透過不同產品和行銷組合來達成更高之銷售額，並在每一區隔市場中占據更有利之地位；(3)集中行銷策略：廠商選定某個區隔市場，並以一套產品和行銷方案在此市場中爭取有利之競爭優勢，追求較高之占有率。透過此策略，廠商可在其服務之區隔市場中達成強有利之市場定位，對區隔市場中之需求有較深之認識，更能建立特殊的聲譽。

榮泰生（2000：255-257）則認爲無差異行銷策略又可稱爲散彈槍策略（shot-gun strategy）或綜合式目標市場策略（combined target market approach）；差異行銷策略又可稱爲多種目標市場策略（multiple target market approach）。而集中行銷策略又可稱爲單一目標市場策略（single target market approach）或來福槍策略（rifle strategy）。

何謂「定位」？羅文坤（2002：167）指出所謂定位是表示在消

費者心目中，設法找到一個適當的位置，也就是對品牌最有利的位置，將品牌植於其中的過程。也就是在消費者腦中諸多「產品梯」當中，選擇一座最理想，而且對本身產品最有利的「產品梯」，然後將品牌安置其中。並設法找出相對的競爭優勢，不斷積極往上爬，希冀以鮮明的旗幟成爲消費者的「心理前茅」（top of mind）品牌。因此，定位並不是要去更改商品，而是要借力使力來改變消費者認知，以最有利的角度來接受商品。定位不只是與廣告策略有關而已，成功的定位策略必須要考慮到將產品包裝、品牌名稱、價位擬定、通路選擇、推廣活動以及公司的其他行銷活動，全面加以整合。最後，定位能在顧客心目中有效建立鮮明的品牌識別，並形成正面態度或動機。

定位的方法很多，黃俊英（2004：170-172）提出了七種定位方法。第一種是以產品屬性來定位，即本身擁有而競爭產品沒有的特色來定位；第二種是以利益來定位，其是要先找出對顧客有意義的一種利益來定位；第三是以使用者來定位，即明白指出目標市場來定位；第四是以用途來定位，即以用途或使用場合來定位；第五是以競爭者來定位，此方法是將自己和知名的競爭者相比較，並說明自己比競爭者好的地方來定位；至於第六種是以產品的類別來定位，亦即產品有時可能是和整個產品類別相競爭；最後則是以結合定位，此方法主要是將自己的產品或商店和其他實體相結合，希望那個實體的某些正面形象會轉移到自己的產品或商店身上，如商店名稱命名爲「凱迪拉克」。

定位並非一成不變。黃俊英（2004：172）也認爲一旦原有的定位失去對顧客吸引力和市場競爭力，企業就必須爲產品、商店或企業本身進行重新定位（repositioning），以重新調整或改變產品、商店或企業本身在顧客心目中的形象或地位。

在完成調查研究以及確認一切有關品牌的基本問題、難題及機會之後，就應該決定與建立廣告目的；計畫者需要界定及制定廣告運動所應達成的哪些目標與目的，且廣告目的決定廣告之計畫如何發展。

此外，有四個基本上的理由需要廣告目的；包括[3]：(1)可以測定：即計畫者需要某種方法或途徑，來決定廣告運動是否成功，此意指要制定對實際結果能以某種方式測量的目的或目標；(2)設計一個計畫：爲廣告運動所制定的目的，在大多數情況都明確指導計畫中行動與活動之方向；(3)評價廣告運動之結果：若計畫者知道本品牌在廣告運動前之情況，又有將來使用評價的標準，也知道計畫是怎樣執行的，他就能清楚簡明地評價此一廣告運動的結果；(4)廣告與其他開支的關聯：管理當局評價廣告投資也如同其評價其他主要開支一樣，是以成本回收爲根據。

許安琪、樊志育（2002：131）也指出典型的廣告目標有某段時間、有關於傳播溝通的對象、消費者某種行爲的變化（如對產品的認知度、喜好度、信任度等），或銷售方面的增進（如購買率、銷售額、來客量）；如在未來一季中，有六歲以下幼童的都會區婦女（目標消費群）對本產品的瞭解度提高50%。此外，筆者亦認爲廣告目標之設定亦可以以調查研究中所發現該產品或品牌的弱勢作出發，亦即若民調顯示該產品的知名度不足，傳播者便應隨即將此視作該產品之弱勢，據此建立目標——即「提高知名度」，進而以能測量的數據將此目標具體化，以利最後之效果測定，來判定目標有無達成。

第二節　廣告訊息設計及表現

一九八五年，R. D. Wilson和K. A. Machleit曾將廣告表現之開發及步驟加以描述，其廣告表現分爲六步驟[4]：

1.廣告目標：首先明確訂定「廣告目標」，由廣告主與廣告公司在製作廣告前獲得共識，避免廣告表現因主觀好惡，或以廣告傳送者爲中心的想法。

2.市場標的之選擇：先決定好市場區隔，再進行廣告表現或商品定位，與媒體策略。在區隔市場時須注意：(1)商品使用型態：何人、何時、用多少、如何使用；(2)媒體使用的型態：縮小市場標的、如何有效使用媒體；(3)對廣告敏感的群體：如何區隔才能對所製作的廣告作最好的回應。

3.商品定位與廣告表現的決定：商品定位是在非競爭商品中將其印象予以定位，且應結合下列三要素：(1)商品品牌特性；(2)消費者的需求；(3)與競爭商品、競爭品牌比較其優越性。

4.訊息內容的決定（what to say）：通常朝下列四點要素發想：(1)品牌特性訴求；(2)使消費者欲求明顯化；(3)使消費者瞭解商品效用；(4)使用商品情緒的體驗。

5.如何表現創意（how to say）：即一般所謂表現概念。傳達內容以行銷資料爲基礎，創意表現是以傳達內容爲基礎發展而來的。此兩者之間有某種程度的「跳動連結」（creative leap）。

6.有控制力的創意：廣告創意與藝術創意最大不同之處在於，廣告創意爲商業機制「銷售力」考量，如同廣告大師大衛・奧格威所說「偉大的創意必須具有銷售力、廣告人必須寫具有銷售力的文字……」，因此，廣告創意不若藝術創意之天馬行空。因此，好的創意在檢核過程中必須加入控制性考量。

前面三項步驟筆者已於第一節敘述過，本節將著墨於廣告訊息產製，特別是廣告創意及其表現的部分。

榮泰生（2000：349-350）指出廣告訊息的基本內容和形式受到許多因素的影響。產品的形狀、使用方法和利益會影響訊息的內容，而廣告所要針對的目標市場的消費者特性（性別、年齡、教育、種族、所得、職業和其他特性等）也會影響廣告內容與形式。爲了能有效與消費者溝通，廣告者必須使用對其目標顧客而言是有意義、熟悉的和具有吸引力的文字、符號和圖示來與他們溝通。是以，他認爲在廣告訊息的準備上，包括了文案（copy）、美術設計（artwork）〔或稱圖解說明（illustration）〕、版面這三項要素。文案是廣告文字的部分，它包括標題、解釋標題的「次標題」，還有主文案即指出廣告贊助者的「簽字」（signature）。美術設計則包括照片（畫面）與廣告的布置；版面則是整個廣告的構造，是文案和圖形及其他因素的位置分配，以及標題、文案、圖形和簽字的安排。

而好的廣告訊息要如何正確傳遞給目標消費者，進而影響消費者，鼓勵、吸引消費者進行購買的動作，達到廣告目標，便是廣告訊息的有效與否。劉建順（1995：203，210）認爲，一個好的廣告通常具有以下特質：(1)銷售力；(2)說服力與感染力；(3)注意力與衝擊力；(4)簡單化；以及(5)獨創性。運用這些特質，才能夠有效發揮廣告效果，達到廣告目標。

他也指出確定好訴求目標與對象之後，接下來便發想訴求的內容與方向，通常來說，廣告訊息的訴求方式五花八門、千變萬化，例如，味覺或飢餓感、舒適、美麗與增加吸引力、被接受的幸福感、冒險或勇敢、社會地位、得到他人的認同、優越感、健康、有保障、恐懼、好玩、經濟實惠、有效率、乾淨、安全、幸福、浪漫與性感、刺激、休閒、野心、同情、罪惡感、避免痛苦、娛樂、好奇心、可靠、耐用、寧靜祥和等。然而大略上可分區爲感性訴求、理性訴求及道德訴求。

首先，以感性訴求（emotional appeals）來說。李孟麗、徐村和（1999：178）認爲是使用一種感性的資訊，而此廣告是根據一種企圖打動人心的形象而設計，以創造一種基於感覺和態度的反應，是一種軟性銷售。廣告使用幽默性的吸引或其他形式的訴求，這種訴求是有娛樂性、活潑或令人興奮的，而可以被使用來影響消費者的情感，或將他們置身於一種對於廣告產品有好感的心態之中。黃俊英（2004：330）認爲其是想要引起閱聽者某些正面或負面情感以激發其購買；如以恐懼、罪惡感、羞恥等負面感性訴求來促使他們應做的事，或阻止其作不該做的事，而正面的感性訴求則包括幽默、愛、榮耀、歡樂等。

其次，討論理性訴求（rational appeals）。李孟麗、徐村和（1999：178）認爲其集中在消費者對於產品或服務的實用性或功能性的需求，並且強調產品或服務的特色，以及爲了使用或擁有一種特殊商標的利益。很多理性的動機能作爲廣告訴求的基礎，其中包括舒適、方便及經濟性；其又可稱爲資訊訴求，是一種硬性銷售。黃俊英（2004：330）指出其重點是訴諸閱聽者的自身利益，亦即告知閱聽者產品能產生什麼利益。

最後，黃俊英（2004：330）認爲道德訴求（moral appeals）乃是讓閱聽者感覺到什麼是對的和適當的；而此訴求常被用來呼籲人們支持某些社會理念，如大同公司早年強調愛用國貨的廣告——「大同大同國貨好」。

除了訴求之外，廣告訊息之產製則需要創意的發想與表現，然而何謂創意？David Ogilvy認爲創意可說是廣告的靈魂；除非廣告源自一個大創意，否則它將如同夜晚航行的船隻，無人知曉[5]。黃文博（2000：18）認爲創意是綜合運用各種天賦能力和專業技術，由現有素材中求得新概念、新表現、新手法的過程。饒德江（2003：223）認爲從廣義上來說，廣告創意是對廣告戰略、策略和廣告運作每個環節的創意性構想；嚴格地說，廣告創意是表現廣告主題的、能有效與受眾溝通的藝術構思。

蕭湘文（2000：38-42）指出了廣告創意的三個要素。首先，是ROI原則，即相關性（Relevant）、原創性（Original）與衝擊性（Impact）；相關性則是廣告訊息要針對正確之目標對象傳送，除了瞭解其價值觀外，還須知道他們怎麼想、想些什麼等，才能創造出正確之相關訊息。原創性則是指想法或點子的新奇或獨特，或以前沒有作過的，不在預期中出現的表現；衝擊性則強調有此特性之點子才容易引起消費者注意。其次，策略引導下的創意，即廣告創意是在策略引導的框框下，表現出有效的溝通訊息，亦即在指定的範圍內自由發揮，而非天馬行空胡亂想。最後，共鳴與易記，共鳴是種有效的溝通，能讓你心有戚戚焉，除了能觸動消費者的感覺外，還容易讓其記住廣告內容。

黃文博（2000：22-23）指出創意有三個作用或任務；首先是引人注意，如奇影異音、引起遐想的圖像、趣味十足的文字等，皆在突破訊息干擾，讓觀眾看了五光十色的節目或報導後，仍有興趣看廣告。其次爲包裝訊息，一般來說即使視聽眾就算注意到了廣告，其也沒有義務努力記住訊息或賣點，除非給個理由；而他認爲如名人推薦就是一個包裝訊息或賣點的理由。最後則是留下印象，有好創意的廣告，經費雖花費不多，但仍有留下深刻印象的可能。蕭湘文（2000：138-140）亦提出了創意策略的三個原則：首先是簡單性，即簡明扼要的廣告概念與淺顯易懂的廣告內容，是引起消費者認同和共鳴的銷售利器。其次爲人性化，廣告訊息設計是以分眾市場中之目標對象爲主，反映出個人的個別興趣；最後是視覺化，亦即將文字或圖像以能產生有效的視覺效果作呈現。饒德江（2003：231-235）則指出了廣告創意的四個特徵：即主題構想單純、表現方式構想新穎、廣告形象構想確切、情感效應構想自然。

創意既然那麼重要，那麼要如何發想創意呢？黃文博（2000：147-162）提出了一些創意發想手法中可能最具啓發性之技巧，亦可將其稱爲催生創意的思考方法：(1)異類結合法：把兩件原本隸屬不同範疇的事務，以巧妙的方式結合，使其產生新意義；(2)生活經驗法：結合經驗片段重組經驗，使之具備廣告味道，是個可以減少自己摸索而快速尋找到切入點的方法；(3)文字符號法；(4)事實乖離法：創意者以事實乖離的方法引起注意，以此法創造虛幻的事實，爭取目光；(5)移花接木法：把某件事務加於另一件事情上，使被加的事務改變意義或增添新意；有明確主從關係，一定是從屬事務依附主要事務而改變了主要事務。通常以象徵、比喻或隱喻的型態出現；(6)同質異化法：直接改變表現素材的本來意涵，使它異化爲另一種意思；(7)異質同化法：把本來意涵全然不同的事務轉化爲合乎概念需要的表現，使創意不必用理所當然的素材來呈現，而得以跳脫傳統框架；(8)吉光片羽法：隨手抓住掠過腦海的想法以及感覺所能知覺的事務，如色彩、人影、車聲、電腦鍵盤聲、笑話等，一律以多角度觀照從中孕生點子。

劉美琪等（2000：181-188）則認爲廣告創意策略的發展有兩大路徑來源：一爲由分析環境狀況，藉管理學觀點作思考，如SWOT分析；另一則由行銷學或廣告學做後盾，如獨特銷售主張、定位法、品牌形象及訴求法（如正面訴求、反面訴求、正反兩面訴求、感性和理性訴求等）。

許安琪、樊志育（2002）又指出了一些廣告創意策略，包括：(1)一般性策略：不特別強調與競爭商品之差異，或商品如何優越，只說明商品的特長，常用在特別創新的商品；(2)先講先贏策略：乃某品牌最先打出某一特長，其他產品就會忌諱打出同樣的特長；(3)獨特銷售主張（USP）策略：是根據廣告的商品分析和消費者使用該商品的反應而創造出來的；(4)品牌印象：培植品牌擁有的威信，使消費者保持對品牌之長期好感，從競爭品牌中固守自家品牌的優越地位；(5)商品定位策略：在於發現商品在印象圖（image map）中最適當之位置；(6)共鳴策略：是利用消費者日常記憶的生活體驗，在其所記憶的場面重現時，提起商品，促使記憶該商品的戰略；(7)感性策略：此策略加諸於消費者的影響是情緒的，和競爭商品比較有極大差別。

劉美琪等（2000：189-190）認爲有效的廣告創意策略，要涵蓋行銷及傳播的整合功能；其要點包括：(1)廣告創意策略發展前，應尋找符合產品利益需求的市場區隔；(2)廣告創意策略須能提供消費者利益或解決問題；(3)廣告創意策略所提供的利益或解決問題之方法，應是消費者所要或期望的；(4)廣告創意策略必須與品牌合而爲一；(5)廣告創意策略的訊息必須透過媒體傳達給消費大眾。

創意的思考能夠使廣告策略在擬定之前有所依據，而此些創意要能落實或廣告策略要能貫徹，則就要靠廣告之表現。然而運用什麼樣表現的方式才能夠達到所擬定的廣告活動呢？許安琪、樊志育（2002：150）認爲通常在決定廣告表現因素中，可分爲下列五點：(1)自己公司資源：廣告商品的品質、廣告以外的促銷活動、銷售體制、組織文化等；(2)消費者：目標消費者的價值觀、態度、意見與行爲；(3)通路：廣告商品的流通情況，如通路形式；(4)競爭情形：該項商品市場中的競爭對手所採取的廣告戰略如何；(5)時代背景：現在或今後流行的事物爲何，何種想法、感受才能博得消費者共鳴，獲得消費者歡迎。

進一步地，許安琪、樊志育（2002：156-165）指出廣告的表現大致可分爲語文型態（verbal）與非語文型態（nonverbal），茲敘述如下：

1.語文型態的廣告表現：語文型態的表現方式，運用在電波媒體的旁白、平面媒體的文案等口語化，非視覺的創意表現方式。包括下列要素：(1)標題：其有五大特質：滿足讀者或受眾的自我利益、具新聞消息性、充滿新奇性、簡短有力的標題，以及具可信度；(2)內文：內文撰寫技巧要掌握AIDMBA原則，即引起注意（Attention）、找出目標是聽眾的興趣（Interest）、激發慾望（Desire）、使其記憶（Memory）、產生信心與信服的資訊（Belief）、促使購買行爲（Action）；(3)標語：標語的創意發想應以表達企業或產品意義、可使用的時間長、簡潔有力、容易記憶和朗朗上口爲主；(4)標誌（Logo）：其是藉由視覺語言創造形象，將商品性質和企業風格形象等以簡單的圖案表現出來；(5)企業識別系統（CIS）：則是爲企業作定位，必須與企業之未來發展、趨勢等條件配合，並具社會責任的意義在內。
2.非語文型態的廣告表現：在廣告表現創意中運用非語文的方

式，幫助廣告訊息達到視覺化的廣告效果。非語文的廣告創意以平面和立體的廣告製作物爲主，以作爲廣告表現的形式。(1)平面製作物的廣告表現：可以文字的字體形式及字級大小、故事性訴求或插畫、圖畫、照片或色彩等象徵意義來塑造或加強產品的個性及形象；而廣告整體標題、文案或插畫等元素布局亦很重要；(2)立體製作物的廣告表現：依照美國廣告學者Bovee與Arens的觀點，稱之爲執行創意的技術，可分爲產品導向及消費者導向兩大類[6]。

以產品導向來說，兩位學者認爲以產品導向的廣告表現通常較理性，且大部分以產品爲主角；如生活型態式（產品使用者覺得產品是生活的一部分）、問題解決式（產品提供之利益可爲消費者解決問題）、產品示範表演、產品比較、實證式、名人或專家推薦、新聞報導式。以消費者導向來看，其是以較感性訴求，注重消費者情緒、情感等心理層面，較無產品資訊、功能等具體利益；如使消費者能判斷出購買該商品好處的「情報性廣告」，或是使品牌使用經驗與某種心理狀態相契合的「轉化或隱喻性廣告」。

黃文博（2000：74-85）也提出了一些創意表現的切入點；包括文字、圖像、編排及媒體切入點，茲敘述如下：

1.文字切入點：包括有意涵的主張（如「只要我喜歡有什麼不可以」）、巧妙的雙關語（如「他傻瓜你聰明」）、易讀易記的標語、消費者最終利益點（如「讓孩子長的跟大樹一樣高」）、消費者承諾（如「一有風吹草動，中興保全立刻出動」）、激起聯想的暗喻、權威說法、新知新訊、警戒提醒或輕微恐嚇（如「這就是我們喝的水嗎？」）與煽動情緒的表述（如「世界上最重要的車就是爸爸的臂膀」）。

2.圖像切入點：可以透過反經驗的表現、戲劇化的表現，比喻象徵、幽默有趣的方式，或以巨大的單一物件，甚或以大量留白的表現方式來突顯創意。

3.編排切入點：包括字體的極大化或極小化、反傳統的編排方式（如標題文字擺在文案中間），或以文字變化的方式等來突顯編排的創意。

4.媒體切入點：方式包括報紙頭版全包、在雜誌內頁置入摺疊海報，或以報紙專輯化的方式來呈現。

廣告活動的目標和政策會影響其內容和訊息，而媒體的選擇明顯地亦會影響廣告的內容與訊息。然而因爲有些媒體可提供地區性的選擇，因此正確的訊息內容可透過這些媒體傳送至某些特定區域，這樣的地區性選擇可使得公司在不同時間、地點傳遞不同的訊息。而廣告表現的傳遞形式有許多種類別，可透過電波媒體（電視、廣播等）與平面媒體（報紙、雜誌、傳單、戶外廣告、T-bar等）來對消費大眾傳達訊息，而運用不同形式的媒體則有不同形式呈現的廣告表現。至於媒體部分之相關論述，本書將列專章另外討論。

第三節 廣告效益評估

廣告效果評估最基本的目的，主要就是期望藉由相關的測定方法來判斷廣告及其相關活動是否有達到原本所設定之廣告目標。倘若有達到預期設定之廣告目標，不論是產品或品牌知名度的提升、消費者態度或行爲的變化，還是銷售的增進，都顯示出了廣告及其相關活動某程度地有收到效果。然而值得一提的是，雖然無法明確斷定品牌知名度的提升、消費者態度或行爲的變化、或是銷售的增進，皆是因爲廣告直接造成了這些顯著且可欲的結果；但可以肯定的是，廣告及相關活動絕對與這些結果有其關聯性，至於關聯的程度仍有待學界及實務界進一步的研究。

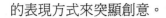

透過評估，我們能夠檢驗廣告策略是否成功、創意表現是否適當、媒體安排能否精確命中目標群眾，同時能夠藉以作爲下次廣告策略之相關依據，更能夠達到開源節流的效果，避免不必要的浪費及開支，所以評估實在有其必要性。蕭富峯（1994：279）亦指出廣告效果調查是在廣告創作已經刊播在媒體之後，對廣告效果所採行的追蹤調查，以瞭解原先所設定的廣告目的是否如期完成，廣告的注目度與衝擊力如何，消費者有哪些反應，有哪些優缺點可供後續運作參考等。基於此，本節欲簡單地將廣告評估之方法作一簡單介紹，讓讀者在進行廣告策略評估時能夠有所概念。

首先，讓我們來談談廣告創意或表現的相關評估概念。David Ogilvy於其一九八五年的著作中以五個問題作爲評估創意的標準，包括：(1)當我第一眼看到這個點子時，是否會讓我讚嘆不已；(2)我是否希望這個點子是我發想的；(3)這個點子是否是獨特的；(4)這個點子是否能符合最佳的策略；(5)這個點子是否能被持續使用三十年[7]。

榮泰生（2000：385-387）提出了六項問題以作爲評估廣告是否令人印象深刻的指標：(1)圖片是否能充分地表達訊息？(2)文句適當嗎？(3)整個廣告是否有一個清晰的主題？(4)是否有強調品牌名稱？(5)訊息的樣式對產品而言是否恰當？(6)產品是否有獨特性？他也進一步說明了好的文案要滿足PACT（Positioning Advertising Copy Testing）原則，茲將此些文案測試原則分述如下：(1)要能衡量出廣告的目的；(2)在測試前，對測試的結果如何使用，應有一致性的看法；(3)提供多重衡量，因爲單一衡量不足以衡量廣告效果；(4)以「人類對於溝通所作的反應」模式爲基礎，也就是衡量到「對刺激的認知」、「對刺激的理解」以及「對刺激的反應」；(5)考慮到「廣告刺激的暴露不只是一次」的問題；(6)確信不論製作的多麼精美、創意的廣告文案，均可以被確實地加以衡量；(7)對於文案內容所產生的偏差效果，可以加以控制並避免之；(8)可以在實證上測試其信度與效度。

劉美琪等（2000：197-198）則認爲在追求偉大創意與最好的廣

告表現是所有廣告創意人的最終目標，透過有策略主導的廣告活動才能夠有效執行廣告表現，其要點包括：(1)廣告表現的訊息是否單純化（simple-minded）傳達：無論平面或立體媒體的創意表現，訊息皆應集中於一個策略或表達在一個概念上。過多的訊息反而導致消費者或閱聽人對產品造成失焦；(2)廣告表現是否具有品牌的調性與型態（tone & manner）：廣告是否表現品牌的個性，可由其調性與型態看出，所以在策略上和製作上皆應別立一格，方便消費者辨別；(3)是否提供對閱聽者或消費者而言，有利益且有意義的產品訊息：提供商品的利益或意義是產品的後座力和吸引消費者持續的購買力，因此在廣告表現中不可忽視；(4)是否針對目標對象作訴求：「永遠對對的人說對的話」是廣告表現的重點；(5)廣告表現是否具有延續性：廣告活動皆應是延續的、系列的或是階段的，因此廣告表現的重點也應該成呈現這些特點，使廣告效果得以累績。

許安琪、樊志育（2002：165）也說明了採取何種廣告表現會有效，廣告表現要素與要素之間的關係如何，十分重要。例如，為獲得高度的廣告認同，採用名人算是相當有效的方法，然而商品與名人之間是否適合，也就是演員對商品是否相配，是廣告策略的成功與否的關鍵。所謂廣告表現，並非只僅於此，必須檢討行銷戰略的整體關係。至於特定的廣告表現手法，產生什麼特定的效果，例如，認知、說服等，有時廣告設計者必須在限定的目的來設計廣告表現（如快速提升品牌的認知率等），此時表現手法與效果的知識相當有用。

若以較大範圍來討論廣告之效果，究竟有哪些研究方法可以使用？效果又要從哪幾個面向加以評估？蕭湘文（2000：260-266）認為廣告主的投資活動是建立在其效果目的上的，此效果包括廣告的傳播效果（communication effect）和產品的銷售效果（sales effect）；傳播效果指廣告訊息帶給受眾任何可能改變或加強消費者對產品在態度、認知、情感及行為上的正面性反應；產品銷售效果指產品實際的銷售情況，受到行銷組合中的4P影響。至於調查的方法，她也指出了廣告訊息的效果、媒體刊播的效果與活動的效果測定；包括日記式調查法、電話訪問法、回郵方式等。而廣告效果的主要測試指標包括認知、記憶、評價、喜好與購買。蕭富峯（1994：279）同樣認爲一般在廣告效果調查方面，是以溝通效果爲主，其中包括知名與瞭解、記憶、喜歡與態度改變、信服、偏好，以及購買意願與行爲等，以確實瞭解消費者的反應爲何。

鈕則勳（2002）也針對了競選廣告之效果以「認知」——有無看過該篇廣告，「情感」——該廣告是否會產生預期的感覺，「行爲」——該廣告是否會對受訪者之投票行爲有影響，此三大項作爲基礎來進行問卷題組之設計，進行電話訪問以探究答案。而其中也發現，認知的部分，亦即民眾有看過廣告的比例較高，至於廣告是否能給予消費者或民眾「傳播者所欲達到的情感反應」，其比例就稍有降低；而傳播者通常希望能透過廣告以使受眾產生行爲上的效果，這樣的企圖往往更難達到，亦即受訪者回答會受廣告影響而產生行動的比例一般而言都是最低的。

榮泰生（2000：387-402）亦歸納出了衡量廣告效果方法的歸類。第一個分類基礎是「與廣告有關的測試」或「與產品有關的測試」；第二個分類基礎是「實驗室的衡量」還是「眞實世界的衡量」。首先，「與廣告有關的實驗室測試工具」包括消費者陪審團（consumer panel）、組合測試（portfolio test）、閱讀率分析（analysis of readability）、生理衡量（physiological measures）；陪審團方式即是透過消費者來分析廣告，並對廣告成功與否給予評點。組合測試即能產生最高「內容回憶」的測試廣告即是在維持及獲得注意方面最有效的廣告，閱讀率分析則在測試有關受測者有興趣之訴求、對句子之理解程度、對文字熟悉程度等；生理衡量的工具則包括追蹤受測者眼球在看到文案時一動情形的「眼球照相機」，或用來衡量受測者吸引注意情形的「瞳孔放大反應」。

其次，「與產品有關的實驗室測試工具」包括劇院測試、手推車測試及實驗商店。劇院測試與實驗商店方法相似，在於評估消費者在暴露於廣告刺激後，於產品偏好上所產生的改變；手推車測試則是受測者在商店中推著手推車，模擬實際購買情形，此時讓其看到各產品之廣告文案，以讓其選擇他們認為最好的文案。

再其次，「與廣告有關的在眞實世界情況的測試工具」則包括「認知測試」、「回憶測試」及「連結測試」；如回憶測試是不在提供刺激（廣告）的情況下，從受測者的回答深度及正確度中，衡量其對廣告之印象；分爲非提醒式回憶（如「最近你看過什麼廣告？」）及提醒式回憶（如「最近你看過什麼咖啡廣告？」）。而受測者在連結測試中會被問到這樣的問題：「強調『每公升可跑得更遠』是什麼汽油品牌作的廣告？」，連結因素就包括基本產品、廣告主題與品牌名稱，而廣告效果就是由受測者回答的正確性來衡量。

最後，「與產品有關的在眞實世界情況的測試工具」則如銷售測試；即直接詢問購買者，是何因素使其購買這個產品，是廣告因素？產品品質因素？還是其他情境因素？

透過以上所提的研究方法及評估標準，大致皆能夠用以判斷或評估廣告活動有無達成其預先設定之目標；透過效果評估，能夠與最初的過程廣告策略過程——調查研究，進行首尾呼應，而設定的目標能夠達成，更突顯了整體的廣告策略與企劃對該項產品或品牌有加分之效果。

註釋

❶劉建順，《現代廣告概論》（台北：朝陽堂，1995），頁一六三，一六六至一六七。

❷許安琪、樊志育著，《廣告學原理》（台北：揚智，2002），頁三〇二至三〇三。

❸Dan E. Schultz, Dennis Martin & William P. Brown著，劉毅志編譯（1987），《廣告運動策略（2）：廣告創意、預算、SP》，頁一至四。

❹許安琪、樊志育，前揭書，頁一五二至一五四。

❺蕭湘文，《廣告創意》（台北：五南，2000），頁十四。

❻轉引自許安琪、樊志育，前揭書，頁一五九至一六四。

❼轉引自蕭湘文，前揭書，頁四十五至四十六。

第二篇　政府廣告

顧名思義政府廣告是政府出錢刊播之廣告，其目的不外是宣導政策、形象塑造，介紹國家之社會經濟現況，藉以對內能與民眾保持充分溝通，爭取民眾之支持與信任；對外能促進外國人對本國的認識與瞭解，進行國際宣傳，提升國家的形象與地位。在民意至上及國家互動頻繁之今日，透過此種溝通有可能達到增進瞭解、建立互信，進而建立支持的重要工具；至此，政府廣告之積極功能及重要性與日俱增。

以往，政府通常認為只要政策之出發點是善意且對國家社會整體發展有利，即可付諸實行，民眾瞭解或支持與否，並非極重要；曾幾何時，民意變成了施政最高指導原則，已使得此種較威權式的執政心態產生轉變。政府瞭解與民眾溝通的重要性，才能將有利於民眾的政策推銷出去，減少施政的阻礙，至此，各式各樣的廣告乃紛紛出籠；如法務部「反賄選」系列廣告，內政部「防颱」、「防止家庭暴力」等系列廣告，衛生署「防治SARS」系列廣告，交通部宣導酒後不駕車等。

除了對內溝通外，近年來對外之國際宣傳亦日益重要。在解除戒嚴的前後幾年國外媒體經常出現對我國不確實之報導，以致引起誤解，使國家形象遭受或多或少的損害，且影響國際視聽。故我國先後在重要國際媒體刊播國家形象廣告，期望扭轉形象，建立正確認知；如新聞局積極宣傳政府民主化的系列廣告，如解除戒嚴、開放大陸探親等，同時向美國大眾說明台灣是美國親密貿易夥伴，而非只是賺取順差，而造成失業問題的麻煩製造國家；也曾經先後於《國際前鋒論壇報》、《富比士雜誌》推出圖文並茂的專輯式廣告，以爭取國際人士的瞭解與支持。近幾年來，政府相關單位，如新聞局、外交部、觀光局等，更針對特定議題進行國際宣傳；如新聞及外交單位積極推動「參與聯合國」、「參與世界衛生組織」，觀光單位則建立「台灣觀光形象識別系統」等，使我國之國際宣傳進入了一個更專業之領域。

基於以上論述，本篇將從政府廣告依其內容及特徵區分為形象塑造、政策行銷、公益廣告及國際宣傳著手；除了先將相關之理論進行說明之外，進一步擬細部地分析和政府機構有關的廣告類型及其功能。

chapter 3

第三章　政府形象塑造廣告

- 形象與形象塑造
- 政府部門之形象塑造
- 形象塑造之內容、策略及作法
- 廣告與政府形象傳播推廣

第一節　形象與形象塑造

以下將介紹形象的意義及特質、形象塑造：

形象的意義及特質

近幾年來，形象變成了一個熱門的名詞，美國攻打伊拉克會找一個合理的理由，就是因爲它要顧及美國這個大國的形象；中國大陸爲了二〇〇八年奧運，故現今不斷地強化硬體及軟體設備，爲的也是國家的形象。以中華民國來說，每年也會花相當金額之經費在國外打廣告，期望將國內的政治經濟成就讓各國週知，爲的也是國家的形象；政府相關單位之所以會注重媒體或坊間施政滿意度的評比，因爲他們也期望藉此數據建立或強化機構之形象。國家要形象、政府機構也要形象，甚至企業、個人，都愈來愈重視形象塑造，形象塑造已經漸漸成爲媒體時代的顯學。

什麼是「形象」？形象是個抽象名詞，看不見、摸不著，是一種難以捉摸的心理影像。*American Heritage Dictionary*對形象下的定義是「大眾對某人或某事所持的觀念」（The concept of someone or something that is held by the public），或是「某人或某事投射給大眾的風格品味」（The character projected by someone or something to the public）。所以它基本上是大眾對某人或事物的看法及觀念，是在互動的過程中以別人之觀點設定的，而非自己設定的。而它也是我們對某一特定目標，如個人、團體、種族、國家等內涵、成就、外貌與言行活動觀感總評的綜合印象，所形成主觀反應的一種總體表現。

彭懷恩（2002：268）在其《政治傳播與溝通》一書論及到最早使用「形象」一詞的是美國經濟學者Kenneth Boulding在一九五六年

所出版的《形象》（*The Image: Knowledge in Life and Society*）一書中所賦予的定義開始，他將形象說明爲人類對於外在事務的主觀知識，也就是人在成長之過程中，不斷透過感官知覺的接受外界所給予的訊息，因此對外在世界的一切事物，均保持某程度的認識與認知，而此種認知或認識將隨著新訊息的傳入，而產生或多或少的一些改變，而這種認識與認知便是形象。而Kenneth L. Hacker於一九九五年主編的《總統選舉中的候選人形象》(*Cadidate Images in Presidential Elections*)一書中也有類似的說法；即他也指出了有關許多形象之定義都是源於Boulding將形象描述成一種主觀知識——人所相信的眞實的論述。

Nimmo和Savage（1976: 8-9）指出「就形象這個字的定義來看，並沒有明顯的共識」，有人說它是「心理的建構」（a mental construct)，也有許多人將它視爲一組「可以被看見的產品、物體或是人之屬性」。基於此，此二人綜合了此些論述來將「候選人形象」界定成爲選民主觀認知與候選人所投射之訊息此兩面向之互動關係；是以他們的形象定義是以上兩類定義之綜合，亦即形象是藉由事件或人物，投射出來能夠被人所認知的一種組合，而呈現出的一種概念。綜合來說，形象即是一種主觀的心智建構歷程，它會影響事件以何種角度被認知，而其同時也會受到投射主體之影響。他們也指出，形象是透過大眾傳播媒體加以選擇或者是重新排列組合後所形成的產物。而在Nimmo與Savage的書中，也提到了 Boorstin（1992）對形象的論述，其指形象是閱聽人對任何外在之人事物，其外在形式之虛擬意象或重現，具有引起共鳴、產生信賴感、創造生動活潑、概化，及模糊與涵蓋之特質。

除此之外，Nimmo又提到一九五六年Boulding的說法，他認爲形象是人們對客觀世界主觀再現的結果，而他也認爲傳播訊息中的資訊，是塑造形象之主要因素；每當訊息接觸到個人時，原本的形象可能又會產生某程度的改變。是以，形象的形成是一連串形象訊息交換的過程，而基本形象的構成即是系統地將外界資訊過濾而得[1]。國內學者方蘭生（1999：23）則認爲「形象」是對某個目標或事物的內涵、外貌、言行活動三方面綜合起來所給予的反應，可能是理性，也可能是感性的感受，一種評價的綜合印象。

至於形象到底有何特質？孔誠志、李宜錦等（1998：20-24）則於《形象公關》一書中提到，形象有以下六點特質：(1)形象是活的、延續的：形象並非一成不變，隨著企業的成長發展，在既有的形象基礎上，會不斷地延伸發展與累積；(2)形象是可塑造的、可管理的：良好的形象是靠長久努力得來的，是在既有的企業事實上，透過管理的手法，把相關訊息公諸於世，使社會大眾對企業整體形象有正面的觀點；(3)形象是可分類的、可比較的：對於形象的描述，可以找到很多兩兩相對的形容詞，例如，大企業或小企業、賺錢的或賠錢的企業、傳統或高科技、親切的或官僚的、有效率的或沒效率的、有活力的或死氣沉沉的等；(4)形象是相對的，不是絕對的：同產業的企業在消費者心目中的形象是相對的，形象位階愈高的企業，對於企業本身、產品或定價上，具有較強的競爭優勢；(5)形象是會起落的：形象不是一成形就不會變更的，在改變企業形象時，需要投注相當的心力與時間，並配合整個時代環境的脈動與變遷，來經營管理企業形象，經過時間的累積效果，達到形象改變的目的；(6)形象是點滴累積而成的：形象的效果是日積月累的，並不是一個危機事件爆發，就足以使一個公司的形象從此一落千丈。除了遇到危機時的處理與解決方式之外，企業過去累積的形象，也有相當大的影響力。

若綜合相關學者對組織或企業形象討論之文獻來看，也可約略發現形象具有下列六項屬性〔Spector（1961: 47-51）；Walters（1974: 86-90）；陳士斌（1985）；袁怡文（1990）；江惠君（1993：9)〕：(1)主觀性：形象乃社會大眾依據其從相關組織活動中所獲致的訊息、符號等加以轉換成個人的內在心理反應，因爲每個人接觸的資訊有其一定限度，而此些資訊可能並不完全或眞實，因此每個人心目中所產生的組織形象與眞實形象之間有一定的差距；(2)累積性：人們經年累月的接觸、吸收訊息，故組織形象的形成並非一蹴可幾，且所經歷的時間愈久，也就愈難改變；(3)整合性：企業及組織形象是個人觀念、判斷、偏好及態度的綜合體。它並且整合了個人過去的學習經驗、知識、情境因素、家庭因素、文化背景與被觀察對象本身的行爲，進而形成了對該組織或企業的觀感；(4)擴大性：人們會以其對組織或企業已知的形象，來推論其他不知道的事物；(5)互動性：人們對於組織或企業的觀感，經常受到周圍朋友、親屬以及參考群體等的影響，尤其是那些本身尚無實際經驗的事情。除此之外，當個人對於某企業之印象與其周遭其他群體不一致時，此原有印象可能會受到影響；(6)簡化性：形象在社會大眾心目中經常會被過分簡化，人們很難將所有經歷過的事物完全加以整合、分析，因此組織形象是經由篩選與過濾後的訊息所組合而成的結果。

至於形象之構面爲何？Walters（1974: 369-371）則以提供產品及服務，分爲三個構面：(1)機構形象：社會大眾對整個機構之態度；包括法人形象（corporate image）與商品形象（store image）；(2)功能形象：此部分主要是爲達到相關目的，而提供各種功能，所帶給消費大眾之形象；包括服務形象、價格形象及推廣形象；(3)商品形象：爲消費者對企業所提供產品之形象；包括產品形象、品牌形象及品牌系列形象。

形象塑造

形象既然是現今社會所重視的，所以從個人開始，到企業、機構、政府，甚至是政黨、候選人及其他公眾人物（public figure），都付出許多的心力於形象的塑造上；而其間似乎又存在著相互連結的關係。而一般組織從事組織形象塑造主要有幾個目標：(1)塑造組織形象：爲沒有組織形象或形象不鮮明的組織塑造形象，是從無到有的工作；(2)提升組織形象：讓組織形象從「不好」到「好」，是在既有的基礎上進行加分；(3)改變組織形象：原本既定之形象可能由於時代觀念改變或組織內部產生質變而產生策略上之變化，以求因應相關環境或需求。

Nelson（1962: 67-71）在其有關形象形成或塑造的著作中對形象形成的因素歸納爲以下兩者：(1)外在因素（external factors）：包括社會的影響、群體壓力、參考群的參與及社會組織的集中程度等；(2)內在因素（internal factors）：包括觀察者本身的興趣、組織地位、心理及生理狀態、動機、態度、判斷以及對群體、個人之間的感情。由上可知，觀察者本身、訊息傳遞的來源及個人瞭解程度是影響形象形成的主要因素。

若以前面形象塑造之影響因素綜合來看，環境或民眾（或前面所稱的觀察者）心理所建構的客觀條件，機構或候選人的本身優劣勢這些主觀條件，皆是形象塑造前必須的考量。除此之外，不論是企業、組織、機構或是政黨、候選人，其在塑造形象之前，還要考慮所欲達成的目標爲何，更必須考慮要塑造何種形象，接下來才能有相關策略及作法。本部分擬將針對前述客觀及主觀條件進行細步說明，至於要塑造何種形象，及其策略爲何，將於第三節來說明。

客觀條件部分，民眾心理及其需求是一個應注意的因素。基於此，企業、組織、機構在形塑自己形象的時候就可能會考慮民眾之需求，進而加以去回應他們；好比如麥當勞耳熟能詳的標語——「麥當勞都是爲你」、聯邦快遞（Fedex）的「使命必達」、全家便利商店的「全家就是你家」，很明顯的都屬於這種迎合民眾或消費者需求策略的使用。而這樣的策略，以候選人及政黨的觀點來看，亦是將其列爲主要考量，如政黨及候選人的政見多是以此爲出發點，在後面的章節中筆者將更加詳細敘述。

其次，以另一面向來看，政黨及候選人也可順著民眾的心理反應來建構形象，如一般民眾較同情弱者、被不公平對待者及被惡意打壓者，他們同樣支持改革者，也會崇拜英雄人物；如民進黨美麗島世代的政治人物出獄後，多選上立委或躍上政治舞台，很明顯的就屬此種效應。

接下來則要考量較容易被社會所接納的角色爲何。一般而言，企業、機構、政黨及候選人會朝著社會價值所肯定的範圍去做配合，因爲有能力的機構、專業的政黨、清廉的候選人這些概念或認知，是長久以來被社會所廣泛認同的。倘以候選人來說，其更希望去形塑所謂努力打拚的形象、白手起家的形象、認眞負責的形象等，因爲這些形象皆是傳統社會最爲肯定的價值。而許多媒體也多會進行「施政滿意度」的民意調查，而相關的評比標準就是被社會廣泛接納的具體指標。

至於主觀條件，就是企業、機構、政黨或候選人本身的條件，而要能夠形塑出鮮明的形象，通常都是針對其特徵或優勢來進行強化，進而突顯它；如年齡、學歷、出身、經歷、職業及口才等皆是重要的主觀條件。以年齡來說，一個新生的機構及政黨，人們會對它有期許，但也可能被批評爲經驗不足；同樣的，一個年長的候選人亦往往可以突顯出他的閱歷豐富，但保守或老態龍鍾，可能會變成另一面向的解讀。即使如此，政黨或候選人總是會在形象塑造之時，以其主觀條件去進行正面觀念的形塑，以求建立的形象會幫自己加分；如學歷高者必會藉以突顯專業有能力，年輕者通常會以改革的新世代自居，出身貧寒者總會多著墨於他堅苦卓絕的奮鬥歷程。

而領導人才便是主觀條件中非常重要的因素。不論是政府、企業或機構，都需要專業經理或是具領導力的人才，透過此些人才才能夠爲自己的機構進行可能的加分，強化本身的能力，建構出所欲形塑的形象；而這些專業領袖人才則必須從人格特質的強化開始著手，以人格特質作出發，不僅是形塑一己形象之利器，也是建立機構形象之重要關鍵。

Luke（1998: 25-32）就指出優秀的公衆領袖應該具備之特質，包括魅力（charisma）、鼓動力（inspiration）、考量個別權益（individualized consideration）及知識激發（intellectual stimulation）四項。魅力建構在於領導者是否能對未來提出遠景規劃，獲致他人期盼及追隨者信任；鼓動力則是領導者應透過溝通，強化團結，共同追求目標。考量個別權益指領導人必須多鼓勵部屬，同時關心其權益，才能建立互信之和諧關係，發揮專業能力；知識激發則植基在激發部屬之專業或創新等的能力上，同時會協助部屬或引導他解決問題。

Robert和King（1996: 145-151）則聚焦在個人識別（personal identity）來對公眾領袖之個人特質提出相關元素；包括人格（personality）、價值觀（values）、動機（motivation）、知識（knowledge）與技巧（skills）。

卜正珉（2003：232-235）也指出了公眾領袖之領導能力應具備下列幾個面向：(1)策略性思考及行動：包括要能主導訊息訴求及意義詮釋的方向；界定問題的本質及核心、解決問題的對策、對策產生的結果，及結果導致的影響是否符合原先的預期等環節；釐清事件或問題所牽涉的利益關係人；系統性地思考問題；(2)運用並發揮團隊力量：要讓組織不斷有新觀念產生，並勾勒組織發展、奮鬥的新遠景；要採取衝突管理手段，有效管理組織內部衝突；整合內部多元立場為團隊共識，並協助研訂完整的策略規劃；(3)以人格特質及優點領導眾人：包括以開放態度接納多元觀點；關心團隊成員及他人；不將私利凌駕於公共政策上。

總括來說，主觀條件並非獨立存在，而是會和客觀條件相互影響同時需要配合的。比如說，二○○○年大選中的社會氣氛對於「黑金政治」深惡痛絕，而民進黨在民間所較廣泛被認知的「改革形象」適時地變成了解決黑金政治的一帖良藥，使「政黨輪替」一夕成眞。基於此，機構、政黨及候選人絕對有必要去突顯出自己之優勢，讓此優勢變成「獨特銷售主張」（USP），即別人根本無法取代的特點，進而配合客觀環境的氣氛，勢必會和民眾的需求或心理產生交集。

第二節 政府部門之形象塑造

在討論形象及形象塑造之基本概念及影響因素之後，本節將形象及形象塑造之焦點至於政府機構這個公共部門上，探討其形象之特徵、構成要素及進行政府形象塑造之意義。

公共部門形象的特徵與構成要素

公共部門形象的涵義與特徵

李明強（2002：140）認爲公共部門形象就是指公衆對公共部門總體、抽象、概括的認識和評價。它既是對公共部門特徵和狀況抽象化認識和反應的結果，又是一種評價和相聯繫的觀念狀態，這種觀念狀態就是公衆對公共部門的態度和輿論狀況。前者是透過公衆的主觀印象表現出來，後者則可透過公衆態度和輿論狀況來衡量。

李明強（2002：140-141）也指出公共部門形象具有以下四個方面的特徵：

1.客觀性和主觀性的統一：公共部門形象是客觀存在的，公衆對公共部門各方面狀況及行爲認識和評價來自其自身的內在行爲及外在表現；而公共部門形象也具主觀性，即公衆對公共部門之評價是來自主觀感受。
2.同質性和異質性的統一：同一類型的公衆對同一公共部門的評價往往有相近的同質標準，而公共部門面臨的公衆十分廣泛，故其對同一公共部門之印象亦具有異質性。
3.穩定性與可變性的統一：公共部門形象具某程度的穩定性，但從長期來看，公共部門形象具有變動性，任何部門形象都會因為部門本身、客觀環境或公眾因素作用而發生變化。

4.整體性與局部性的統一：公共部門形象是由許多不同形象要素構成，其形象是所有此些要素綜合反應，而局部形象之好壞亦可能對整體形象造成相關之影響。

既然政府形象有以上諸多特徵，是以在考量政府形象塑造的同時，便就要把相關特徵納入；如前述指出「局部形象之好壞亦可能對整體形象造成相關之影響」，是以政府在擬定形象塑造相關策略之時，便應該讓政府機構所有人員皆有相關概念，讓其對機構之形象塑造盡一份心力。

公共部門形象的構成要素

至於公共部門形象構成要素爲何？李明強（2002：141-143）認爲公共部門形象主要由目標要素、組織要素、政策要素、效率要素構成。

1.目標要素：目標是公共部門宗旨的直接體現，也是公共部門形象的具體化。目標的實施過程也是形象的確立過程。

2.組織要素：組織內的廣大工作人員是公共部門方針及政策的直接實行者，又廣泛接觸大量社會大眾，其同樣亦是公共部門形象的塑造及追隨者。

3.政策要素：良好的政策是實現目標及塑造良好公共部門形象的保證，一方面引導公眾調整自我行爲達成既定的行政目標，另一方面亦規範本身行爲使其不逾越政策限定範圍。

4.效率要素：公共部門的活動效率可反應其作風、人員素質、體制機能等各方面的狀況，亦即此些因素直接影響公共部門效率，而效率亦是公眾評價的重要依據。

公共部門之地理位置及環境設施等也是構成公共部門形象的客觀因素。

為了建立政府部門形象，廣告則必然會強調構成其形象之相關因素，如內容會強調其行政效率、目標達成率（政績）、組織內人員的工作勤奮、政策行銷，而在畫面的取材中亦會將其宏偉的辦公大樓，工作人員為民服務之場景帶入，皆為期望藉強化此些形象構成要素給民眾之印象，來強打機構之整體形象。

公共部門形象分類

至於公共部門的形象可不可能將其作一個簡單分類呢？答案是可以的，李明強（2002：143-145）則指出公共部門包括有形的形象與無形的形象、局部或整體形象、真實與虛假形象及實際和理想形象，都是可以分類的標準。茲分述如下：

一、有形及無形形象

有形形象具有物質化特徵，如建築、設施及周圍環境等，亦包括工作人員之行為；無形形象包括信譽、威望及精神風貌等。

二、局部及整體形象

局部形象是根據其各類不同公眾進行設計的形象；整體形象是由局部形象構成，是各類公眾對公共部門各局部印象之總合。

三、真實和虛假形象

真實形象即公眾主觀上形成的符合公共部門客觀實際的形象，掌握真實形象是公共部門塑造良好形象之前提。虛假形象即公共部門在公眾心中形成與實際情況間有誤差的形象，公共部門應要找出失真的原因同時進行補救。

實際形象和理想形象

實際形象是公眾普遍認同的形象，其可能由調查得知；理想形象則包括公共部門自身的期望形象和公眾所期望之形象。而實際形象可說是公共部門形象塑造的起點，理想形象則是終點。

由以上敘述亦可知，要進行政府形象塑造，不只是硬體，更重要的是機構服務或存在的理念或精神，這也就是機構的軟體建設；是以現今政府機構都將其服務或特殊理念作爲基礎，希望能達到滿足民眾需求、創造國家利益的目標。而這些作爲都是其欲建立在民眾心目中機構理想形象之具體步驟；至此，現代政府早已和傳統政府機構明顯區隔開了。

塑造公共部門形象的意義

李明強（2002：143-145）也認爲機構良好的聲譽及形象是重要的無形資源，故公共部門形象對公共部門工作有其重要意義。

形象決定公共部門的威信

具有威信的公共部門其所推行的政策才會得到公眾的積極支持。

形象直接影響公共部門效能的發揮

良好的公共部門形象可使行政機關政令暢通，推出的方案能得到社會各界的廣泛理解與支持，產生強大的向心力與感召力。

良好的公共部門形象有利於社會穩定

公共部門若有自覺的形象意識和相應的行爲，即使在工作中遇到挫折和失誤，也會被公眾所理解。

由上述可知，政府形象塑造成功會產生其功能及意義，但是當政府若犯了相關錯誤時，其好不容易建立的社會形象可能會一夕崩解。卜正珉（2003：227）指出了有些因素會導致民眾對政府產生負面印象；首先是弊端（fraud）：黑金或政商勾結、利益輸送或工程舞弊等；第二是浪費（waste）：如政策錯誤導致公帑浪費，或是公款大肆鋪張、奢華享用等。第三是濫權（abuse）：如不依法行事、公器私用、自肥、違反人權、僱用私人親戚擔任要職、或決策不重專業等。而筆者亦認為，其上這些負面因素不論是涉及組織內部成員或是該部門首長，對組織皆可能造成相同的傷害，是以組織形象是組織內所有成員皆應共同努力建立或維持的。

若將前述Walters的形象構面要素和公共部門之形象作連結，則可以將機構之形象構面建構如下：(1)機構形象：包括公共部門在政策上之表現是否得當？是否值得信任？是否深具貢獻？是否獲得讚譽？因此便可衍生出「政策形象」、「信任形象」、「貢獻形象」、「聲譽形象」（Walters, 1974; Barich & Kotler, 1991: 94-104）；(2)功能形象：政府部門所表現出來的功能，通常包括執法管制與為民服務兩大功能，因而衍生出「執法形象」與「服務形象」（Walters, 1974）；(3)行為形象：公共部門內部個人表現於外之行為與儀態，衍生出「風紀形象」與「品牌形象」（Walters, 1974）。由於其皆是影響機構形象之因素，故機構在進行形象塑造廣告時，皆會針對此些類目著力。

第三節　形象塑造之內容、策略及作法

政府部門和一般組織相同欲建立並維護組織形象，而要建立或維持形象則需要根據組織自我期望和實際情況設計組織形象；是以，筆者先將組織形象塑造之相關理論開始切入，從幾個面向來說明形象塑造之內容。

組織形象塑造的基礎工作

組織的形象塑造，不論是政府機構、企業還是社團，最基本的概念仍是從「企業識別系統」（Corporate Identity System）著手；一般而言，機構或企業期望將本身的經營理念與精神文化，透過一系列相關性的活動行為、視覺設計等整體的識別系統，傳達給機構或企業的關係人（受眾）或團體，使其能對該組織、機構或企業產生一致的認同感及價值觀。林磐聳（1993：14）指出，企業識別系統是將企業經營理念與精神文化， 運用整體傳達系統（特別是視覺傳達），傳達給企業周遭的關係者或團體（包括企業內部與社會大眾），並掌握使其對企業文化產生一致性的認同感和與價值觀。也就是結合現代設計觀念與企業管理理論的整體性運作，以刻劃企業的個性、突顯企業的精神，使消費者產生深刻的認同感，而達成促銷目的之設計系統。

深入分析則可發現企業識別系統戰略以理念識別（Mind Identity, MI）為核心，其內涵則包括企業的精神信念、風格、經營哲學及策略等，而這些內涵亦是企業的價值觀念和理想追求之體現。行為識別（Behavior Identity, BI）即動態的識別形式。對內有幹部教育、員工教育、工作環境、職工福利等；對外顧及市場調查、促銷活動、溝通對策及公共文化活動。視覺識別（Visual Identity, VI）則是從不同面向貫徹企業理念識別的精神內涵，如商標、標準字體、標準色、圖案等。而企業透過企業識別系統戰略，對自身的理念精神、行為方式及視覺識別進行科學及系統的整合，從而使企業的各個方面都發生積極的轉變，產生全方位的功效，進而塑造鮮明的企業形象，獲得企業內外公眾的認同。而以企業識別系統戰略作出發，政府機構、政黨、民間組織及社團亦能據此塑造自己的形象。

許安琪、樊志育（2002：207-209）指出了企業識別系統的設計流程，包括從調查研究中確認現有形象，進而進行分析企劃、整體設計、分辨優劣，來討論是否要改變形象；最後則是草擬整體設計方案，包括試作理念識別、行為識別、視覺識別等基本要素，將草案試作進行測試、修正定案、正式作業、按序實施、追蹤及評估。

組織形象塑造的原則

組織形象塑造除了可以企業識別系統戰略作出發外，組織形象塑造應該特別注意有效性的原則，塑造一種有利於組織發展的形象，即有效的形象；為達此目標，有下列幾點原則必須重視。

謀求公眾利益及組織利益的一致性

組織要明白瞭解自己的特性、作用及所面對的主要公眾，判定出組織利益及公眾利益之交集，據以權衡並區別公眾要求的輕重緩急，透過滿足公眾要求，而形塑機構形象。

主軸形象定位

在組織欲建立形象之初，應該根據企業識別系統發展出一個形象主軸概念，而後之相關機構作為，包括政策執行、產品推廣或宣傳等，皆能夠依據主軸形象為訊息作為產製之基礎，如此才能夠產生形象之累積效果，突顯有效性。

總體形象及特殊形象的一致及協調

組織不能只為了滿足大部分民眾之需求，而損害了特殊需求之公眾，亦不能為滿足特殊公眾而所損害大部分公眾之需求，如此皆會損害組織形象。是以組織在滿足大部分公眾要求之前提下，也還要考慮一部分公眾的特殊需求；同時組織須因應多種因素之變動，適應不同環境之需求，使自己能夠保持一致的形象，持續發揮烘托主軸形象之效，並保持在不同類型的公眾中享有不同形象，建立雖具多元化但又不乏統一性的有效形象。

形象塑造策略

除了形象塑造之基礎工作及原則外，筆者擬進一步提出一些和形象塑造有關之策略。孔誠志等（1998：43-53）提出了幾個企業形象塑造的方法，他將其分爲本質面與技術面，前者是指由內在的產品品質來創造出企業形象的價值，諸如努力提升內在的產品品質、積極爭取外在獎項等，後者則可分爲企業識別系統（CIS）、公共關係以及媒體管理三種方式，細部說明如後。

企業識別系統

如前所述企業識別系統乃是將企業無形的服務、文化理念，以一致的、連貫的活動與視覺設計表現出來，傳達給企業周遭的關係團體，藉以形塑企業獨特的風格與個性。因此，企業識別系統並非簡單的產品促銷，而是要突顯傳達企業的經營理念；也不同於公共關係、廣告或促銷活動的短期性，是運用企業整體溝通系統，長期向周遭群體進行互動式的溝通。

公共關係

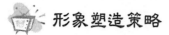

公共關係屬於企業生態環境的外部環境管理，具有很強的社會互動性。企業必須先偵測到外在環境的變化、有利與不利因素、判斷出對企業的可能影響後，在結合自身資源與產業特性，利用各式適合的公關手法主動掌握情勢，以達到企業形象提升之目的。企業可利用的公共關係方式如下：(1)議題管理：議題管理的目有二，一是儘早發現對企業組織有影響的議題；二是影響議題的趨向、消極防止議題對組織造成衝擊或傷害、或更積極地將議題轉爲對公司有利的面向；(2)廣告：廣告並非只具有告知訊息的功能，更可以提醒及促成消費者的實

際購買行動；(3)活動：企業可舉辦一些與企業特質相符合、或具特殊訴求意義的活動，以增加產品知名度或提升企業形象；(4)贊助：企業在明確的市場與產品定位下，可以透過對特定活動的贊助傳達訊息給有意義的受眾，藉此提升企業知名度，所贊助活動的特性（如體育性、音樂性）也會進一步與公司形象相結合；(5)社區公關：如參與社會公益活動、或依企業體本身專長提供服務項目等，都可以跳脫企業的「營利」色彩、展現關懷社會、回饋社會大眾的正面形象。

㈢媒體管理

媒體可說是企業資訊的擴大器，企業爲爭取有利於企業的新聞報導，必須培養高度的新聞敏感性，在平時就須與媒體維持良好互動、滿足記者工作需要，甚至進一步爭取與媒體合作的機會，不但可有效節省宣傳成本，也可達到與企業與媒體互惠雙贏的局面。

而以上所述企業形象之策略及方法對於政府機構來說亦是非常重要的參考依據，而政府也愈依賴這些形象塑造的策略，來建立一己之機構形象。同時由以上之論述亦可知，廣告可作爲組織或機構形象塑造之主要工具，筆者亦會於第四節中聚焦於此傳播方式，來進行深入討論。

除此之外，R. Arkin與J. Shepperd（1990: 175-193）則提出了「形象管理」的策略，以「形象管理」策略來說，有些目標是爲了取得別人的獎賞及贊同，即「取得獎賞型自我表達風格」（an acquisitive self-presentation style）；另一類則是以避免他人的負面觀感爲主要目標，是爲「保護型自我表達風格」（a protective self-presentation style）。以前者來說，E. E. Jones與T. Pittman（1982: 231-263）提出了「迎合」（ingratiation）、「威嚇」（intimidation）、「自我提升」（self-promotion）、「樹立典範」（exemplification）及「懇求」（supplication）策略。

迎合策略期望形塑一種可愛的形象，它最常會透過讚美（compliments）與贊同肯定（opinion conformity）此兩種方式來達成。威嚇策略通常以建立危險的形象爲目標，希望能以此使人心生恐懼而產生行爲上之順從，如威脅就是常用的方式。自我提升則以塑造「有能力的」形象爲目標，透過行爲或光榮事蹟來證明能力，期望獲得他人尊敬。樹立典範是欲形塑「值得尊敬」的形象，期望能帶動公眾之效法行爲。懇求策略是希望藉由此無助的（helpless）形象，透過懇請幫助或貶抑自我這些技巧，引發他人的同情心；但是兩位學者亦強調該策略是相關策略中之最後的選擇，因爲對使用者的可信度及權力等會受到某程度之壓抑。

從「保護型自我表達風格」來看，M. Sott與S. Lyman（1968: 46-62）則提出了「藉口」（excuses）及「正當化」（justification）兩種方式；兩者亦指出了藉口的幾種方式，如「訴諸意外事件」（appeal to accident）——遲到的原因爲塞車，「自然基因訴求」（appeal to biological drives）——男人通常考慮較不周延，「不適用訴求」（appeal to defeasibility）——不知道酒後開車犯法，「代罪羔羊」（scapegoating）——是別人叫我那樣做的。至於正當化，Sott與Lyman則提出了「否認傷害」（denial of injury）、「否認受害者」（denial of victim）、「忠誠訴求」（appeal to loyalties）、「自我充實」（self-fulfillment）、「譴責責難者」（condemnation of the condemners）及「悲慘故事」（sad tale）等。

除此之外，學者R. Cialdini等人（1976: 366-375）提出了「形象管理」的幾種間接策略，茲敘述如下：首先是「光環策略」，即是透過其他具聲望人士的光環，希望能產生對形象塑造者加分的效果；如在選舉上台聯黨的候選人喜歡藉前總統李登輝的光環，替自己加持，又如歌壇新人總是會以「某某人師弟」來作形象定位。其次則是「攻擊對手策略」，即當自己被競爭者攻擊之時進行反擊，或是藉攻擊期望能夠產生某程度的比較效果，來強調自己之優勢等。

倘將此些觀念套用到政府形象塑造上，不難發現現今政府亦是透過「迎合」策略來爭取民眾認同，他們會舉辦民調瞭解民意滿足其需求，同時也會舉辦活動拉近與民眾的距離，讓民眾感受其存在，都是期望藉此建立「好鬥陣」的形象。必要的時候，政府會透過威嚇策略來建立其權威性，便於領導統馭；當然，自我提升及樹立典範則是政府提升專業及能力的不二法門，他們會定期舉辦研討會及演講活動，亦期盼公務員能夠不斷充實相關本質學能。而當政府遭遇危機相關之情事，其除了藉由危機處理策略來進行彌補之外，某程度的「懇求」策略也是其扳回形象的方式。

政府與首長的形象塑造策略

前文已經指出，政府機關就如企業般，要獲得民眾的肯定及接受，不僅要有「品牌」，更要重視自己的「面子」；而政府機關的形象就是它的面子，它是政府機關經過多方面的努力而逐漸形成的，是機關獨特風格的象徵，政府形象對其成敗有著不容忽視之影響，一旦形成就不會輕易改變。有了好的政府形象，政府的首長及施政就很容易會形成「名牌形象」，即政府機構首長會受到較多民眾的肯定，首長說的話或機構的施政，亦會受到較高的評價及認同。

深入言之，政府形象包括機構內在的文化和外在形象兩個方面；內在文化是指政府機構在運行中對現實環境諸因素發生或改變關係時所表現出的基本態度、價值，機構內各單位間水平聯繫互動之基本模式，決策作爲之態度與方法，待人處世的基本行爲準則及服務態度、水準等。外在形象則是指政府機構在運行過程中所顯示的能力識別標記；如政策與民意之貼近度，政府首長政策及機構之知名度及信任度，文官及工作人員之素質等。政府形象又包括政府自我期望的形象和政府實際的社會形象兩方面；自我期望形象及政府自己所希望具有的形象，它是政府發展的內在動力，如一般機構都希望能夠建立親民、便民的服務形象。而實際的社會形象即社會組織已有的眞實形象，而眞實形象倘以建立人心，是正面的話，該組織機構即朝此形象定位持續發展，當對組織機構有利；倘是負面觀感，該機構馬上就面臨到形象重塑的工作。

Roberts和King（1996: 162-163）則認爲培養或建立一個有效率的團隊則有助於建立正面的政府機構形象；而有效率的團隊有其相關條件；包括專業性及功能性之技能、解決問題及創新決策之能力、良好的溝通能力、尊重民意且能容忍批評、成員對組織理念有共識、成員能對整體目標奮鬥、成員間有默契同時相互信任。

而政府首長的形象對機構形象來說亦是非常關鍵之影響因素；首長的形象正面健康，對組織形象亦有加分作用。卜正珉（2003：235-238）指出政府與首長的形象策略可從幾個面向來執行。

1.發展「政府識別策略」：先要進行有效的策略性品牌管理，即由政府設定執政願景、擬定施政計畫、落實政策執行，並以品質、創新、效率、宣傳及預算執行績效等作爲評估成功與否的標準，同時突顯領導人在過程中的角色扮演，最終是建立政府識別體系，推展政府組織及首長在民眾腦海中之特有形象。亦可採用定位策略，透過整合行銷向市場推展。
2.符號政治的運用：政府首長形象之提升及政策推展等也可使用符號策略，將認知與形象連結。如陳水扁的「拚經濟、大改革」即強化施政重點爲強化經濟及掃除黑金。
3.以隱喻策略傳達訊息：隱喻訊息大多是有系統和融貫性的，目的在框架新聞報導裡的概念和故事思考，以提供大眾新的詮釋方式，並以此批判或取代競爭對手的訊息。
4.政府首長與組織形象之整體表現不能切割：政府首長和組織形象是連續性、累積的動態過程。

第四節 廣告與政府形象傳播推廣

公共部門形象塑造起來之後，要如何讓把已經塑造成功的客觀機構形象傳送出去讓公眾瞭解進而支持是當務之急，而此即是政府部門之形象傳播與推廣，形象要推廣就必須有相當周延之推廣計畫；而讓公眾瞭解認知該部門形象固然是重要工作，但是在進行向外推廣之前，實有必要讓機構內部之人員先建立起對機構之強化認知及形象之認同，才能夠事半功倍。然而在傳播推廣之先，則應該抱持一些傳播之相關基本態度。

政府機構形象傳播之基本態度

一、誠實及客觀地傳播機構之眞善美

機構傳播自己的形象是爲求得社會公眾的認知、信賴及支持，建立機構之聲譽及威信，進而使推行的政策能夠順暢。是以，政府機構進行形象傳播必須堅持傳播其形象中的眞善美，傳播機構的服務及施政皆是以民眾需求爲依據，且是誠心地爲民眾解決問題，以符合社會之需求；而其間最重要的即是誠實及客觀，因爲政府機構及官僚爲民眾的公僕，應該忠誠地爲國家及民眾服務，而不可一味昧著良心隱惡揚善或爲著一己之官位私欲欺上瞞下。

二、傳播應滿足民眾知的權利，使其獲得利益

政府機關本就具有滿足民眾知的權利之義務，作爲公僕的機構實在有必要將一己之作爲及施政向民眾進行報告，一方面使民眾放心、給民眾信心，另一方面則清楚地將民眾要配合的政策進行說明，使其

瞭解及配合。而機構每次在進行形象傳播活動，應該認眞地思考此次傳播「將給社會公眾帶來什麼利益」，而非只思考該傳播活動會為機構創造何種利益。

傳播應著重雙向交流，避免單向傳輸

機構之形象傳播應順應時代潮流發展趨勢，進行平等的雙向交流傳播方式，儘量避免單向傳輸，因為民眾作為政府機構之「頭家」，理應受到相當的重視，需求亦應獲得滿足，而平等的雙向交流才能使民眾及政府距離拉的更近，政府形象之建立才會更有實效。

政府機構形象推廣的對外及對內傳播

在建立起相關傳播之基本態度之後，筆者接下來則討論政府形象的對外——一般民眾，及對內——公務員及員工，兩層面的傳播方式。

政府形象的對外傳播

機構在進行對外形象傳播時，可透過人際傳播、組織傳播及大眾傳播三方面。人際傳播是指二人或多人之間透過面對面方式所進行的口頭傳播，在古典的投票研究中也發現此種傳播比大眾傳播媒介在選民投票行為上更具有影響力，即政治人物或候選人直接和民眾接觸，民眾對其支持之態度會更為明顯；倘從此觀點作出發，政府機構相關人員在為民眾服務之過程時，其態度的好壞或積極消極與否，將會決定民眾對該政府機關形象之觀感。若公務員對民眾之服務獲民眾肯定，則機構之形象亦能因此獲利，民眾亦會透過口耳相傳的方式，來替該機構宣傳形象。

其次，以組織傳播來說，由傳播理論中的沉默螺旋理論來看，團體對其成員會產生壓力，規範成員依照團體的模式行為，而成員為尋

求認同，多會依團體的模式行為；故政府只要影響團體，團體將會傳達政治訊息，影響成員之政治觀點及行為。是以政府官員對於現今各式各樣的利益團體，大都希望和其保持良好關係，同時亦會出席相關活動，很明顯地是期望藉由和其之互動，使團體對機構、首長，乃至於政策能夠有更進一步之認識、瞭解及支持。

以大眾傳播媒介來看，除了以電視、報紙、廣播及雜誌為主的傳統四大媒介，效力依然不減之外，新的傳播媒介，如網路、電子告示牌、車廂、燈箱等，亦發揮了非常大之傳播效果。如一九五二年，美國共和黨總統候選人艾森豪（Dwight Eisenhower）第一次使用電視競選廣告來從事競選，使電視不僅成為選民獲取政治消息的來源，也是最值得相信的一種政治傳播利器，而政治人物對它的依賴也與日俱增[2]。至此，候選人在選舉中已會開始針對訊息及媒體的特性進行配合，期望能發揮更大的競選效果。大多數的媒體顧問皆認為廣告透過電視這個媒介來進行說服是頗好的宣傳方式，廣告訊息透過付費的方式於電視中展現，能夠如同獨立的新聞事件般在選民心中保持較久的印象；此外，在電視上刊播廣告會有幾方面的效益；首先，它較其他媒介更能夠滿足受眾視覺及聽覺方面的需求，且傳遞更多訊息；其次，電視能夠創造最大接觸面的受眾；最後，它能創造一種選民對候選人的信任感，同時也有某程度設定目標選民的效果[3]。而本書後面章節亦會將政治廣告之大眾傳播媒介，作進一步深入說明。

三、政府形象的對內傳播

對內宣傳之主要目的在於向員工說明組織的精神、目標、重大施政內容、機構要樹立之形象及改革方向，讓其深入瞭解，同時助其實現；因為公務員或機構相關員工不僅是機構形象塑造者，亦是機構形象之傳播者，因為其站在第一線和民眾作接觸及服務，是以其言行及對該機構之向心力或態度亦會直接影響到機構之形象。而對內部員工之溝通傳播工作能做好，對外之形象塑造才能事半功倍。

而此部分的工作現今亦屬「內部公關」之內容。熊源偉（2002：186-187，197-199）指出內部公關是一個社會組織內部橫向的公眾關係與縱向的公共關係的總稱，而組織形象是透過內在精神及外在事務顯現出來的。他進而指出了內部公關的功能包括：(1)導向功能：一旦組織確立了自己的價值觀和行爲規範，即是向員工發出號召，經員工認可後，就會產生導向作用；(2)規範和約束功能：內部公關工作在尊重個人情感的基礎上，引導人們爲實現組織共同的價值觀念進行自我控制及約束之功能；(3)凝聚功能：內部公關活動使員工在個人及組織目標高度一致的基礎上樹立一種以組織爲中心的群體意識，從而對組織集體產生向心力；(4)激勵功能：內部公關活動從精神上給員工激勵（長官的肯定），使其發揮潛能；(5)輻射功能：內部公關能使各類組織的人事物諸要素與產、供、銷等環節得到優質化組合及合理配置，發揮組織整體優勢；也可向社會展現組織形象。

熊源偉（2002：216-220）亦指出了內部公關溝通目標爲造就員工良好的價值觀念，培養員工共同之價值觀念，團結員工，使內部公眾協調一致；進而才能協調和改善組織內部的人群關係及培養組織內部的「家庭式氣氛」。至於其溝通形式，他則建議可以透過組織系統內依據一定之組織層次所進行的資訊傳遞與交流活動的正式溝通與在正式溝通管道以外進行的非正式溝通；單向溝通與雙向溝通、橫向溝通與縱向溝通[4]。

倘能透過內部公關之方式將機構之精神、目標、施政內容、欲樹立之形象及改革目標，內化成爲機構員工之價值及行爲準則，機構之內部形象建立才能創造其有效性。

廣告與機構形象塑造

前文已經提過，現今許多機構爲樹立一己之形象，皆會使用各式之廣告來傳播其相關訊息，是以，本部分將分成兩個面向來說明政府形象廣告的策略及政府形象廣告的內容。

參、政府形象塑造的廣告策略

綜合前面對於廣告一般性策略之擬定過程及政府形象塑造所考慮的相關因素及內容，大致可將政府形象塑造的廣告策略作一重點敘述。

1.策略擬定部分：政府部門通常會透過下列步驟來進行廣告策略之規劃。

(1)民意調查：藉此來發現民眾對其印象之基本看法或民眾需求及其希望機構建立之形象。

(2)SWOT分析：由民調亦可知道機構之優勢及劣勢，便可透過廣告宣傳來強化優勢，同時針對其劣勢進行彌補，進而透過廣告加以宣傳。若本身缺點及劣勢在公務員的服務態度，在呈現時就可以針對公務員爲民服務情況之改善來進行傳播訊息之切入。

(3)定位策略：新時代的機構行銷皆應爲自己找到一個最清楚的定位點之後，將資源運用到刀口上來進行行銷；此定位點可以民調來切入或以本身的優勢或獨特銷售主張（USP）來鋪陳。

2.策略呈現部分：

(1)廣告訊息之產製：機構透過民調的發現或本身的優勢，皆是應該於廣告中進行宣傳的主要訊息；包括針對機構主軸定位點的宣傳、機構或首長政績的宣傳，或是機構服務內容之宣傳等。其訊息之產製不僅要掌握簡單、清楚、易懂、明瞭的原則，也要於相關的廣告中保持一致調性之清楚脈絡，創造在民眾心中之印象累積性。而訊息產製亦要掌握市場區隔原則，擬定目標群眾能接受之訊息；如勞工委員會針對勞工的廣告，就可以最簡單之口語表現方式為之，不必陳義過高。

(2)選取適合之媒體作為訊息宣傳之最佳載具：政府形象塑造廣告雖有時會透過市場區隔策略來產製訊息，但有時亦可採用針對一般民眾的無差異化策略；如各級市政府要宣傳其政績，最可能用的管道則是電視，以同一訊息透過電視廣告來接觸全體市民，其訊息被接觸的可能才最大。但是相關機構仍會考量其受眾屬性，則較可能不會選取最難接觸其受眾之管道來進行宣傳；如勞委會若要將訊息傳輸給勞工朋友，則網路應當是其較不會考量之媒體。

3.策略效果部分：政府形象廣告是否達到預期之目標，除了可以透過民調方式加以瞭解之外，機構相關人員亦可透過相關公關活動之舉辦，瞭解民眾對機構形象或廣告宣傳之認知。倘發現相關宣傳並未達成強化或塑造形象之目標，則應進行「形象矯正」的工作；而形象矯正之具體程序為找出形象差距，調整實施計畫和過程，進而將調整後的計畫付諸實施。形象差距即公共部門事先自我期望的形象與公眾認可的實際形象間之差距，傳播者應該找出關鍵問題何在；是廣告宣傳訊息太過複雜？還是訊息太難懂或無一致性？或是選擇傳播管道之誤差？還是組織內部之聯繫或認知出現問題？針對問題加以釐清才能調整實施計畫。至於調整實施計畫之具體方法有幾種；包括放慢進程、改善溝通管道及優化環境，使之利於宣傳。倘相關步驟調整之後則持續付諸實施，以進行組織形象塑造[5]。

(三)政府形象塑造的廣告內容

如前所述，政府機構會在廣告中強化自己之優勢或特質、對此機構以前和現今之不同、強化機構之服務特質或是為滿足民眾需求之努力、宣傳首長或政府機構之政績、強打機構之知名度、介紹機構之服務項目、宣傳機構之重大建設或政策作法以烘托機構形象等。

■強化機構之優勢或特質

機構從民調中可清楚發現，若民衆對該印象持非常清楚肯定之正面態度，則該特點即爲機構之優勢，於廣告中當然應予以強化宣傳；另倘若該機關首長是知名度很高的魅力型政治人物，在廣告中即可用其之光環來爲機構的形象加分，則民衆即可因爲對該機關首長的興趣或瞭解而願意進一步去認知或瞭解該機構。

如台北市政府及高雄市政府的形象廣告中常就會出現民選的馬英九及謝長廷兩位市長，透過兩位市長的「光環」期望來爲該城市或是市政府團隊來進行加分；如高雄市政府宣傳「愛河與城市光廊」的廣告，及台北市政府「台北，走路的人最大」（圖3-1）廣告。另外，又如二○○三年以「躍動之都——台北」爲主題的市政影片精彩集錦中，一篇以鼓勵民間投資爲內容且名爲「位置篇」（圖3-2）的廣告，就陳述了台北市現今是一個有便捷交通網、科技經貿園區、人力物力

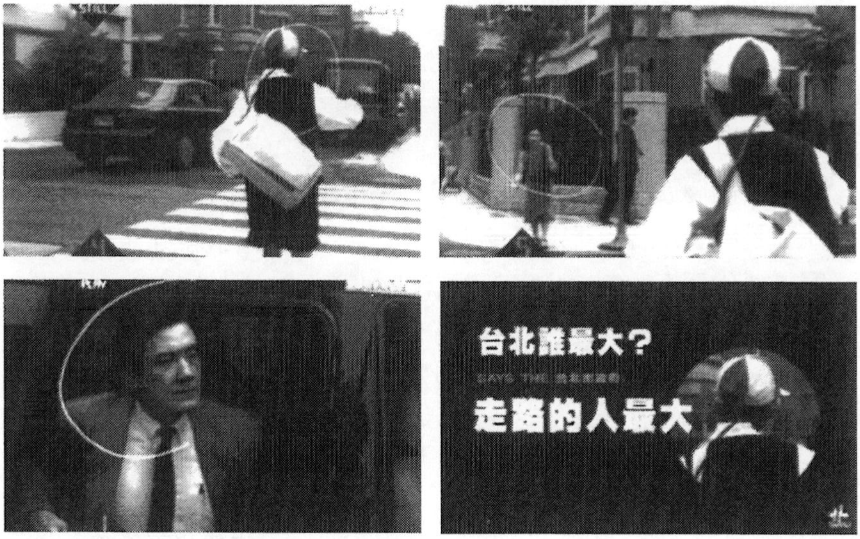

圖3-1 「台北，走路的人最大」廣告塑造台北市形象
（圖片提供：台北市政府）

圖3-2 「位置篇」廣告
宣傳台北之優勢來鼓勵投資
（圖片提供：台北市政府）

皆充足，充滿活力且商機無限的現代化城市；而透過這樣的內容訊息，便有傳遞台北市政府團隊工作效率高的形象特質[6]。

還有一種屬於此類的廣告，就是各縣市政府的節慶或特色活動之廣告；如桃園縣政府的「桃園蓮花季」廣告、苗栗縣政府「三義木雕節」廣告、台北縣政府以歌手梁靜茹代言的「幸福之旅、好玩在北縣」（圖3-3）、台北市政府「台北建城120年」等（圖3-4）廣告等皆是屬於此種類型，其皆是希望透過此類廣告之宣傳，以傳達該地區之特色景點或活動，來吸引人潮。

■宣傳首長或政府機構之政績

一般來說，首長之政績是機構形塑形象最簡單且直接的方式，如台北市政府在其一篇報紙平面廣告中就以咖啡之飄香作爲馬英九市長施政的支持度比例，一杯杯的咖啡香氣愈飄愈高，配合著馬市長的施

圖3-3　「幸福之旅、好玩在北縣」廣告
宣傳地方政府節慶活動及地方特色
（圖片提供：台北縣政府）

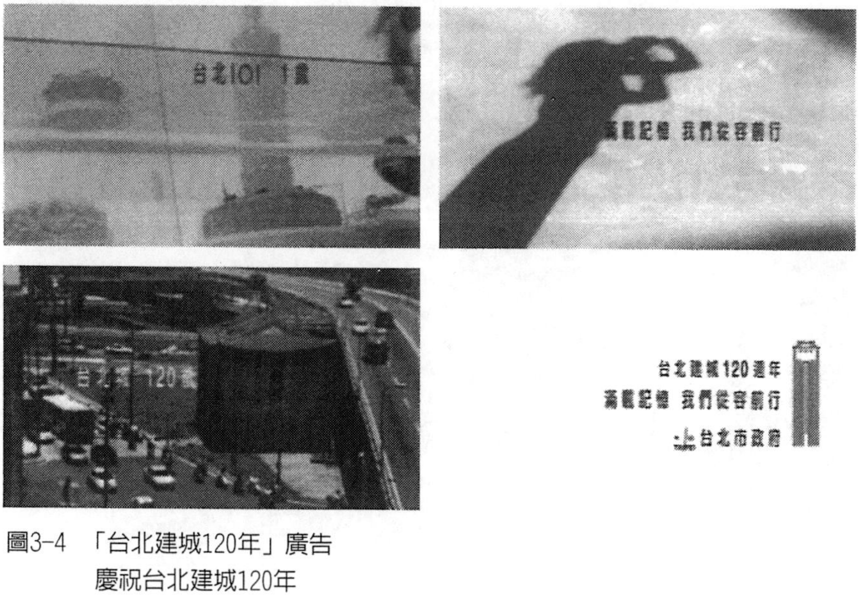

圖3-4　「台北建城120年」廣告
慶祝台北建城120年
（圖片提供：台北市政府）

政滿意度逐步攀高，來突顯馬市長及台北市政府為民服務之成績或市民肯定。而此類型的廣告亦可能成為競選廣告之內容，政府首長於參選公職時亦多會藉其政績或施政滿意度來強化民眾支持；如馬英九於二○○二年競選北市長連任時，垃圾隨袋徵收或國際肯定之政績也成為廣告之內容，向民眾作訴求。

而台北縣政府「陽光、空氣、我的健康方程式」（圖3-5）廣告中也大力宣傳十三行博物館及八里左岸，其中除了宣傳觀光景點之外，首長政績在其中亦不言可喻，而廣告主亦有藉此傳達「來北縣進行戶外景點之旅遊可預防SARS」的意圖。另外，高雄市政府的「老人免費裝假牙」廣告，便是宣傳只有高雄免費替老人裝假牙的政績，「呵護高雄，從天空到地底」的廣告中則宣傳了現今高雄空氣品質改善了

圖3-5　「陽光、空氣、我的健康方程式」廣告
預防SARS同時宣傳地方建設
（圖片提供：台北縣政府）

38%、綠地面積擴張、自來水品質改善、捷運開挖等各項建設成果，宣傳政績之意味亦頗濃厚。又如九二一重建委員會製播了一系列「你什麼時候來」的廣告，其中就是傳達因爲該機構之努力，災區重建的工作已經成效卓著。行政院新聞局製播的「台灣英雄、金牌團隊」廣告，則以政府貫穿雪山隧道、華衛二號升空等事蹟來強化政府形象及政績。

■對比機構以前和現今之不同

廣告中以比較之方式來呈現機構之今昔不同，而這種比較代表了服務的進步或功能之彰顯，某程度地亦象徵了首長的政績。而廣告訊息以比較方式呈現，亦因爲其本身的對比性而較容易爲受眾所接受，機構之特質也較容易藉此宣傳出去。如國防部的軍校招募相關作爲便是有別於傳統之創意作法；前瞻二十一世紀軍事需求，爭取高素質人力，已爲國軍當前建軍備戰重大課題，由於國軍每年需求補充軍士官員額達一萬餘人，國防部遂決議成立「國軍招募專責機構」，藉此統合國軍招募資源，採取主動行銷，廣建宣傳通路，並結合民間與政府組織，使青年學子獲得投入軍旅之完整資訊，俾達成廣拓軍士官來源，全面提升國軍幹部素質目的。而招生軍官招募短片就是在這樣的社會背景及思維脈絡下之下醞釀而生，如此國防部的主動行銷之概念及落實，讓國防部的形象逐漸地從較刻板的民眾印象轉變成爲清新健康的新認知，甚至更成功地將職業軍人的傳統刻板印象由「好漢不當兵，好鐵不打釘」的枷鎖中掙脫而出。而該部在形象重新塑造上大部分是著重於國防科技的新穎化、現代化以及招募軍、士官上，藉由上述兩個面向重新建構民眾心目中國軍的新形象。

而在宣傳方面，計有網站、電視廣告、文宣、印刷品等，並且國軍目前更結合卡通動畫短片來塑造其科技化、年輕之形象。如軍官學校之招生廣告便是以畢業後可立即就業及專業的領域可以自行挑選的主軸來吸引大專青年報考軍官，不但打破軍人沒有自由的迷失也相對性的強調軍人的收入穩定，以婚姻來比喻加入軍隊之中絕對是個明智的抉擇。另於大學儲備軍官訓練團（ROTC）招募短片中，國防部也在電視廣告中大量地運用了名人的經驗來對於軍官的未來進行形象塑造，以建構出大學青年加入軍官之後的好處，以及大學儲備軍官訓練團的未來性、其就業可能以及其可以培養的獨有能力。此外，甚至連幹譙龍、阿貴等國內知名卡通人物，也成了國軍招募新血的代言「人物」。

■強化機構之服務特質或是為滿足民衆需求之努力

機構以民意調查知曉民眾對該機關之期許或民眾之需求，若機關施政依照民意爲主要參考依據，亦即迎合了民眾之需求，而要讓民眾清楚知曉的方法便是將其以廣告訊息來呈現於民眾之面前；而當民眾發現它的需求由於機構之努力而付諸實現時，對機構之肯定與支持便是最好的反饋。除此之外，機構亦常會針對其屬性，刊播爲民眾服務已蔚然成效之事證，來突顯機構的服務特質，如勞委會的「勞退新制上路」的電視廣告，就透過相關訊息告知勞工朋友本身的權益透過新制度有更進一步被保障之可能，以突顯政府在服務勞工上的用心，而該廣告除了電視之外，捷運燈箱、公車外廂及郵寄平面文宣（圖3-6）皆有，主要是希望勞工朋友能夠從各種傳播管道能瞭解訊息。另外，此廣告除了有宣傳政府服務特質的形象塑造功能之外，也有宣傳政策的意圖。台北市政府欲建構台北市警察形象的「認眞篇」廣告（圖3-7），透過員警不論上班或下班時間皆爲市民的身家財產安全而努力的內容，期望建立警察不眠不休之認眞形象[7]。而內政部「美麗的家庭」廣告中也說明了內政部爲了滿足民眾需求所做的努力；如推出兩性工作平等法、1.55%低利青年首次購屋貸款、發放幼兒教育券等措施，都是此類廣告之明顯例子。

■強打機構之知名度、介紹機構之服務項目

新成立的機構便要在廣告中傳遞此訊息，一方面讓民眾知道有這個新機構，另一方面傳遞相關服務訊息來告知民眾當有需求時可尋求此機構的協助。如九二一大地震後，政府便成立了相關因應災變的委

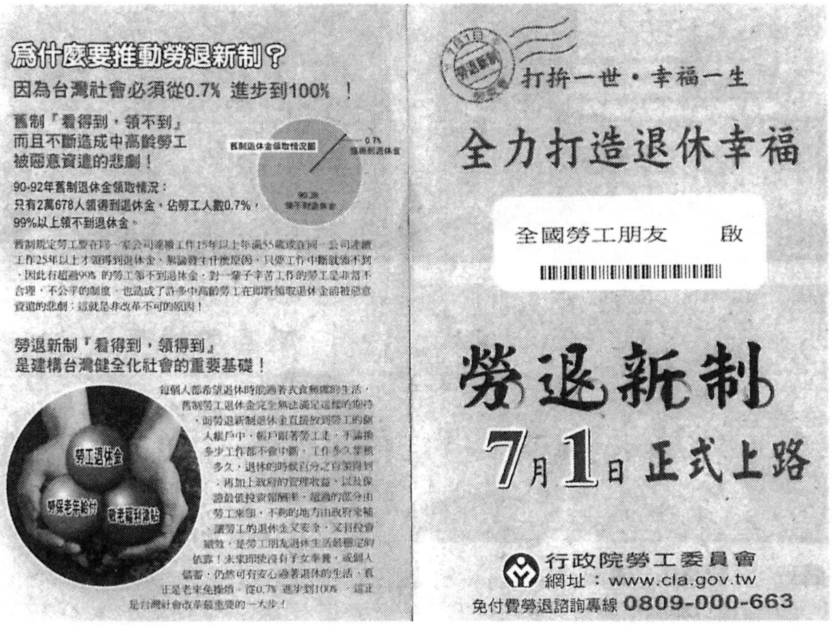

圖3-6 「勞退新制」廣告
宣傳機構服務
（圖片提供：行政院勞工委員會）

員會，而爲了讓受災民眾能夠求救有門，相關廣告除了宣導該機構成立之外，也有相關機構服務之訊息。

■宣傳機構之重大建設或政策作法以烘托機構形象

機構亦會在廣告中透過重大政策或建設來形塑機構「敢衝」、「肯努力」或「打拚」的形象；如行政院新聞局「相信台灣，投資未來」新十大建設影片，其於推動新十大建設之餘，還不忘宣傳十大建設不僅僅對於國內會加速產業升級，更是吸引外資前來台灣建設、投資的最佳立基點及機會。因此新聞局特爲新十大建設拍攝形象廣告，更是將新十大建設從文字中跳脫出束縛，轉變成唯一具生命力之實體影像，不僅讓民眾知曉行政院所爲，更也爲政府建立良好的裡外形象。影片內容大約可分爲兩大部分，前半段先將十大建設的類目陳述

圖3-7　「認真篇」廣告
建立與強化警察形象
（圖片提供：台北市政府）

一遍，第二部分是在概述新十大建設的種類及該產業升級後台灣的未來性[8]。又如經濟部「台灣精品，台灣的驕傲」（圖3-8）系列廣告則透過訊息內容告知民眾相關部會對提升台灣競爭力、建立台灣新品牌的努力，以強化機構之形象。

■其他

另外，政府機構形象塑造之內容隨機構屬性之不同還包括自由民主、經濟成就、軍力展現、科技實力、教育及生活水準、國際援助等，皆是政府形象的直接表現。如新聞局爲了中華民國在建立國際良好的形象及能見度，特地拍攝了許多有關於台灣這片土地的紀錄片，這些紀錄片不僅僅是描繪出中華民國同胞的過去與未來，更是完整且詳盡地顯現出屬於台灣人的生活點滴及這片土地的生命力。不但如此，許多紀錄片更是在國際的影展上獲得佳績，也同時替台灣進行最

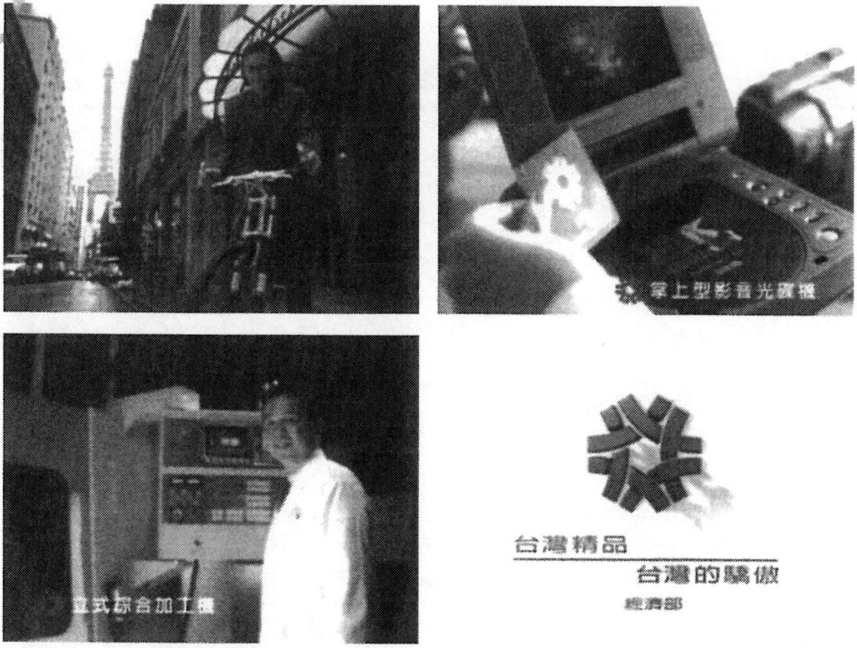

圖3-8 「台灣精品，台灣的驕傲」廣告宣傳台灣精品
（圖片提供：經濟部國際貿易局）

完美的國際宣傳。紀錄片的內容大概可分為五大類，分別為史實人物類、國家建設類、人民生活類、民俗文化類、生態景觀類，共計約一百三十部紀錄片[9]。此部分可說是政府形象塑造之廣告，但其主要亦可用於國際宣傳，此部分將於第六章國際宣傳部分再進行說明。

註釋

❶轉引自Dan Nimmo, "The Formation of Candidate Images During Presidential Campaigns," in K. L. Hacker, *Candidate Images in American Presidential Elections*(Westport, Connecticut, London: Praeger, 1995), p.53.

❷Dennis Kavanagh, *Election Campaigning-The New Marketing of Politics*(Blackwell Publishers Ltd., 1998), p.14, 40.

❸Judith S. Trent & Robert Friedenberg, *Political Campaign Communication: Principles and Practices*(Westport, Connecticut: Praeger, 1995) , p.279.

❹即下行溝通，即管理者對員工所進行的自上而下的資訊溝通。上行溝通指團體成員和基層公衆透過一定的管道與管理決策層所進行的自下而上的資訊交流。

❺李明強，〈公關目標與形象塑造〉，收錄於徐雙敏（2002），《公共部門公共關係學》，頁一六一至一六二。

❻台北市府的網站當中有特別成立一區為短片欣賞區，而其中所放置的短片部分屬於專門為北市府所做的電視廣告或短片，在整體上大抵是期盼將北市形塑成為一個健康且充滿活力與朝氣的城市，並且同時也將北市府團隊描繪成為一個辦事效率極高且親切的市府團隊。廣告的數量約二十餘支，除了欲扭轉擁擠不堪的傳統城市形象看法外，也漸漸透過拍攝的質感以形塑高品質的新北市形象。除此之外，市政府每年亦會將相關之宣導廣告製作成光碟進行宣傳，其內容亦不乏政府形象塑造之廣告。

❼相關網站：http://www.doi.tcg.gov.tw/movie。

❽網址：http://www.gio.gov.tw/info/2003html/gio_s.wmv。

❾網址：http://www.gio.gov.tw/live/av/。

chapter 4

第四章　政府政策行銷廣告

- 政策行銷之定義
- 政策行銷之功能及要素
- 政策行銷之步驟及策略
- 廣告與政策行銷傳播

第一節 政策行銷之定義

一九六九年Kotler和Levy[1]首先援引企業行銷的相關概念，應用於非營利組織的服務研究，其後結合公民參與及消費者社會意識之昂揚，政府政策之推動，亦大幅度地從以往「統治者與受統治者」的上下隸屬關係轉化為「生產者與消費者」的服務關係，此種關係之轉化，使政府所提供的公共服務及政策內涵，似可類比為企業所提供之「產品」，進而透過產品定位及市場區隔等技術運用，深化並拓展其影響的範疇。是以政府現今會以行銷之觀點來經營自己的形象，同時亦會以行銷之角度，以民眾之需求為基礎，來進行政策行銷。

政府在面對社會環境的變遷、全球化競爭、民意要求、民主定期改選之政績要求等壓力，仍必須提供創新、有效的服務內涵或政策方案，相關形象及政策才能為民眾所接受，而此亦使行銷觀念有為政府所用之空間。

而從前文所提到之行銷概念中亦可瞭解，所謂行銷並非單純地進行產品或服務的宣傳，因為在行銷的過程中，從消費者的觀點而言，牽涉到「價值與利益的交換」、「取得產品或服務之便利性」、「取得產品或服務相關資訊之可能性」等面向；從企業的角度，則牽涉到「市場區隔」、「生產規模及供貨管理」、「行銷預算」、「接觸策略」、「宣傳媒介」、「反饋機制」等面向，茲簡述如下：

1.消費者部分：

(1)價值與利益的交換：消費者選擇單項或多項的產品或服務時，會考慮該產品或服務是否可滿足其內心生理、心理層面之需求，進而考慮成本代價進行選擇。

(2)取得產品或服務之便利性：消費者之多重需求是否可在單一

或少數的企業服務據點同時獲得滿足，亦為消費者選取服務時的重要考量，這種希望「一次獲得足夠服務」是當今消費行為當中頗值重視的一環，諸如大型商品賣場或是相同產業的商號群聚而成的商品街皆屬之。相對地，在商品或服務雖各方面皆頗吸引人，若企業服務據點卻寥寥可數，不足以滿足消費者需求，將降低被採用之可能性，特別是在同類商品或服務型態須定期或不定期購買的情形下尤為顯著❷。此外，速食店所開發出的「得來速」（drive through）亦是根據此原則而產生的便利措施。

(3)取得產品或服務相關資訊之可能性：此涉及相關資訊內容如何有效率並有效能的與消費者接觸，亦即選擇有效的媒介以正確傳達資訊及透過行銷內容的創意設計以能觸動消費者使用之欲望。

2.企業部分：

(1)市場區隔：如前文所敘述，企業藉此差異化策略亦可發展更為精緻的服務或商品，形塑其自有之品牌形象，進而鞏固其鎖定消費者群體之品牌忠誠度。而不一定會以有限資源來經營市場所有消費者。

(2)生產規模及供貨管理：產品之研發、行銷、生產成本與其價格息息相關，若產品未能以經濟規模進行量產，否則將難為消費者所接受；至於供貨之型態和管理方式端視企業在整體生產流程中所扮演之角色為代工者抑或是品牌經營者而有所不同。

(3)行銷預算：行銷作為和可使用之預算息息相關，再宏觀之行銷作為倘預算無法支撐亦屬無用。

(4)宣傳媒介及方式：不論是透過大眾傳播媒體或是其他宣傳之方式，其最終目的在刺激消費者之購買、使用之欲望。

(5)反饋機制：針對產品或服務，獲取銷售狀況及消費者之使用意見等資訊，作爲修正其產品、服務之內涵或是行銷企劃方案之依據，使其能更接近消費者。

透過以上的敘述，將可發現，在企業行銷的領域中，所牽涉者可歸結爲商品或服務之生產及需求、成本、創意等意涵，但在政府公共部門領域下，由於涉及公共性及公權力之運作，政策方案的「消費者」並未如同選擇企業商品服務般自由，因爲即使民眾不順服、不滿意政策方案，政府亦可透過公權力的運作，使民眾接受其方案內容。

即使如此，同樣的透過公共性之聚積作用，民眾所付出之代價，則並不一定和其使用之服務相對稱，例如，繳納法定稅目，即可享有「超値的」[3]國防、治安、交通建設等服務或設備。

而除非是具有特定政策目標之方案或服務、市場區隔的情形才有可能存在，否則在平等原則的要求下，政策方案通常都是要求國民一體適用，殆無疑義。

準此，由政策過程的角度，對於政策行銷可提出以下之界定：「在政策過程中，政府部門針對各參與者（行爲者）有關的資訊、價値、方案內容、宣導策略等項目所進行之交換、反饋的雙向互動，進而滿足各方利益及需求之過程」。除此之外，亦可參考相關之學者對政策行銷之定義及特徵。

吳定（1998：5-6）則認爲政府機關及人員採取有效的行銷策略及方法，促使內部執行人員及外部服務對象，對研議中或已形成之公共政策產生共識或共鳴的動態性過程；其目的在增加政策執行成功的機率、提高國家競爭力、達成爲公眾謀福利的目標。Buurma（2001: 1287-1300）表示公共政策行銷是政府用來促使社會行動者與政府進行行銷交換的一連串計畫與執行過程的總合；其是藉由滿足社會行動者需求之政策爲工具，以換取社會行動者從事特定行爲之交互活動，讓雙方皆可達成其目標。

張世賢（2002）則指出公共部門利用行銷之觀念及活動，促使公共政策獲得民眾的支持；其中包括政府提供產品或服務、民眾表達需求之「供給需求」部分、政府及民眾在行銷過程中之「價值交換」部分，及部門欲達行銷目的之「堅強意志力」。

朱鎮明（2003：125-126）亦指出政策行銷是以特殊的方略或組織策略，讓民眾可以瞭解政策，並且動員社會的廣泛支持。而現代的政策行銷，源起於重視政府對民眾的責任感，希望政治管理者用市調等當代行銷的關鍵理念，透過焦點團體、調查等方法，找出民眾及民意代表之偏好及期望，然後設法加以滿足。

黃榮護（1998：524-528），提出了政策行銷的六個基本概念：(1)公共管理者：即組織決策者，要研擬管理策略，維持組織發展；(2)公眾：即關切共同問題形成之社會群體；(3)顧客導向：即設身處地爲其著想、聽其聲音；(4)公共資訊傳播技術：運用媒體或其他傳播來說服民眾；(5)公共價值：亦即公共的策略必須以最少的金錢和權威，生產出對政治監督者、顧客和計畫受益者最有價值的東西，策略也要有正當性、持續性及可行性；(6)形象塑造：即組織可藉由自身行爲和政策給予社會公眾形象觀感。

由上面之相關定義不難發現政策行銷亦如一般行銷相同，具有交易之特質；公共部門或政府作爲政策及服務之供給者，而民眾便成爲消費者，其雖同時付出納稅等成本，但是其需求會經由政府提出的政策或服務來滿足。Buurma（2001）認爲在一般情況下，政策之交易主體爲民眾（消費者）與政府（供應者）；客體部分，就公民來說是遵守法律與政策所規定的社會行爲，此亦是政府推動該政策之回報，而政府方面拿來與民眾交易的即是促成政策目標之政策工具，亦爲供應者提供之產品。其目標則是合法的社會運作行爲與達成社會效果。

但是政策行銷和一般行銷亦有不同之處。首先，Snavely（1991: 316-326）指出機構對政策目標與顧客只有有限的控制力，如民眾可能會不服從政策，或是在缺乏監控時，行爲出軌；其次，政府機構擁有權威，可促使民眾轉換成「顧客」或「服務的接受者」，因爲當民眾不服從政府相關政策時，可能會面臨相關的處罰。再者，機構除了受法律約束外，還有部門之內規及法定預算之限制，所以自主性和彈性較一般企業差，亦可能較會受政治力之影響。此外，民眾對公共部門所提供之服務缺乏選擇權，因為並無其他廠商來讓民眾作選擇，能否強化民眾需求作為施政重要參考或依據之觀念，有待考驗。最後，在行銷目標上，私部門藉由行銷產品期望獲得利潤，擴大市場版圖；公共部門則是行銷較為無形的政策及服務，期望追求效率、公平，或達成一定的社會秩序效果。

而從政策行銷之相關討論中亦可發現其和傳統的政令宣導是完全不同之概念。以政令宣導來說，通常是政府依照自己之觀點將所要推動的政策透過媒體進行推廣且要民眾遵行之過程，其不一定是民眾所需要的或是以民意為依歸的；是以其是「單向」的或者無積極「反饋」的，而民眾的眞正的需求可能亦未被政府重視，實施結果民眾對政策要不是不甚瞭解，就是可能對政策有某程度之排斥，政令宣導的效果亦是較有限的。朱鎮明（2003：127）也認為政策行銷與政令宣導不同，特別注重在決策之前的民意探訪與需求調查。多數政府機構所進行的政令宣導，經常是在政策或施政計畫定案之後，才透過媒體、宣導組合對外廣為說明，讓民眾認同與接受公共政策。

除此之外，政令宣導是以「長官」的滿足作為主要訴求，但現代的政策行銷是以不同的「分眾」差異作為規劃之基礎。其次，許多政令宣導案件常發生前置分析不足，以致產生「目標及策略」設定錯誤、偏重「活動執行」的現象；但前置的「市場供需分析」才應是政策行銷之重心所在，經由此一活動來先行測度、訂定政策規劃執行可能的風險及利潤。再者，政令宣導為偏重活動執行，故宣導案常被切割成「宣導短片」、「平面廣告系列」、「演唱會園遊會活動」、「徵選標語」等「點狀行動」，不僅缺乏可作「行銷管理」的預定目標，更易衍生政策失敗的危機。此外，政令宣導強調「公權力」，政策行銷之促銷活動則是以「溝通及草根遊說」為主。最後，政令宣導案常是因為長官即興式的「指示交辦」，缺乏專業幕僚的系統規劃及管理評估，所以時常發生斷層，造成虎頭蛇尾現象[4]。

朱鎮明（2003：127）也指出政策行銷則將公眾與民意的政策參與，提前到「議題設定」與「政策規劃」階段；在政策制定前，會先進行一系列的調查，如焦點團體、專家學者座談會、民意調查等方法，瞭解公眾的想法、態度偏好，與對政府服務的觀感與滿意度，然後「投其所好」去規劃與設計政策。因此，政令宣導是單向的，民眾是公共政策被告之的對象，而行銷是雙向的，希望達到兩項功能：(1)找出新的方法，讓民眾更瞭解政策，服從政策規定。這包括設計勸導的緩衝時間、設計新表格便利民眾申請、增加解說與服務人員、提供獎金的鼓勵制度等；(2)以高曝光率的行動，顯示出有決心、能力且公正地執行政策，使民眾心理產生一種堅毅、熱心、公正的政策形象。

第二節 政策行銷之功能及要素

以下茲將政策行銷之功能及要素介紹如下：

政策行銷之功能

根據上述定義，政府部門若能以雙向互動之觀點在政策過程中進行政策行銷相關工作，不僅能釐清政府失效[5]（Weimer, David L. & Aidan R. Vining, 1992）的種種弊端，同時可達到以下之功能：

1.避免「鄰避情節」（Not In My Back Yard, NIMBY）[6]之產生，眞正落實公共利益。

2.擴大「顧客導向」之概念，兼顧政府部門內部人員、政策方案之標的團體成員之服務需求，透過凝聚有共識的願景作爲政策過程中，各參與成員之共識基礎。

3.破除政府資訊壟斷之現象，除少數具特殊性之資訊外（如國防外交、個人隱私等），皆轉向為資訊公開之運作流程，以滿足國人知的權利。

4.透過數量化、價格化的行銷方式，降低民眾對於政府管制性政策之不順服情況；例如，為有效控管高速公路車潮，所實施的高乘載管制措施即屬之。

5.透過行銷策略中價格補貼的方式，提供承受社會成本之標的團體相當的補償措施，增進社會正義及損害填補的功能；例如，機場針對航空公司航機，依法按起降架次徵收噪音防制費，並由其累積專款金額，對機場周邊住戶依其受噪音影響之等級不同，提供噪音防制設施之經費補助。

林建山（1998）亦指出政府推動政策若考慮到行銷之觀念原則，至少有幾種效益：首先，行銷是一種系統化過程，可提供決策架構之參考；其次，行銷的決策運用可對於一般公務人員在觀念和技術上有所幫助；最後，有助於政策普及化提升民眾的滿意水準。

丘昌泰（1998：33-40）亦指出了政策行銷有幾項功能：(1)政策行銷可加強公共政策之競爭力：競爭是使政府部門發揮效率之最佳策略；(2)政策行銷可建立良好的公共形象：透過行銷廣告之鋪陳，可建立公共部門良好之形象，有助政策之推廣；(3)政策行銷可促使公共服務價格的符號化：政府所提供的公共服務，可透過行銷手法予以價格化，即使用者付費之理念；(4)政策行銷可創造民眾需求：政策行銷可刺激民眾需求，如此可增加政府之財源收入，解決政府財源短促之問題。

卜正珉（2003：211-212）亦指出政策宣傳有告知民眾、讓民眾瞭解政府服務及表現、回應民眾要求等三項目的。以告知民眾來說，主要是有鑑於民眾有權知道想要且應該知道的資訊；而政府也有責任採取雙向溝通模式，主動探詢民意反應，藉由反饋機制，瞭解政策及施政之民意支持度。而為了回應民意需求，政府也應規劃有效之政策宣傳機制，以快速、正確及完整地滿足民眾之需求。

政策行銷之要素

在企業領域中，行銷方案的實施者及接受者都是植基於自利的立場，透過經濟、商業的行為，各取所需，但在政策行銷的場域中，由於須兼顧公共性及衡平正義的要求，其面臨之情境不僅迥異於企業行銷，更須注意到以下之特性：

1.政策意涵往往具有高度的抽象性：如和平、反戰的概念。
2.不是所有政策民眾都會容易接受：具管制性或再分配性政策內容，往往民眾接受度不高，如無預警之分區限水政策。
3.政策消費者有時不易確定：例如，檢肅黑槍依法自動報繳可減輕或免除刑責之措施，即難以確認該措施之「消費者」為何。
4.政策方案之提供者可能涉及許多單位：例如，對於非法設立之神壇稽查作業，涉及環保（噪音、空污管制）、警察（治安）、消防（消防逃生設施）、建管（違建查報）、民政（宗教團體輔導與管理）等單位。
5.政策方案內容未必具議價、利益交換之空間：基於法治主義的要求，對於管制性政策方案，在無法律授權情形下，並無以罰金（鍰）之繳交換取方案之免除或執行，如賭博，並非繳交罰金後即可續行賭博行為。

丘昌泰（1998：33-40）也指出了政策行銷具有下列特質。包括消費者的不確定性、標的團體的態度傾向不甚明顯、生產者的不確定性、行銷策略及行銷目標間的因果關係不確定、公共市場必須注意社會可接受性（social acceptability）。

在認識政策行銷所具特性後，併同前項討論政策行銷定義，不難發現其中之相關要素：

1.公共利益：即是對大多數民眾有利益，而非只對少數特定人士有利。國家公共行政人員必須兼顧「回應」、「前瞻」、「效率」等原則之要求，將個人與整體不可分割之利益，透過政治運作及政策合法化之過程，進行審查，以探究其是否具備公共性。
2.政策：由於政府職能專業分工之結果，一項政策內涵往往事涉許多不同部門，前述具有管制性的神壇稽查作業如此，即使連慶典類之燈會活動亦是如此[7]，所以主政機關及各分管機關之間必須就預算分配、執行進度、任務編組等項目具體劃分，如此才能產生一良好之政策行銷內容，否則將因資源錯置、分配不均而降低行銷之效果。
3.價格：由於公共性使然，有時政策方案必須作賠錢生意，例如，偏遠山區公車營運服務。透過使用者付費、補助等方式或可降低虧本之程度，但最重要的是行銷方案必須將使用政策服務又無合理原因而免付費用這種類似「搭便車」或「白吃午餐」的情形降至最低。
4.吸納共同參與者（Co-optation）：聯合企業、第三部門（非政府組織）、志願服務人力等資源共同制定、執行政策行銷方案內容，以確保方案內容之公共性。同時亦可擴大政策被接受之基礎。
5.媒體接觸及運用：在政策過程中任一階段，必須靈活運用各項廣宣媒體工具，以增進各參與者雙向互動之幅度。
6.反饋機制：公共政策是否爲民眾接受，或其要改進之地方，應有公平、科學之反饋機制來進行測量，才能更精確地瞭解社會脈動。

第三節 政策行銷之步驟及策略

以下茲將政策行銷之步驟及策略分別介紹如下：

政策行銷之步驟

進行政策行銷之初，各方參與者必須先瞭解以下所列的原則，方能進行具體之步驟：

1.政策行銷是要以創新服務型態，提供民眾新選擇，所以會以民意的趨向作爲政策之考量基礎。

2.決定政策過程中所欲扮演的角色：特定政策目標，政府可用機關所屬人力親力親爲完成，扮演「賣方」的角色；亦可以業務外包或補助的方式，依法採購民間服務，扮演買方的角色，不同的角色涉及資源運用方式及額度。

3.決定資源挹注的基準：選擇不同的媒介、扮演賣方或買方的角色、年度預算編列之額度等，都會影響一項政策行銷所須挹注的資源多寡。

4.避免與民爭利：民間已成熟發展獲利之產業或服務，若無妨害公共利益之虞，政府應避免提供同性質的方案或服務，若爲充分運用政府設施，可考慮以公辦民營或提供公平之獎、補助措施等方式進行，以免政府挾其公務資源不公平競爭，扼殺民間產業發展契機。

在上述指導原則的認知後，可依照以下步驟進行政策行銷：

1.界定公共利益之所在：政策過程的參與者必須瞭解政策方案內

容的背景及目的爲何？是以營利、收費行爲儲備、孕生其他公共政策方案；還是以公益服務之行爲，維持弱勢成員基本的需求？

2.標定政策過程參與者：如此才能採定特定形式（諸如公聽會或投票）凝聚共識願景。

3.選擇有效的廣宣策略與媒介：所謂有效係指不拘形式，不分大眾或單一小眾傳播媒體，以其能達成預設之廣告宣傳訴求爲標準，例如，以吉祥物或卡通代言政府服務或活動；以說帖或譬喻方式讓參與者明確瞭解其訴求，但類此方式必須審慎考慮其說明是否完整闡述政策目標之意涵。而政府政策行銷現今許多透過廣告方式爲之，也多能產生廣泛認知，甚或行爲之效果，本部分筆者將於第四節詳細說明。

4.透過反饋機制來進行總體評估。

朱鎮明（2003：127）亦指出政策行銷注重決策之前的議題設定與民意調查，以一連串的行動、場面，強調同一主題，並透過民調去掌握議題的發展趨勢，藉此改變、回應及塑造公共意見，並瞭解可能的反應。而Kezziah-Watkins傳播公司的負責人Susan Watkins指出公共溝通計畫有四個基本步驟：分析現狀、設定溝通目標、設計策略與執行方法、績效評估。

卜正珉（2003：218-220）則依據了Kendall對公關活動的分類，設計了四個階段來探討政策宣傳之推動過程。首先爲「研究階段」，包括與政策有關之人或事之分析，即情勢與環境研究，亦包括以科學方法來進行資料蒐集或釐清問題本質等；其次爲「調整階段」，包括設定宣傳目標及優先順序之目標受眾、篩選適當之宣傳方案、確定掌握之資源及建立與決策高層之溝通管道。第三階段爲「執行階段」，包括擬定訊息訴求及策略媒體運用計畫、訂定計畫時程表、編列經費等；最後爲「評估階段」，內容包括彙整宣傳方案之績效、檢視目標有無達成、評估計畫對組織及首長形象有無正面助益等。

政策行銷之策略

從政策過程的角度而言，政策行銷的策略基礎有四：

1.政府部門資源整合：在專業分工、分層負責充分授權的原則下，配合政府機關間建立橫向的協調運作機制，統整方案執行進度，方可有效調度、運用公務資源。
2.社會環境資源整合：在公平原則下，透過充分溝通及民主內涵之激發，凝聚共識，進而彌補參與者之間的歧見，以「尊重少數、協調差異」精神共同達成願景。
3.首長的支持及有經驗之專案人員：首長若有行銷觀念，且肯定政策行銷，必會透過資源與決心儘可能使任務圓滿完成。有經驗之專案人員必能針對在過程中可能發生的問題作預先的控管。
4.其他良好的配合條件：諸如對政策目標具有共識及願景、政策過程參與者具妥協及溝通的精神、充足的資源、具體有效的廣宣計畫及深具創意方案內容等均屬之。

進而在政策過程中，就可以相關之操作工具來強化曝光之可能；如簡報、說明會、討論會、記者會、園遊會、廣告、遊說說帖、手冊畫報、展覽會、媒體專訪或新聞報導、民意調查、各類與主題相關之競技比賽、選拔或表揚活動、網際網路行銷、公眾人物代言，甚至各種衝突機制（如公眾訴訟事件、抗議遊行事件）等，皆可運用。

Snavely（1991: 311-326）提出政策行銷的觀念及策略模式，而此模式是根據行銷大師Kotler的企業行銷模式改變而成。其模式要點大致如下：

1.目標顧客群眾：包括政策執行之目標群眾（如一般民眾），及政策之擬定者（如立委、民選首長或其他機構）；即政策之推行不只要說服一般民眾，也要說服和政策擬定有關的人員。

2.環境因素：包括總體環境與個體環境兩部分；總體環境來說，因爲政策行銷屬於政治層面，故政治環境對其影響最大，然而經濟、社會、文化及技術等環境皆對其有影響。個體環境部分則包括政府機構、一般大眾、壓力團體及選民等影響政策之主要力量，之所以爲個體環境，主要因爲政府政策之產出皆會受其意見或好惡之影響。

3.行銷工具：包括人力資源（personnel）、合法性權威（legal authority）與政策分析（policy analysis），同時以「告知與教化宣導」（informing & educating）取代傳統行銷「4P」中之促銷，服務取代「4P」中之產品，成本取代「4P」中之價格；至於通路其並未納入該行銷模式中。

4.機構行銷人員之知識及說服技巧在政策行銷及服務之過程中日益重要，是重要的「人力資源」；政府倘有「合法性權威」，政策推動才可順暢；另外，政策擬定者會以「政策分析」作參考依據。至於服務取代產品是由於政府機構多提供公共服務而非實質的產品；告知及教化宣導取代促銷，主要是政府機構教育民眾知識，使民眾能得到充分知識和政府互動。

此外，Burton（1999: 375-385）提出了以「利害關係人」（stakeholder）爲焦點的政策行銷模式，認爲公共部門應運用行銷工具，來蒐集各種不同利害關係人的資訊以促銷其服務；主要分爲利害關係人分析、服務策略之確定與影響利害關係人之策略。

1.利害關係人分析：應該對不同利害關係人其影響力進行評估，所以是一種權力分析，從分析中可使行銷者選定一促銷策略，並說服關鍵團體來支持其政策行動方案。

2.服務策略之選定：現實環境中，具有關鍵影響力之利害關係人可能會阻礙對社會最有力行動方案之執行，所以依據利害關係人分析的結果，來選定利害關係人較可能接受之方案，成功機會才會較高。

3.影響利害關係人之策略：一般來說，促銷對公共部門的政策行銷是非常重要的；倘首長要推行一項不受民眾歡迎的政策，行銷者就必須找出方案不受歡迎之原因，進而規劃出能改變民眾看法的促銷策略，如改變政策的關鍵訴求，或是針對主要反對者來進行促銷皆是可能之方法。

黃榮護（1998：555-557）則指出以媒體作爲政策行銷之宣傳工具，有以下幾種方式：

1.新聞發布：當政府部門有制定或發布重要政策、統計數據、研究報告，或重大事件、政令宣導等需要時，可隨時發布新聞稿邀請媒體記者參加，協助報導宣傳。

2.接受媒體採訪：機關首長或相關主管接受媒體訪問，爲政策或形象行銷的重要管道，也可參加公共節目與學者專家對談，或參加call-in節目或辯論會，對公共議題做概念化的行銷宣傳。

3.公關造勢活動：媒體對一般性宣導活動通常不太有興趣，但對某些精心設計過的公關造勢活動卻會吸引媒體注意，具有相當大的政策宣傳效果。

4.媒體廣告：政府行銷若經費許可，直接於媒體作廣告也是一種宣傳方式，國內較常見的形式爲廣告公司企劃、政府機關出資，配合宣導的政策或主題，製作廣告或是帶狀廣電節目，或是以類似廣告新聞化的方式刊載政令及宣導廣告。

若以宣傳面向來看，卜正珉（2003：220-225）亦提出了政策宣傳之推動策略如下：

1.喚起公眾對公共議題之注意：公眾領袖要懂得找出及突顯眞正問題所在，以引導公眾去關心問題的可能影響；而其亦借用Luke（1998）所指出的框架策略來簡化複雜的公共議題，以突顯某項特質，使議題更容易被瞭解，進而引起注意、使公眾討論。

2.組成工作團隊：在實際操作時，除了機關本身的團隊之外，有時針對某項議題或宣傳活動之特性，有必要設置一個跨部會或單位之工作團隊，且工作分工要明確，進度亦要加以管控。

3.發展工作策略及計畫：包括目標設定（如使政策主題成爲媒體報導題材）、發展一套完整周詳的活動計畫及管制措施；而宣傳計畫之細節也頗重要，如易懂易記的活動主軸、活動代言人、媒體邀訪作業及其配套措施，相關訊息訴求策略亦是宣傳能否成功之重要因素。

4.執行方案並持續推動：首先要設定針對計畫是否成功的評量指標，釐清執行過程中的問題；其次，要盡力克服宣傳過程中的可能障礙（如語意之誤解、部門協調不良等）。而爭取決策高層之肯定，與獲得民眾、特定團體及立法機關支持，亦是政策宣傳過程中重要的努力方向，畢竟政策宣傳能讓愈多人瞭解，其成功的可能性就會愈大。

第四節　廣告與政策行銷傳播

公共部門參考民意擬定了相關政策之後，要如何把該政策行銷或宣傳出去讓公眾瞭解進而支持是當務之急，而此即是政府部門之政策行銷與推廣，政策要推廣就必須有相當周延之推廣計畫；也如同機構形象塑造般的，政策在行銷推廣前，亦應該抱持一些傳播之相關基本態度。

機構政策行銷傳播之基本態度

一、客觀地傳播政策之必要性及合理性

機構傳播自己的政策是為求藉由該項政策之推行能夠為民眾或社會解決問題、滿足需求、創造正面之價值與利益，建立機構之聲譽及其功能，進而能突顯機構存在之必要性。是以，機構進行政策行銷傳播時仍應如機構形象傳播般地，必須堅持傳播該政策為何有施行的必要，即應該有個合理且正當的理由，以客觀的方式來說服民眾；如環保單位環保政策之推行，其就會針對地球資源日漸稀少或要為子孫留一片淨土等論述來建構政策之推行基礎。

二、傳播應將民眾應配合的部分說明，以保障其權益

亦如同形象塑造般地，政府政策行銷更具有滿足民眾知的權利之義務，由於政策之推行涉及民眾利害，倘民眾沒有加以落實或遵守，則往往會面臨相對的罰則；是以機構在進行政策行銷時，實有必要清楚地將民眾所要配合的部分加以說明，才能使其瞭解及配合。此舉一方面是保護民眾權益，另一方面也是減低或舒緩民眾在沒配合而被處罰之時，可能對政策造成之反撲力道。

三、針對可能的障礙，要客觀探究原因，再行說服

政策行銷的效果不可能一蹴可及，通常仍會面對反對力量或民眾的質疑，行銷人員除了針對可能的障礙進行瞭解溝通之外，更要瞭解問題的本質；如究竟是何種原因使民眾對政策排斥？何種條件成熟後，其會對政策支持？政策行銷人員要以客觀的態度去分析問題，以不同角度再次設計傳播訊息，務求民眾能夠瞭解政策良善之本質。

傳播應著重雙向交流，避免單向傳輸

由於政策是針對民眾來施行，勢必對民眾造成某程度之影響，故民眾的意見除了是制定政策前重要之參考，在政策施行過程中更應該考慮民眾的態度或好惡，以作爲是否要進行微調之依據。是以機構之政策行銷傳播更應重視民眾對該政策之反應，進行平等的雙向交流傳播方式，避免單向傳輸，而平等的雙向交流才能使民眾瞭解政府政策的用心及貼近民意，政策推行才會更有實效。

政策行銷不是意識征服，而是政府及民眾雙方求取平衡的過程

綜合言之，政府、政策及民眾是政策行銷過程中相互連結的三個元素，政府要考慮民眾，民眾才會配合政府，政策推行才有成功的可能；所以政策行銷應求政府意向及民眾態度間之平衡，才能創造最大之效益。

機構政策行銷之對內及對外傳播

政策行銷如同形象塑造，仍涉及對外——一般民眾，及對內——公務員及員工之兩層面傳播方式。

政府政策之對外傳播

機構在進行對外政策行銷傳播時，亦可透過人際傳播、組織傳播及大眾傳播三方面。人際傳播可將政策以口耳相傳的方式來進行宣傳；以組織傳播來說，政策擬定或宣傳人員亦會針對特定組織來進行政策行銷。而大眾傳播媒介仍是政策行銷的主力宣傳方式，除了以電視、報紙、廣播及雜誌爲主的傳統四大媒介，效力依然不減之外，新的傳播媒介，如網路、電子告示牌、車廂、燈箱等，亦發揮了非常大

之傳播效果。

三政府政策之對內傳播

對內宣傳之主要目的在於向員工說明該項欲推行之政策之精神、目標、重大內容，及相關利益點，讓其深入瞭解，同時助其實現；因為機構在進行政策行銷時，亦會派出宣導員來針對民眾或特定團體作政策之宣傳介紹。所以公務員或機構相關員工不僅是機構政策之擬定者，亦是機構政策之傳播者，因為其站在第一線和民眾作接觸及服務，是以其對政策之瞭解程度、言行及對該政策之態度亦會直接影響到機構政策行銷之成敗。而對內部員工之政策行銷傳播工作能做好，對外之宣傳才能事半功倍；即一個政策若目標是正當的，同時能針對民眾需求或是社會問題進行解決，則必會獲得組織內共同一致的努力支持。

廣告與機構政策行銷

現今許多機構為宣揚所推行之政策，皆會使用各式之廣告來傳播其相關訊息，是以本部分將分成兩個面向來說明政府政策行銷廣告的策略及政策行銷廣告之相關內容。

一政府政策行銷之廣告策略

綜合前面對於廣告一般性策略之擬定過程及政府政策行銷所考慮的相關因素及內容，大致可將政府政策行銷的廣告策略作一重點敘述。

1.策略擬定部分：政府部門通常會透過下列步驟來進行廣告策略之規劃。

(1)目標群眾：倘針對前述Snavely與Burton的論點，政策行銷的目標群眾有許多的「利害關係人」；包括一般民眾、立委、相關機構等，是以在擬定廣告宣傳策略時，亦要針對其不同屬性擬具不同之訊息。如政策在擬定時可能就會要向立委說服該項政策欲推行之原因，及細部內容等，希望其能支持；針對相關機構則就需要將政策所需之横向配套作業進行說明，以利政策實行；對一般民眾載明政策內容及民眾所需配合之處。

(2)民意調查：政府機構仍能以民調來測知民眾究竟需要哪些政策或服務，或是將所欲推行之政策，以民調來測知民眾之反應；如民眾對該政策是否支持？民眾對可能施行之政策滿意部分或其原因爲何？或民眾不滿意且質疑的部分又爲何？而政策推動一定時間之後，亦可以民調加以瞭解其實施成效，或是政策哪一部分是民眾最不支持的；同時亦可藉民調瞭解其原因，進而調整政策或是改變宣傳內容訊息等。

(3)SWOT分析：由民調即可瞭解機構欲推行政策之優勢及劣勢，如民調中所顯露出民眾對該政策的疑慮，即爲該政策之劣勢，在廣告中就應特別針對民眾的疑慮作澄清；或民眾不滿意之部分、可能對民眾造成不便的部分、或民眾認爲根本不必要花該筆經費等問題，也要加以特別說明或補強。而政策行銷之廣告作爲也應特別針對相關優勢進行宣傳；如實施該政策後能創造多少利益及價值，或實施該政策之正當性理由等。除此之外，環境面向所能提供該政策實施的機會或可能遭到的變數或威脅，亦都是擬定廣告策略時要考慮之部分。

(4)定位策略：新時代的政策行銷和機構形象塑造一樣，皆應爲自己找到一個最清楚的定位點之後，將資源運用到刀口上來進行行銷；此定位點可以民調來切入或以本身的優勢或獨特銷售主張（USP）來鋪陳可能是政策之必要性、或是實行該政策所創造之效益等。

2.策略呈現部分：

(1)廣告訊息之產製：機構透過民調所發現的民眾需求、該政策實施後可能創造之利多，皆是應該於廣告中進行宣傳的主要訊息；而爲何實施該政策、該政策之內容等，亦是宣傳重點。其訊息之產製亦如形象塑造廣告或一般廣告訊息產製之方式，不僅要掌握簡單、清楚、易懂、明瞭的原則，也要於相關的廣告中保持一致調性之清楚脈絡，創造在民眾心中之印象累積性。而訊息產製亦要掌握市場區隔原則，擬定目標群眾能接受之訊息；如針對農漁民的政策行銷廣告，其語言表達或訊息就不宜太過艱澀，以免妨礙其接收之可能性。

(2)選取適合之媒體作爲訊息宣傳之最佳載具：政府政策行銷廣告雖有時會透過市場區隔策略來產製訊息，但有時亦可採用針對一般民眾的無差異化策略；此點和形象塑造之廣告亦屬相似。

3.策略效果部分：政府政策行銷廣告是否達到預期之目標，可以透過民調方式加以瞭解之外，機構相關人員亦可透過相關公關活動之舉辦，瞭解民眾對機構政策或廣告宣傳之認知；此外亦可以違反相關政策民眾之數據來側面瞭解政策是否爲民眾所瞭解。倘發現相關宣傳並未達成政策宣揚或讓民眾配合遵行之目標，則應進行政策行銷補強或調整的工作；前文也有提出所謂「形象矯正」，據此亦可依照其作法，針對政策目標及執行之落差，調整實施計畫和過程，進而將調整後的計畫新付諸實施。傳播者亦應先找出關鍵問題何在；是廣告宣傳訊息太過複雜？還是訊息太難懂或無一致性？或是選擇傳播管道之誤差？還是組織內部之聯繫或認知出現問題？還是政策本身根本就不是民眾想要的？或根本沒有施行之必要性？針對問題加以釐清才能調整實施計畫。前文所提出的相關方法；如放慢進程、改善溝通管道及優化環境等，亦皆可適用。若相關步驟調整之後則持續付諸實施，以進行組織政策行銷。

參政府政策行銷之廣告內容

如前所述，政府希望所欲推行的政策能夠深入人心，使民眾認同，則廣告自然成爲一項有利的宣導利器；機構會在廣告中說明制定政策之原因、強調政策之內容、宣揚政策實行後之成果等三面向，而此三面向亦成爲了機構政策行銷廣告之主要內容。

■說明制定政策原因之廣告

此類廣告其目的則是希望藉以尋求民眾對政策之支持，降低民眾疑慮及對政策實行之反彈力道。廣告中總會將欲實施該政策的原因理由重點載明，向民眾訴求；亦會以機關首長代言的方式，以其光環來爲所欲推行之政策背書，使民眾願意進一步去認知或瞭解該政策。如二○○四年行政院就針對「防禦性公投」之舉辦，製播或刊登了相關說明的廣告，以爭取民眾認同。又如新聞局爲推動電視數位化，也製播拍攝兩款電視廣告來對於電視數位化的遠景進行描述，以便民眾瞭解爲何要數位化及數位化未來的走向以及其相對性之優點。短片一是運用棒球賽的方式來對於電視數位化後「互動性」的優點來進行描繪；短片二是著重於電視數位化後「隨選視訊」的優勢以吃飯點菜的方式表現。

又如交通部每個月都會因爲不同時間性推動的交通公共政策而製播動畫來教導民眾未來法規的走向以及交通安全應當注意的事項，透過可愛的動畫內容來告知民眾交通安全的重要性及不可忽略性，並完整的推行並達到公共政策的目的。在其網站當中不但教導民眾交通安全的重要性，更會配合不同時段的公共政策目的來修改網頁之內容以便民眾可以獲得不同有用的交通資訊。而現今國防部亦針對飛彈、潛艦、戰機「三大軍購」進行政策行銷之廣告，其內容主要皆在敘述「有了軍購，國防實力大增、國家安全更獲得保障」等論述（圖4-

1)，來說服民眾支持政府的軍購作法。

■強調政策內容之廣告

爲了讓民眾瞭解政策之重點，故在廣告訊息中以重點來陳述相關政策之內容，是政策行銷廣告中的最大宗。如在大陸配偶來台的法令規範上，有針對大陸配偶來台普遍實施面談及加強查察的工作，政府爲宣導此法令之內涵，特地製播此Flash廣告短片，來供民眾知曉其相關規定。又如在國內遭受到SARS肆虐的時期當中，衛生署及所屬疾病管理局等相關單位製播了一連串的電視宣導廣告，教導人民相關的何謂SARS、SARS的症狀及政府針對SARS的相關防疫措施及政策，並且徵調國內部分媒體的時段來播送專家SARS的解析及進行相關政策之宣導，不讓民眾受到謠言的影響；如以藝人阿嬌與阿炮代言的

圖4-1　「國防升級安全加分」廣告
宣傳支持三大軍購
（圖片提供：國防部總政戰局）

「防SARS七字仔」（圖4-2）。而在這過程當中衛生署所屬及相關單位不僅運用電子媒體來推行公共衛生政策及防疫措施，更同時配合大量媒體（包含平面、電子、網路及廣播等）和運用了大量海報及平面印刷品（如手冊、單張等）來告知民眾衛生資訊及防疫政策之宣導。

而台北市政府欲推動「廚餘回收」政策時，亦透過廣告加強宣導（圖4-3），在廣告內容中除說明了一般垃圾和「廚餘」要分開處理外，另也將「廚餘」分為堆肥廚餘及養豬廚餘，希望民眾確實做好分類工作，以強化政策之推行。另外，新聞局在網站首頁的部分提供新十大建設資訊網的連結點以供民眾得知政府現今所推行之重大國家政策，並且在該網站中也將新十大建設的特色、計畫項目、計畫內容等資訊提供民眾查詢，並且設立網路民調投票區及意見表達區（論壇）與民眾互動。再者，新聞局為了提倡非核家園的長期公共政策目標，因此在新聞局網站中設置一個連結點是關於非核家園的公共政策描

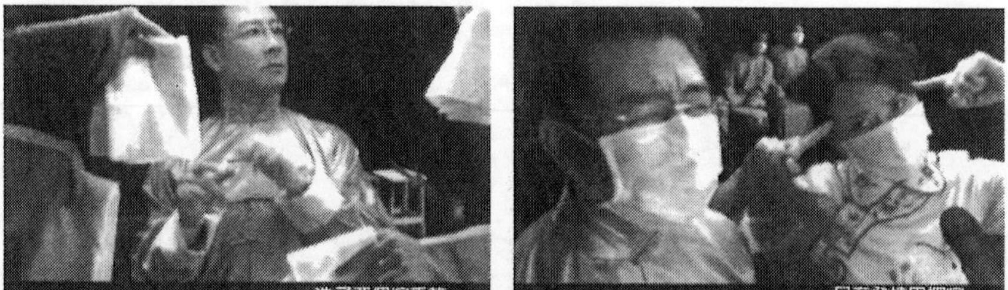

圖4-2 「防SARS七字仔」廣告
預防SARS之宣導
（圖片提供：衛生署疾病管制局）

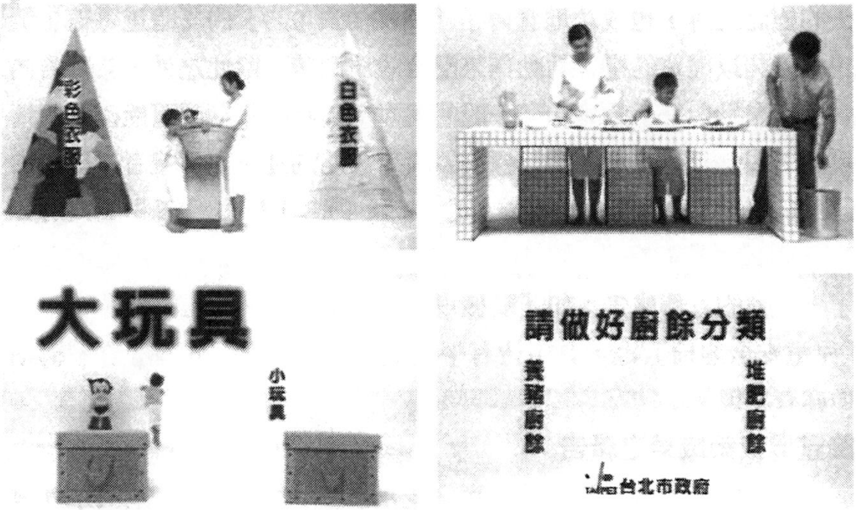

圖4-3 「廚餘回收」廣告
宣傳廚餘回收之作法
（圖片提供：台北市政府）

述，並且將非核家園之公共政策論述完整的架設成爲一個網站，包含了「非核家園」的中心理念「終止核武威脅」、「檢討核能和平用途」、「強化再生能源」、「人道關懷與族群平等」、「拒絕核子污染」等公共政策的方向。分別以非核觀點、非核白皮書等面向對於國民進行公共政策之教育及推廣。交通部爲了宣傳開車禁用大哥大及幼兒乘車要使用兒童安全座椅的政策，也特別製播了相關政策行銷的廣告，其中亦是以政策的內容及相關好處做出發點，期待民眾配合。另外，環保署爲宣傳「塑膠袋減量」政策由當時署長郝龍斌及藝人白冰冰所拍攝的「環保二兵」廣告（圖4-4），前教育部長黃榮村代言提倡「多元教改方案」的教育部廣告，亦皆是屬於此類型。

值得一提的還有法務部及交通部之相關廣告。前者爲了宣傳「反賄選」所製播的一系列廣告〔如歌仔戲篇、進香篇、夢明牌篇（圖4-5）〕，除了成功地建構出「你賄選，我會打電話」的宣傳主軸及包青天的標誌之外，也成功地宣傳了「0800-024-099」的反賄選專線，讓民眾能夠以簡單的撥電話動作來配合政府政策；除此之外，其廣告內容大致是針對鄉下教育水準一般的民眾，以在選舉期間可能碰到的情境爲著眼點，有很明顯的目標群眾設定策略的運用。而後者主要是由「交通部道路交通安全督導委員會」（即「道安會」）負責相關宣導，其以虛擬的動畫角色「平安龜」爲交通安全宣導之代言「人」，製播了一系列的宣傳廣告；如「騎機車請戴安全帽」、「禁止酒後駕車」、「兒童安全座椅」等，其中皆有平安龜的標誌，而相同的印記於網站中亦有呈現。

■宣揚政策成果之廣告

其內容不外乎是說明政策實施後嘉惠多少民眾，或是爲國家社會

圖4-4 「不用購物用塑膠袋」廣告
宣傳購物自備購物袋
（圖片提供：行政院環保署）

圖4-5　「夢明牌」廣告
宣傳反賄選
（圖片提供：法務部）

提供了多少價值及利益；而此類廣告之目的除了是爲政策的持續推行時，民眾能更加支持外，也有藉廣告暗喻政府政績之意圖。如環保單位就可以製播因爲垃圾分類而對地球生態或民眾生活產生的多少的好處及效益，同時以數字來具體說明，一方面可以展現政策之成果作爲繼續推動的依據之外，也可以突顯政府之政績；交通單位亦可以以酒測相關政策而減少了多少交通事故、降低了多少傷亡率，作爲此類廣告之內容，以呼籲民眾繼續遵守等。

平心而論，這類廣告雖然有以上之效益，但是在現今政府政策行銷之廣告案例中，仍屬較少，而筆者認爲這是政府日後在政策行銷宣傳中可以強化的部分。

註釋

❶Philip Kotler & S. J. Levy (1969). "Broadening the Concept of Marketing ," *Journal of Marketing*, 33, 10-15.

❷各類公用事業或信用卡繳費服務機制即屬之。

❸指相較於單一納稅個體所付出的費用與所享用的建設或服務之比例而言。

❹《經濟日報》，一九九四年八月二十日，第二十六版。

❺有關政府失效（Government Failure；或譯政府失靈）詳參Weimer, David L. & Aidan R. Vining, *Policy Analysis: Concept and Practice*(New Jersey: Prentice-HInc, 1992).

❻任何人皆不願有負面外溢效果之公共設施（諸如設置垃圾場、火葬場）在自己的生活領域附近實施，此即所謂「鄰避情節」。

❼以台北市舉辦之台北燈節為例，即以台北市政府民政局為主政機關，協調各相關局處共同執行所轄的分管業務。

chapter 5

第五章　政府公益廣告

- 公益廣告及政府公益
- 公益廣告之相關理論基礎
- 政府公益廣告之創意原則
- 政府公益廣告之類型及功能

第一節　公益廣告及政府公益

一般而言，「公益廣告」有非常多面向的表述或名稱，有人稱之爲「社會公共教育廣告」、「公共服務廣告」或「提倡性廣告」等，但是以其意義來看，則大致相同；概括來說，其就是爲社會公眾服務的非營利性廣告。由於廣告主之不同，可將公益廣告分爲四大類：(1)由公益團體或社會團體等非營利機構出面刊播：其會是由非營利性質的社會福利團體（公益團體）爲了推動提倡一些健康、正確的態度，或者是爲了關懷社會弱勢團體所製作的一系列廣告。例如，中華民國反毒運動促進會的反毒宣傳廣告、勵馨基金會的救援雛妓活動、台灣世界展望會的「饑餓三十」活動等；(2)由企業體出面刊播的公益廣告：有些是企業基於回饋社會，以期作好社會公民的角色而製作的。也有愈多的企業爲了改善企業形象，博取大眾好感，而推出公益廣告。也有企業體是基於明確目的而主動出擊，希望提升整體競爭力；(3)前兩種的混合，即由非營利機構號召企業體集資贊助的廣告；(4)政府公益廣告：政府的政策及法規往往可以透過公益廣告的形式加以發布，在歐美國家，政府進行政策告知性公益電視廣告是早就盛行的。

然而不論廣告主爲誰，公益廣告皆有一些相關特徵如下：(1)公益性：公益廣告是爲公眾利益服務的非商業性廣告；(2)人本性：公益廣告是爲公眾切身利益服務的廣告，其關心的是人類本身或人類與社會之互動；(3)情感性：公益廣告是以形象營造的情感來傳播社會公益思想觀念信息活動；(4)非營利性：公益廣告是由政府部門、公益團體、企業及媒體等單位發布的，不以營利爲目的，而是謀求社會公共利益的廣告；(5)廣泛性：公益廣告並無特定之市場區隔，而儘可能以一般公眾爲目標；(6)聚焦性：公益廣告會期望針對社會上所發生的問題，進行討論或建議解決方法；(7)理想或理念性：公益廣告企圖在內容中傳輸「眞善美」等理想訊息，或是強化一般道德性之理念；(8)簡單性：廣告內容訊息以簡單爲主，務求一般大眾皆可瞭解；(9)深化性：公益廣告之目的是爲了促使公眾態度及行爲上的改變。

至於公益廣告的要素則包括：(1)廣告主：即前項所指之政府或政府部門、社會公益團體和國際組織、企業組織等；(2)廣告代理：負責公益廣告之策劃、創意及製作工作等；(3)媒體：負責公益廣告之刊播；(4)廣告費用或成本；(5)廣告信息：即傳播對受眾有益的觀念；(6)廣告受眾：許多皆是社會全體大眾；(7)廣告效果：提醒式的公益廣告，可稱潛移默化的效果，是隱性的；對社會問題之看法，公益廣告企圖產生顯性之效果。

以台灣而言，亦有協助公益團體合理使用無線電視公益廣告時段的相關法規；而在「無線電視公益廣告審查要點」中亦指出了公益廣告的內容包括急難救援服務、公共安全維護、照顧弱勢族群（團體）、環境保護、維護國民健康、提倡教育文化等廣告。該要點亦指出公益廣告之審查原則，包括：(1)公益廣告之內容應爲促進公共利益之目的；(2)廣告不得假藉公義名義爲特定個人、團體宣傳或爲商品促銷；(3)不違反前款規定下，得將贊助廣告製作之事業，標示於廣告片尾字幕；(4)團體爲其舉辦公益性、非營利目的之活動所製作之廣告❶。

以美國來說，聯邦政府就是很多公益廣告的發起者與資助者，如美國疾病控制與防治中心就出資，來組織全國性公益廣告之活動，主題從戒菸、戒毒到正確使用保險套以防制愛滋病等；而我國政府相關單位也依據不同主題，製播了各類型的公益廣告且配合政令進行宣導；如交通部及各級政府的乘車前座佩帶安全帶、酒精濃度測試等宣導廣告皆反映出政府公益廣告在維護交通安全等運動中的具體作用。

就政府及政黨的形象塑造策略或是相關職責而言，似乎與公益行銷脫不了關係；政府相關單位在特定政策行銷的過程中，已經將有關公益的元素放置其中，如宣導「酒後不開車、開車不喝酒」、「乘車請記得繫安全帶」的政策時，亦有將透過此項政策的落實能保障大多數人行路安全的公益成分於其中，是以就相關政策宣導廣告而言，多含有公益之成分。而政府相關單位或政黨為了強化本身的正面形象，透過公益元素或概念來烘托，也變得頗合邏輯；據此，筆者於此部分則進行公益行銷相關論點之討論，以豐富後面章節所欲進一步討論的廣告內容。而本章節特別置焦於政府的公益廣告，企圖討論政府發起與資助刊播公益廣告之原因、理由及相關內容或類型作一敘述。

第二節　公益廣告之相關理論基礎

在公益廣告訊息產製中，傳播者常會運用到一些與（社會）心理學有關的知識；如會將別人不幸訊息放入廣告中以促使人幫助的「負面狀態信念模式」，強調人應有平等權利之「正義信念論」，又如「情緒——採納」模式等。茲分述如下。

Cialdini 等人（1976）及一些研究者提出了「負面狀態信念模式」（Negative State Belief Model），而此負面狀態的概念則是以其他人所遭遇的不幸為基礎，而一般受眾面對別人的不幸遭遇會促使其想要去幫助那些遭遇不幸的人，因為透過幫助別人，自己的感覺也會較好一些。而此模式將幫助別人被視為是一種報酬，不論這種報酬是否會獲得社會之肯定或是自我的內在肯定與獎勵。

Lerner（1980）則以「世界正義信念」作為基礎，認為人們有其平等的權利，也應享受福利，同時人皆有其存在的基本價值，而此亦是道義論的觀點。基於此，他解釋說，人們將會不樂見其他人被不合道義之行為侵害，倘有此情況發生，未受侵害的人會想去幫助他人除去這種不公平。

Lazarus（1991）的研究認為公益廣告的受眾經過內在及情境條

件之評價過程後，會導致情緒反應；是以其建構了一個公益廣告涉及受眾感情及是否會依照此行動的理論。其認爲透過含有「勸誘改善行動」因素的公益廣告在經過受眾評價後，會產生受眾對此廣告內容訊息的情緒反應，進而產生改善行爲以配合廣告中所欲傳達的訊息作爲。

Bagozzi和Moore（1994: 56-70）發現廣告之內容訊息愈是情緒化，會使受眾有較強的意願去贊助或支持一些慈善組織；他們也指出廣告本身確實會引起受測者之情緒，此一情緒使受眾對廣告的態度及救助行爲的意願產生相關性。

Kotler（1999）指出了包括公益廣告的「社會行銷」之大眾傳播決策，應該考量五部分：即(1)應制定什麼樣的傳播目標；(2)在傳播過程中要說什麼；(3)如何說這些內容；(4)傳播地點設在哪裡；(5)如何確定傳播時間。以傳播目標來看，社會行銷者應以社會變革運動的目標爲基礎來制定傳播目標，其可能是推銷一種思想、作法或兩者皆有。他接著指出，廣告宣傳的傳播內容應該傳遞「一個社會產品比其他產品更能滿足目標受眾的需要」，其可以從宣傳新的社會產品本身、比現有產品更好的社會產品及替代性社會產品三種情形來加以說明。而新社會產品本身的宣傳內容通常會提到其產出是以民眾需求爲基礎，且其能幫助解決現今問題等；倘從「比現有產品更好的社會產品」的內容訊息產製作出發，則通常會以比較的訊息方式來突顯現今的改變會比原來的方式更好等。至於「替代性社會產品」的訊息內容通常置焦於以一個更重要的觀念傳遞來取代社會中既有但不一定正確之觀念❷。

至於傳播的執行部分，Kolter則是將焦點放在如何告知並進行勸服的方式，他指出了有啓發人理性思考的方法、激發人情感的方法、非語言因素的表達方法等三種。而前兩項亦即理性訴求與感性訴求，非語言因素表達則是指傳遞訊息亦可以圖像、聲音表現、面部表情、身體動作、目光接觸、空間距離與人物形體等來表示❸。而傳播媒體部分，Kolter認爲要考慮幾個部分；首先是要找到與傳播計畫要求相適應的媒體；其次則是要找到與社會產品屬性相適應的媒體；最後，傳播時間亦是社會行銷要考慮的部分，傳播者對傳播時間要做具體決定，包括確定要在哪些月份、哪幾週或哪幾天、或一天中哪些時間接收傳播的目標受眾數量最多等[4]。

至於公益廣告效果的部分，孫秀蕙（1993：184）綜合了國外學者對公益廣告效果研究後發現，公益廣告的效果可能因爲資訊活動不同而有所差異；資訊活動的主題、媒介暴露之程度、閱聽人特質、活動的目標（態度或行爲改變）與使用的活動評估方法，均影響到其效果的成敗。其以此爲基礎，來研究閱聽人從公益廣告溝通活動中所得來的「學習」效果，究竟有哪些因素會對其產生影響；而她的研究大致提出了幾項結果如下：(1)對公共事務的注意程度確實能促進閱聽人對公益廣告內容的注意（或覺醒）；(2)以電視三大類內容（新聞、娛樂節目與廣告）而言，對公共事務報導的注意力與閱聽人對公益廣告內容的瞭解最有關係；(3)閱聽人愈是覺得世界是可被瞭解與預測，他們對於電視公共事務報導付出的注意程度就愈高；(4)閱聽人學習公益廣告訊息的能力似乎與年齡、記憶因素兩大變項相關；通常較年輕、記憶力強的人較易從公益廣告中獲取資訊；(5)公益廣告主題如愛滋病、藥物濫用、酒後駕車與吸菸，這些主題的訴求對年輕人來說似乎較具吸引力。

第三節　政府公益廣告之創意原則

公共部門扮演了社會秩序維護及社會文化建立之最重要角色，而廣告即是其欲建構和諧文化及價值觀之重要工具；到底其在公益廣告之製播中應該掌握哪些原則？茲分述如下：

政府公益廣告之創意理念

張明新（2004：196-205）指出一般公益廣告創意之理念大致有以下三個基礎要點，包括：(1)感動人，而非去說教：公益廣告目的是引起廣泛的公眾關注，故公益廣告的創意具較強的情感性；(2)用普通人的心情去創意；(3)民族文化與心理的運用：要以廣大受眾喜聞樂見的形式，引發其共同的審美心理、情趣，激發感情之共鳴。

由以上之論述可知，公益廣告著重在樸實及自然，旨在喚起心靈、行動及注意度，並不一定如一般商業廣告般地需要所謂的「大創意」或是較誇張的呈現；如製播「門諾醫院」公益廣告的「就是廣告公司」總經理也是資深的廣告人黃文博就指出「門諾醫院」廣告是一支「用感情」，而不是「用創意」做出來的廣告；他指出：「門諾，它是毫無知名度的，人家完全不信任它，可是它又有一個募款的訴求。所以我們所作的是把它說清楚，它是誰？它在做什麼？它爲什麼做這件事？它要如何做？要交代得很清楚，所以創意的濃度就低了。我們儘量做的是把它說得動人一點。」。六十秒的廣告裡沒什麼花招，只是紮紮實實地把門諾醫院在花東地區對原住民提供的醫療幫助，以及目前的經費窘境老老實實地說了一遍。許多人都承認，門諾醫院的公益廣告是近半年來他們所見過最動人的一支廣告，清晰有力的文案：「門諾醫院老了，門諾醫院的醫生也老了，可是需要門諾的病人還持續地在增加中……伸出你的手，給需要幫助的人。」[5]

一般公益廣告的創意理念如此，套用到政府的公益廣告上，亦可適用。首先，以「感動人，而非去說教」來看，就很值得政府公益廣告參考，政府雖然基於行政主管官署或領導統馭的角色或定位，但是在反應民眾需求至上的民主時代中，即使宣導觀念或政策期望對社會造成正面影響之際，也不能以「命令」的口吻教導民眾什麼可做或什麼不可做，也應該以「如何才能使民眾感同身受」的角度出發來思考，才可能產生潛移默化的效果。其次，「用普通人的心情去創意」除了要讓政府的公益廣告貼近民眾的心、瞭解民眾的感受之外，也要透過淺顯易懂的文字敘述來讓受眾或知識水準偏低的民眾皆可瞭解廣告中之訊息訴求。至於民族文化與心理的運用這部分，政府公益廣告也要以廣大受眾喜聞樂見的形式，瞭解群眾心理，才能引發其共同的審美心理、情趣，激發感情之共鳴。除此之外，筆者認爲政府的公益廣告還有兩個創意理念要掌握，即「眞實的呈現」與「幫助民眾或社會，而非爭取機構的利益」；以前者來說，政府公益廣告也應該避免過多的創意，有時過多的創意反而會使應該表現的議題失焦，所以「眞實」亦應是製播的理念。另外，政府製播公益廣告不應以機構、首長之利益或名聲爲出發，而應以問題的重要性及對民眾之影響爲廣告產製的基礎。

政府公益廣告創意的原則

張明新（2004：206-222）所建議的公益廣告的創意原則也可作爲政府製播公益廣告的參考，其要點如下：(1)思想性原則是第一要旨：公益廣告是推銷觀念；(2)原創性原則是廣告的必須：公益廣告之原創性體現在創作者對於創意表現元素的選取與創意表現元素間聯繫的巧妙解釋上；(3)人性化原則來深入受眾的內心：公益廣告要深刻地研究受眾心理，讓對方能有效地接受你的觀念，其目的是喚起人們的人性與良知，所以要從基本的人性出發；(4)簡約性原則：讓儘可能多的人容易懂；公益廣告須讓受眾在接觸的瞬間就能理解，進而讓人能夠記憶；(5)參與性原則：與受眾共同思維；即是在作品中表現要有一定的含蓄及保留，在不影響對作品理解的情況之下，激發受眾自己去想。

至於廣告所要表現的主題創意，張明新（2004：224-227）也認爲主題表現應該多樣化，他並提出了常見之方式如下：(1)嚴肅表現：

對較重大或嚴肅的主題常用此表現方式；(2)新聞表現：採取較眞實的表現方式，如新聞紀實或眞人眞事等；(3)趣味表現：趣味表現的具體手法有幽默、諷刺、誇張、漫畫方式等；(4)藝術表現：創作中採用比喻、擬人、反問等表現方式。

這些相關的創意表現在政府公益廣告中，亦常出現；如交通部宣導「兒童安全座椅」的廣告就有以卡通人物的方式以趣味的內容來呈現，宣導開車勿講大哥大的觀念政策時也有透過打電動玩具之情景來呈現，亦屬趣味類型，疾病管制局以藝人吳宗憲作爲代言人宣導防愛滋病公益廣告時，也是以輕鬆的調性來呈現。其次，衛生署及所屬單位宣導預防自殺的公益廣告中，就是以較嚴肅的方式來呈現內容，而內政部呼籲防止家庭暴力的相關廣告中，也常以較嚴肅的口吻來傳遞訊息，如教育民眾不要對周遭的情況冷漠、或是可以撥打「113」的電話來尋求協助。再者，透過新聞、眞人眞事或紀錄片方式呈現的政府公益廣告也不少，如衛生或疾病單位就會以見證者自述的方式來突顯出其克服疾病之過程，呼籲病友抵抗病魔的廣告。

第四節　政府公益廣告之類型及功能

以下茲將政府公益廣告之類型及功能介紹如下：

政府公益廣告之類型

張明新（2004）指出了公益廣告之內容包括社會教化、公共服務、生態保護、慈善救助及政府政治等五類；倘以政府公益的觀點來看，亦可以藉此類目將政府公益廣告分成社會教化、公共服務、生態保護、慈善救助以及政府政治及政策等五方面。

☸社會教化

　　此可說是公益廣告最重要的一個內容，他可教育人們哪些事情是該做的，哪些事情是不該做的。倘進一步分析則可發現在下列社會正義、社會教育、社會公德、職業道德及家庭美德五類的內容中，政府及相關單位皆製播相關類型之廣告：

■社會正義型

　　包括見義勇爲、反對壓迫、反對歧視及反對暴力等。內政部的此類廣告非常之多；如兒童局就有相關「疼惜小孩、防止家暴」或「性侵害防治」的廣告，除了提出家庭暴力是不應該及受害者是值得同情的論述之外，廣告訊息亦會教育民衆相關可以支援的動作；如內政部家庭暴力防治委員會就製播了不要冷漠、撥打「113」電話、婦女可申請人身保護令（圖5-1）等廣告，從積極面來開始努力。

■社會教育型

　　包括樂於助人、節約用水、公共禮節、社會安全等。台灣早年大字報式的宣導文字廣告，如「請勿隨地吐痰」、「請勿高聲喧嘩」等，都是公共禮節式的廣告，這類廣告在文明社會建立之初頗爲常見，就是因爲教育未見普及，一般民衆知識水準普遍低落，是以，政府希望透過此類宣導廣告，以最簡單的訊息告知民衆生活禮儀的重要，以作爲強化國力的最基礎工作。以節約用水來說，台北市政府於二○○二年夏天枯水期就刊播了「危機總動員」的系列廣告，呼籲台北市民節約用水，度過枯水期的各類廣告。除此之外，爲了對抗台灣地區近來的乾旱危機，並且推廣、提倡節省水資源的公共政策，新聞局特地在網頁首頁熱門活動區設立節省水資源的豆豆網站連結，期待能夠推行民衆節約用水的公共政策概念。而在該網站中不僅有公共政策之宣導，更有教導民衆如何省水之三十六妙方及限水地區之資訊，可以讓民衆能夠更加輕易地配合政府的公共政策。

　　至於社會安全部分，政府爲維持社會之安全，必須使最大多數的

圖5-1　「人身保護令」廣告
宣傳人身保護令
（圖片提供：內政部家庭暴力及性侵害防治委員會）

民眾加以配合，才能日起有功；如教育民眾共同打擊犯罪及不法的廣告訊息，或教育民眾不要誤觸「公共危險罪」的相關廣告，皆屬於此類型。內政部警政署對此也有「防詐騙」（圖5-2）的相關廣告，其中有以藝人高凌風代言來宣傳「要你先付錢、就是騙你錢」的訊息；而藝人蕭薔「一秒鐘、護全家」的廣告也是呼籲民眾外出要多花一秒鐘將門窗上鎖，因為小偷最怕麻煩，多一道鎖，小偷怕麻煩就會放棄。

而文建會二○○四年舉辦「全國好書交換日」的活動，期望能提供好書到偏遠鄉村地區，也發動全國鄉鎮圖書館，共襄盛舉，更邀請了陳水扁總統到華山創意文化園區拍攝公益廣告宣傳帶，希望此舉能帶動國人共同參與此捐書及換好書的活動，而這亦是樂於助人的廣告

圖5-2 「反詐騙」廣告
反制詐騙宣導
（圖片提供：内政部警政署刑事警察局）

類型。

■社會公德型

包括尊師重道、關心弱勢、提倡文明或文化風氣等；其目的則在改善社會風氣或建立價值觀念。如新聞局製播的「豆豆看世界」公益廣告就是非常明顯的成功例子；一九九八年豆豆誕生，為行政院新聞局「豆豆看世界」系列公益廣告代言，獲得廣大迴響，並在網路傳閱，一時「姓陳不姓福」、「關心自己，也關心別人」成為時尚流行語。不僅如此，「豆豆看世界」系列作品榮獲時報廣告公共服務項銅像獎，「關心自己，也關心別人」更榮獲時報廣告金句獎。一九九九年豆豆與兒童福利聯盟結合，進行義賣募款活動，創下了在短短二個小時內熱賣近一千隻，首日登場即搶購一空的紀錄，三款不同造型的豆豆娃娃（標準豆豆、中國豆豆、聖誕豆豆）旋即刮起豆豆旋風，爲需要保護的孩子們募得四百多萬餘元。二○○○年豆豆現身元碁電子賀卡上，用最科技的方式，寄予大家最傳統、溫厚的新年祝福；同時豆豆商品也在聖誕節前夕於OK便利商店熱烈首賣，五日內即賣出近三成商品，應節之聖誕豆豆上市半個月便全數銷售一空，供不應求。之後，豆豆更跨足電訊業，現身和信電訊手機，供豆迷下載。二○○一年豆豆與OK、福客多、萊爾富等便利超商店全省近二千五百家店頭通路結合，推動「消費九九、 愛心久久」豆豆絨毛娃娃義賣捐款活動，可愛討喜的變身豆豆與水果豆豆限量出售，一上市便立即帶動民眾搶購熱潮，義賣所得將提撥部分收入贈予聯合勸募協會。豆豆代言拍攝錢櫃KTV「灰姑娘篇」、「寵物篇」、「喝酒不開車篇」等廣告，再次展露豆豆對時下青年的魅力。之後豆豆商品正式授權發行，授權範圍涵括玩具類、文具類、遊戲類、食物類、生活用品類商品，在一片哈日聲中，豆豆可謂一枝獨秀，成爲台灣的超人氣偶像[6]。

而在提倡文明及文化風氣的部分，經濟部智慧財產局所製播的「反盜版」廣告系列，亦可歸於此部分，因爲尊重他人權利、使用者付費或保護智慧財產權的觀念是文明社會的重要指標；廣告內容是以許多明星及歌手爲代言人，呼籲民眾「放過他們吧」，停止任何形式盜版行爲。

■職業道德型

包括與同事關係融洽、勤業敬業等。

■家庭美德型

包括關心老人長者、家庭倫理及反家暴等；而前述內政部刊播防治「家庭暴力」的系列電視廣告亦屬於此類。

公共服務

其具體體現在四個方面，即衛生健康、生活常識、交通安全及公共事業等面向上。

■衛生健康

如精神及營養健康、愛滋病教育、醫療保健等；最値得一提的是在二〇〇三年SARS期間，行政院衛生署、國民健康局、疾病管制局等相關單位就製播及刊登了非常多有關預防SARS的廣告，其中特別都將「發燒是檢測SARS是否會傳染給他人的最重要指標」，同時亦列舉出了多量體溫、多洗手、戴口罩之相關預防方法，皆是希望降低及控制SARS傳染等宣傳作爲。而新聞局在當年SARS疫情蔓延期間，特別架設豆豆看世界——SARS防疫館的網站來供民眾獲取相關防疫資訊，並且在新聞局的首頁當中設立一個連結點以供民眾連結以省去搜尋資訊之困擾，在該網站中提供民眾有關SARS的基本資訊、相關的基礎防疫措施以及其他政府相關行政單位的連結點。

國民健康局一直將「反菸」作爲宣傳重點，如近年的「無菸餐廳」系列廣告等，而爲了配合世界禁菸日，國民健康局也曾於報紙上刊登以「時尚無菸味，電影不秀菸」爲主軸的反菸廣告（圖5-3）。疾病管制局亦有針對相關疾病由廣告中來進行防治宣傳，如由跆拳道國手洪佳君代言，主要訊息爲「你不套招、我不過招」（圖5-4）的預防愛滋病廣告，而「結核病都治計畫」（DOTS）廣告中也傳遞了「咳嗽三週以上就要檢查」、「按時吃藥半年就會好」的簡單訊息給民眾讓其對結核病防治有若干瞭解。衛生署更

圖5-3 「今天是什麼日子？」廣告配合世界禁菸日宣導反菸（圖片提供：衛生署國民健康局）

圖5-4　「你不套招、我不過招」廣告
預防愛滋病宣導
（圖片提供：衛生署疾病管制局）

有針對婦女製播「三點不露」廣告以預防乳癌及子宮頸癌，其他現今社會所關心的議題，如防治毒品、防止自殺、預防愛滋、菸害防治等，衛生署亦以相關廣告來進行宣導。

除此之外，相關機構亦有透過網站廣告訊息來與民眾交流互動；如衛生署有相關網頁針對「優生保健」、「如何預防職業病」等議題所製作的相關廣告宣傳訊息：(1)優生保健網站[7]：衛生署不僅是提供人民衛生的相關資訊，更在其首頁的地方設置有關民眾一生幸福的資訊提供區，提供民眾在衛生資訊之外，更能夠得知如何能夠擁有一個優生寶寶，能夠儘量讓每一個生命都可以擁有完美的開始。在該網站中，衛生署不僅提供民眾優生的概念，更提供了結婚前、生育及養育三階段的資訊，十分便民；(2)健康一百職場跑跳碰網站[8]：衛生署也在自己首頁當中主動提倡民眾須注意自身職場上的健康狀況，並且在該網站中教導民眾何謂職業病，而又該如何預防，但是此網站的功能不僅於此。傳統的公益廣告只會從單方面著手，大部分是勸導民眾，但在該網站中不僅僅告知民眾如何預防及相關資訊，更同時的教導公司領導階層爲何要注意職場健康及如何企劃執行，並且也有提供優良的產業範例以供業界模仿；(3)珍愛生命宣傳政策[9]：衛生署國民健康局爲了倡導珍惜生命的公眾宣導政策，在其首頁放置卡通人物「阿貴」的動畫來吸引民眾觀賞，並且藉此連結點將珍惜生命的宣傳政策網站介紹給民眾知曉，同時運用阿貴卡通動畫讓其知道生命的意義以及如何保養及珍愛身體，以便達成政策之目標，並爲國家取得最大之利益及民眾勞動力。

■生活常識

如防火防盜、與人爲善、未雨綢繆等；如早期年代中宣導「遠親不如近鄰」觀念，就是與防火防盜、與人爲善皆有關之觀念宣導。又如前述社會安全類型之相關廣告，如內政部以藝人蕭薔代言「一秒鐘、護全家」的「防竊盜」廣告（圖5-5），與藝人高凌風代言「要你先付錢、就是騙你錢」、「麥憨啦，嘿攏騙人ㄟ！」的「反詐騙」廣告，亦皆可以歸於生活常識之類型。至於未雨綢繆的廣告類型，即如相關單位於颱風時期刊播之廣告，其皆會教育民眾如何進行防颱，或是颱風來時不要到海邊釣魚觀潮、不要登山等廣告；其中除了教育民眾要注意安全外，亦有希望民眾不要因爲輕忽，而有浪費公共資源之情況。

■交通安全

包括遵守交通規則、勿酒後駕車、勿超速、安全帶教育等；如交通部及各級政府的乘車前座佩帶安全帶、酒精濃度測試等宣導廣告等。觀察交通部之網站，可發現其中製作了一系列有關「道安宣導」的文宣廣告，其大致分爲「安全行，好心情」及「平安龜的窩」兩部分；前者則是將交通部有關的道路安全條例進行詳細說明，如小朋友安全座椅、酒後駕車相關罰則、條款等，後者則就有更多廣告及文宣，包括「平安海報室」、「平安卡麥拉」等。平安海報室就包含了

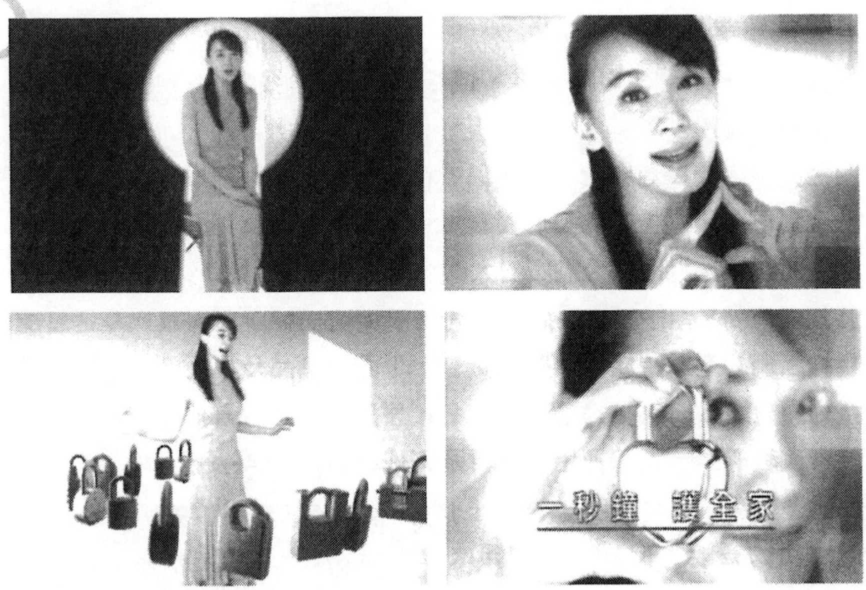

圖5-5 「一秒鐘、護全家」廣告
宣傳反竊盜
（圖片提供：內政部警政署刑事警察局）

一系列由代言卡通人物「平安龜」為主角來傳遞一系列有關交通訊息之廣告海報；如酒後請勿駕車、請勿開快車等。「平安卡麥拉」則包含了交通部針對相關重要宣導之電視廣告，如酒後不駕車等。如台北市政府於二〇〇五年又刊登了宣導勿酒後駕車的公車廣告，畫面中是一個包著棉被的消防栓，文字是「再多的保護也救不了酒後駕車」，期望民眾深思。

此類交通安全宣導廣告除了公益性質之外，亦會有和政策行銷作結合，如交通部為了宣導開車禁用大哥大、酒後不開車、兒童安全座椅等政策，都會以廣告宣導加以配合；其亦是希望藉由相關政策的實施，能進一步保障行人、乘客及駕駛的安全，所以政策及公益兩種訊息及意圖皆會於其中出現。

■公共事業

通常由非營利組織主導，但政府亦有可能進行；包括防毒、戒菸、消費者運動等，前述已有提到的戒菸運動，本部分再進行補充說明。衛生署國民健康局長期提倡戒菸的概念，從以前與董氏基金會的配合到現今獨立推動的無菸餐廳，一直都扮演極爲正面的政府公益形象，而在較爲近期的公益廣告大約如下：(1)二〇〇四年Quit & Win戒菸就贏系列[10]：在此公益活動系列當中，國民健康局與董氏基金會配合推出網站、電視廣告、廣播廣告、平面印刷品及平面廣告，而在此系列中也邀請有親身戒菸經驗的名人蔡岳勳一同證言拍攝電視廣告，及李玟教導民眾如何運用有氧舞蹈來戒菸；(2)無菸餐廳系列[11]：一般民眾多會有如下之感嘆——「好不容易找到一家可以跟家裡小朋友一起用餐的餐廳，但是隔壁卻飄來陣陣菸味……」、「在慌亂的城市中，跟女朋友一起發現了一家看起來很漂亮的餐館，很高興地坐下來時，卻發現餐廳裡累積很沉重的菸味……」，上述的狀況便是爲何國民健康局要提倡無菸餐廳的概念及落實的原因，國民健康局目前正著手「無菸餐廳」觀念之宣導，透過一系列廣告期望將此觀念深入人心，同時號召餐廳加入無菸餐廳之行列，而國內的無菸餐廳的數目也漸增加到現今的五千多家，而在這一系列的活動當中，國民健康局大抵上是將整體宣傳方式分爲三大主軸，分別爲電視廣告、海報及印刷文宣品三個層面來進行公益政策之宣導及推行；(3)無菸家庭計畫[12]：國民健康局將於二〇〇四年大力推動無菸家庭，闡揚家庭無菸的觀念。在衛生署國家健康局的網頁當中，特定成立了一個無菸家庭計畫的網站連結點，而在該網站當中不僅是在宣傳無菸計畫的公益政策，更是利用Flash動畫廣告提醒與告知民眾吸菸與吸二手菸的後果與其將帶來的身體各部位的損害及疾病。

公平交易委員會亦有透過宣傳廣告教育民眾，現今社會中有許多誇大其產品療效與功能的不實廣告，呼籲消費者不要完全相信廣告中的內容，而此舉亦是提高消費者意識或觀念的一項作法，亦是屬於本類型。

生態保護

具體來說可分爲生態保護、節約資源、城市環保等大類。

■生態保護

包括保護稀有動物、禁止濫砍濫伐、防止森林火災、水土保持等；如內政部皆會定期宣導禁止濫墾及濫伐的廣告，在廣告中亦會點出罰責，期望能遏止該項惡劣行爲。如新聞局有一篇名爲「種樹造林、生活照顧」的廣告，就是在傳達種樹造林有助於水土保持，對我們的生活是一種保護的訊息。

■節約資源

包括節約用水用電、不過度開採、節約能源等。除前述台北市府於枯水期間作的「危機總動員」系列廣告之外，新聞局也有教導民眾加裝省水裝置、洗澡用淋浴等省水「撇步」來建構廣告訊息的「節約用水」廣告；此類節約用水、用電廣告大約以夏季最多，因爲其通常是用水、用電高峰期。

■城市環保

主要指講求環境衛生、防止噪音或社區建設等；如環保署爲推廣禁止使用保麗龍容器而製播以當時署長郝龍斌及藝人白冰冰爲主角的「環保二兵」廣告，及相關塑膠袋減量廣告，或台北市政府推廣「垃圾不落地」政策而製播的相關廣告，皆屬於此類型。

慈善救助

包括特殊救助、扶助貧窮及殘障、失學救助、協助弱勢族群。二〇〇〇年九二一地震發生後，政府相關單位即製播或刊登了非常大量的特殊救助廣告，內容包括房屋全倒或半倒的認定及補助等。

參、政府政治及政策

本部分除了包括前項已敘述過從自由民主、經濟成就、軍力展現、科技實力、教育及生活水準、國際援助等面向來形塑政府形象之廣告外，亦可包括：

■國民號召型廣告

即在特定的時候，政府爲了解決相應的社會實際或觀念上的問題，以號召民眾配合政府貫徹某項重大工作；如行政院針對三二〇公投之相關廣告，鼓勵民眾投下第一次的公投票，或是法務部鼓勵檢舉賄選之廣告等，亦皆可屬於此類型。又如新聞局於二二八紀念日時就曾有製播一篇名爲「心的二二八——勉勵篇」，呼籲社會中沒有貧富、貴賤之分，只有憐憫、愛與寬容，期望以此心情共組台灣新家庭；相關單位則期望藉此類廣告能夠將社會衝突降低、減少紛爭，進而建立共識。此外，爲了鼓勵國家的棒球隊能在雅典奧運勝利成功，新聞局也製播了「雅典奧運、台灣加油」的廣告，其是以知名的紅葉少棒精神爲主要訊息內容，期盼中華隊能以此堅苦卓絕的精神獲得成功，相關單位亦希望藉廣告來凝聚國人士氣，一起爲奧運加油。

■民族文化型廣告

透過保護及宣揚自己國家的民族文化，可使國家在全球化世界中，鞏固其地位；此類廣告則包括民族傳統、文物保護、宗教藝術等。如行政院新聞局及觀光局皆有製播有關台灣各民族、特殊節慶、地區特色及古蹟之宣傳影片或廣告，就有期望讓國民認識相關歷史文化或以國家爲榮之企圖。

■政令宣導或政策行銷型廣告

此類廣告相關重點策略及內容就如本書前面章節所言；就廣告主來看一定爲政府及其相關單位，其中之訊息內容則包括政令宣導，或包括意識形態之灌輸等。至於廣告的時間則不特定；宣傳之目的則可能包括宣導政令、灌輸意識形態、間接暗示投票支持等。如內政部於

「政治獻金法」通過之後，也製播了一支廣告期望能讓民眾認知到，若要進行政治捐獻則要依照一定之規則才不會觸法。

平心而論，以上各類政府公益廣告除了政府政治及政策類之外，其餘四種公益廣告的類型都是屬於政治性較低的類型，是以，可將他們稱之爲「廣義的政治廣告」；之所以稱爲廣義的政治廣告，原因即其內容並不見得很清楚地會包含政治訊息，但是由於廣告主仍是政府，而相關單位作此類型廣告除了是將和民眾生活有關的觀念進行宣導之外，相關單位仍會希望經過宣導之後，社會秩序能較上軌道、民眾權益可保障、相關情勢發展容易控制。以此觀點來看，若是社會有秩序、民眾享權益、情勢能控制等目標能夠達到，對相關機構來說無異是一種績效；是以，以廣義來看，此類廣告內容訊息和政治雖無直接關係，但從結果來看，和政治的關係仍然明顯，故仍然屬於政治廣告的範疇。

政府公益廣告之功能

張明新（2004：147-194）提出了公益廣告之功能有五種，即教育功能、輿論導向功能、社會關懷功能、文化傳播功能及美育功能。本部分仍然以其相關功能作爲依據加以討論。

一、教育功能

政府公益廣告之教育功能主要體現在常識教育、倫理教育及政法教育三方面。

■常識教育

係指其在向受眾宣導及灌輸有關自然、生活與社會的一些基本常識方面所具有的功能；包括愛護環境、關心他人、營養健康、講究衛生、孝敬老人及交通安全等。如新聞局「豆豆看世界」就是教育大家能夠關心身邊的人，交通部「酒測」及「安全帶」廣告則是希望藉以達到減低交通事故之功能。

■倫理教育

包括社會倫理、道德倫理與生態倫理。社會倫理在教育人們社會化及其功能，如自由平等、公平正義、反戰爭反暴力等；期望產生啓發教育作用，宣揚正確人生觀或價值觀等。道德倫理教育指的是社會公德、職業道德及家庭美德等；如內政部「反家暴」廣告即是期望達到此種功能。至於生態倫理教育的部分，則是透過廣告可教育人們有關自然與社會的和諧、人類與其他物種之和諧，進而達到保護環境等功能；環保署之相關廣告則是強調此部分之功能。

■政法教育

主要在教導人們政治與法律的知識及觀念方面所具備之功能；在選舉中最常出現的「反賄選」廣告就屬此類，其是希望藉此達到乾淨選風之功能。

輿論導向功能

此類型的政府公益廣告則期望達到輔助宣傳國家政策及引導（或框架）當前社會重要議題的功能；前者如生育政策、反賄選、行政院宣傳新十大建設等皆屬之。後者的意義則在於公益廣告對於當前社會重大議題，雖是代表一種觀點，但對於受眾的正向引導功能是不可忽視的；如新聞局「慎選優良電視節目」的廣告即是希望達到強化電視節目品質的功能。

社會關懷功能

最主要的功能是希望藉此達到關愛我們的同類及展現對人類的終極關懷；此處所指的終極關懷是社會大眾對於其同類眞正發自內心的，是由衷的、無私的及充滿感情的；如九二一地震期間政府的救災賑災、希望工程等廣告，皆是此類功能之展現。

文化傳播功能

政府除可藉公益廣告宣揚民族文化以達到強化民族精神的具體功能之外，亦能藉由廣告傳播這個時代的文化；如智慧財產權的保護、科學技術之傳播、環境保護等，以達到教育民眾之功能。

美育功能

公益廣告若透過藝術形式如書法、繪畫、音樂、歌舞等來表現，其就是純粹的審美體驗，同時具有一定的審美功能。此外，將這些具有藝術成分的公益廣告以看板或燈箱的方式建置在商業化氣氛濃厚的城市中，可能會使人有一種清新之感，當此些公益廣告對民眾產生潛移默化效果的同時，它也默默地美化了我們的城市生活環境。

除了上述功能之外，筆者認為公益廣告還能達到「解決或控制問題」與「價值整合」兩種功能。前者如政府機構之公益廣告有許多都是針對社會上現今較嚴重或層出不窮的問題作出發，其皆希望透過公益廣告能將問題點出來，除了有教育民眾的企圖外，希望將問題加以控制或解決，才是廣告產製之主因；是以當廣告中所點出的問題（如家暴、詐騙或賄選）發生的比率能夠下降或徹底解決時，廣告「解決或控制問題」的功能當然頗為明顯。就「價值整合」來說，公益廣告所傳輸的訊息有非常多都是與民眾進行觀念之溝通，或是欲傳遞社會之主流價值或正當價值；當大多數民眾接受該訊息產生認知改變或行為支持（如遵守交通規則）時，除了能突顯民眾間針對特定事務之價值觀念已經整合，更能夠進而認定民眾對該事務的看法或價值也與主其事的政府單位相一致了。

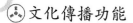

註釋

❶〈無線電視公益廣告審查要點〉，《新聞法規彙編》（下冊），二○○四年八月修訂，行政院新聞局編印。

❷參考俞利軍等譯，《社會營銷——改變公共行為的方略》（北京：華夏書店，2003），頁一五四至一六三。

❸同前註。

❹同註❷。。

❺〈作公益廣告是得獎的捷徑？〉，《新新聞》，第五五○期。

❻新聞局網站：http://www.gio.gov.tw。

❼網址：http://health99.doh.gov.tw/mb/mb.htm。

❽網址：http://health99.doh.gov.tw/job100/healthy100.htm。

❾網址：http://www.kland.com.tw/event/bhp/index.html。

❿網址：http://www.quitandwin.org.tw/。

⓫網址：http://smokefree.so-buy.com/front/bin/home.phtml。

⓬網址：http://health99.doh.gov.tw/tfh/。

chapter 6

第六章　政府國際宣傳廣告

- 國際宣傳之意義
- 國際宣傳之原則、策略及基本態度
- 國際宣傳廣告之內容及類型
- 國際宣傳個案——「我國參與聯合國」策略分析

第一節　國際宣傳之意義

研究國際傳播的學者馬丁（Leslie J. Martin）指出：「凡是一國人民或政府，超越國界，向他國的人民散布宣傳者，謂之國際宣傳」❶。國際宣傳大部分可說是預設資訊的交流，是一個國家將總體資訊經過過濾與選擇，把符合該國政策需要的工具，進一步美化設計，透過各種媒介和通道，向他國人民廣泛的傳播❷。

Jowett和O'Donnell（1986: 21）指出宣傳有被稱作大型勸服（mass persuasion），它是「一對多」（one to many basis）的勸服過程。宣傳可與一般社會過程連結在一起，而勸服只是個體的心理過程。Miller（1987: 15）則認爲宣傳需要靠勸服的手段，它是透過語文或非語文的方式改變人們的態度信念或行爲；或是透過訊息的傳遞，有企圖地改變人們的態度信念或行爲；或是經由符號（訊息）而改變行爲，有時這個訊息是由間接強制的方式訴求於被勸服者的理智與情感。

Jowett和O'Donnell（1986）指出，如何分析宣傳則要從下列十點著手。茲分析如下：(1)宣傳活動的意識形態和意圖：宣傳的意圖是讓人們接受宣傳者的意識形態；(2)宣傳發生時的背景脈絡：宣傳分析者必須意識到已經發生的事件，以及宣傳者對此些事件所做的解釋，什麼樣的陳述是整個社會體系（如和平、人類）所期待的？及分析時代及大事件的發展；(3)確認宣傳者；(4)宣傳組織的結構：成功的宣傳活動傾向起源於一個強而有力、中心化的決策權威，以產生貫穿整個組織結構的一致訊息；(5)目標閱聽人；(6)媒體使用技巧；(7)使效果最大化的特殊技巧：包括注意閱聽人的傾向、消息來源的可信度、意見領袖、是否能獨占傳播來源、視覺象徵物的力量、語言的使用、宣傳音樂等；(8)閱聽人對各種技術的反饋；(9)反宣傳；(10)結果與評估。

Rogers和Storey（1987）自許多不同種類的宣導運動個案中，擷取了九項有助宣導運動的原則，包括使目標群眾廣泛暴露於宣導訊息之下、設定合理的宣導目標、同儕團體的人際傳播對產生或維持或改變行為相當重要、傳播來源及通道的可信度可增加傳播宣導運動的有效性、持續進行宣傳之評估工作、宣導運動的訊息與閱聽人有社會距離者無效、預防型的宣導運動可能不比具正面結果的宣導運動有效、分眾策略對特定閱聽人強調特定訊息、媒介訊息及人際訊息間之可近性及適時性。

不同的社會間，宣傳的使用與方法上皆有差異，但是由於國際宣傳其目的總是希望透過這種傳播活動而使外人瞭解自己國家的政策，以便（幫助）產生對自己國家有利或友好的現象；持平而論，它總是和一國的國家利益有關。是以，每個國家為了捍衛自己的利益，總都設有宣傳機構來宣傳自己的國家政策及形象。以我國而論，行政院新聞局即負有我國國際宣傳的任務，包括[3]：(1)告知：把國家的政策讓別國人民來瞭解；(2)解釋：澄清國際間的誤解和污衊；(3)反應：駐外新聞人員為國家耳目，要隨時反應駐在國對其本國之輿情反應，作為政府釐訂對該國外交政策的參考。

目前世界上主要國家之國際宣傳工作，均以尋求與對方當前或將來可能影響其國家思想觀念形成之人士間的溝通為重點。許多國家國際宣傳的基本對象是其他國家直接和主要的意見領袖，包括政府官員、編輯、媒體負責人、藝術家、知識分子、教育家、學生領袖、商業鉅子及婦女團體領袖等。平時的國際宣傳活動，不論是無線電及電視廣播、文字及視聽資料的運用，或是交換計畫、商展、圖書設備、新聞中心及圖書館等活動，其目的是在增進國家長遠的安全及福利，並且也能維護世界的和平與繁榮。但就另一面向而言，國際宣傳行為中也可能影響其他國家政治與社會生活的國際交流；Adeno Addis（1988: 493-520）就指出兩種傷害性的國際宣傳活動：(1)意圖性錯誤的宣傳：可稱為「負資訊」，即已開發強國所使用之「故意的假資訊」，目的在削弱他國之國際地位，開發中國家通常是直接目標與受害者；(2)選擇性錯誤的宣傳：可解釋為曲解的或不平衡的資訊，即所謂「結構性的宣傳」，雖無陰謀，亦非懷有惡意企圖去傳遞不平衡的資訊，但是由於文化及政治之假設與偏見，使得傳播媒介傳遞資訊之行動通常是選擇的與扭曲的，其對開發中國家的偏見及歪曲報導，經常對這些國家的形象造成極大的影響，損壞這些獨立社會的自覺權利。即使如此，國際宣傳仍然是國家在國際社會中為求生存、安全及優勢支配的過程中，運用傳播媒介，以預設資訊宣揚自己，求取溝通創造機會而獲利，甚至打擊對手的方式。至此，在國家間彼此傳播與互動的關係上，國際宣傳正扮演著重要的角色。

第二節　國際宣傳之原則、策略及基本態度

以下茲將國際宣傳之原則、策略及基本態度分別介紹如下：

國際宣傳之原則及策略

宣傳要能夠奏效，則有賴宣傳的原則與技巧；而宣傳的原則與技巧仍可從Lasswell的傳播模式，即傳播者（來源）、傳播訊息內容、管道及對象來加以討論。

以傳播者（來源）而言，首重「可信度」，而影響可信度的來源可從幾方面來討論；首先就是其社會地位、聲譽與宣傳動機；其次，「類同性」也是頗重要的因素，宣傳對象與傳播者若是相同類型的人，其資訊較具說服力；再者，具專業知識的專家所傳播的資訊較具可信度。

以宣傳內容而言，若是它具有爭論性時，Hovland、Lumsdaine和

Sheffield（1949）等學者建議有如下的宣傳方法：(1)要是宣傳對象一開始就反對宣傳來源之立場，最好將正反意見陳述；(2)若是對象信服原來資訊立場，不妨重複強調該項資訊；(3)對教育程度高者，宣傳時要正反意見並陳，程度低的宣傳對象，則可對其強調「片面之詞」；(4)正反意見並陳較容易察覺出遺漏哪些論據。就內容的結論而言，Hovland、Janis和Kelley（1953: 70, 244）等人則認爲：(1)明白下結論較具說服力；(2)若宣傳內容非常個人化或與自己相關時，讓宣傳對象自己下結論，效果可能較好。Thistlethwaite、Haan和Kamentezky（1955: 107-113）則認爲對教育程度低者最好以下結論的方式進行宣傳，對教育程度高者較無明顯區分。若是將內容一再重複，其效果如何？徐佳士（1966：181-182）認爲隔一段時間一次的重複能增加說服的力量；重複中有變化，則可一再令宣傳對象聯想到宣傳目的，並在同一時間激起宣傳對象的好幾項需求和欲望。若是以內容的呈現方式而言，Hovland、Janis和Kelley（1953: 75, 80）認爲：(1)輕微恐懼訴求的說服效果大於強烈恐懼訴求的效果；(2)讓宣傳對象積極參與，有助於提高宣傳對象對宣傳內容的注意。Weiss和Fine（1956: 109-114）則表示若是內容中挑起宣傳對象的緊張情緒，然後建議解決方法，宣傳會高度有效。

現代宣傳的特徵是使用所有的宣傳媒介，並混合使用各種型態之傳播，「宣傳家應如製譜交響樂的作曲家，使用多種樂器，以收宏效」[4]。

若是以宣傳對象而言，Hovland、Janis和Kelley（1953: 142, 254）歸納了滿足其的幾項原則：(1)宣傳對象總是傾向於注意那些與宣傳對象原有態度和興趣相符的宣傳內容，即這項宣傳若是能滿足其現有需求的話，容易產生效果；(2)若宣傳內容是以高可信度來源爲宣傳訴求時，必須不斷地重提宣傳來源，促使宣傳對象能隨時聯想高可信度來源，進而接受宣傳內容。然而也有學者認爲宣傳內容若與當時現行的意見氣氛相符，較具說服力[5]；此外，宣傳對象若是智力高，則可用較偏邏輯性的論點，智力較低的可用情緒性訴求[6]。

持平而論，在國際宣傳的實際傳播行為當中，各國的政治、經濟及社會結構多有不同，文化、思想與觀念也有差異國際情勢更是瞬息萬變，如何巧妙的運用國際宣傳策略，著實在考驗國際宣傳者的智慧。

現今許多國家為宣揚其名聲或特定目的，皆會使用各式之廣告來傳播其相關訊息，而國際宣傳之廣告策略亦是掌握廣告策略與企劃之基本原則來加以進行，筆者將由以下之篇幅加以說明。

三、策略擬定部分

政府部門通常會透過下列步驟來進行國際宣傳廣告策略之規劃：

1.目標群眾：此可分為一般之宣導及特定目的之宣導兩部分，前者則是欲將國家的整體形貌介紹給其他國家，以提高國家在國際上之能見度及知名度，並無其他特殊目的。後者則是有其特定目的，如觀光行銷廣告希望外國觀光客來台參訪、參與國際組織之宣傳廣告則是置焦於國際組織之參與、獎勵來台投資之廣告其目的便是希望國際知名廠商能來台投資。是以在策略擬定時就應針對宣傳目的來進行不同的策略規劃，特別是有特定目的之宣傳活動，就應有條有理的將欲參加國際組織之原因及理由載明，同時亦應提出台灣能提供該組織或來台投資廠商何項利益等，皆作詳細之說明，才能爭取其支持；介紹國家整體形貌之國際宣傳廣告仍亦將國家之優勢特點進行強勢推銷，才能在受眾心目中留下深刻印象。至於目標群眾部分，一般性的介紹廣告則是以一般受眾為主，特定目的之廣告則依市場區隔而有不同目標對象；如獎勵投資廣告置焦外國企業，參與國際組織廣告則包括國際組織之各國代表團及各國政府為主，然亦有透過該國民眾宣傳，企圖以民間影響政府對該項政策之態度。

2.SWOT分析：該項分析在國際宣傳廣告的策略擬定中仍然扮演了重要的功能。如一般的國情介紹廣告就絕對是以強化優勢來作爲宣傳之出發點，關於國際上所質疑或不完全相信的部分，即是該宣傳國的弱點，宣傳國就必須透過彌補弱勢的思維來進行補強；而利用環境所賦予之機會也是宣傳國可以施力的環節，如現今國際上瀰漫著民主氣氛，故我國的國際宣傳亦可藉以強化國家在民主化方面的結果，一方面是迎合國際環境潮流，一方面亦可藉以形成宣傳的相對優勢。若以欲達成特定目的的國際宣傳來看，SWOT的思維變成了必要之考慮，如國際招商之宣傳廣告，我方當然應以我國經濟成長率及投資環境等情況作爲優勢點加以宣傳，同時宣傳來台投資可能創造哪些利益等機會點等，然而對於外界對於台灣投資環境等相關疑慮等這些「弱勢」應該極力澄清，同時對於競爭對手等威脅，亦應該提出相關有力的辯論，才能建構有效的宣傳策略。但在國際宣傳層面中的威脅部分，有時並不能以一己之力加以控制，如在參與聯合國的賽局中，即使我方就可以我民主經濟及各方面的成就作爲既定宣傳優勢面，配合聯合國憲章中應廣泛納入全球國家參與的相關條文這種「機會」作爲宣傳的策略基礎，但是中共政權對我參與聯合國處處進行反制這項「威脅」，仍然會使宣傳效果有某程度的局限性。

3.定位策略：國際宣傳如同政策行銷和機構形象塑造一樣，皆應爲自己找到一個最清楚的定位點之後，將資源運用到刀口上來進行行銷；此定位點仍可以民調來切入或以本身的優勢或獨特銷售主張（USP）來鋪陳。而民意調查相對於形象塑造及政策行銷的策略擬定部分來看，即使政府在理論上可能以民調方式來瞭解國家或政府最應該向國際上宣傳的優勢爲哪一部分，但在實際運作上，政府國際宣傳之相關策略仍是透過有關單位及專業人士來進行籌謀，只以民調作爲宣傳主要部分這種情況時不多見，是以其作爲國際宣傳廣告策略擬定部分的因素就沒有前兩者明顯。

策略呈現部分

至於廣告訊息之產製及宣傳管道部分，亦如形象塑造廣告、政策行銷或一般廣告訊息產製之方式及媒介運用大致相同。

策略效果部分

Jowett和O'Donnell（1986）指出，宣傳最重要的效果就是要能達到宣傳的意圖，若無法達成所有目標，其達到了哪些目標？若宣傳無法達到既定目標，分析者則應該試圖說明其無法達到目標之原因。他們並表示，效果評估工作也可說明透過何種方法能夠使目標訊息被採納；此外他們認爲也要評估媒體的選擇以及訊息之宣傳技術對結果會產生何種影響？若透過不同媒介會不會改變宣傳結果？宣傳者對於宣傳的背景脈絡與環境有無充分瞭解及掌握度？等。而前文也有提出所謂「形象矯正」，據此亦可依照其作法，針對宣傳目標及執行之落差，調整實施計畫和過程，進而將調整後的計畫付諸實施。

國際宣傳之基本態度

政府機構爲了相關之目的皆會進行綿密的國際宣傳工作，期望能夠創造國家整體之利益，而如同形象塑造及政策行銷般地，政府之國際宣傳工作更須有相當周延之推廣計畫；也如同機構形象塑造及政策行銷般的，國際宣傳工作在行銷推廣前，亦應該抱持一些傳播之相關基本態度。

三、誠實且客觀地傳播相關主題及內容

國際宣傳爲一種涉外性質的傳播或宣傳，其目標對象是外國政府、廠商或人民，不論是期望達成觀光、投資或其他的政治目的，其皆有相當程度的重要性，也就因爲目標對象是以上所述，爲了讓國家保有一定的尊嚴及國格，國際宣傳的廣告絕對不能出現不符事實或虛僞誇張之情事或內容；因爲倘出現不實的訊息，不僅會使外國政府對政府之威信存疑，更可能使外國的廠商及國民對我國望之卻步，影響至鉅。是以國際宣傳廣告最基本的條件即爲誠實及客觀，而只有透過誠實及客觀地陳述資訊，目標群眾才會有受到尊重之感，想要達到之宣傳目的才有實現的可能。

四、國際宣傳的可控制程度相對較低，不理想的結果不能全咎責於宣傳

國際宣傳較不同於政府形象塑造、政策行銷及政府公益類型的廣告；政府爲了使政策或公益觀念讓民眾遵守，除透過廣告及其他公關活動來進行宣導外，甚至可以祭出相關罰則來進一步促成。而形象塑造廣告亦可以透過相關民調來隨時偵測民眾對機關形象之需求來進行微調。這幾種政府作爲廣告主的廣告，政府機關對其的掌控的程度相對於國際宣傳來說都要大的多；爲何會如此？主要仍是因爲國際宣傳廣告爲涉外形式的廣告，所宣傳的目標對象是外國政府、企業或民眾；別國企業看了你的相關招商廣告仍然不來投資，本國政府除了透過其他面向強加說服之外，並無其他強制辦法。外國政府或國際組織之代表團雖然對你的廣告說帖立場認同，但其仍無法投下贊成票，因爲其間涉及了複雜且政府無法掌握的國際政治因素。基於此，國際宣傳廣告雖亦是以政府爲主要的廣告主，但其性質可說與其他類型的政府廣告迥異；是以政府在進行國際宣傳廣告的同時，先要有此觀念，切勿將相關不可欲之結果，全部歸責於宣傳廣告。雖然國際宣傳有以

上的相關盲點，但是國際宣傳之相關策略擬定機構或人員切不可因此就懈怠。

三、國際宣傳不僅是對外宣傳，亦是對內宣傳

國際宣傳雖然明顯的目標對象是外國政府、企業或民眾，本國民眾亦是潛在的宣傳目標；因爲對外宣傳要能產生效果，消極來說就勢必要減少推行的反作用力。更積極來說，倘本國民眾也要清楚政府之主要宣傳訊息，進行民間的宣導，也才能和政府之國際宣傳產生相加相乘的效果，擴大宣傳訊息的接觸面。

第三節　國際宣傳廣告之內容及類型

以我國有關國際宣傳的相關廣告宣傳內容來看大致可分爲以下幾個類型：

基本國情簡介類型

此部分以新聞局爲最主要之廣告製播機構；其製播或印製的相關廣告文宣大致有下列幾類：

一、中華民國紀錄片

新聞局爲了中華民國在建立國際良好的形象及能見度，特地拍攝了許多有關於台灣這片土地的紀錄片，這些紀錄片不僅是描繪出中華民國同胞的過去與未來，更是完整且詳盡地顯現出屬於台灣人的生活點滴及這片土地的生命力。不但如此，許多紀錄片更是在國際的影展上獲得佳績，也同時地替台灣進行最完美的國際宣傳。紀錄片的內容大概可分爲五大類，分別爲史實人物類、國家建設類、人民生活類、

民俗文化類、生態景觀類，共計約一百三十部紀錄片❼。

中華民國國情簡介

新聞局對於國家的簡介不僅擁有各種方式的出版品，包含網頁、影片、書本簡介、DM簡介……等方式，而其完整的環繞著主軸皆不外乎以下幾大方向：(1)土地與人民；(2)國家發展；(3)政治、國防、外交；(4)經濟；(5)社會；(6)文教與休閒；(7)統計圖表等。而在國情的簡介當中當然也包括不同語系的出版，目前有英文、日文等版本❽。

有關重大國際事件或重要國際賽事的因應作為

如針對肆虐全球的SARS疫情，新聞局就製作了「綠草又成茵──台灣防SARS的故事」紀錄片，也同時出版多國語言版本，好讓國際知曉台灣的生命力是多麼堅強且韌性，也同時再次為台灣塑造出一個正面之國際形象。

又如為了幫中華隊進軍二○○四年雅典奧運加油，新聞局便製作了系列廣告文宣。其中以紅葉少棒當作代表，象徵中華棒球隊的鬥志與精神，另外中華奧運的吉祥物賓果小子，也在廣告中搶先曝光。廣告內文中講述了「從紅葉少棒，用石頭打棒球，一路打到世界冠軍。中華隊不怕挑戰，要追求最後勝利」。新聞局為二○○四雅典奧運，製作的廣告，除了要幫選手加油打氣，廣告中出現的標誌、符號，也代表台灣將再度耀眼國際。除了廣告之外，還有特別針對奧運所建構的Logo，其是奧林賓果小子，中華奧運的吉祥物，充滿頭戴原住民彩帶，腳踩奧運五環，像極了封神榜中的哪吒，也象徵台灣少年個個充滿活力❾。

特殊傳統文化或特色之影片

如在「果香風華──台灣的水果」一片中，其描述了位居亞熱帶的台灣，生產出兼備熱帶、亞熱帶和溫帶的水果；在國內各方努力的成果之下，讓台灣贏得「水果王國」的美譽。而新聞局也鑑此現象委託民間拍攝屬於農友的紀錄片，記錄下屬於台灣的驕傲，並發行多國語言的版本，再次爲台灣的國際宣傳上注入一劑強心針。

觀光旅遊類型

觀光局可說是該類國際宣傳廣告文宣的主要機構，如爲達成二〇〇四年來台旅客三百二十萬人次之目標數，觀光局於二〇〇四年積極辦理整體國際觀光宣傳工作，主要策略爲穩固主要客源市場（日本、港澳、美國），強勢拓展新興市場（韓、星馬），開發長程潛在市場（歐、紐澳）；並依各市場特性量身打造宣傳主軸：日本——台灣劇場，活力熱情台灣，阿茶魅力再現；港星馬——台灣，一次眞的玩不完；韓國——多彩多姿的台灣；歐美——小島其實有大世界。而在上述主軸下宣傳台灣國際能見度上，觀光局大約採用下列幾種大方向。

二〇〇四台灣觀光年網站

觀光局特爲二〇〇四台灣觀光年設立網站，在其中不但可獲得許多有關台灣觀光之資訊，並且同時也在爲台灣的國際整體形象做更進一步的正面宣傳及包裝[10]。

台灣吸引力三十秒電視廣告

在此廣告中完整的結合了台灣的景色、人文特色及文化背景等面向，並且配合原住民之語言Naruwan（你好）作爲結尾，成功的塑造出屬於台灣自我的風格與觀光賣點（圖6-1）。並且在國際宣傳上呈現出屬於台灣獨特的行銷包裝方式。同時廣告將會以不同的語言版本在各國公共區域進行播送，以達到國際宣傳的目的及提升台灣國際能見度；除此之外，該篇廣告亦有對國內民眾呼籲之效果及功能[11]。

圖6-1　「台灣吸引力」廣告
鼓勵從事觀光活動
（圖片提供：交通部觀光局）

那魯灣客棧

那魯灣客棧這個四格漫畫由觀光局爲了二〇〇四台灣觀光年而委託民間繪製而成的漫畫故事體材，爲了是要讓台灣的觀光產業不僅是停留在傳統式的紙上談兵或較不生動的宣傳方式，而改型邁向年輕化、活力化的觀光整體形象，不僅如此，觀光局更爲了加強國際宣傳的面向，更成立了那魯灣客棧的全球資訊網頁，期盼以軟性的方式來加強台灣在國際宣傳上的力量。在該網站之中不僅有四格連載漫畫，更有以二〇〇四台灣觀光年爲整體形象塑造的周邊資訊供民眾下載，且同時提供留言板讓民眾與官方擁有較爲軟性互動之橋樑[12]。

觀光年MTV

觀光年所製作的MTV是台灣近年來國際形象宣傳片的佳作，在該影片當中不僅融合台灣的人文、節慶及人民生命力，更是鉅資的到台灣各觀光景點實地拍攝將台灣的眞實美貌呈現給國際大眾知曉，並且配合極佳詞曲將台灣整體國際形象推向顚峰[13]。

(五)二○○四年台灣節慶觀光網站

觀光局爲了加強台灣的國際宣傳效果，特別將目前國內所有的節慶一一統整出來，並且配合觀光年的整體形象塑造，將台灣節慶內容特別獨立成一個網站，並且同步的與各縣市政府的各地觀光節慶的網頁加以連結，以構成一個網絡分明的節慶資訊來源，不僅方便他國或本國民眾獲取所需之資訊，並且也完整地將政府二○○四台灣觀光年的觀光公共政策加以完整落實[14]。

就以上之宣傳來說，Touch Your Heart的行銷主軸都會在訊息中出現，也有廣告主要就是以相關畫面來形塑台灣深得您心的感覺，來強化這種印象（圖6-2）。

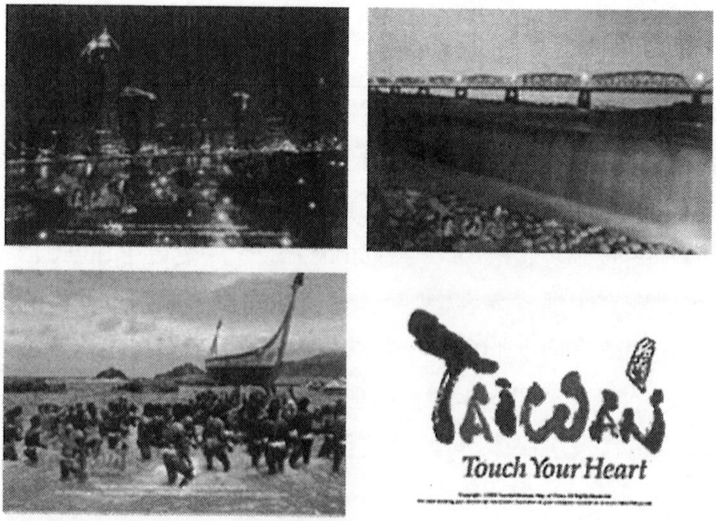

圖6-2 「Touch Your Heart」廣告
宣傳台灣觀光資源及塑造形象
（圖片提供：交通部觀光局）

除此之外，各縣市政府現今也積極著手進行地區特色建立及觀光旅遊規劃之廣告宣傳；如屏東「黑鮪魚季」、宜蘭「國際童玩節」、澎湖「花火節」、彰化「花博會」等。又如高雄市政府也針對其專業特色商店街建立了主題網站[15]，高雄市政府為其重新規劃的新商圈或舊商圈新包裝設立網站，並且同時提供英文版來供外國民眾查詢。在該網站中將高雄市劃分成為十二個各具特色之商圈，並且採用圖文並茂的內容吸引外來（國）觀光客，不僅僅達到國內宣傳之效果，更亦因其英文版及豐富的商店介紹及圖文簡介而再次重新讓人對高雄市的國際形象重新思量。

推動參與國際組織類型

現今這項工作主要是在推動參與聯合國及世界衛生組織等全球重要國際組織上。以推動參與聯合國來說，政府這項工作已經連續進行了十幾個年頭，雖然至今仍無法有效參與，但是台灣的戰略逐年皆有相關調整，每年亦皆有從事宣傳廣告文宣說帖的攻堅工作，也因為如此，重要國家對台灣的立場態度亦有受某程度之影響及深感同情。而台灣推動參與聯合國之相關廣宣作為亦呈現了不同且多樣的風貌；從廣告、說帖、文宣、事件行銷等皆有呈現，而相關之國際宣傳作為及策略，筆者擬透過下一章節來進行細部說明及分析。

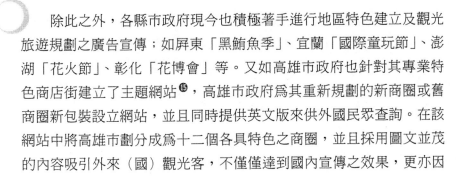

除了聯合國之外，近年來政府也積極持續地推動加入世界衛生組織（WHO）的相關事宜，而廣告文宣亦是非常重要的國際宣傳動作。如為了爭取加入世界衛生大會（WHA），衛生署二〇〇四年的文宣採柔性訴求，藉由一個六十八歲的助產士娓娓訴說四十年的工作生涯，說明台灣脫胎換骨的公衛環境。這本故事書將一張張珍貴的老照片，包括小學生排排站擦頭蝨藥、拿著杯子等待分配喝牛奶等，生動描述台灣的昨天和今天。這本名為《走過艱辛、得到甘美》的故事書，副標是「台灣的婦幼衛生」。這本故事書裡，把助產士到府接

生、小朋友排隊等喝牛奶、並排洗手等多幅眞實老照片，畫成了水彩畫，搭配老護士的故事，好讀且令人印象深刻。書末還選錄多張台灣公衛老照片，說明台灣致力於健康的努力，相當有說服力。衛生署技監蕭美玲指出，台灣加入世界衛生組織，不僅自身受益，更能貢獻國際社會。她也說，這些文宣將在世界衛生大會會場發放，與各國分享台灣經驗。衛生署長陳建仁今年將攜帶這本以我國助產士在公衛史上的奉獻爲故事的資料，赴世界衛生大會爭取世人支持[16]。

二〇〇三年，外交部亦有針對加入世界衛生組織印製主題爲"Health for All—Let Taiwan Join the WHO"的相關說帖文宣；其中包括以問答級形式的「台灣若加入世界衛生組織可以增進所有人的健康保護」(Taiwan in the WHO: Promoting Health for All)，及名爲「爲了全球的健康保護，讓台灣成爲世界衛生組織的觀察員是必須且急需的」(The Global Health Imperatives for Granting Taiwan WHO Observership)，在說帖中從世界衛生組織的基礎法理出發，說明台灣沒有加入世界衛生組織將造成全球防疫網的漏洞，也有違反世界衛生組織章程，同時也會忽視台灣兩千三百萬人的醫療照顧，若台灣若加入該組織亦能提供許多醫療貢獻等。

鼓勵及呼籲外商投資類型

經濟部及相關下屬單位可說是負責此類廣告宣傳片的主要機構，爲了促使國外知名廠商企業來台投資，經濟部及相關單位拍攝製作「投資台灣」的系列廣告影片，且於經濟部網站「中華民國招商網」中將其載入並提供下載；該網站中除了「台灣是你在亞太地區最值得投資的地方」外，也陳述了台灣投資的優勢、投資台灣成功的案例及相關投資新聞及活動（包括二〇〇四年台灣招商成果）等。在這些多媒體廣告短片中，除突顯台灣的投資優勢之外，也敘述了全球許多領導品牌廠商選擇台灣，並將其視爲亞太事業發展策略中不可或缺的一環。如在「投資台灣」一片中，除了將台灣的投資優勢一一說明之外，亦有透過來台投資廠商負責人之見證來突顯台灣優良的投資環境，藉以呼籲更多的國外廠商來台投資。而在英文版的「二〇〇三年中華民國招商大會」廣告短片中，其亦也提出相關數據來證明台灣投資環境之優渥，如台灣的投資環境是世界第四好等，以建構「台灣是各大企業進入亞太市場的戰略要塞」（Taiwan—Your Strategic Gateway in Pacific-Asia）及「台灣是你在全球進化價值中最佳夥伴」（Taiwan—Your Partner for Innovalue）的世界格局。

第四節　國際宣傳個案——「我國參與聯合國」策略分析

我國參與聯合國策略分析茲敘述如下：

「參與聯合國」政策的形成、策略訊息與行動

一九七一年十月二十五日聯合國大會以「代表權」案的方式通過了二七五八號決議，由中華人民共和國取得中國在聯合國及其一切所屬機構的席位，我國被迫離開聯合國，其後更陸續失去了十二個聯合國專門機構的席位，也無法參加聯合國的會議及活動。然而從政府創造「台灣奇蹟」及進行以民主化爲內涵的「寧靜革命」後，從一九九〇年代初，我國朝野展開了一段「參與聯合國」的叩關行動。就政府方面而言，聯大第四十七屆總辯論期間，外交部請尼加拉瓜、巴拿馬及哥斯大黎加等九國爲我執言，強調會籍普遍化的原則，呼籲國際社會肯定我國政經成就；一九九二年二屆立委，許多在野黨及國民黨立委候選人均以參與聯合國爲訴求，一九九三年初，立法院正式通過要求行政院向聯合國秘書長提出入會申請；其後連李登輝總統也指出要

「有計畫地以中華民國名義重返聯合國」[17]。

其後，行政院於一九九三年二月成立一個跨部會的專門機構——「參與聯合國決策小組」，在外交部則設置「參與聯合國」專案小組，策略上，在國際間展開全方位遊說；如外交部有別於以往由國際組織司孤軍奮戰方式，將各地域司都配合行動，展開全方位運作，向國際社會表明中華民國有參與聯合國，負擔國際義務的強烈意願與能力。而後又進一步明確規定，教育、宣傳、協助是現階段遊說工作的三個主要方向[18]。同時爲了爭取國內外各界與政府最大之認同與支持，外交部的規劃有下列數項考量[19]：(1)以涵義範圍最大的「參與」取代「參加」、「加入」或「重返」，以增加推動之彈性；(2)推動參與聯合國的基本原則爲不挑戰中共在聯合國之現有席位；繼續追求國家統一；不尋求代表全中國，而僅爭取中華民國政府可實施有效管轄權範圍內二千一百萬人民的代表權；(3)現階段工作目標爲促使國際社會瞭解我參與聯合國之作法及立場，營造有利國際環境，進而爭取認同及支持，達到參與的最後目的。

至於友邦的配合上，自一九九二年起之後幾年，政府以各種方式利用聯大每年大會期間，針對「參與聯合國」進行國際宣傳與暖身；同年九月，第四十七屆聯大首次有尼加拉瓜、巴拿馬、拉脫維亞等九國元首在大會總辯論演說中，呼籲重視「中華民國在台灣」（Republic of China on Taiwan）於聯合國缺席的問題。一九九三年八月，中美洲巴拿馬、瓜地馬拉等七國助聯合國代表向聯合國秘書長提案，要求四十八屆聯大設立特別委員會，研究我國參與聯合國的問題。其後又有格瑞那達等六國參與連署，提案國總數爲十三國。同年，外交部訓令駐外單位向駐在國宣達「中華民國是主權獨立國家」立場，以免中共「一個中國」原則混淆視聽，有礙參與聯合國爭取支持的工作[20]。一九九四年再度有尼加拉瓜等十二國連署提案送交聯合國秘書長，其「備忘錄」註明理由增加兩個重點：(1)分裂國家「平行代表權」無礙最終統一；(2)聯合國正視中華民國情況符合「預防外交」原則[21]。一九九五年第五十屆聯大，尼加拉瓜等二十國提案連署，再度建請聯合國成立「研究委員會」探討我國參與問題，而後雖又被中共所封殺，但發言支持我國的國家數目與討論時間皆有增加。一九九六年我國總統大選，中共舉行軍事演習來恫嚇，台海關係一度緊張，其後五十一屆聯大，塞內加爾等十六國提案連署，備忘錄強調我民主成果，刪去「分裂國家平行代表」理由，但仍未被總務委員會排入大會議程。一九九七年，尼加拉瓜、格瑞那達等九國又於七月十四日向聯合國提案，改採要求撤銷二七五八號決議案策略；八月底時又有中非、宏都拉斯、薩爾瓦多三國連署。此案已經列入五十二屆聯大總務委員會討論案一六〇號，案文如下[22]：「鑑於國際情勢的根本改變，及海峽兩岸存在著兩個政府的事實，應須重審聯大一九七一年十月二十五日二七五八號決議」。總務委員會後討論該案，後有十五國發言支持我方，三十二國反對，遭到否決而無法列入議程。一九九八年七月九日又有十一國向聯合國秘書處提案，要求重新檢討二七五八決議案。

西元二〇〇〇年，推動參與聯合國工作持續進行。另就推動策略之選擇來看，亦包括不挑戰中共在聯合國之席位，同時推動方式均強調「參與」聯合國，不明言「重返」或「申請加入」，避免統獨爭議以增加推動之彈性[23]。此亦突顯出參與策略在政黨輪替後，仍然有其傳承性。

二〇〇三年我國友邦貝里斯、布吉納法索、查德、多米尼克、多明尼加、薩爾瓦多、甘比亞、格瑞那達、馬拉威、尼加拉瓜、帛琉、聖多美及普林西比、索羅門群島、史瓦濟蘭、吐瓦魯等十五國之駐聯合國代表於美東時間八月五日下午聯名向聯合國提案，強調繼續將台灣排除在聯合國之外，已對國際社會構成道義上及法律上的挑戰；並具體要求將「中華民國（台灣）在聯合國的代表權問題」一案，列入本年九月聯合國大會第五十八屆常會議程之補充項目。而此次的行動已經是中華民國政府第十一次向聯合國叩關。

聯合國總務委員會於二〇〇四年九月十七日討論我國參與聯合國

案，兩岸均全力動員登記發言進行大辯論，總計有一百零四個國家發言，創下歷來最高紀錄。雖然我國友邦因寡不敵眾，致使提案再度敗北，但是美國選擇善意沉默，英、法兩國發言肯定台灣的民主化成就，顯示出我方外交工作默默耕耘的成績[24]。

由以上之論述可知，我國參與聯合國之策略基礎大致包括了「陳述中華民國在政治經濟各方面的成就」、「突顯二七五八號決議案的不公平」、「突顯不公事實，爭取基本權利」、「中華民國有能力對國際社會提出貢獻」等。而從政府相關的作法及宣傳的重點來看，亦約略可推估由「消極變爲積極」、「被動變爲主動」應是政府參與聯合國國際宣傳的特徵。

至於從「參與聯合國」宣傳事務之機制來說，依據「中華民國行政院組織章程」所賦予行政院直屬機構的執掌，可以發現新聞局掌理闡明國家政策，宣達政令、政績及發布國內外新聞，是專門負責國際宣傳的業務單位，很自然地「參與聯合國」便成爲了其重要之宣傳工作。而據瞭解，外交部國際組織司則配合新聞局進行參與聯合國之策略主導工作，然文宣的細部工作則是由新聞局處理，同時在國內及駐地雙方單位均有密切之協調；而外館所用的文宣資料皆是出於新聞局，駐地透過這些文宣在可能的時機與場合中皆有散發。倘以主要的宣傳目標對象而言，則是聯合國的各委員會及各國代表團，同時亦包括草根民間基層。官員並指出，駐館代表會利用相關機會到學校進行演講並散發相關文宣說帖，同時亦會和媒體人員進行訪談、陳述我國立場等；以下筆者則以三部分說明之。

(一)各國政府官員及國會議員

在目標上，我國國際宣傳的對象是全世界一百多個國家地區的五十億人口；然而，限於實質困難所致，宣傳無法遍及所有對象，所以有優先目標的選擇與最經濟有效方法的運用。因此，選擇適當的宣傳對象——特別是具有再傳播能力且肯定能或可能幫助我政府的國際人士，就成爲我國國際宣傳工作的重要一環。其中各國政府官員、國會議員乃至於少數民族領袖（現在及未來的），都成爲了我政府宣傳的對象[25]。

各國駐聯合國代表團及各國駐華使館

若是特別就參與聯合國而言，各國駐聯合國代表團則是進行國際宣傳的主力戰場；由於聯合國大會是一個合議制的機制，不論是以新會員國名義或是以中國代表權的方式欲參與聯合國，各國駐聯合國代表團都成爲了我方遊說爭取的重要目標。除了以說帖向其爭取支援之外，更有其他正式與非正式的宣傳方式，但是以說帖所作的宣傳，仍可發現其效果。如前述參與聯合國的主要訴求中除強調我方主觀意願之外，更強調我方能對聯合國做出積極貢獻，這種雙向訴求不僅說服力增加，更使從一九九三年開始每年聯合國大會開會時都有各國代表爲我仗義執言；即使每次都功敗垂成，但是足見宣傳的效應持續發酵。

新聞界人士及學者

由於新聞媒介具備強大的再傳播能力，加上其對一國政治、經濟、社會、文化等層面擁有影響力，各國新聞界人士皆成爲了我政府國際宣傳的主要對象。外交部次長高英茂亦指出，與駐在國或駐在地新聞媒體保持密切聯繫、安排國內訪賓拜會主要媒體或以投書等方式，說明我國政府政策及政經發展並爭取國際瞭解與支持，是駐外館處重要的例行工作項目之一[26]。

至於宣傳管道的部分，以筆者的瞭解，除說帖外，亦有相關海報、報紙廣告即燈箱廣告，亦會結合僑界力量一齊作宣傳。另外，事件行銷（event）也是重點，我方仍有相當多的造勢活動，宣傳亦持續進行；主要報紙的輿論亦有友我的言論。

總括以上所述及的宣傳對象，可以發現我方的宣傳策略頗具有

「戰略層次」及「複式動員」的概念，亦即將資源集中在可以發揮影響力的刀口上。以各國政府及國會議員而言，其掌管外交政策的決策權；以各國駐聯合國代表團而言，其更是主導聯合國議事的關鍵；以新聞界及學者而言，他們有掌握民意脈動的主動權。若是我方能在這三連環中處置得宜，宣傳工作相信能更日起有功。至於管道部分，「整合行銷傳播」的觀念，似乎在我國的參與聯合國策略中也漸漸浮現。

「參與聯合國」宣傳策略呈現

筆者蒐集了外交部及新聞局有關「參與聯合國」的文宣及說帖資料，茲先將其作歸納整理以便於瞭解外，並將針對一九八八至二〇〇二年之摺頁說帖進行內容分析，進一步地探究我國參與聯合國文宣之內容呈現。

誠如前文所言，前外交部長胡志強點出了我國「參與聯合國」的國際宣傳內容大致強調著以下數點；包括：(1)中共不能代表台灣地區的兩千一百萬人民；(2)國府要爲台灣地區兩千一百萬中國人爭取在國際上的基本人權和尊嚴；(3)聯合國不能忽視我們的政治經濟成就；(4)標榜自由民主的聯合國不能忽視台灣地區民眾自由民主的意志表現；(5)國府有意願也有實力回饋國際社會；(6)聯合國可以強化台灣經驗對第三世界經濟發展的功能；(7)中華民國參與聯合國有助於中國最後的和平統一，及亞太地區的安定和平；(8)聯合國的會籍普遍化原則應該適用於中華民國；(9)中華民國參與聯合國將有助於確立聯合國在和平解決分裂國家問題中之積極角色；(10)中華民國參與聯合國有利於聯合國建立其在後冷戰世界秩序中之完整超然地位[27]。基於此論述，筆者茲將所蒐集到之相關資料作一分類彙整，期望能觀察出進一步的宣傳策略呈現。

三「說帖」部分

就說帖而言，可以說是頗基本的宣傳方式，它幾乎是完全可以依照自己的意志來貫徹在整篇的文案上，透過管道分發給目標對象。以新聞局而言，它大致爲參與聯合國做了如下幾波說帖：

1.「中華民國在台灣與聯合國：問答集」(The Republic of China on Taiwan & the UN)：基本上它是將中華民國與聯合國的關係（包括歷史的淵源與參與的原因與條件）等，以問答的方式彙整了二十一個問題，希望閱讀者能夠一目瞭然。
2.「爲什麼我們屬於聯合國的十個好理由」(Why We Belong in the UN: 10 Good Reasons)：其中彙整了爲什麼台灣應該參與聯合國的十大理由，其內容與前文胡志強所述類似。
3.「富有的中華民國應該在聯合國中占有一席位」(A Worthy Nation Deserves a UN Seat)：本說帖則是以經濟實力作爲論述的主軸，在強化中華民國的經濟成就應該受到肯定與重視，同時參與聯合國才能將台灣經濟的成就貢獻給國際社會。
4.「促成聯合國建立的沉默夥伴——中華民國在台灣」(The Now Silent in the Founding of the UN: The Republic of China on Taiwan)：此分說帖是在強調中華民國是聯合國的「創始會員國」，以諷刺現今竟被排除於大門外的困境，進而呼籲聯合國應該尊重憲章的規定，讓中華民國參與聯合國。
5.「平行代表權」(Parallel Representation)：此份說帖則是強調中華民國願意接受「平行代表權」的安排，與中共同享參與聯合國的權利；同時以東西德與南北韓皆加入聯合國來作支持的佐證。
6.一九九八年「給中華民國一個機會」(Give the ROC a Chance)：內文中主要陳述從一九七一年起我們等待參與聯合

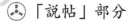

國的「綠燈」亮起，已近二十三個年頭了。同時以中華民國政治經濟起飛及民主化的成就和聯合國憲章中普遍原則作爲應該參與聯合國的強力佐證；並透過文字區別了中華民國與中國大陸政權分治的事實，以突顯中華民國的主權。

7.一九九九年「在聯合國中爲台灣發聲」（A Voice for the ROC in the UN）：說帖中透過各項中華民國政經發展之數據；包括國民生產毛額、經濟成長率、國民年所得、參與國際組織之數目、勞動率、失業率等，除了以數據來證明台灣的各項發展及外，並藉此突顯中華民國倘能參與聯合國會將會更有助於強化世界和平及繁榮。

8.二〇〇〇年「給中華民國聯合國席位：進一步促進和平及安定」（UN Membership for the ROC; Promoting Peace & Stability）：文中首先點出兩岸隔海分治之事實，進而說明台灣經濟及政治成就，特別點出二〇〇〇年首度政黨輪替，政權和平轉移以突顯民主成就。最後則是指出聯合國要維持國際和平及安全就應該將中華民國納入聯合國體系，透過此平台使兩岸和平對話，才能進一步建立互信，對國際和平及安全的維繫才眞的有正面助益。

9.二〇〇一年「中華民國台灣在聯合國：促進世界和平及繁榮」〔The ROC(Taiwan)in the UN: Promoting World Peace & Prosperity〕：如同以往的說帖般，近幾十年來台灣政治經濟及社會的發展所締造出的「台灣經驗」仍是宣傳的重點，透過此種優勢的強化，及配合台灣參與其他國際組織的貢獻，說帖中企圖傳輸「中華民國倘能參與聯合國，則聯合國作爲兩岸間的論壇應能使兩岸關係漸趨緩和，對亞太區域和平必能有更大之助益」之訊息。

10.二〇〇二年「台灣應該在聯合國中享有席位」（Taiwan Deserves UN Representation）：說帖中強調中華民國台灣是主

權獨立的國家，而且政治發展、重視人權且經濟成長，完全符合聯合國成員之標準，但卻無法進入聯合國是不合理的。此外，說帖中亦陳述了台灣對國際社會做了許多人道及其他性質的援助等；更特別的是，其中表列了包括經濟自由度、投資環境及經濟環境等「台灣的世界排名」（Taiwan's Global Rankings），來突顯台灣在各評比國家中皆是名列前矛。

(三)海外報章雜誌上刊登政治廣告

前文亦指出，爲了強化國家的形象，我政府也會利用國際間重要的新聞媒介，刊登國家形象廣告，以闡述中華民國在政治經濟社會文化等各方面的進步實況，擴大國際宣傳的效果。然而刊登廣告往往所費不貲，是以只有在進行特定宣傳任務時才配合刊登廣告；比如政府利用一九八八年漢城奧運，國際焦點齊集亞洲之際，在美國《時代雜誌》新聞週刊及《紐約時報》等知名國際媒體刊登廣告以提升國家形象[28]。在我國積極推動參與聯合國之際，新聞局方面也於國際媒體上面刊登了幾波政治廣告；如「沒有完整的團隊，聯合國走起來會很辛苦」（Without a Full Team, It's Uphill for the UN），亦即缺少了中華民國這個有能力且有意願爲聯合國打拚的好夥伴，聯合國仍無法發揮完整的團隊精神，作好每一件事情；又如「我們等重新參與聯合國的這盞綠燈亮起，已經超過二十三年了」（We've Been Waiting for the Green Light for over 23 Years），文中以中華民國現今爲第十三大貿易國及分裂國家爲求統一的訴求，希望參與聯合國。又如二○○三年之燈箱廣告「台灣在等待聯合國列車」，除了以「車票」來形塑廣告之印象外，其中並以內文加以貫穿；如台灣夠資格成爲聯合國中的一員，因爲其能對國際福祉及安全提出貢獻，並是地球村負責任的一員，兩千三百萬國民皆有成熟的民主觀念[29]。

以二○○四年來說，新聞局也於我國行政院長游錫堃出訪中美洲特使團抵達紐約時，於紐約街頭第三大道和第四十六街間電話亭推出兩個「爭取加入聯合國」的燈廂廣告；一個以「爭取聯合國公平正義對待台灣」爲題，一個是強烈控訴「極權中國不等於民主台灣」且在廣告的最下方署名“Today's TAIWAN”和“R.O.C.”兩行並列[30]。第一份文宣“UNFAIR”爲雙關語，一方面是提出台灣被排除在聯合國，這件事公平嗎？以聯合國會籍普遍化，卻排除台灣是不正義的爲訴求，挑戰聯合國的懦弱；另一方面“UN”和“FAIR”字母使用不同顏色，含有要求聯合國公平對待台灣的意義。藉由該份文宣提出正面表述，聯合國是全球的一個家庭，排除二千三百萬人民是不正義的。第二份文宣則以紅、綠兩色呈現，上方爲紅底的“Authoritarian CHINA”，下方爲綠底的“Democratic TAIWAN”，兩色交界處還有大大的不等於符號，提出「威權中國不等於民主台灣」[31]。

參、外交部及新聞局駐外（紐約）單位網站

外交部的網站中設有聯合國專區，其中大致可分爲歷年官方正式提案及「台灣已經準備好參與聯合國」（Taiwan Ready for UN Participation）的文宣頁面。以後者而言，又分爲「簡介」、「台灣對國際事務的參與」、「台灣已經準備好參與聯合國」、「進一步瞭解台灣」、「相關新聞」及「好站連結」等幾個部分。値得注意的是在「台灣已經準備好參與聯合國」的部分，除了說帖之外，亦有兩則「台灣參與聯合國」之廣播廣告；一波主要是陳述「爲什麼台灣要參與聯合國的聲音不能被正視」，文中以台灣要加入聯合國的聲音不斷被打斷作出發，而發出不平之鳴，進而以台灣之政經發展及對國際之貢獻作支撐，強力要求台灣應該有加入聯合國之權利。另一則是「台灣在等待聯合國列車」，文中主要是以擁有車票的台灣卻搭不上聯合國列車的情節作爲開端，進而陳述聯合國既然有會籍普遍化原則，卻又爲什麼不讓已有能力貢獻國際社會的台灣加入聯合國。

而從新聞局駐紐約辦事處的網站中亦可發現二〇〇三年的主軸文宣廣告「台灣在等待聯合國列車」，其中亦有台灣相關之簡介、參加

聯合國之提案說帖等。較特別的是網站中有透過互動機制與一般美國民眾進行以台灣及聯合國為主題的「謎題遊戲（有獎徵答）」（take a quiz），透過遊戲期望讓美國民眾瞭解台灣及其參與聯合國情事之相關意圖頗為明顯。

鈕則勳（2003c）在針對「參與聯合國」說帖進行內容分析中可發現，其中以描述「與國際間的關係」為最多；其中主要再強調中華民國是國際上的一份子，有能力對國際作出貢獻，應該能夠加入聯合國。而其中亦會提到我國是一個獨立的個體，表明我國熱切期待成為聯合國一員的心意；而「表明我國與聯合國擁抱相同的信念，權益也不應該被剝奪」、「陳述過去援助國外的經驗」、「表明台灣若參與了聯合國，更能發揮互助合作的精神，協助打擊犯罪、促進世界和平進步」等相關訊息亦有出現。其次，「與大陸的關係」亦常於說帖中提到，主要是說明中國大陸打壓是我國無法參與聯合國事務的主因。

說帖中亦有針對我國「民主人權」、「經濟共榮」等內部現象事實的描述，包括「台灣為了更趨民主所做的改革」、「台灣尊重人權，立法推動多項條文保障人民的權益」、「台灣擁有傲人的經濟奇蹟，並列舉許多我們在世界經濟上的排名」……等，皆是透過政治經濟的成就喚起他國的重視，顯示我國有百分之百的資格應該重返聯合國。

在訴求方式方面，說帖中以理性及感性兼具的訴求方式最多；既以理性的訴求將整個訊息以演繹歸納的方式，使之符合邏輯結構，而達到以理說服讀者的方式，也不完全強硬卻能引起情緒反應。其次，透過圖表、數據、新聞圖片佐證讓選民產生信服等此理性訴求使用亦頗多。檢視過去幾年欲參與聯合國的入會文宣，皆放上了東亞地圖明確指出台灣所在的位置，並且每年也都列舉了台灣的相關統計資料，期望能讓受眾細部瞭解台灣。

最後，倘以攻擊元素來看，從文宣之內容分析結果來看，攻擊策略並非我國參與聯合國宣傳中之主要策略；從分析中亦能窺見，文宣中訴諸法理、國際同情及本身條件，仍是相關單位企圖激起國際共鳴較長使用之宣傳方式。

對我參與聯合國宣傳的建議

首先，以宣傳目標來說，筆者認爲無論是針對哪一個目標對象皆可更細緻地勾勒出「目標層級」。在傳播效果之研究中，認知、情感及行爲，一直是頗重要的課題；我方之聯合國宣傳策略亦應該從此規劃出三層次之目標層級概念，即較低層次之「認知層級」——喚起注意並建立信念，讓國際知道我國之發展及不能參與聯合國的情事，進而期望達到「情感層級」——讓國際上對因爲中共打壓而中華民國無法加入聯合國，兩千三百多萬人在聯合國無代表權的事實，產生同情的感覺。最後一階段則是「行動層級」——促進實際行動，支持我國參與聯合國，不論是正式會員國、觀察員，或是參與周邊組織、計畫連署等，而此部分亦應有更細微之規劃。

其次，則是宣傳效果評估的部分。在前述各項優先順序下，若能設定更細部的目標將會更恰當；如針對美國學界之參與聯合國宣傳而言，不要把「讓所有國際關係、兩岸關係或傳播學者都知道中華民國參與聯合國這一件事」當成目標，若能細部地訂定「讓40%的國際關係、兩岸關係或傳播學者都知道這一件事」爲標準，將更爲合理且更容易進行評估，如此也較能知悉該補強宣傳的部分何在。據此，針對特定目標群眾設計問卷進行調查，不失爲一個能瞭解狀況、評估效果的一個好方法。

再者，相關單位應該從宣傳效果之測量上作更細部之規劃及設定，以避免民眾錯誤及武斷地認爲「我國無法參與聯合國」是「參與聯合國之國際宣傳策略之失敗」的結果。深入言之，此點仍和前項「細部目標」之設定有關；如我宣傳單位可以就「認知、情感及行動」三方面來設定明年之細部宣傳目標爲「讓美國民眾知道我國正在推動參與聯合國的比率提高5%」、「讓主流媒體中對我國參與聯合國事件之正面陳述報導比今年多出3%」、「讓在聯合國大會中發言呼籲正視我國參與聯合國之國家數目增加兩個」、「增加一到兩個強國不公開發表反對我國參與聯合國言論」等。倘這些細部目標能夠達成，即使受限於國際現實使我國仍然無法立即參與聯合國，相關單位亦能夠藉有此些細部目標之達成，來向國內民眾做說明，以證明宣傳工作之階段性效果，同時以正國內視聽。

此外，作爲一個聯合國現狀之「挑戰者」，應該在攻擊策略的使用上進行加碼，清清楚楚地對各國陳述中國大陸對我方之打壓。畢竟，政治傳播及宣傳總是不如商品競爭般地保持某程度的「君子風度」，而特別在存有敵意之政治實體互動中，總是或多或少涉及了國家利益的元素。據此，在文宣中增強攻擊性之立論，不論是「隱喻」方式或直接攻擊，應該可作爲我文宣說帖中可考慮之方向。

最後，則是各種可能資源的轉換運用。如我國在參與非政府國際組織間的國際宣傳，應某程度的與參與聯合國之國際宣傳作整體配套之考量，甚至在各種民間團體或政府相關單位之國際文宣中皆要作整體之考量，多加強化宣傳我國之優勢，利用機會，形塑出友我之國際氣氛，達成及擴大前項所指的「認知層級」之目標及功能。另外，相關單位或海外駐館亦可運用美國有影響力之公關組織及人員，協助我國擴展宣傳工作；蓋相關組織及人員應深黯該國特定事務有影響力之相關組織、人員及法規，能提供我相關單位在宣傳工作上之諮詢意見，某程度地亦能避免我方資源之浪費。

註釋

❶吳圳義（1969）。〈國際宣傳〉，《新聞學研究》，第四集，台北：政治大學新聞研究所，頁三八四。

❷丁榮祿（1978）。〈中共國際宣傳策略之研究〉，中國文化大學哲學研究所新聞組碩士論文，頁八至九。

❸朱丹妮（1986）。〈中共國際宣傳組織及策略之研究〉，政戰學校新聞研究所碩士論文，頁二十四至二十五。

❹祝基瀅，《政治傳播學》（台北：三民書局，1986），頁四十。

❺黎劍瑩（1969）。〈傳播效果研究〉，《新聞學研究》，第四集，台北：政治大學新聞研究所，頁一六八至一六九。

❻I. Janis & C. Hovland, *Personality and Persuasibility*(New Haven, Conn.: Yale University Press, 1959).

❼網站：http://www.gio.gov.tw/live/av/。

❽包括網站：http://www.gio.gov.tw/info/vot/、影片（台灣站起來）、書本。

❾網址：http://www.news.yahoo.com.tw。

❿網址：http://vty.tbroc.gov.tw/event/0826/welcome/main.asp#。

⓫網址：http://202.39.225.133/30cf.avi。

⓬網址：http://vty.tbroc.gov.tw/event/naruwan/。

⓭網址：http://vty.tbroc.gov.tw/event/0826/welcome/down.htm。

⓮網址：http://202.39.225.133/2004fes/festivals_index.htm。

⓯網址：http://invest.kcg.gov.tw/specstreet/ 。

⓰〈感性文宣爭取加入WHO　退休助產士說故事〉，《中國時報》，二〇〇四年五月八日。

⓱《中國時報》，一九九三年二月七日。

⓲芮正皋（1993）。〈參與聯合國及其周邊組織的研析〉，《問題與研究》，第三十二卷，第十期，頁一一至二四。

⓳夏立言（1998）。〈參與聯合國：一項長期艱鉅之工程〉，《新世紀智庫論壇》，第三期，頁八。

⓴《自立早報》，一九九三年九月二十六日。

㉑《聯合報》，一九九四年七月二十日。

㉒新華社。〈歷史潮流不可逆轉〉，《文匯報》，一九九六年十月二十五日。

㉓田弘茂（2000）。〈我國參與聯合國策略之檢討〉，立法院第四屆第四會期外交及僑務委員會報告，頁二至三。

㉔〈兩岸動員，我入聯合國案 104國發言創紀錄〉，《中國時報》，二〇〇三年九月十九日，第三版。

㉕胡志強（1993）。〈一年來重大國際傳播專案之檢討與展望〉，台北：行政院新聞

局，一九九三年六月二日向國民黨中常會報告。

㉖高英茂，〈我國的國際文宣工作〉，立法院，外交僑務委員會報告，一九九三年五月十二日。

㉗同註㉕。

㉘立法院秘書處，〈立法院第八十二會期外交、教育、內政三委員會第一次聯席會議記錄〉，《立法院公報》，第七十八卷，第四十五期（一九八九年六月七日），頁二四三至二四四。

㉙新聞局駐紐約新聞處網站：http://www.taipei.org。

㉚〈入聯國文宣，亮相〉，《中時電子報》，二〇〇四年九月二十二日。

㉛同前註。

第三篇　競選廣告

我國自從解除戒嚴、落實民主化以來，選舉可謂愈來愈多，從基層的鄉鎮市民代表選舉、村里長、縣市議員，到中央級立委選舉，再到縣市長選舉、北高市長選舉，甚至總統民選；大大小小的選舉不僅使台灣的民眾更深一層地認識民主之外，亦創造了「選舉市場」可能運作之空間。候選人及政黨為了在選戰中能夠求勝，故在傳播之作為上亦不斷推陳出新，而其中最值得注目的就是「競選廣告」；而愈接近選舉投票日，各陣營或候選人的競選廣告不僅在量上愈來愈多，甚至在內容方面更出現了強大的攻擊火力，彼此透過競選廣告進行短兵相接的肉搏戰。

一九八九年以前的選舉選罷法規定，不得使用大眾傳播媒體從事競選活動，因此小眾媒體大行其道，即使小眾媒體的到達率及滲透力均十分有限，對於票源之開拓速度亦相對緩慢；而一九八九年立委選舉，候選人已可以使用報紙廣告；如今選罷法再度修正，規定政黨可以運用電視媒體，選舉之傳播宣傳戰則進入了更寬廣之空間。也因為如此，電視競選廣告似乎成為每次選舉中兵家必爭之地，候選人、競選總部及政黨，無不卯足全力製播或刊登競選廣告；是以近年競選廣告策略已經愈獲重視，要謹守哪些相關原則或發展相關戰略戰術，是本篇的重點。

競選廣告雖然為廣告之一種類型，但是其與一般商業廣告有相似亦有差異之處，先來談談相似的部分。基本上，商業廣告之相關原理及原則，許多皆能適用，如候選人本身就是廣告商品，其個人理念及政見，可類比商品之定位及概念，候選人的問政意圖、政見主張及其定位就是廣告所要傳達之訊息，目標視聽眾就是候選人設定要主打的選民。對於形象塑造或包裝，亦是同商業廣告般建立候選人的個人識別系統（Personal Identity System, PIS），同時配合文宣或造勢活動，進行多樣化的事件行銷（event）來接近群衆。

其次，以溝通過程來看亦和商品廣告類似。如民衆可藉競選廣告認識候選人，建立知名度，進而推出政見訴求，期望選民的進一步瞭解，同時建立民衆對其之信任感，配合承諾政見之服務廣告，以強化選民之信任度；據此才有可能催逼出選民的投票支持行動。而在商品廣告中，知名度建立、對商品的進一步瞭解、信任，促動購買行為，幾乎和競選廣告之溝通過程非常相似。

至於商業及競選廣告之差異，筆者亦可從幾個面向來討論；首先，「自賣自誇」是大多商業廣告的基本特徵，說自己產品好而儘量避免攻擊敵對產品，或只透過隱喻方式暗諷競爭品牌；但競選廣告除了會找機會直接在廣告中對抗，甚至刻意醜化對手，互貼標籤。其次，商業廣告一年中任何時間皆可為之，但競選廣告則絕大多數出現在競選期間。再者，倘從結果影響來看，廣告商品不佳，使用後下次不買即可；但政治公職一任都幾年，所投非人要其去職不容易。最後，產品行銷廣告有短期、中期及長期目標，短期目標沒能達成，可以修正中期目標和戰略，其間多少存有彈性；而選舉活動期間甚短，競選廣告較不能有短、中、長期目標的分別，故廣告一定要符合時效性，更要在知名之後就立刻有非投你一票不可的衝動[1]。

由上可知，競選廣告的製作通常有別於商業廣告，而它攻擊的程度及火力更是與商業廣告迥然不同，是以雖然其是選舉中之不可或缺，但是亦難免有支持及反對之相關論述。孫秀蕙、馮建三（1998：49-50）就提出了對競選廣告之正反相關論述，如反對競選廣告之論述大致有：(1)選舉行銷花錢多，可能助長金權政治；(2)候選人結合義工為特定標籤努力的情況減少，代之而起的是各種專職公司；(3)片面宣傳取代多方辯論，應付眼前壓力而不在取勝於長期規劃；(4)擔心媒體人格興起，致使政黨認同及約束力衰退；(5)許多廣告集中火力在引發選民的情緒反應，而非對議題政見的充分瞭解；同時政治論證也有過分簡化之虞；(6)負面廣告及負面競選導致污穢政治、政治陰謀及低下品味的可能。即使有反對者，但支持者亦提出其正面論述如：(1)受眾會開始關注議題、接觸相關資訊，產生政治參與感及實際行為；(2)候選人方面，有才德的人得以出頭而不須再受制於政黨。而相對於正反論述之外，有學者也提出了持平論述；即使用媒體作為單方選舉廣告及行銷之用，是近代新興現象，大多數國家經過嚴陣以待的過程後，逐漸將它納為例行政治過程的一部分。

而政治廣告學者Kaid（1981: 265）認為政治廣告具有幾種特色，故會對傳播效果產生影響：(1)政治廣告通常包含了大量實質的政見資訊；(2)在政治廣告的傳播過程中，媒體變數與傳播來源（候選人）的互動可能產生影響，即不同類型的候選人可能適合於不同類型的媒體；(3)電視政治廣告較不會受到黨派因素左右，但仍會受到選民觀看時選擇性暴露、記憶及理解的影響；(4)當選民涉入感較低時，政治廣告較能發揮其影響力，此現象在地方選舉中最明顯；(5)政治廣告，特別是電視政治廣告在認知上有極大的影響力，可增加候選人及其政見之知名度；(6)政治廣告，尤其是電視政治廣告，具有影響行為的效果，會直接影響選民的投票行為。

依照Kaid（1981: 250）的說法，政治廣告是由來源（候選人或政黨）透過大衆傳播媒介，購買機會來向受衆（選民）傳達政治訊息，進而影響其政治態度、信念或行為的傳播過程。由於它是一種付費購買時間和篇幅的轉播，因此付費者有完全的權力可掌控政治訊息的內容與形式。Kaid也進一步與Davidson指出候選人的競選廣告大致有三項主要元素，即言詞口語内容、非言詞口語内容及拍攝技術層面。言詞口語内容則是聚焦於候選人訊息的語意特徵，非言詞口語内容則包括視覺及聽覺的元素（聲音或音調變化）；至於拍攝的角度、剪輯、音樂使用、場景安排及特效等則是屬於拍攝技術之層面。故候選人及其幕僚在設想競選廣告之時，皆會考慮以上三大面向，同時此亦是學界對競選廣告研究的一大面向。此外，競選廣告之功能類型、各類型使用之數量、内容風格及廣告訴求，亦是學者研究的焦點。

Stephen Ansolabehere與Shanto Iyengar（1999）指出了競選廣告有四原則：(1)符合時勢：選擇具新聞性的議題做廣告；(2)引起討論：以新聞包裝廣告較能引起注意及討論；(3)擁有議題：無論是付費或免費的競選訊息（政見），如果選民認為他是屬於某政黨或某候選人時，說服力大增；(4)競爭性廣告：候選人的廣告效果有時來自於和對手的廣告競爭。故競選廣告成功與否，關鍵就在「内容」的取材❷。

基於上述學者之論述，以下各章節，筆者擬就競選廣告之策略擬定及其各種不同的呈現與效果來作一討論，期望能在有限的篇幅中，將競選廣告之内容進行全面之陳述。

chapter 7

第七章　競選廣告策略擬定

- 競選環境因素與相對優劣勢分析
- 競選廣告之總體戰略設定
- 競選廣告之戰術基礎

政治行銷學者Philip Kolter與Neil Kolter（2000: 8）則以政治行銷之觀點勾勒出了候選人行銷策略之概念流程。首先，選民結構等人文區位分析（如選民之年齡、教育、收入等）、選舉制度及其關心之議題仍然是整盤策略擬定之基礎；其次，候選人的優劣勢及機會、威脅也是左右其行銷策略不可或缺之元素。在前兩項基礎工作完備之後，就要開始區隔各類選民、設定目標群眾、作形象定位，並依此風格及形象建構傳播訊息，亦包括議題及解決問題之方案，同時選擇各式媒介進行傳播，以求達成最初設定之目標及可欲之結果。

誠如上述，競選廣告要怎麼樣才能夠發揮開拓選票效果，替候選人加分，就有賴於最初之策略擬定，一如商業廣告之策略擬定，競選廣告之策略擬定亦從環境分析加以著手，探清環境之變數與競爭對手之相對優劣勢，進而擬定策略主軸及定位，據此產製訊息、選擇宣傳管道，才有可能達到廣告可欲之效果。以下則分別將影響競選廣告策略擬定之相關因素，分別進行討論。

第一節　競選環境因素與相對優劣勢分析

以下茲將競選環境因素與候選人之相對優劣勢分析簡述如下：

一、競選環境因素分析

以競選之環境來看包括以下三個面向；首先，總體環境中可能會發生影響大選之相關重大事件，是擬定相關策略時最基本之參考因素；其次，選區特性分析亦是決定目標選民時之利器；最後，民眾之需求則更是競選陣營建構政見訊息之重要依據。

總體環境及重大事件

　　榮泰生（2000：123-142）指出企業在宣傳或行銷之前會進行環境偵查；即監視及評估企業環境中的各種事件及趨勢。企業常會大量運用與環境有關的資訊，而企業績效與環境偵查的程度呈正相關。他接著指出總體環境之相關因素會對企業造成影響，這些因素包括：(1)經濟環境：其影響了企業以及整個經濟社會的資源利用方式；整個總體經濟環境的各層面（如國民所得、經濟成長、通貨膨脹、利率、重貼現率）的互動，會影響到整個經濟環境。行銷經理須時常注意經濟動向，包括經濟制度及經濟成長等；(2)技術環境：其提供了經濟環境之基礎；技術及設備影響了一個經濟社會將其資源轉換成產品的過程及方式。如電腦發展；(3)法律環境：政治環境改變會影響法律環境改變，同時對法律執行的方式意有所影響；(4)社會文化環境：包括生活型態改變、對生涯的期望、消費者主義、家庭形成率、人口年齡分布、人口地理遷徙、人口出生率等；(5)國際環境：對行銷管理者而言，國際環境既是機會又是威脅，對依賴外國資源的企業而言，更應偵查、瞭解及因應國際環境變化。

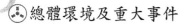

　　倘將此行銷觀點引入政治競選的研究中，也是策略擬定者應該深切考慮的。以經濟環境來看，經濟成長率及失業率兩個指標，就是執政黨及在野黨相互攻防之焦點，如經濟成長高，執政黨便可將其以政績推銷，若失業率高，則必是在野黨攻擊之焦點。除此之外，在環境中所發生的重大事件，亦是在擬定競選廣告策略的最基本因素，任何競選廣告策略的擬定，包括訊息產製等，它皆可能是會被當下重要議題或時潮所影響；如在社會環境因素中，「九二一大地震」就是影響二○○○年選舉時的一個重大的變數，該事件將當時聲勢一厥不振的國民黨候選人連戰的聲勢漸漸拉高，避免了被邊緣化的危機，致使選情呈現扁宋連三強鼎立之局面，而連陣營其後亦將連戰救災的相關內容及畫面作爲了競選廣告中訊息產製策略的重要元素。又以政治環境

因素來看，二○○○年總統大選震驚一時的「興票案」則將原本聲勢如日中天的獨立參選人宋楚瑜的聲勢扯下了十個百分點，相對的當時連陣營則持續以「興票案」作為廣告訊息，猛打宋陣營，期望將宋楚瑜打出局，以貫徹其「政黨對決」之最高戰略。而「李遠哲挺扁」，則更是二○○○年大選改變三強權力平衡，為陳水扁加碼的動作，而此後民進黨競選廣告則是主打李遠哲及其相關論述，來作為最重要的訊息傳輸。

選區特性

其次，選區特性分析則是要將選區內之相關人口結構進行總體之分析，在此筆者欲將「政治版圖」之概念納入討論；政治版圖就是以總體政治的角度來分析各政黨或候選人在特定區域的得票情形估算，根據政治版圖的分析，可以得知各政黨或候選人歷年來得票率變化，若加以深入分析政黨傾向、族群、國家認同或省籍等因素，更可進一步窺知選票流動之情形，甚至是造成這些選票流動之底層因素。而由於針對選區特性進行分析，策略擬定者亦可深知在該選區中，何種類型的選民才可能是其目標對象，故針對選區人口之相關特性（如政黨認同、職業、經濟狀況等）加以分析，進而瞭解及規劃策略，才能節省資源且將其用到刀口上。而針對候選人支持度之相關民調數據也是選區研究中不可忽略的因素，蓋從相關民調數字中，候選人亦可以知道與其他候選人在特定選區相比之下，其優劣勢如何？哪些區域要強化？何種特定族群票要搶攻？或有無搶攻之空間？這些部分皆是在選區特性分析中應注意的。

選民需求

以選民需求來說，民眾的需求一直是競選傳播之策略擬定者最關心的事，一方面其可藉此作為擬定政見的主要依據，另一方面，其也可藉以民眾需求為依據的政見進而去爭取民眾對該候選人或政黨之向心力，同時建構該政黨或候選人「以民意為依歸」的形象。而民意需求應該如何探知呢？民意調查應能提供這個答案。各政黨或候選人往往會透過競選系統中的民調中心自己進行調查，以求瞭解民眾最關心的議題何在，或者是參考坊間媒體的民調間接得知民眾之欲求，以作為競選傳播之基礎策略。如二〇〇〇年總統選舉時扁陣營「政黨輪替，掃除黑金」的競選主軸，就與坊間民調結果有密切關係，如《天下雜誌》千禧年國情調查中顯示，台灣民眾認為掃黑及改善治安是當務之急，而幾乎每四位台灣人（約25%）就有一位認為黑金政治讓他們覺得住在台灣不光榮；更有高達六成的人明確指出，正是黑金政治造成台灣貧富差距惡化[3]。此外，國親聯盟在二〇〇四年大選的主軸「拚經濟」的設定，也同樣是依據陳水扁執政期間經濟成長率下滑，民眾對經濟改革的呼聲日漸高漲反映在民調上的數據不無關係。

也因為民調在選戰中日益重要，故民調專家在選戰中的地位益形重要。曾擔任美國輿論調查協會會長的密西根大學教授楚賈特強調「今天的美國如果不用民調專家，根本無法搞選舉運動」；在選舉的每一階段，詳細民調不可缺[4]。如在候選人組織競選團隊且擬定策略主軸的競選初期，民調專家則把焦點置於選舉本身，包括評估候選人以前的選舉策略、研究選區內之選民行為、可能對手之調查研究及和競選陣營成員進行訪談等；而中期的重點在於將已擬定好的選戰計畫加以實施，同時民調專家扮演著建議者、監控者及評估者的角色。至於選戰後期，民調專家則置焦於「未決定選民」，同時將其作為頭號宣傳目標，同時重複進行「追蹤民調」（tracking poll）[5]。

隨著民調專家快速且科學化的分析，民調漸成為選戰策略擬定的重要根據。在做民調之時，這些專家們都得注意幾個問題：這次選舉最有力的競選主軸為何？支持我們的選民在哪裡？與選民溝通的最佳管道為何？用何種方法打動選民的心[6]。除此之外，民調專家也與文宣負責人及媒體專家密切合作；基礎民調的分析、開放型問卷解析、特殊訊息檢測、焦點團體調查報告及目標選民研究等相關資訊已足夠讓媒體及文宣人員感應選民之情緒及意見，設計出有說服力的文宣。而後，民調人員則會儘快在競選廣告或文宣正式推出前作測試（如「焦點團體」），以觀察選民反應、對手批評及應對方案等[7]。

候選人之相對優劣勢分析

在擬定總體選舉戰略而言，候選人最初應該對一己即競爭者之優劣勢加以瞭解，此即競爭分析之概念。管理學者Steiner也曾將環境中的優勢、弱勢、機會及威脅，組合成爲SWOT模式，而以此模式作爲策略之擬定參考在企業中已經頗爲普遍，在競選中，這樣的觀念也開始作爲競選者及競爭者間策略攻防之依據；而以競選廣告來說，「強化優勢、彌補弱勢、利用機會、避免威脅」，也同時成爲相關訊息產製之最重要基礎。

張永誠（1991：95-96）則提出了選舉之競爭分析的模式與方法：(1)有關競爭者之基礎情報：包括競爭者之姓名、黨派、競選經驗等；(2)候選人對競爭環境的認知及觀點：如誰將是最主要之競爭者，選區對選戰利弊得失之影響；(3)與競爭者的特性比較：包括學經歷、知名度、親和力等；(4)與競爭者在形象塑造上之比較：有無統一的形象或造形設計，主要色彩運用及代表意義；(5)與競爭者在價格方面的比較：競選經費之來源及數目比較，對手會不會買票；(6)與競爭者在樁腳方面之比較；(7)與競爭者在組織方面之比較；(8)與競爭者在宣傳方面之比較：如廣告預算將花多少錢，主要用何種媒體，訴求對象及內容爲何？宣傳品是否請專家企劃設計等。

其上之論點則提供了更深入且廣泛的相對優劣勢分析之切入點，同時其能夠使候選人或陣營在競爭態勢之描繪上有更清楚之輪廓，而能夠將所欲傳播之訊息做更有系統之切割及分類。以二○○○年總統選舉來看，陳水扁之優勢在「改革形象」，故廣告中就有頗多針對改革優勢著墨的相關論述；如「扮黑臉打黑金篇」，陳水扁除了以「包公」來強化他的改革形象外，更藉以提出了七大反黑金政見，以呼應競選主軸「掃除黑金」，而至選戰後期的「李遠哲篇」，也是藉由李遠哲「向下沉淪、向上提升」的論點來支撐扁的改革形象；而陳水扁建構改革形象即是針對其競爭對手國民黨的黑金負面形象及認知而來。至於「彌補弱勢」亦是候選人陣營的當務之急，以二〇〇〇年大選扁陣營的以其子陳致中伏地挺身以傳遞「他明年要去當兵」訊息的「陳致中當兵篇」及在陳水扁家鄉台南官田拍攝的「自己的子弟II——台灣平安篇」，則很清楚的是扁陣營欲以「家人牌」來彌補在兩岸關係及台獨疑慮上的弱勢，而陳水扁防堵弱勢之考慮一樣是從競爭態勢分析發現國民黨作爲執政黨必定會藉此發動猛攻之故；又如二〇〇四年連陣營的「台灣歷史篇」，其中釋放了連戰家族來台打拚了三百年，且祖孫三代對台灣都有大貢獻的訊息，主要的用意就是藉以彌補扁陣營暗諷連戰本土性不夠，而對連戰所可能產生的負面效應。

不僅是在總統大選這種單一選區的選舉中「強化優勢、彌補弱勢」有其戰略及戰術上之意義；而在複數選舉區（當選名額大於一）的選戰中，通常只要掌握一部分票源即可讓候選人當選，故絕對優勢之強化更成爲當務之急，進而藉此全力去發展一個簡明易記且強而有力的行銷點，常常會成爲選戰致勝之關鍵。如立委章孝嚴則藉其血緣身分之優勢強打「一張票、三世情」、台聯前秘書長林志嘉以前參選立委時針對兒童福利著墨企圖強化「孩子王」形象、新黨立委賴世葆則是強力推銷「財經專家」之形象等。

第二節 競選廣告之總體戰略設定

在擬定競選策略時，競選的整體環境及候選人之間的優劣分析則皆是所要考慮之必要因素。而要談競選傳播策略便不能與競選總體戰略背道而馳，故本部分筆者將針對競選戰略及競選傳播策略（包括文宣廣告策略）作通盤的敘述。

軍事學家Hart（1967: 335）認爲所謂「分配和使用軍事手段以達到政策目的的藝術」就是所謂的「戰略」；而有關兵力如何訓練、部署，及如何在戰鬥中使用的較細節部分，則是「戰術」（tactics）討論的層面。由此概念作爲出發則可以發現，戰略則是涉及較高層次的規劃、部署或最高指導原則，而戰術則是藉以達到戰略目標之方法或手段。

倘將此概念用到競選之規劃及安排上，至爲明顯的，「選舉戰略」即如Shea（1996: 159）所言，它是一套贏得選舉的藍圖，同時它包括若干要件；諸如設立目標選民同時去接觸他們，設定所欲傳播之訊息，獲取必要之資源，設定活動之進程時機及戰術運用。在戰略層次的考量大致底定之後，候選人便會考量透過何種訊息之產製、媒介之選擇、公關及人際傳播策略的實行，才能夠將戰略之目標加以貫徹。就二〇〇〇年大選而言，倘以戰略層面作考慮不難發現，扁、宋、連陣營三大陣營分別是以「三強鼎立」、「宋扁對決」及「政黨對決」爲主；蓋扁只有在連宋分裂時，其40%的基本盤才有可能贏連或贏宋，故「三強鼎立」是最合理之邏輯，而連宋亦深知只有將另一方打出選局，形成棄保，才能夠突顯出對扁的優勢，不然幾無勝算，是以「政黨對決」或「宋扁對決」就變成了連宋戰略的最基本指導原則。

而從「選舉行銷」的觀念亦可以對「戰略」的部分作一分析。將戰略層次的觀念應用於行銷觀念上，並具體發展出體系，可以Al Ries和Jack Trout的觀點作爲代表；其對於行銷策略中戰略概念的影響是從克勞塞維茲（Karl von Clausewitz）的《戰爭論》（*On War*）而來，其認爲該書根本就是一本市場行銷學，因爲企業行爲和戰爭一樣是人類社會利益衝突與競爭的一種型態，克氏對戰爭本質的描述與分析，幾乎都適用於行銷活動上[8]。歸納兩者的看法，在行銷策略體系上的戰略規劃應該是產業領先公司（leader）採取防禦戰，二號公司應該採取攻擊戰，三號公司從事側翼戰，小公司則進行游擊戰；而每一戰爭型態上所採取的原則有所不同。

而Ries及Trout認爲它們各有其運用之原則，茲分析如後[9]：首先，防禦戰有三個原則：(1)只有行銷領先的公司才能考慮打防禦戰；(2)最佳的防禦戰略，即是有攻擊自己的勇氣；(3)務必要將敵人的強大競爭行動加以封鎖。其次，攻擊戰亦有三個原則：(1)領先對手位置的力量是最重要的考量因素；(2)選擇領先對手戰力中的弱點並予以痛擊；(3)儘可能對最窄的正面發動攻擊。至於側翼攻擊的原則包括：(1)好的側翼行動必須在無爭地區進行；(2)戰術奇襲應是企劃中最重要的一環；(3)追擊與攻擊同樣重要。最後，游擊戰則要先找一處小得足以防禦的市場區隔；而不論打了怎樣的勝仗，絕不能有強出頭的作法；同時，隨時準備打了就跑，一個公司只要跑的快，來日還可再戰。

若將此防禦、攻擊、側翼或游擊戰略之觀念套用在競選上，亦能適用；一九九六年的總統大選中，第一品牌「李連配」很明顯的就是使用防禦戰略，對於其他陣營的攻擊幾乎不予理會，從其競選廣告中不針對被攻擊的議題回應，而只談李登輝如何戒菸之情事，可見一般。二○○○年大選作爲在野的扁陣營，無疑地是使用第二公司典型的攻擊戰略，不斷地攻擊國民黨的黑金來替本身的改革形象作加持，進而呼籲「換黨」。

而Shea（1996: 172-173）認爲擬定競選戰略之前要先能回答下列問題：(1)誰是目標選民；(2)訊息爲何；(3)何種資源是接觸這些目標選民所必須；(4)何時能夠接觸到這些目標選民；(5)如何接觸選民。除此之外，他亦指出要注意保持訊息的一致性，預判對手的攻擊，戰略一經候選人及團隊同意就要加以貫徹等。而他這樣的方針建議，亦對競選傳播策略之擬定提供了一個頗清楚的面向。

綜合上述在選舉戰略之討論後，筆者擬以戰略考量爲出發，進一步地對競選廣告應考量的戰略因素作一細部分析，以完備整體競選廣告之戰略結構。

目標選民設定與市場區隔

首先，就設定目標選民而言，沒有一個新形式的競選會企圖去接觸或說服在選區中所有的選民，其原因如後：(1)在選戰中資源有限，沒有必要去做散彈打鳥、徒勞無功的動作；(2)有時較無效的競選動作反而會促使敵對者的支持群眾團結起來去做更積極的支持行為，產生負面效果[10]。是以，目標選民的設定在擬定選舉策略之前，成為一項極為重要的工作，而候選人將其設定之後，才能利用有限的資源將其說服。美國民主黨「選戰策劃協會」主席Joel Bradshaw（1999）就指出任何選舉都可把選民劃成我們的支持者、他們的支持者及對選舉沒興趣或尚未決定投票對象的游離票三部分；而可爭取的游離票加上我們的鐵票，票數就足夠我們當選。而這兩組選民就是「我們的選民」，也就是「目標選民」，而我們的選戰策略就是將焦點置於他們身上[11]。一旦確立了贏的策略，就要把有限的金錢、時間、心力及訊息等競選資源投注在目標選民上，而不必浪費在對方的鐵票上；如此，策略的運作才不致於失去焦點。同時也由於這些「目標選民」或「我們的選民」才可能投票給我方候選人，故所有的廣告文宣也是針對他們來製作的[12]。

一般候選人陣營皆會透過民意調查的方式去找出自己的目標選民，就如前面所述，蓋民意調查可顯示當前各分區及各類別選民當時的態度；類別則包括政黨歸屬、年齡、性別、收入、教育程度、意識形態、種族和族群背景、宗教、婚姻狀況及團體活動等。另外，透過民意調查也可測出選民的心情，藉以瞭解政治環境，讓競選訴求緊抓民情[13]。

倘細部進行分析，筆者亦可將影響消費者購買之決策因素導入選舉市場中，進一步釐清競選之目標群眾設定之相關考量因素。榮泰生（2000）指出影響消費者購買之決策因素包括如下：(1)社會因素：如角色、社會階層、文化或次文化等；(2)情境因素：溝通情境、購買情境、使用情境；(3)個人因素：年齡、職業、經濟狀況、個性等；(4)心理因素：動機、能力知識、信念與態度等。同樣的，我們也能夠依據此些標準特性從事選民分析，進而設定目標群衆。

首先，以社會因素來看，選民的社會階層即是候選人或政黨置焦的重要參考指標，如較右派保守的政黨或候選人較常鎖定社會的中層（中產或白領階級）或上層（管理經營者），較左派且自由的政黨或候選人常訴求社會階層較低的勞動者或靠社會福利過活的窮人；值得一提的是，省籍亦是在台灣選舉市場中一個頗重要的變數，外省候選人必然會搶攻外省票，本土性較強的本省籍選民則不易投票給外省候選人，民進黨在此的策略必然是鞏固本省選民、搶攻客家選民。其次，以情境因素來看，當消費者對某政黨或候選人有興趣時，且他又處於接受的溝通情境中，則該政黨或候選人就能相對容易地傳遞有效訊息[14]。而選舉策略者也要瞭解候選人適合的「使用情境」，以便向選民溝通在哪些相關的使用情形下，該候選人能提高選民的滿足感；而候選人之形象定位，如「弊案終結者」或「婦幼安全保護者」等思考，即是使用情境之相關考量。

個人因素部分，職業在競選目標群衆設定中有其清楚的邏輯，如學歷高且專業的候選人自然會較鎖定公、教階層的選民，勞工候選人自然鎖定勞工；以年齡來看，年紀較長的候選人則不太可能將年輕族群作爲主要的目標群衆，中年以上之選民則會對年齡較高事業有成的候選人較支持，較年輕的選民較會支持具改革理念及行動力的候選人。至於心理因素部分，也是在選定目標群衆中的一個重點；其中信念及態度就涉及了意識形態及政黨忠誠，民進黨的候選人必然鎖定民進黨支持者或具有台灣本土意識，甚至主張台獨的選民，所做的相關宣傳廣告，也多有鞏固其支持的考量，而在選戰中相關催票及拉票之呼籲及訴求也多是針對其支持者或黨員而來。

而目標選民的概念與市場區隔有其密切之關係。原本使用在商業中之市場區隔概念套用在選舉市場中一樣適用，它亦是將整個市場依照相關屬性區分為數個次級市場，而各個次級市場中各有不同特色及需求，此時候選人除可依據自己之屬性與市場做結合，設定出目標選民外，他也會儘可能滿足目標市場中選民之相關需求，希望能夠有效地掌握市場中之選票。特別是在我國立法委員及縣市議員「單記非讓渡」（SNTV）的選舉制度中[15]，候選人只要囊括超過當選安全票數之部分選票即可當選之情形下，透過市場區隔方式來設定目標選民，進而深耕，當選並非難事。

Henneberg（2002: 132-133）也指出，以政治行銷的市場區隔來說，選區中的潛在選民是會和自己有相似共通屬性的個人或團體聚集在一起；此特徵或屬性可能包括對特定意識形態或議題之認同，或是依據地理、心理、社會與人口變項來作區分。而他也指出，一個政黨在決定要鎖定哪塊市場前，必須先評估該政黨對鎖定市場的吸引力及原因為何？如是該政黨的執行能力，或是計算政黨未來可能發展的空間？還是與其他政黨競爭之考量？而以市場區隔的策略來說，Henneberg（2002: 132-133）也將傳統區隔戰略套用在選舉的市場中：(1)集中化策略（concentrated approach）：通常兩個同等級的政黨會將其原有的市場設定為其目標市場，而不太會去注意其他市場。此即如同民進黨及國民黨分別將其市場設定在綠色及藍色選民區塊中；然而筆者也認為採行集中化的政黨可能仍有一些特殊政黨，即是將其政見綱領鎖定市場中的特定人士，如建國黨鎖定台獨基本教義派、新黨鎖定中國統一派；(2)無差異化策略（undifferentiated approach）：即政黨希望能夠涵蓋許多的次級區隔，但是在這些次級目標市場上該政黨只是以一套行銷組合，期望去滿足市場中的共同特徵；(3)差異化策略（differentiated approach）：政黨會鎖定許多明顯的目標市場，不只會用一種承諾及一套市場戰略，還會針對許多不同市場提出不同的承諾及針對不同目標市場的行銷組合。

而在選舉活動中，利用市場區隔概念，其所欲達到的目的有二

⑯：(1)將整體選民市場，利用市場區隔，劃分爲不同幾個次級選民群；再針對不同次及選民市場之特質與需求，將候選人以不同的包裝方式，利用文宣之設計技巧，有效的推銷給選民，達到「認識他」、「瞭解他」，進而「支持他」；(2)同樣利用市場區隔的方式，針對不同的次級選民市場之特色，利用文宣技巧來替對手做反形象塑造，進而達到選民「認識他」、「瞭解他」，最後「唾棄他」的效果。

陳惠倫、吳崑玉（1993：90-97）進而指出了在選舉活動中，常用的區隔角度約有以下幾種：(1)角色：如針對父母次級市場或子女次級市場；(2)年齡：如老、中、青三個次級市場；(3)職業：如軍、公、教、農、漁、工等；(4)性別；男、女；(5)地域關係：縣市長選舉中，參選者往往根據各鄉鎮之政情、社會環境，及選民之需求，針對各鄉鎮推出不同地域的市場區隔傳單；(6)關係團體：如針對同鄉、同事、同學、同宗、同好、同業等「六同關係」爲區分標準的次級市場；(7)政黨關係；(8)宗教；(9)大眾傳播媒體：有焦點、新聞性強的活動，新聞記者較願意刊登；(10)志願工作者：加強義工的歸屬感及榮譽感；(11)對方的支持者：主要重點在分化他們對於對方候選人的認同及支持。然而，從一般文獻研究結果大略可知，廣告文宣要贏得對方支持者的支持實屬不易，最佳情況只較可能在對方「淺色」選民中產生部分效果。

至於市場區隔有何功能？首先，節省資源應是頗重要的一點，候選人在選戰過程中若能透過市場區隔，緊盯特定目標群眾，在經費上較易節省；其次，市場區隔的民眾和候選人必有某程度的相似性或易於連結性，相對容易說服；最後，市場區隔後針對目標選民最容易接觸到的媒介進行宣傳，命中的可能性較高，如鎖定青年族群，則在媒介的選擇上較可能使用網路。特別是在複數選區之選舉中，候選人區隔市場將有限的資源運用在特定的區隔中，只要當被區隔的市場有選票的足量性，且和該候選人屬性能相配合之情況發生，候選人就常能以逸代勞贏得選舉。

而候選人在決定目標市場後，應就目標市場的可行性進行評估；評估的原則如下[17]：(1)名冊資料能否取得之評估：對於不易取得資料名冊的目標市場應予放棄；(2)目標市場支持程度之評估：如候選人爲教育工作者，則教育界對其支持可能性較高；(3)經濟效益之評估：倘訊息以郵寄文宣（Direct Mail, DM）形式爲之，要考慮其作業是否符合經濟效益。

競選主軸與定位

競選主軸

何種訊息要被傳播？也是戰略擬定時的重要考慮；競選主軸就是第一個要傳遞的訊息；而在考量傳播訊息的時候，首先要設定一個競選的主軸，而整體主軸的一個重要元素則是傳播的模式。若是以現任者及挑戰者而言，分別會將此模式鎖定在強調能力及改變上，然而也有可能是兩者的綜合[18]。Shea（1996: 149）認爲，選民不可能全心注意候選人的所有競選訊息，因爲他們所關心的事情有限，是以選民會尋找認知的捷徑來幫助他們去做理性的投票決定；其次，選民希望能從簡明的訊息中獲得候選人所支持的面向議題，此面向議題是否能與選民自己的目標有關，而選民也可從候選人最重要的特性中瞭解他應該支持此特定候選人的理由。是以專業的政治傳播者會在選前就將競選計畫處理好，他們通常會從競選目標的設定開始著手，同時也包括競選議題及競選主調之設定；此外，他們也會依照時間點規劃競選之進程，選擇每個競選日的主軸，推估其對手的競選策略，以展開細部的攻防策略[19]。

以上這些論點顯示出了競選主軸的重要性。依據選舉目標訂定競選主軸（themes），常是用簡單的詞語或概念，使候選人可以提綱挈領的告訴選民其競選理念，並藉以區分該候選人與其他競爭者間的差異。如一九九二年美國總統選舉時，民主黨的挑戰者柯林頓鑑於人民對共和黨連續十二年的執政感到厭煩，同時對其無法解決國內經濟問題失去耐心，故柯林頓在競選過程中提出簡潔的選戰主軸「變」（change）來強調自身特性以爭取選民支持。競選主題的制定須依當時政治制度與情勢、候選人條件、選區特性、政黨與候選人資源等條件而定。而挑戰者在設定主軸上所能施展的空間又比執政者要來的寬廣，因他沒有以前的紀錄限制其選擇。倘以實行而言，則必要根據主軸的內涵發展出一句淺顯易懂的詞語或陳述，且要經常被陳述才會產生效果[20]。

James A. Thurber和Candice J. Nelson也指出了其六個特性；包括清晰（clear）、簡明（concise）、急迫（造成選民在情緒上認同我方的急迫感；compelling）、關聯（與選民對競選環境的認知有關；connected）、突出（contrasting）及可信（credible）。同時要持續以競選主軸與選民反覆溝通及不斷強調，以使其成為選民的投票準則[21]。

至於競選主軸擬定前應該考慮之因素有哪些，陳惠倫、吳崑玉（1993：18-19）指出有下列幾項：考慮選民的需求是什麼？過去選區政情環境給人的印象是什麼？未來選區政情環境給人的印象是什麼？過去選區成功的候選人其訴求主題是什麼？過去選區失敗的候選人其訴求主題是什麼？

也可以依據上述的原則來檢視一下國內重大選舉各陣營的競選主軸。以二○○○年總統選舉來看，扁陣營的「政黨輪替、掃除黑金」，算是簡潔有力，不僅將「求變」的概念放在其中，也將主訴求與選民之需求結合，建構出了主打政見；宋陣營的「勤政愛民、用心治國」，則著實的在強化宋楚瑜的優勢，即省長時期全省走透透所創造出來的親民形象。而二○○四年大選連陣營的「拚經濟、拚和平、救台灣」，則是針對扁政府較弱的兩項，即經濟及兩岸，企圖烘托國親在此兩政策上之相對優勢；而從民進黨「相信台灣、堅持改革」的主軸中也不難窺見扁陣營想藉由二○○○年勝選時的最大賣點——

「改革」，來創造利多。

除此之外，主軸在廣告中所使用的字體及顏色應該要能夠醒目，才能引人注意，所以通常是以比內容要大的字體呈現，或是在電視廣告最後呈現，如二○○四年大選扁陣營的「相信台灣、堅持改革」及國親聯盟的「換總統、救台灣」大都是如此安排；報紙廣告亦是以相同手法將主軸突顯出來。

最後，相關副標題、語句或內文也應是簡潔強勁、扣人心弦，才能夠達到烘托主軸及對受眾發生情感或行為上的效果。

⊛ 競選定位

而競選主軸之設定與「定位」之概念關係密切；候選人及政黨依照自己之屬性及相關優劣勢來作形象定位，而競選主軸則是根據形象定位而作延伸，而細部的文宣廣告作為既是期望藉以發揮烘托主軸之效果，也是欲藉以強化形象之定位。故形象定位、競選主軸及後續之相關文宣廣告作為，其實是一個整體結構，而形象定位及主軸也都是應在文宣廣告中要強化的最重要訊息。本部分將先行敘述有關定位之戰略層次部分，至於定位之戰術部分則於第三節詳述。

首先，以「候選人如何為自己定位」來看，鄭自隆（1992：17）指出，要形成適當的定位必須建立在兩個基準點上，即候選人特質與選民區隔上；前者即廣告學中強調的商品歧異性（differential），是商品獨特的個性或魅力。藉此一分析過程發掘候選人獨特魅力和優點，以作為定位候選人之基準。其考慮面向大約如下[22]：(1)學歷：選民會用此來衡量候選人的能力；(2)經歷：如服務公職經歷或從事反對運動的經歷等；(3)品德：有人會以品德操守作為評量候選人的依據；(4)過去表現：如競選連任者，過去的政績是可以強調的部分；(5)服務精神：根據學者研究發現「服務精神」、「品德操守」及「過去表現」是最受候選人重視的個人特質，但服務精神和品德操守皆有不具體之虞；(6)家世背景：如血緣、派系、出身等，但只宜迂迴暗示，不宜過分強調；(7)特殊遭遇：如參加抗爭作政治監或特別的殊榮（如陳水扁被《時代雜誌》評選爲未來世界一百位領袖的台灣代表），均可作爲個人特質予以訴求。基於以上論述，他擬定文宣定位策略爲選舉之DSP（Differential-Segmentation-Position）模式（圖7-1）；其中候選人定位（Position, P）與候選人特質分析（Differential, D）及選民區隔（Segmentation, S）是三個相互關聯的因素，進行候選人定位，可以先分析候選人與其對手之特質及選民特質，作爲分析之基礎。

在定位之過程中，候選人應該從選民的角度切入，來找出自己與競爭對手間之差異；同時以本身之特質，包括學歷、經驗、政績、人格及血緣關係等來建構一己在選民心中之圖像。而選民區隔則是以地理、人口學、省籍認同及政治態度（統獨）等市場區隔指標，來區隔出選民。

Henneberg（2002: 138）也指出，政治定位戰略可幫助政治組織更深入地達到目標，而定位涉及了幾個面向。首先，涉及政黨與候選人的內部能力評估，而此能力評估也要和外部環境所賦予的機會及鎖定的市場區隔來共同考慮；除此之外，定位也明確地界定了該政黨或

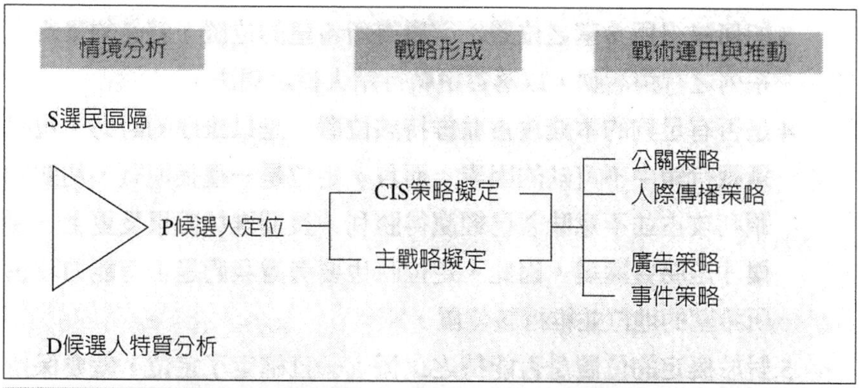

圖7-1 DSP模式與競選策略

資料來源：鄭自隆（1992）。《競選文宣策略：廣告、傳播與政治行銷》。台北：遠流，頁二十七。

候選人在此政治競爭的態勢中，相對於其他政黨及候選人基於不同區隔及定位策略所提出的承諾，其間是有不同性的。

而定位除了是企劃競選文宣最基礎的工作外，也是候選人擬定主軸戰略及CIS識別系統之基礎。至於CIS則包括理念識別——文宣主軸、視覺識別——標誌設計與行為識別——文宣戰術推動等三個層次；而廣告、公關、人際傳播及事件等策略，則是依據主軸戰略而形成的戰術運用及推動的內容，屬於行為識別部分[23]。

蕭富峯（1994：142-144）也認為候選人在為自己擬定定位策略之前，以下幾個原則必先列入考慮：

1.目前在選民心中擁有什麼位置：想要獲得答案最好的方法是透過市場調查，以求得客觀確實之資料；進而必須設法將候選人與選民心目中既有之印象連接在一起，以便形象順利進入民眾心中。
2.希望擁有什麼位置：瞭解目前所處的位置之後，就可以根據所蒐集到的資料分析研判，依照目標選民、候選人差異點，以及競爭者三大要素，發展出最適合自己、長期觀點下最有利之位置。
3.如何贏得所希望之位置：欲贏得所希望的位置，就必須策劃一系列之行銷活動，以落實選戰行銷人員之想法。
4.是否有足夠的本錢攻占並維持該位置：是以雄厚的財力，也是選戰行銷中不可缺的因素；而且，定位是一種長期戰，初期的順利攻占並不意味著已經贏得勝利，長期維持戰果及更上一層樓才是勝負關鍵。因此，定位時也要考慮我們是否有能力攻占所希望的地位並維持該位置。
5.對於擬定的位置是否能持之以恆：一旦確定了定位，就要保持它的一致性，全力以赴，否則定位無法落實，選民也會產生混淆。

6.廣告創意是否與定位相吻合：只有廣告與定位策略相結合，並依循定位策略所指出的方向發展時，才能眞正發揮出定位之威力。

在考慮過上述六項因素之後，候選人可經由對本身特質之分析，發掘出不同於其他候選人的魅力與特點，作爲定位之基準。

至於定位的切入點如前面章節所述，包括了以產品差異化定位、以產品利益點或重要屬性定位、以產品類別做定位、以解決消費者問題做定位、以使用者作定位、以使用時機做定位、以品牌做定位、直接以競爭對手做定位及創造連結度做定位[24]。

其次，倘以定位的步驟來看。定位是在選民腦海中創造一個屬於候選人本身的獨特位置，並賦予它獨特之生命；因此必從分析與瞭解選民心理著手，並模擬選民之想法，以思考整個定位作業。而候選人或政黨在瞭解自身特質之後，便可依循下列四個步驟來定位[25]：

1.確認競爭對手：即確認選民所鍾意的或可能的所有候選人名單。
2.描繪選民的認知：須瞭解選民是如何將政治人物或政黨分門別類，並確知哪些特色是選民用來對候選人或政黨分門別類之依據。
3.描繪競爭模式：由對選民認知的描繪，候選人或政黨間的競爭模式也可確定。
4.評估不同的競選策略：此步驟是用來評估候選人在選戰中採用任何定位或立場，以及將任何新候選人引進選戰中所可能造成之衝擊。而可藉此讓候選人有策略的在選戰中找出最適合自己的定位，由於特別強調考慮競爭者的重要性，因此有人甚至以「競爭性定位」（competitive positioning）稱之。至於在行銷中常見的策略約有如下幾項：
(1)擴大差異化[26]：其方法有二；一爲找出獨特銷售主張（USP）

——找出自己有而其他人沒有或較弱的特點。其二爲找出一個具有獨特吸引力的主張，才能區別與其他候選人的同質性。

(2)直接攻擊：通常被直接攻擊的對象多屬民調中居領先的候選人，如此一來較易形成話題，二來也較易提高身價；但若攻擊火力不夠，對被攻擊者無法造成傷害或威脅或被攻擊者相應不理，就失去其功效[27]。

(3)重新定位：因爲最初的定位無法替候選人製造聲勢、選民需求認知改變或是行銷環境發生重大變化時，都有可能使候選人採取重新定位的策略。但此方式亦有缺點，即有可能給選民反覆無常、無所適從的印象，如一九九四年國民黨候選人黃大洲競選台北市長之形象塑造就似乎面臨此種困境。

(4)「延長線效應」：此即是將一種已在市場占有一席之地的產品名稱冠在另一新產品上，藉此讓消費者能迅速接受此一新產品；此法套用在選戰上即是所謂「老將帶新血」或是「母雞帶小雞」的策略。如國民黨以前常用的「主席牌」、民進黨的「阿扁推薦」或是李登輝之於台聯等，皆屬此法的運用。然而「延長線效應」的品牌若是沒有在消費者心中建立獨特的品牌，則很可能會被遺忘。

候選人從以上四個步驟，可在任何形式的選戰中分析過濾出適合自己的定位策略；在定位過程中，不但要考慮自己的長處和短處，且要指出主要競爭者有哪些，並將其優劣點考慮在內，從中找出一個適合自己的位置；一旦決定其定位的策略和立場，候選人便可針對該基礎而展開有組織計畫的競選活動。

競選階段

完成了候選人優劣勢評估、目標群眾設定及主軸確立後，即可進一步地規劃競選階段。然而競選階段並非一成不變，故即使已擬定好的選戰策略，仍須經常吸收選民的反應，並作適當但不能經常的調整；特別是只有在選戰的基本環境已經改變的情況下才可以調整[28]。而在選舉活動碰到重大事件如暴動、國殤、天災、戰爭等足以改變政治環境或是造成選戰真空狀況，才適宜調整策略；如一九九二年美國洛杉磯大暴動及佛羅里達颶風侵襲或蘇聯解體等。而所謂的「調整」應是謀定而後動，在事件發生後，先做民調研究事件對環境及選情的影響，用新的資訊來評估戰略，再做適度的調整[29]。

除此之外，隨著選舉環境之變化或時間之進展，競選傳播策略之擬定除了會有階段性的考量外，在策略上也會呈現不同之風貌。以競選階段而言，Trent和Friedenberg（1995: 18-50）分述了在初選前的浮現（surfacing）、初選（primary）、黨代表大會（convention）及總選舉（general election）此四個階段中不同的競選傳播功能。在「浮現階段」的競選傳播活動主要具有向選民展現候選人對其所角逐的職位之適任性，滿足選民對民主政治的儀式性需求，讓選民瞭解候選人的基本政治理念、主要政見、組織能力及個人風格，訂定競選核心議題，決定誰是領先者，同時讓候選人及媒體工作者互相熟識。以各黨之黨內「初選階段」而言，除了使候選人能有經過回饋調整策略之功能外，選民也可藉競選傳播活動瞭解候選人特質及政見，或調整對候選人之印象，同時提高選民的政治參與程度；進一步地，候選人也能競相提出對選民的承諾，而選民也能從激烈的競爭過程中瞭解誰是真正的領先者。

倘以「黨代表大會階段」而言，候選人則希望藉由競選傳播活動以達到爲現行體制的運作及本身獲黨提名提供正當性的象徵意義，另一方面被提名的候選人也期待弭平初選中的黨內紛爭以整裝待發。在黨內整合完畢後，候選人則會提出在總選舉中的主要政見爭取選民認同。在群雄逐鹿的「總選舉階段」中，傳播活動更能讓選民對候選人之特質及政見能有更多的認識，同時滿足選民對競選過程之期待；最後，透過民主的選舉競爭更能提供民主制度其正當性。

就台灣的選舉來說，也多如前述兩位學者所言，有浮現、初選、黨代表大會及總選舉階段；而現今要深入敘述的，則是「總選舉階段」。在該階段中，候選人最初會進行「形象定位及塑造」，即如前述主軸及形象定位之部分，在形象定位及主軸完備且有可能深入人心後，則接著提出「政見」來進一步配合主軸及定位來深入說服選民。而在政見提出的同時，候選人之間的「交互攻防」也隨著選舉時間的緊迫而短兵相接；及至選前兩個禮拜時，各陣營則將「告急催票」變成第一要務，如二〇〇〇年總統大選時，連宋陣營相互祭出「棄保」文宣，扁陣營則透過廣告不斷要求支持者「返鄉投票」，皆可為例證。故深入分析總選舉階段，即可將其又細分成「形象塑造及定位」、「政見提出」、「交互攻防」及「告急催票」等四個階段，然此四個階段可能會因選舉策略之考量或受選戰步調及氣氛之影響，不可能是一個階段結束再進行另一個階段，而極有可能會發生前後階段交互重疊的可能。

最後，若以資源的評估及獲取而言，則有下列幾點需要考量：(1)資源要必須能接近目標團體群眾；(2)期望得到有用的資源；(3)考量對手會使用何種資源[30]。至於活動或是候選人動作的時機則儘量要考量到選民態度的三個層次，即是認知、情感及評價；認知通常是在競選剛開始時，而選民的評價通常與其最後所作的投票決定有關係[31]。

第三節 競選廣告之戰術基礎

前文已經提過相關戰略擬定之參考依據及相關重要因素。本部分則期望針對較爲戰術層面的相關策略進行討論。基本上，戰術也是一重要的環節，筆者可將政治傳播寬廣的劃分成兩類目——直接及間接；直接和選民接觸是有效的方法，但是它的接觸面向則比較有限而已。大眾傳播媒介間接地和選民接觸，則有可配合時間、範圍較廣、可控制及設定目標等幾項好處。至於傳播的訊息則可將其分成正面訴求、負面訊息、比較及回應等部分[32]。同時候選人亦會依據其作爲現任者或挑戰者的角色觀點，來規劃戰術。

首先，與前項戰略的討論有密切相關性的，即廣告理論中的「品牌資產說」（brand equity）中的三種不同的品牌競選文宣策略亦能提供候選人形塑不同競選傳播策略之參考。首先，「領導品牌策略」（leader branding），即市場上獨大品牌所形成的品牌戰術，包括著以下特點：(1)掌握並主導議題，讓追隨者追隨；(2)不主動攻擊對手，甚至對對手攻擊亦不回應；(3)廣告以整體形象爲主，不特別強調商品特質（政見）。其次是以「獨特銷售主張」（Unique Selling Proposition, USP）爲促銷特點的「利基品牌策略」（niche branding），企圖爭取區隔選民支持。最後「比較品牌策略」（compartative branding）則是將自己和對手予以比較，以爭取競爭優勢；包括以下戰術：(1)突顯自我特色，強化或形塑形象；(2)攻擊對手，對他個人及政黨加以攻擊；(3)針對對手的攻擊提出反駁或消毒[33]。

Ries和Trout（2001: 55-90）針對定位策略也提出了領導者、追隨者及爲競爭對手重新定位的三種定位模式[34]。

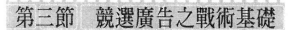

以領導者定位來看，則包括以下重點：(1)要強化最初、最眞實的印象，即建立領導品牌的基本方法是搶先進入人的印象中，並以強化

消費者記憶中最初的印象；(2)考慮並吸納所有可能性：一旦發現新產品有開發前景時即要吸納相關策略資訊；(3)企業力量來自產品實力：企業的力量來自產品實力，更是來自產品在消費者印象中所占據的定位；(4)反應敏捷：要在對手產品尚未在消費者心中建立地位前就主動去攔截之；(5)以眾多新品牌截擊對手：領導品牌會引進新品牌到市場來截擊對手行動，其所透過的是一種以不變應萬變的單一品牌策略；(6)擴大產品應用的範圍。

至於追隨者定位中最重要的概念就是要「找出空位，並且塡補上去」；至於空位則包括尺寸、高價、低價、性別等。而當找不到空位的時候，Ries則認爲最基本的策略則是「給競爭對手重新定位」。

另外，候選人及其幕僚會依其執政或在野的角色來擬定策略，以競選策略擬定過程而言，Trent和Friedenberg（1995: 66-87）指出在選戰中現任者及挑戰者所用之傳播策略皆不相同。以現任者而言，大致有以下十五種和挑戰者競爭的傳播策略（戰術）：(1)企圖使用語文或非語文訊息突顯所掌控的政治權力；(2)會強調現任職位的正當性；(3)強調衛冕者能力；(4)強化其政治魅力；(5)製造假事件吸引媒體；(6)透過政治任命增加支援；(7)成立任務編組以表示解決某問題之決心；(8)撥款；(9)會晤世界知名領袖；(10)操控經濟或其他重要的內政議題；(11)取得黨內或其他社會領袖的支持；(12)強調施政成果；(13)企圖營造「跳脫選戰格局」的姿態；(14)代理人戰爭；(15)突顯解決國際危機的能力。

至於挑戰者的競選傳播策略，除了可運用現任者常用的部分策略之外，亦可透過以下策略爭取選票：(1)攻擊對手政績；(2)對各項競選議題採攻擊策略；(3)號召改變；(4)強調對前景樂觀；(5)維持傳統價值體系，並非全盤改變；(6)突顯候選人是該黨的主流價值代表；(7)代理人之攻擊策略。最後，Trent和Friedenberg也指出，有些候選人採用的是衛冕者及挑戰者策略並用的混合策略。

若無現任者因素，策略的考量就不同了。Joel Bradshaw（1999）

建議有幾個方向可以考慮：(1)候選人皆以現任者自居，向選民展現豐富的經驗資歷及從政成就，職位非他莫屬；(2)把對手當作現任者，自己則以挑戰者自居，特別是在選民對現況不滿時；(3)當現任者及挑戰者策略都難以採用時，則就可以考慮以強調政黨意識形態模式競選[35]。

這些相關論述皆屬戰術層面之討論，而其所提的各項戰術亦皆提供了作爲衛冕者或挑戰者等競選廣告訊息策略之重要基礎。

最後，Trent和Friedenberg（1995: 284-286）也以候選人購買廣播及電視廣告時段之方式爲標準，將競選廣告策略區分爲：(1)提早起跑（the spurt strategy）策略：知名度較低之候選人通常較早起步，藉競選廣告打知名度；(2)最後衝刺（the fast finish strategy）策略：候選人在投票前密集推出廣告，加強印象，期望說服選民；(3)配合造勢（the really big show atrategy）策略：在競選中候選人發起造勢活動同時配合廣告，增加氣勢；(4)穩紮穩打（the cruise control strategy）策略：候選人在競選中依照步調推出廣告，維持一定聲勢。

註釋

❶張永誠，《選戰行銷》（台北：遠流，1991）。

❷James A. Thurber & Candice J. Nelson主編，郭岱君譯，《選戰必勝方程式：美式選戰揭密》（台北：智庫，1999），頁一三八至一四二。

❸〈黑金政治，人民的最恨〉，《天下雜誌》，第二二四期，二〇〇〇年一月一日，頁九二。

❹〈攻擊廣告最搶眼，民調高下不能少〉，《中國時報》，二〇〇〇年五月二十三日，第十版。

❺James A. Thurber & Candice J. Nelson主編，郭岱君譯，前揭書，頁二二一至二二九。

❻James A. Thurber & Candice J. Nelson主編，郭岱君譯，前揭書，頁二一七至二一八。

❼James A. Thurber & Candice J. Nelson主編，郭岱君譯，前揭書，頁二二五。

❽Al Ries & Jack Trout著，沙永玲譯，《行銷戰爭》（台北：遠流，1986），頁二十一。

❾Al Ries & Jack Trout著，沙永玲譯，前揭書，頁七九至一四二。

❿Daniel M. Shea, *Campaign Craft: The Strategies, Tactics, and Art of Political Campaign Management*(Westport, Conn.: Praeger, 1996), p.13.

⓫James A. Thurber & Candice J. Nelson主編，郭岱君譯，前揭書，頁五九。

⓬同前註。

⓭同註⓫。

⓮Receptive communication situation，即相稱之心情及情緒，轉引自榮泰生，《廣告策略》（台北：五南，2000），頁一七七。

⓯二〇〇五年經任務型國大通過修憲，二〇〇七年開始第七屆立委選舉方式改採「單一選區兩票制」進行。

⓰陳惠倫、吳崑玉，《展己之長》（台北：書泉，1993），頁八十六。

⓱陳惠倫、吳崑玉，前揭書，頁九十至九十七。

⓲Daniel M. Shea, op. cit., pp.163-164.

⓳Dennis Kavanagh, *Election Campaigning- The New Marketing of Politics*(Blackwell Publishers Ltd., 1998), p.15.

⓴Daniel M. Shea, op. cit., p.154.

㉑James A. Thurber & Candice J. Nelson主編，郭岱君譯，前揭書，頁七二至七三。

㉒鄭自隆，《競選文宣策略：廣告、傳播與政治行銷》（台北：遠流，1992）。頁十八。

㉓鄭自隆，〈一九九六年台灣總統大選四組候選人文宣策略觀察〉，《廣告年鑑1996-1997》，一九九七年，頁一〇二。

㉔劉美琪等，《當代廣告：概念與操作》（台北：學富，2000），頁一八六至一八七。

㉕G. A. Mauser, *Political Marketing—An Approach to Campaign Strategy*(New York: Praeger Publishers, 1983).

㉖改寫自蕭富峯，《廣告行銷讀本》(台北：遠流，1994)，頁一四〇。

㉗張永誠，前揭書，頁一九〇。

㉘James A. Thurber & Candice J. Nelson主編，郭岱君譯，前揭書，頁七一。

㉙同前註。

㉚Daniel M. Shea, op. cit., p.165.

㉛Daniel M. Shea, op. cit., p.168.

㉜Daniel M. Shea, op. cit., pp.170-171.

㉝鄭自隆(2000)。〈2000年總統大選三組候選人電視廣告表現與文宣策略關聯性分析〉，台北：世新大學民意調查中心，公元2000年總統選舉：傳播、行銷暨策略理論與實務學術研討會論文，頁三。

㉞Al Ries & Jack Trout, *Position: The Battle for Your Mind*(McGraw-Hill Inc, 2001).

㉟郭岱君譯，《選戰必勝方程式》，頁六八至六九。

chapter 8

第八章　競選廣告之類型

- 正面廣告——候選人形象塑造、政見及政績廣告
- 負面攻擊廣告
- 反制消毒、攻守兼具及告急催票廣告

競選廣告的類型，在學界也有許多的討論。首先，以功能類型作區分而形塑出以攻擊及防禦為焦點的競選廣告，是學界關注及討論之焦點；如Trent與Friedenberg（1995: 128-133）在歸納了L. Patrick Devlin（1986）、Richard Joslyn（1986）、Montague Kern（1989）等人對廣告之分類後指出，政治競選廣告基本上包括讚美候選人優點的廣告（acclaim）、質疑攻擊或責難對手的廣告（attack）及回應對手攻擊或諷刺的廣告（defend）三種。 Benoit、Pier和Blaney（1997: 146）則較精細地依照其言辭把廣告區分成正面宣揚式的廣告（acclaiming/positive）、攻擊式的負面廣告（attacking/negative）及防禦式的廣告三種。

Johnson-Cartee和Copeland（1997: 162）也認為競選廣告之類型包括：(1)正面方式強調候選人的政見及領導能力；(2)以負面廣告攻擊對手；(3)以競選廣告回應對手攻擊；(4)透過「先制消毒」競選廣告，防禦敵人預期之攻擊。

由上面之分類來看，正面廣告用來突顯或塑造候選人的形象、宣揚其執政政績或提出政見，當無異議；但是以負面廣告來看，學者的分類則不盡相同。首先，透過廣告攻擊對手、政見或其政黨，是最基本的負面廣告；其次，有些廣告以比較的方式來攻擊對手的不適任，同時突顯自己的好，其間有負面訊息，亦有正面訊息，將其歸為負面廣告或正面廣告都無法充分說明其特色，故筆者將其獨立列為「攻守兼具」之廣告。另外一種，即是上面回應對手攻擊的廣告，其主要是由於被攻擊而導致的因應，其中訊息可能為正面亦可能有負面，亦無法將其歸為正面或負面廣告，故筆者認為可將其設定為「反制消毒」式的廣告。最後，還有一種競選廣告通常是在選舉快結束之前的「告急催票」式廣告，在訊息產製上，其亦可能以正面訊息、負面訊息或正負訊息皆有的方式來呈現，故亦將其獨列為一類。是以筆者認為，競選廣告大致可細分為正面廣告、負面攻擊廣告、攻守兼具廣告、反制消毒廣告及告急催票廣告五類；然而後面三類則常常會夾雜著正面或負面訊息。以下筆者則將依照正面廣告——候選人形象塑造、政見及政績廣告，負面攻擊廣告，夾雜有正負面訊息皆有的反制消毒、攻守兼具及告急催票廣告，來分別進行敘述。

第一節 正面廣告——候選人形象塑造、政見及政績廣告

以下分別介紹正面廣告之意義、功能及使用時機、內容與表現方式及效果：

正面廣告之意義、功能及使用時機

如前文所述，正面廣告是一種在選戰中，宣傳的一方以自己形象上之優勢、欲推銷之政見政策、執政者因執政能力而產生的政績，作爲廣告之訊息內容，期待藉以將自己正面化、神聖化，而讓選民喜愛，以達到形象強化、擴張或鞏固選票的目的。而當選民厭惡以負面廣告相互抹黑攻擊，導致政治選舉文化日益敗壞的同時，透過正面廣告之製播，多少會予選民有正面肯定之感；倘從此對正面廣告的綜合性定義來看，亦可歸納出一些正面廣告之特徵：(1)以傳播者來說，宣傳的一方可能包括候選人、政黨、候選人總部、候選人幕僚或專業的公關公司，他們都可能是正面廣告的發動者；(2)訊息內容則包括形象上之優勢及特點、候選人或政黨之政見政策、候選人或執政黨政府之施政政績；形象上之優勢或特點則包括候選人的服務經歷、學歷、年齡，甚至是長相等，政見政策的提出可讓選民知道候選人的未來施政方向，而政績則是執政者常用之宣傳內容，其亦常會透過施政的民調數據、爲人所津津樂道的建設等來作爲政績的內容；(3)以目的來看，正面廣告期望藉上述之訊息傳遞至少達到三方面之目的：首先，突顯

與對手的形象差別：期望透過自己優勢的宣傳以創造與該競選職務間之連結，並區隔對手；其次，行銷政見政策：除了期望透過宣傳讓選民瞭解自己提出的政見或政策，而非一味以負面攻擊爲主的候選人外，也有期望其政見成爲主流意見之企圖；最後，以政績促成「回溯性投票」之可能：執政者常用的政績策略主要是期望激起民眾「回溯性投票」行爲，即選民會回想起執政政府爲國家社會或自己做的事，以作爲投票之參考依據。總括來說，正面廣告就是想藉民眾能接受、不排斥的訊息，以達到形象強化、擴張或鞏固選票的目的。

正面廣告的功能大致如下：(1)促進候選人的名字認知，使候選人的領導能力和候選人特質結合；(2)強化和選民之同質性，發展候選人的英雄形象；(3)將議題與候選人連結以賦予正面形象；(4)同時可以透過背景、成就、人格或特徵及家庭來界定候選人，以增強其在支持者及黨員心中的正面感情[1]。

至於何時會用到正面廣告？並沒有一定的說法，一般來說有幾種可能的時機；首先，選戰初期開始塑造候選人形象時，就是正面廣告最初使用的時機；其次，當選戰開始進入中期或當形象建立已有初步成果時，則候選人通常會開始宣傳政見或政績，企圖深入介紹候選人，讓選民進一步瞭解或支持。再者，當對手差距太遠時不必用負面攻擊時，正面廣告的使用則有最大的可能性；如二〇〇二台北市長選舉馬英九面對李應元之相對弱勢，其幾乎不太用直接的負面攻擊廣告，而都是透過強調個人特質、政績式的正面廣告迎敵。最後，選戰後期正面廣告之使用亦有其可能性，如二〇〇四年總統大選民進黨於後期進入了候選人之間的人格對比階段，其就透過一連串之正面廣告；如「認眞打拚」（圖8-1）、「相信女性」等，企圖藉以強化陳水扁之形象來和連宋作對比。

圖8-1 「認真打拚」廣告
宣傳民眾支持陳水扁
（圖片提供：民主進步黨）

正面廣告之內容與表現方式

正面廣告的內容可以從欲推銷之主角或主題、訊息設計、廣告訴求、表現手法或敘述方式以及由誰來擔任推銷訊息的發言人此五面向來做敘述。

所欲推銷之主角或主題

此部分亦是正面廣告之類型部分，包括形象、政見及政績。一般來說，正面廣告首先要推銷的就是候選人或政黨本身，即是候選人或政黨的形象塑造；以形象塑造廣告來看，基本的指導原則必是「展己之長」，即是將自己的優勢或「獨特銷售主張」不斷強化，在選民心中形成強烈或無法取代的形象。如宋楚瑜在二〇〇〇年總統大選的時候，就以其省府服務時「走遍三百零九個鄉鎮」的事例來建立「勤政愛民」形象；陳水扁則是以民進黨在野時相對於國民黨的「改革」性格來建立「扮黑臉、打黑金」的形象。以政黨形象建立來看，民進黨於二〇〇四年推出的「堅持進步」廣告（圖8-2）中，就不斷地陳述民進黨從在野到執政路途中所推動的民主改革措施，以突顯民進黨對民主貢獻之形象；又如二〇〇一年立委選舉前，國民黨爲突顯「民主改革」形象所製播的「健美先生小姐」廣告，除了突顯國民黨人才濟濟外，更呼籲國民黨員參加黨內初選投票來決定國民黨立委候選人。

■形象

形象在政治傳播學中也是一項被廣泛討論的議題，特別是候選人的形象。Kenneth L. Hacker（1995: xiii）指出形象是一種選民認識或認知的結構，在其中他們可藉此組織對候選人的印象。而在Hacker的書中也提到一九八五年Nimmo與Mansfield指出有需要對選民與他們心

圖8-2 「堅持進步」廣告
宣傳民進黨對民主之貢獻
（圖片提供：民主進步黨）

中所建構的候選人形象這段認知過程加強進行分析及研究❷。此外，Hacker也提到Thomas Patterson與Robert McClure在一九七六年的論述，他們指出候選人形象包括他如何代表選民、對選民作了哪些事情，同時也包括了他們的黨籍其所採取的行動或者其支持的政策等❸。此也點出了候選人形象與政黨形象也有密切關係，Hacker指出了William Flanigan與Nancy Zingale在一九九一年所強調政黨形象對候選人形象有重要影響的論述；如一九八〇年代，美國的共和黨人士說他們會挽救經濟，但是後來沒這樣做，因此他們在民眾心目中即變成沒有信譽，同時也影響了共和黨的選舉❹。

Nimmo和Savage（1976: 8-9）則將候選人形象界定爲「立基於選民擁有的主觀知識及候選人所投射的訊息此兩種基礎上」，亦即形象建立是選民與候選人互動的過程。而Nimmo也將候選人形象區分爲候選人藉媒介將特質傳輸給選民的「刺激決定論」（stimulus-determined）及由選民依照自己的認知來看候選人特質或行爲的「知覺者決定論」（perceiver-determined）兩種模式。以後者來說，Siegel（1964）認爲選民對候選人的認知，取決於其政治偏差，選民會依照自己先前的偏差，進行最初有助於認知和諧的決定。而其相關的研究結果也顯示，有政黨認同者傾向「知覺者決定論」，而中立選民傾向「刺激決定論」❺。

根據陳義彥、黃麗秋（1992：146）在《選舉行爲與政治發展》書中引述Weaver等學者研究而將政治人物或候選人形象分成下列五種：

1.認知的（cognitive）：指政治人物或候選人的知識、理解與智慧等。

2.情感的（affective）：根據喜好、偏愛與情感來描述政治人物或候選人。

3.行爲的（behavioral）：關於政治人物或候選人過去的活動力與行動力評價。

4.個人的（personal）：對外在的形象、人口的因素和其他「事實」屬性。

5.與政見有關的（issue-related）：關於政治人物或候選人的意識形態、特殊問題的立場以及一般問題之取向。

Boulding也認爲形象的轉變有四種可能結果或階段；首先，是在媒介上所傳輸的候選人訊息，極少能對選民認知中產生影響。其次是選民態度開始轉變，稱之爲「單純增加」（simple addition）；此時選民對參選的候選人開始有認知，也對其政見有認識，但是還談不到誰的政見比誰的政見要好。第三，選民對候選人的印象可能產生「革命性改變」（revolutionary changes）；此時選民對候選人的信念可能粉碎、態度可能轉變、認知可能更替，選民對候選人的認知可能會全盤改變和重新建構。最後，選民重新建構候選人形象的認知，Boulding認爲此時形象包含確定與不確定、可能與不可能、清楚或模糊，而訊息能夠強化形象、增加確定及可能性，但是訊息可能也會產生反效果，即產生懷疑及混淆[6]。

進一步地，形象則也包括候選人眞實的呈現及特質的屬性；Joslyn（1986）發現在它製碼的政治廣告中有57%的廣告和候選人的個人特質有關，而這也是廣告訊息中最普通的方式。Benz與DeClerq（1985）則發現廣告中形象的探討多過議題的探討；Shyles（1983）則將形象分作幾個類型：如經驗、能力、特質、誠實、領導能力和力量。

■政見及政績

其次，政見及政績也是正面廣告所要推銷的主角；以政見來說，即是選舉時的「牛肉」，候選人能否作爲一個好的「廚師」，端上最好的政策牛肉，常是選民非常關注的焦點；而公眾所關心的事務及政策也就會形成重要的議題；張卿卿（2000）的研究中則歸納了相關學者對選舉議題廣告之研究；如Hofstetter和Zukin（1979）指出，在尼克森和麥高文（McGovern）的競選過程中有85%的廣告和議題有關；而McClure和Patterson（1974）的研究中也顯示在同場選舉中有70%的廣告與議題有關。另外，從McClure和Patterson在一九七六年的研究中亦發現，一九七二年的大選廣告中以議題爲主的廣告要比以候選人形象爲內容的廣告要多。但是在廣告中候選人雖然會將議題納入廣告中，但並不一定會將自己之立場清楚載明；最後，Boiney與Paletz（1991）的研究則發現候選人對於廣告中討論的議題時，會較傾向於明確表達其立場，而不是模糊其詞或只是象徵性地點到爲止[7]。雖然以上的研究可能包括議題或政見之正負面攻防，但將政見或政策於廣告中作正面之表現，幾乎是所有政黨或候選人所必備，如連戰於二○○四年電視廣告「募兵制」就是明顯例子（圖8-3）。

至於政績，則是每個候選人或政黨皆會著墨的部分。透過政績，候選人或政黨想給民眾「有能力」或「有在做事」的感覺，候選人或

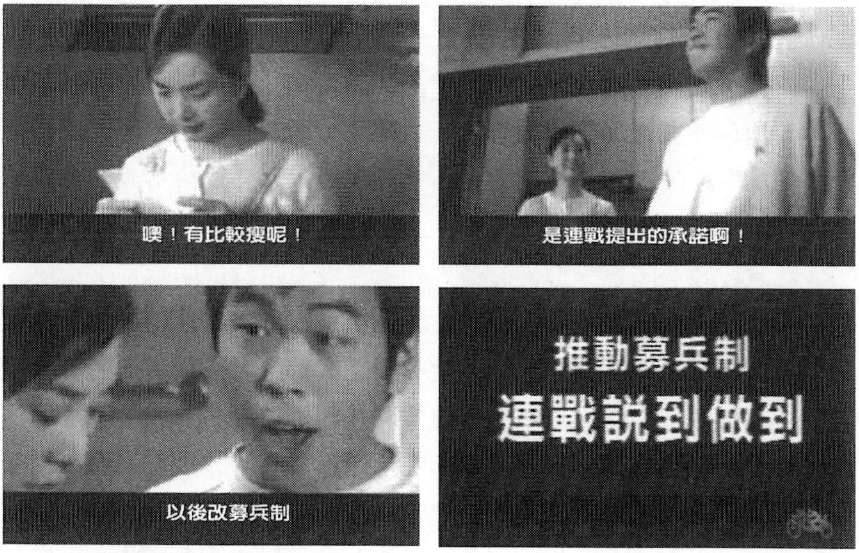

噢！有比較瘦呢！
是連戰提出的承諾啊！
以後改募兵制
推動募兵制
連戰說到做到

圖8-3 「連戰說到做到」廣告
宣傳連戰政見
（圖片提供：中國國民黨）

政黨總是期待藉由政績來強化既有支持群眾，並進而爭取原本沒有支持他的人支持；其常常會伴隨著「施政滿意度」來做強化說服的佐證，期待選民再給一次肯定。如二〇〇二年馬英九尋求市長連任時就有「看馬英九做的好事」、「垃圾隨袋徵收」等幾波政績廣告；陳水扁尋求連任時的「客家女婿發聲篇」，更是細數了陳水扁對客家族群之政績，如客家學院、客家電台等。

三、訊息設計

正面廣告的訊息設計大致有以下幾種方式：

1.選民支持及崇拜：候選人以其服務社會之特質獲得民眾支持，或是塑造一己之英雄形象，皆是此種策略之運用；如「反黑金急先鋒」、「弊案終結者」等。而候選人亦可在廣告中突顯其政見或政策是與民意緊密結合，或執政政績屢獲民眾肯定等。

2.連結社會認同或接納：前面章節有敘述到候選人形象可以傳統社會所接受之價值作思考點，並進而將其作爲政見參考之依據；如陳水扁選總統時即透過民調得知「掃除黑金」爲民眾之所欲，並進而提出反黑金七大政見，而二〇〇四年尋求連任時的「堅持改革」亦屬明證。另外候選人以「鋤頭博士」形象來說明苦學出身最後功成名就等亦屬此類之運用。

3.政黨或政治明星光環：候選人若本身形象不夠鮮明時，則會以較清晰的政黨形象作爲宣傳主軸，進行形象之連結；如一九九〇年代新黨興盛時，諸多新黨候選人都打著「新黨提名」來強化形象，二〇〇一年立委選舉時「親民黨提名」或「宋楚瑜推薦」也都成爲親民黨候選人在塑造形象時的強攻點。而台聯黨的候選人藉「李登輝光環」或國民黨候選人憑恃「小馬哥光環」來做形象上之連結，皆屬明證。而透過此種策略亦能夠將候選人或政黨之政見或執政政績經由此種方式來做背書，強化民眾認同，亦是在廣告中時有呈現的。

4.特定族群團體代言人：候選人塑造形象亦會利用本身的特質與社會中的弱勢團體或族群連結，以建構代言人的角色形象；如行動不便之立委候選人便會以此項特質建構「殘障團體代言人」的形象；又如女性參選人總會突顯自己是「婦幼安全守護者」。透過代言人的光環進而提出針對相關團體的特定政見，該候選人的專業代言人形象才能夠日益顯明。

5.美好的未來：正面廣告的訊息中對於候選人、政見及政績之闡述或推銷企圖贏得選民支持，總會強調當你肯定他的人品或政績而選擇了該候選人或他的政見後，會有一個美好的將來，期待透過民眾對「好將來」的渴望或需求，來促動選民的投票行為。

6.意識形態訊息：特別是強化形象或提出政見的正面廣告中，常會出現此種訊息設計，其主要之目的是希望藉此去爭取具有高度意識形態理念之選民；如以前選舉常有候選人以標榜「台獨建國戰車」來建立自己之形象，在政見中也以推動台灣獨立為主打之議題。

除此之外，在建立候選人形象之正面廣告中，訊息設計亦可能會包括描述鄉土感情、強調社經地位成就或理想抱負、突顯候選人早期困苦之生活經驗、血緣派系等訊息。

三、廣告訴求

廣告訴求是整個廣告表現的基本架構，在其中，相關人員必須決定要如何包裝廣告訊息內容，以使其溝通效果能達到最大。所以相關人員必須思考要提供目標視聽眾的是理性的產品利益、感性的心理滿足，或道德的說服[8]。

1.理性訴求：如前面章節所述，其是採取「說之以理」的方式，直接訴諸目標視聽眾理性的自我利益。其中，廣告主企圖透過廣告，說明產品所帶給消費者的實質好處，如產品的性質、經濟性、功能，或整體績效表現等，以說服消費者相信這就是他最好的選擇。理性訴求通常會表現在政見式及政績式的正面廣告上；因爲政見式的廣告，特別是報紙廣告，其較有較多的版面來陳述該項政見之相關具體作爲。一般而言，消費者比較會採取理性購買行爲的產品，或在購買之前會蒐集相關產品資料，詢問親朋好友，並對各品牌詳加比較者，通常對理性訴求比較會有反應；而在選舉投票行爲上，透過理性訴求來陳述政見或政績，也多能吸引較理性的中間選民認同。

2.感性訴求：企圖引發人們某種正面或負面的情感，刺激目標視聽眾採取適當行動，以便趨吉避兇。其中正面感情如愛、幽默、自信、歡樂等比較積極的正面感受，負面感情如恐懼、罪惡感、羞恥比較消極面的感受。以正面廣告中感性訴求的運用來看，候選人在形象建立時常會使用感性訴求；如二〇〇四年連戰參選總統的第一支廣告「台灣歷史——連戰篇」就以感性筆調述說連家在台灣超過十代以上，而其祖父連橫更撰寫《台灣通史》，企圖平衡連戰不夠本土之負面攻擊。二〇〇〇年宋楚瑜選總統時更會以其和民眾接觸，民眾對其擁抱或痛哭的畫面來形塑「勤政愛民」形象，同樣亦是感性訴求的使用。候選人欲藉此使選民產生適當的反應（如喜歡、模仿正面訊息），以期到廣告的目的，驅動投票行爲。

3.道德訴求：經常是採取「曉以大義」的方式，訴諸人們的道德意識，以提醒人們正確的待人處世態度，灌輸人們明辨是非觀念，或呼籲人們支持有意義的社會活動等。以正面廣告來看，候選人所提出的社會福利或保障弱勢族群的政見式廣告，就常有喚起社會大眾保護弱勢此道德認知之企圖。

㈢表現手法或敘述方式

正面競選廣告之表現或敘述方式大致有問題解決式、名人推薦式、生活紀錄片式、主題音樂式、媒體報導資料式、民眾證言式等，茲分述如下。

1.問題解決式：就如商品廣告般的，正面競選廣告亦會突顯選某人或某政黨能夠解決相關社會問題等論述；如二〇〇〇年大選陳水扁扮黑臉打黑金且提出「反黑金七大政見」的形象廣告，及二〇〇四年國親聯盟以諾貝爾獎得主願做連宋經濟顧問之「拚經濟，要靠真本事」（圖8-4）欲重振台灣經濟的平面廣告，都是很明顯的例子。此種方式即將長久以來困擾選民的問

圖8-4　「拚經濟，要靠真本事」廣告
宣傳國民黨經濟優勢
（圖片提供：中國國民黨）

題點出，甚至誇大，以引起民眾之重視，然後將候選人或政策突顯出來，以形塑對症下藥的可能性來說服選民；然而該項問題必須確實存在，造成困擾，與目標選民相關。

2.名人推薦式：廣告中是以名人爲主角來推薦候選人或政黨，以提升選民的注目度及偏好程度；因爲名人有其魅力，倘以名人之魅力或光環爲基礎，對候選人或政黨定有其加分之可能性，此即亦前述形象塑造所言「光環策略」之使用。如民進黨的候選人常會打出「陳水扁背書」、台聯候選人無不爭取「李登輝加持」，而國民黨候選人紛紛會打出「小馬哥」旗號、親民黨候選人則總是會以宋楚瑜推薦之相關論述或保證作爲廣告之主要訊息，即是此種表現方式之使用。若是能將名人之特質或魅力與候選人本身之特質連結，則其與被推薦候選人間的連結度自然會密切。

3.生活紀錄片式：候選人亦會以日常生活服務之相關紀錄片或照片作爲廣告中之相關素材；如二〇〇〇年時，宋楚瑜不斷以紀錄片式之「眞實的呈現、眞實的宋楚瑜」系列電視廣告，企圖突顯他在省長任內上山下海服務民眾之具體事蹟，以呼應「勤政愛民」之競選主軸。此種表現方式能夠以日常生活之片段，自然的帶出候選人的特色，而以紀錄片之方式呈現廣告文本，其最大之優點就是「眞實性」，因爲眞實，所以在說服選民之過程中也能夠強化記憶度，而倘能與候選人之「刻板印象」產生連結，效果則更形顯著。

4.主題音樂式：正面競選廣告中，常會在形象建構之過程中以音樂或主題曲來表現訊息，一方面可能是欲將競選主題曲深入人心，另外亦有藉由歌曲來形塑形象或強化記憶之可能。畢竟，透過音樂或主題曲來建構文本常常能夠引起消費者記憶的；如綠油精廣告及斯斯感冒藥的主題歌曲，現今仍是消費者能朗朗上口的廣告歌曲。是以，二〇〇〇年陳水扁選總統的主軸形象廣告「自己的子弟」（圖8-5）就是搭配主題曲「陽光就要看見，夢想就要實現」企圖烘托所欲建立之「台灣之子」形象。

5.媒體報導資料式：候選人通常會藉由媒體之相關有利報導、施政滿意度或特定相對優勢之民意調查之數據資料，來建構一己之能力或專業的程度，即是此種方式之運用；如施政滿意度高的候選人，總會藉以強打「再給他作一任」的訴求，民進黨的優勢爲改革，故陳水扁的形象塑造廣告就以改革爲主軸。而此種方式的運用則也是明顯的優勢強化策略，透過中立公正的媒體報導資料，候選人也有意形塑中立第三者背書的感覺，來擴大選票基礎。

6.民眾證言式：透過民眾現身說法的方式，眞實地表達出其對候選人的切身感受，目標是引起其他民眾或選民之贊同或支持；如二〇〇〇年宋楚瑜選總統時即有幾篇廣告（如殘障婚禮、原

圖8-5　「自己的子弟I」廣告
建立陳水扁形象
（圖片提供：民主進步黨）

住民少女及地方里長等篇），則是藉相關人物爲主角以現身說法的方式來陳述宋楚瑜作省長時對殘障族群、原住民及地方基層之貢獻，以強化「勤政愛民」形象。然而此種表現方式有其應注意之處，其一爲力求眞實自然，因爲眞實自然才能夠有可信度；其二爲以同理心的方式說出最簡單且一般民眾聽的懂的話，以降低廣告意味。除此之外，透過感性方式來加以表現，亦能夠提高廣告的被記憶度。

㈢誰來擔任推銷訊息的發言人

正面形象或政見行銷廣告由誰來擔任發言人，通常有下列幾類人士：

1.公眾人物：包括政治人物（如馬英九背書、陳水扁力挺等），亦有演藝人員，如二○○○年宋楚瑜的廣告中就有老牌演員張柏舟背書的廣告，還有知名學者，如中研院長李遠哲挺陳水扁的廣告等，最後還包括知名企業龍頭，如二○○○年長榮集團張榮發參加陳水扁國政顧問團爲內容的正面推薦廣告。
2.候選人本人或家人獨白：如二○○○年陳水扁「平安篇」，陳水扁獨白「台灣平安，他們就平安」，宋楚瑜夫人陳萬水所拍攝突顯宋楚瑜「永遠反對黨」的形象，皆屬此類。
3.普通民眾：即如前述表現方式之民眾證言式，或是以街頭訪問之方式呈現，不論其表現方式，主角或發言人皆是沒沒無聞的小市民，透過小市民發聲，講出一般民眾的心聲或需求，即屬之。
4.媒體報導之引述：即如前述民調支持度、施政滿意度及相對優勢等。
5.特定或匿名之聯盟或後援會：如二○○○年的「挺扁律師後援會」製播或刊播之「國政顧問團」廣告，挺宋楚瑜的「支持宋楚瑜的幕後小英雄」爲宋楚瑜作的「雖然我們沒有站出來」及「萬水聯誼會」作的「女人紅透半邊天」報紙廣告等；又如國民黨投管會所刊播的報紙廣告「連戰先生與台灣」系列，突顯連戰相對優勢之「選情策略聯盟」所刊登的「政局穩定、選民青睞連蕭」系列等。

6.特定行業代表：二○○○年宣傳連戰政績的報紙廣告則有許多篇就是特定行業聯名刊登的；如有線電視業者聯名的「開放第四台篇」、醫療協會聯名的「全民健保篇」、行動電話業者的「電信自由化篇」。

7.專業人士：如工商界、醫界、學界等專業人士支持特定候選人之廣告。

正面廣告之效果

從鈕則勳（2002）二○○○年總統大選的廣告效果的研究中，扁連宋三大陣營各針對自己的競選主軸製播（或刊播）爲數可觀的電視及報紙競選廣告，包括了強調形象建立或政見訴求的正面廣告；如宋陣營以紀錄片方式來強化宋楚瑜省長政績而製播的「眞實的呈現」系列。其次是以攻擊爲主之負面廣告，如扁陣營呼應競選主軸「政黨輪替、掃除黑金」系列；再者，是屬於防守消毒的澄清式廣告，即針對對手之攻擊進行反駁式的廣告；如扁陣營在陳水扁家鄉台南官田所拍攝，包括他親戚、鄰居、朋友都入鏡的「自己的子弟——台灣平安篇」，都是針對國民黨「戰爭牌」提出的反制。最後則是攻守兼具廣告，如扁陣營的「陳水扁＋李遠哲——你要把台灣的未來交給哪些人」，除了透過廣告來呼應「李遠哲挺扁」外，亦將連戰和宋楚瑜的身邊加上一些頗具爭議性的政治人物，來和「扁哲」進行對比，突顯相對優勢。

這些類型的廣告並結合競選廣告首要期望影響的中間間選民投票

傾向來看，研究結果中顯示，正面形象廣告較攻擊廣告會引起中間選民認同，並對基本盤之產生固票效果；而正面廣告之所以能發揮固票，甚至影響中間選民的趨勢，在於候選人藉用原來選民對其之「刻板印象」加以強化，如宋楚瑜前次即藉此行銷「勤政愛民」印象，透過此方式與選民既定認知結合，企圖創造「回溯性投票」之可能。

第二節　負面攻擊廣告

以下茲介紹負面廣告之意義及使用原因、戰略擬定及戰術及效果：

負面廣告之意義及使用原因

論者有謂「攻擊是最好的防禦」，透過攻擊的型態的訊息展現，某程度來說它可以是保護自己形象及毀滅對手形象的一個好方法，雖然它究竟是否有效，仍有不同之論述，但是負面廣告的運用已經慢慢地在選戰中展現開來。

很多學者亦以攻防為出發點來統計正、負面廣告在選戰中使用的數量；如Devlin（1995: 186-205）指出在一九八八年的總統選舉中，布希總共製作了三十七支廣告，其中的十四支（占38%）是負面廣告，而杜凱吉斯總共是四十七支廣告，其中二十三支（占49%）是負面的。而一九九二大選中，柯林頓的廣告中有69%是負面的，31%是正面的；布希的正面廣告為其全部廣告之44%，而負面廣告則達56%；獨立候選人培洛則皆是正面廣告。由此研究中可證明，以挑戰者身分的柯林頓比現任者布希使用更多的負面廣告。

Denton（1996: 148-149, 156）指出在一九九六年大選中，柯林頓的廣告中有74%為負面，共和黨候選人杜爾則有61%的負面廣告，而該屆選舉也堪稱美國總統選舉史上最負面的競選。至此，總統競選有日益負面化之趨勢。

不僅是美國，台灣總統大選的例子亦復如此，鈕則勳（2002：352）指出二〇〇〇年總統大選之競選廣告，特別是在報紙廣告方面負面廣告的數量要比正面廣告來的要高；如陳水扁陣營負面與正面的比例爲三比二，宋楚瑜陣營大約八篇中有五篇是負面的，連戰陣營則接近一比一。鈕則勳（2004d）也分析綠藍兩營二〇〇四年總統大選的電視廣告，民進黨二十三篇電視廣告中仍以攻擊爲主，約占52.17%，其次是形象塑造，約占47.83%，政見及反駁批評者較無；以形象來看，標榜本身條件及造勢活動預告皆有四篇，各占36.36%，其次是標榜服務精神的兩篇；訴求部分理性訴求較多於感性訴求，爲八篇比七篇（34.78%：30.44%），兩者皆有的約八篇（34.78%）。國親聯盟的三十九篇電視廣告中，倘從主軸策略來看，攻擊對手之廣告亦占最多數，約56.41%，其次是形象塑造類型的十二支，約占30.77%，政見部分有五篇，占25.75%。細部以形象來看，標榜本身條件及造勢活動預告皆有四篇，各占33.33%；訴求部分感性訴求較多於理性訴求，爲十九篇比十八篇（48.72%：46.15%）[9]。

既然現今相關選舉中競選廣告有日益負面化之趨勢，因此要進一步討論究竟何謂「負面廣告」？Kern（1989: 93）指出負面廣告是針對競爭對手個性或政見上的失敗而作出的廣告，當一個候選人處於落後時最常會使用它，而原本領先的候選人在競選情勢急轉直下時，也常會透過負面攻擊企圖產生較好之效果[10]。彭芸（1992：83）認爲負面廣告是相對於正面廣告的積極性與正面性而言，專指詆毀性廣告。鄭自隆（1995：72）則指出負面廣告是指競選中以負面訊息爲主，如攻擊、批評對手，將自己優點與對手比較，或將對手缺點與自己比較。針對上述所論綜合來看，負面廣告是一種在選戰中，攻擊的一方以對手錯誤作爲的事實證據、捕風捉影的耳語或陳述爲廣告之訊息內容，期待藉以將對手標籤化、負面化，甚至是妖魔化，以達到使對手選票流失、形象毀壞、疲於回應等負面效果，進而創造攻擊者可能的拓票、拉抬選情、主導選戰議題的可欲性結果。

而從此對負面廣告的綜合性定義來看，亦可歸納出一些負面廣告之特徵：(1)以傳播者來說，攻擊的一方可能包括候選人、候選人總部、候選人幕僚或專業的公關公司，他們都可能是負面廣告的發動者；(2)訊息內容則包括對手錯誤作為的事實證據或捕風捉影的耳語或陳述；前者基本上以事實依據為主，可小到未從政前從事過不為社會接受的行為（如偷竊、婚外情）等，大到被攻擊候選人如執政者錯誤施政而導致的民調下滑數據或示威遊行抗議等民怨活動。後者則未必有事實，但是其可能以坊間傳聞或耳語為基礎，配合被攻擊者之相關特質擴大渲染而成；而也就因為其並無事實依據，故此種負面廣告常會引發對手陣營以法律方式回應。而此兩類的內容訊息陳述亦即曾為四十多個國會選舉製作競選廣告的Jay Bryant（1999）所指出的「攻擊則要謹守眞實性與關聯性兩個標準」；眞實的攻擊素材查有實據，而關聯性則是選民的主觀判斷[11]；(3)以目的來看，負面廣告期望藉攻擊的方式至少達到兩方面之目的：第一，攻擊對手的目的：透過攻擊將對手標籤化、負面化，甚至是妖魔化，進而達到使對手選票流失、形象毀壞、疲於回應等負面效果；而Trent和Friedenberg（1995: 129-130）也認為候選人陣營會透過負面廣告將焦點集中於競爭對手的缺點上進行攻擊，以增加其「負面性」，甚或將不受歡迎的議題與該敵對者連結，而將負面形象的「標籤」貼予該敵對者，也是一種方法；第二，拉抬自己的目的：創造攻擊者可能的拓票、拉抬選情、主導選戰議題的可欲性結果。以拓票來說，雖然不一定能立竿見影，但攻擊者多半相信透過攻擊廣告至少可將原本對被攻擊者有好感的一部分選票催逼出來變成游離票，然後再透過其他方法將游離票吸納入陣營；而若透過攻擊創造出了議題，就有可能主導媒體版面，創造聲勢，而候選人也認為創造了聲勢便有可能進一步拉抬選情。

至於為何要進行負面攻擊廣告，Atkin與Heald（1976）指出因為其可能達到以下幾項競選功能：(1)藉此可以知曉或瞭解候選人及其相關政見；(2)可有助於選民將政治議題排出優先順序，有可能會支持該候選人之論述或立場等；(3)刺激民眾或選民討論，同時透過媒介報導以增加民眾對選舉之興趣；(4)增加對該廣告候選人的評價，進而減少選民對其競爭對手之好感；(5)期望選民因為接受負面廣告之訊息，而簡化其投票決定。

除了以上一些原因會促使候選人或政黨進行負面廣告之外，還有一些原因可一併加以討論：(1)擾亂對手的既定攻防步驟或是企圖藉此產生欺敵之效果：因為當對手開始進行負面攻擊時，被攻擊的一方多少會針對該負面廣告會否產生對己不利之效果進行評估，而只要當被攻擊的一方作此評估性動作或是進一步針對負面廣告進行反制時，他原本的戰略或戰術步驟很可能會被迫中斷；(2)「搭便車」：特別是落後或知名度不高的候選人，總是希望藉由攻擊知名度較高的候選人，而能藉由高知名度者之「光環」而曝光；(3)滿足民眾的好奇心或追求「八卦」的心態：涉及人物或可能造成衝突議題的廣告訊息呈現，除了會是媒體的焦點外，他更可能會在民眾間成為茶餘飯後之話題。

在美國，競選媒介範圍的研究常顯示出負面廣告或候選人演講中的攻擊部分，最有可能被報導出來；而美國的選舉專家也都一致認為攻擊廣告很有效，選民嘴巴雖說討厭，眼睛卻看的入迷；民主黨陣營的選舉顧問更認定「選民喜歡的不是文靜的聖人君子，而是有爭論能力的強勢政治家」[12]。在英國，最多的報紙廣告都集中於競選期間，所花經費也比其他項目要多，且報紙競選廣告大都也是負面的[13]。

Johnson-Cartee和Copeland（1991）指出了負面廣告之三種類型：(1)直接攻擊對手的直接攻擊型廣告；(2)直接將自己和對手經驗等作比較的直接比較式廣告；(3)隱喻比較式廣告，其以比較邏輯推理的方式期望讓選民理解其中的負面訊息，但不會在廣告中直接點出負面性。

負面廣告之戰略擬定及戰術

一、負面廣告的戰略擬定

負面攻擊廣告策略之擬定與相關資訊之蒐集與研判有密切之關係；姚惠忠、林志鴻（1993：4-11）就指出有「需求導向資訊」與「競爭導向資訊」這兩大系統。以前者來說，要從民眾需求做出發，找出民眾好惡之情事；包括民意調查數字、政經社會概況描述、爭議事件之輿論等。以後者來看，則可參考競爭對手優劣分析、歷屆選票分析與派系分析；這兩項資訊之蒐集研判即筆者前述之競選廣告擬定之相關因素。如於二〇〇〇年總統大選時，民進黨以民調數據為基礎，瞭解民眾對黑金政治之痛恨程度，進而透過相關論述，將此民眾痛恨的標籤貼向國民黨，為國民黨作定位，來進行對國民黨的負面廣告攻擊；另一方面則不斷突顯出其「改革」定位，期望創造對比性，建構出相對優勢，以其強項攻擊國民黨之弱點。

進一步來看，負面攻擊廣告策略至少應該考慮五個部分[14]：(1)為何要發動攻擊（why）：先要釐清攻擊之成本效益為何？基於什麼理由，採取主動攻擊利多於弊？(2)打擊之對象為何（what）：可能包括候選人、政黨、關係成員等，也要考慮主打議題；(3)打擊之時機為何（when）：攻擊時機因人、因地、因事而異，並無定律；(4)打擊之區域或範圍（where）：打擊尺度之拿捏應該恰到好處；(5)如何打擊（how）：包括打擊點、打擊技巧及打擊方式之選擇與運用。前文已經針對了為何要發動負面廣告，即負面廣告考慮之原因做過了頗詳細的討論，接著筆者即欲針對後面幾項再進行細部說明分析。

首先，以攻擊對象來說，鄭自隆（1995：77）認為攻擊的對象不外是攻擊個人（包括對手的學經歷、操守等），攻擊對手政黨（包括政績或以往表現）及攻擊對手的政見三種。倘將攻擊對象再進行深入討論，姚惠忠、林志鴻（1993：21-44）指出，候選人的主觀條件、客觀條件、以往表現及選舉言行四個面向皆是可以攻擊之切入點。以主觀條件來看，候選人可被攻擊之切入點包括：(1)年齡：如年齡較大會被攻擊「保守遲鈍」或「體力不繼」，太年輕會被攻擊爲「缺乏經驗」或「少不更事」；(2)性別：在男女平權時代中，以性別爲攻擊點並不恰當；(3)籍貫：應避免選擇以此作爲打擊點；(4)家族：最常見的不外是對「壟斷政治資源」及「權貴子弟」之抨擊；(5)地緣：如強調「人不親土親」或針對「空降部隊」打擊；(6)學歷：運用此點時應避免去觸及選民的同體感受；(7)經歷：會被攻擊之點包括「高官」、「參與立場鮮明的組織團體」等。

客觀條件部分則包括黨派行爲、整體政經環境及選民心態，其並非由候選人本身所致，但可能成爲其競選之「包袱」，故也是候選人值得防範之處。以黨派行爲來看，候選人所屬政黨的不當作爲，常會引起對方候選人或政黨之攻擊，如執政黨常會攻擊在野黨缺乏執政經驗，在野黨亦會攻擊執政黨沒有政績。政經環境所呈現出的弊端，則是一般民眾不滿的來源，故候選人會以民眾厭惡點切入，形塑自己是和民眾在同一陣線，較容易爭取到認同；至於選民心態，則可從民意調查中判定出選民需求進行切入，而其與前述政經環境有關。至於以往表現可遭致攻擊的部分，則包括不良的政績、爲人風評、特權貪污行徑、緋聞、不孝順、金牛或黑牛（黑道）等；而在選舉中若是有講錯話或做錯事（如賄選、做票、反應不當）的選舉言行，亦是可能被攻擊之焦點。

其次，以攻擊的時間方向來看，則有「前瞻性攻擊」及「回溯性攻擊」，使用前者通常會釋出「對手當選會帶給選民災難」的訊息，後者則是以對手過去紀錄或表現作爲攻擊素材。如二〇〇〇年總統選舉，國民黨就發起了許多波「前瞻式攻擊」的負面廣告，內容論述大多皆是說到民進黨執政會台灣獨立，台獨會引發中共武力犯台等；二〇〇四年國民黨則是較常用回溯性攻擊，攻擊訊息常爲民進黨執政四年後搞衰經濟、民生凋敝等論述。

再者，以打擊之區域或範圍來看，一般的說法皆爲打擊尺度之拿捏應該恰到好處，不要太過分，但是常有其問題：如究竟如何評估打擊的尺度所產生的效果就是問題之一，另外，攻擊者常會因無法判斷攻擊尺度會否產生效果，故就會將攻擊的尺度加以擴張，因此候選人的家人，甚至是祖宗八代可能都難逃戰火波及，至此也導致社會衝突加劇，割裂可能情況日深，也因而導致選民對選舉觀感日益負面化。基於此，倘欲以負面廣告來擴張票基，在策略擬定的過程中仍應該抱持「過猶不及」的觀念，點到爲止，不然不但無法擴張票基，反而會吃上官司。

最後，攻擊廣告到底應該如何進行？這就涉及到攻擊主題的問題，通常負面廣告主題設計常因對象不同而設計，Johnson-Cartee和Copeland（1991）舉了五種類型；包括「以子之矛攻子之盾」，即將對手的矛盾之處作爲負面攻擊素材；以中性選民或其他代言人、媒體來攻擊對手的「民眾（選民）反對你」，如連陣營「無麥安奈」廣告（圖8-6）。透過符號聯想方式，將不受歡迎的符號與對手連結，以產生選民憎惡的轉移效果的「轉移與連結」；另外還有族群對抗及藐視性的幽默。Trent與Friedenberg（1995: 129-130）也認爲候選人陣營會透過負面廣告將焦點集中於競爭對手的缺點上進行攻擊，以增加其「負面性」，甚或將不受歡迎的議題與該敵對者連結，而將負面形象的「標籤」貼予該敵對者。

㈥攻擊廣告之敘述方式及相關技巧

至於攻擊廣告要用何種敘述方式？亦即廣告透過何種表現方式透露出攻擊訊息。鄭自隆（1995：81）則認爲負面廣告的敘述方式有六項：(1)專業（或政治）人士專訪或演講；(2)一般民眾訪談，通常以街頭訪問方式進行；(3)戲劇化表現方式；(4)國外例證；(5)引述自傳播媒體；(6)沒有圖片、僅有文字或旁白敘述。

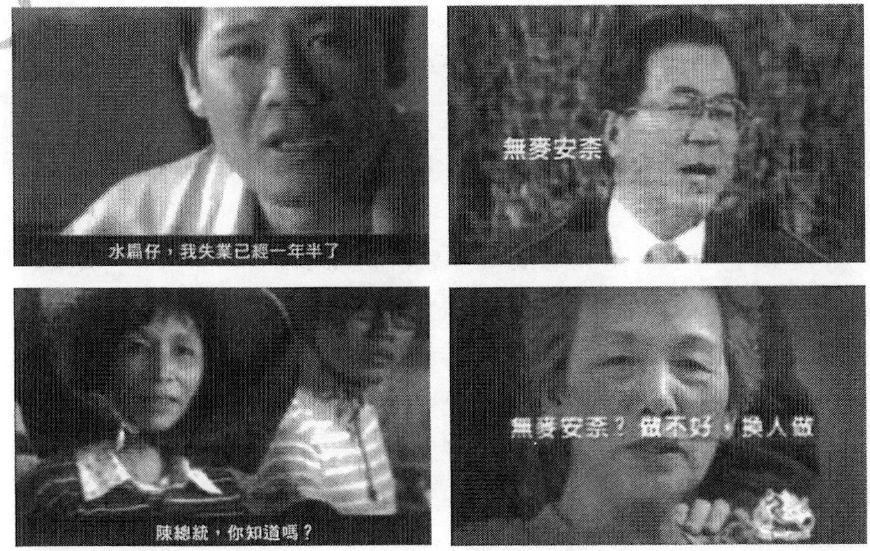

圖8-6 「無麥安奈」廣告
攻擊陳水扁搞衰經濟
（圖片提供：中國國民黨）

Johnson-Cartee和Copeland（1991）則提出了下列幾種敘述方式：(1)街頭訪問；(2)較正式的選民台前評論；(3)名人證言方式；(4)中立記者報導；(5)改變支持立場之記者的報導；(6)新聞訪問式；(7)戲劇化的新聞節目；(8)紀錄片式；(9)生活片段式；(10)電視寫實拍攝手法。從其間亦可發現，專業人士（學者、醫生、記者等）、演藝人員、小老百姓、政治人物本身都可能成為負面廣告的發言人；鄭自隆（1995：81）指出可能發言的人還包括政治受難者、引述對手談話、無特定人物而只有旁白的方式。

而從筆者針對二○○○年及二○○四年總統大選的競選廣告來看，「後援會組織」亦可能作為負面攻擊的發言人；如「律師界陳水扁後援會」就攻擊連戰及宋楚瑜身邊不乏具有爭議的人物。另外擔任發言角色的還包括一些其他組織，這些組織可能以任何的名義來發動攻擊廣告，而通常其支持特定候選人的立場意圖亦頗明顯；如「小市民清流聯盟」、「小市民身家財產保護聯盟」。除此之外，負面攻擊廣告有時候也會以「一群失望的投資人」……署名，故這些人亦屬發言者的類型；而在日後，卡通人物或虛擬人物都有可能作爲發言人在負面廣告中發動攻擊。

彭芸（1992：86-87）認爲負面廣告的論證形式可分爲直接攻擊廣告、直接比較廣告與隱含比較廣告。直接攻擊廣告只攻擊敵對者；直接比較廣告則是直接就候選人的各種紀錄、立場或經驗等作比較，表白出來當然是希望強調己方的優越而顯現出對方的不足；隱含比較廣告則並不直接牽涉到負面性，但民衆在看廣告時則會認爲其具備負面特質。

姚惠忠、林志鴻（1993：48-98）亦提出了十二種攻擊技巧，分別是：(1)掌握證據：但是要考慮攻擊之材料是否爲選民熟知或感興趣，更要確認其眞實性；(2)提出質疑：提出選民心中的懷疑與不滿，並解釋選民的疑慮；(3)直接比較：候選人、政黨條件、政見、參選動機皆可作爲比較之素材，區域發展差異也可作爲比較之項目或內容；(4)以下駟打上駟：知名度不足的候選人以強勢或高知名度者爲挑戰對象；(5)移花接木：利用選民「迷信」、「附和」所謂「民意、清流、權威」的心理，藉助數字、評鑑或聲明等資料突顯自己而打擊對手；(6)指桑罵槐：主要是爲避開與對手之直接指責，而輔之以間接事物來達成攻擊目的；(7)含沙射影：藉由迂迴或強烈暗示來達到目的；(8)借刀殺人：挑起其他對手間彼此不和，藉由其相互廝殺局面，消耗其戰力；(9)隔岸開火：攻擊針對某特定不良形象，或與其理念不同的對象而從事的，目的在於打擊不受歡迎的人物，抬高自己身價或營造與選民間的同體感；(10)巧譏妙喻：藉由各種成語、諺語、流行語，將對手不好之特色混入思考，以將對手予以反形象塑造；(11)借題發揮：候選人的錯誤言行可能被對手引用；另外時事新聞也是可以借題發揮之素材；(12)明褒暗貶：爲了鬆懈對手戒心或以低姿勢博取選民同情，往往會有明捧對手之舉措，目的可能都在貶低對手，如說某人篤定當選的策略運用即是此類型。

倘從訴求來說，Kern（1989）則將負面廣告分爲硬性訴求及軟性訴求兩種，前者是藉暗示與威脅的訊息企圖創造一種頗爲殘酷的氣氛，以突顯出候選人不關心民眾，所以不能投票給他，其是表示候選人可能對選民造成威脅。後者則以較輕鬆的表現方式爲之，其可能會以娛樂、幽默、說故事等訴求來將負面訊息加以包裝，期望與選民的負面情感契合。他進一步地分析了負面廣告的訴求方式，包括罪惡感、強烈害怕、不愉快的畏懼、憤怒和不確定五種，Kern也指出硬性的負面廣告會大量利用恐懼訴求，不確定訴求亦會被使用。

鄭自隆（1995：79）前述理性及感性訴求亦會使用在負面廣告中，如候選人以條例式理由攻擊對手，是理性訴求的攻擊方式，若以涉及情感的方式來進行攻擊，則是感性的負面廣告。他也指出若使用恐懼訴求時要有一定限度，超過一定的強度說服效果會下降，同時恐懼訴求使用時一定要儘量保持傳播者的客觀性與公正性，使觀眾對傳播者信賴增加，才能增加傳播效果。從歷次選舉來看，恐懼訴求在負面廣告中的使用比例均頗高；如國民黨強調民進黨的台獨皆是用恐懼訴求，訊息總是說台獨會導致中共武力犯台，經濟成果會毀於一旦等，而民進黨攻擊國民黨亦會透過國民黨執政，黑金政權會復辟等論述，企圖使民眾懼怕，而將選票投給自己。

負面廣告之效果

倘再將焦點移至負面廣告的效果，可以發現其大致包括記憶效果及對候選人態度改變的效果[15]。文獻大多指出負面廣告在記憶上要比正面廣告優越，特別是對那些接近投票日才開始思考要投票給誰的選民，廣告的記憶效果可能有著重要的影響力；如Johnson-Cartee和Copeland（1989）、Shapiro和Rieger（1992）等的研究皆有相關之結論。

Garramone（1983）指出負面廣告直接影響候選人的形象以及民眾對其之評價，特別當廣告是由獨立之第三者所提供時；而他也指出負面廣告若是攻擊對手的政見會比攻擊形象較爲有效。Brian Roddy和Garramone（1988）也發現，攻擊式的議題廣告比普通的議題廣告較能夠在候選人廣告及其特徵上導致明顯較高的評價。

Johnson-Cartee和Copeland（1991）依照負面廣告對攻擊者及被攻擊者所造成的相對影響來研究負面廣告對候選人評估的效果；其中包括反彈效果（boomerang effect）——即傷害攻擊者的程度遠大於被攻擊者，受害者症候群效果（the victim syndrom）——即被攻擊者博取了較多同情，雙刃效果（double impairment）——對攻擊者及被攻擊者皆會產生傷害。除此之外，預期效果（the intended effect），即負面訊息正如攻擊者所預期，能對被攻擊者產生較負面的效果。而可信度較高的攻擊廣告自然可以產生較佳的預期效果，可信度低的攻擊廣告則可能對攻擊者產生嚴重的反彈效果[16]。

Shapiro和Rieger（1992: 135-145）發現使用負面議題攻擊時，實驗中受試者對攻擊者的態度優於被攻擊者。Kaid及Tedesco（1999）在其研究中強化了一些論點。首先，以議題爲焦點的負面廣告在競選中比較有效；再者，政治廣告能夠對候選人形象的評價產生影響；此外，形象攻擊廣告比議題攻擊廣告較不利於廣告的贊助者；最後，對攻擊的直接反駁型廣告較能夠抵銷攻擊廣告的效果。

Faber、Tims與Schmitt（1990）發現：選民之政黨傾向與攻擊者相同，則負面廣告較可能產生預期效果；若與攻擊者不同，則可能造成反彈效果。

Trent與Friendberg（1995: 142）指出了負面廣告可能會有相互攻擊使選舉本身失焦、可能動員被攻擊者的支持者去投票及前述反彈效果等一些潛在的風險；但是負面廣告在選戰中卻愈來愈多，除了選舉幕僚仍相信其所造成的有利結果會大於負面傷害外，最好的理由應該是「它是有效的」。

至於要如何對抗負面廣告，Johnson-Cartee和Copeland（1997：175），Baukus、Payne和Reisler等則提出了八種反擊方式：(1)保持沉默不回應；(2)承認；(3)假裝誠實地承認；(4)否認／競選攻擊；(5)反擊；(6)辯駁；(7)模糊化；(8)強調形象來對打。鄭自隆（1999：87-88）指出有採取預防性廣告處理方式的「主動防禦」及「被動反應」兩種方式；後者則包括沉默、承認並謀求補救、站穩立場並表示以後若發失類似情況仍會如此做、否認、以另一議題反擊對手、提出證據反駁、打爛仗耍賴皮及以形象建立之方式迂迴回應等。Jay Bryant（1999）則認爲對攻擊廣告的防禦，依其強弱順序可分爲否認、解釋、道歉及反擊[17]。

鈕則勳（2002）的研究指出，負面攻擊廣告最多只能發揮原來支持者「固票」之趨勢，而無法發揮搶票之功能；另外，鈕則勳（2004a；2004c）針對二〇〇四年國親聯盟及民進黨競選廣告的效果研究時亦有相似發現，所選取的陳呂陣營及國親陣營的負面廣告樣本，在影響感情部分來說，其效果大於影響投票行爲，而廣告對行爲之影響，似乎仍較局限於對原本就支持的人會有較大之效果，即「增強」效果；至於廣告影響中立選民行爲之可能比例約有從6%到13%，相對來看雖然遠低於原本就支持負面廣告候選人的增強效果，但也不能夠立下斷語說競選廣告很難影響中立選民投票行爲，因爲選戰中可能就因很少之差距而產生截然不同之結果。但可肯定的是，對方陣營的人看了攻擊者的廣告可能轉而支持攻擊者的受訪者之比例更低（約3%-6%）；很明顯地，從資料分析中仍可發現，廣告增強之效果仍大於轉變效果。

進行負面廣告基本原則

從效果的文獻中大致可得知，負面廣告較明顯的是增強效果，而轉變投票行為的效果仍屬有限；即使如此，由於選舉的決勝有時只是在毫釐之間，故負面廣告的使用可想見的仍會持續，而負面廣告攻擊也就變成了不得不然之舉。基於此，各政黨或陣營對攻擊廣告之使用就應多加考慮，儘可能使這個「不得不然之惡」，產生對競選過程或政治文化較積極之貢獻。(1)以「議題」為焦點，藉攻擊廣告以建構出理性論辯的可能空間，避免人身攻擊；(2)以「事實」為基礎，增加論述的合理性及可信度，避免無的放矢；(3)以「前瞻政策」之提出，避免無意義的口水論辯，即在攻擊後，提出自己對該項攻擊議題之前瞻性規劃或改革看法，以形塑政見之可行性，同時突顯攻擊者的責任感。倘能如此，雖是負面競選廣告，它仍會有其積極的貢獻[18]。

最後，仍應注意的是相關法規的問題。鄭自隆（1995：384-391）指出與競選廣告有關的法規包括：(1)選罷法之規定；(2)刑法上對「妨害名譽」之規定；(3)廣告法規。第一，以選罷法來看，其九十二條規定，意圖使候選人當選或不當選，以文字、圖書、錄音、錄影、演講或他法，散布謠言或傳播不實之事，足以生損害於公眾或他人者，應處五年以下有期徒刑。第二，涉及刑法之部分包括：一、第三百零九條第一項「公然侮辱人者，拘役或三百元以下罰金」，是為普通公然侮辱罪；二、第三百十條第一項「意圖散布於眾，而指摘或傳述足以毀損他人名譽之事者，為毀謗罪，處一年以下有期徒刑、拘役或五百元以下罰金」，此即普通誹謗罪；三、第三百十條第二項「散布文字、圖畫犯前項之罪者，處二年以下有期徒刑、拘役或一千元以下罰金」，此即加重誹謗罪之規定；四、刑法三百十三條第二項規定「對於已死之人，犯誹謗罪者，處一年以下有期徒刑、拘役或一千元以下罰金」，此即誹謗死者罪之規定；五、第三百十三條規定「散布流言，或以詐術損害他人之信用者，處二年以下有期徒刑、拘役或科或併科或一千元以下罰金」，此即妨害信用罪。第三，廣告相關法規之規定也不能違背；相關法規包括：一、廣播電視法及有關法令法規：如廣播電視法、廣播電視法施行細則、節目廣告化或廣告節目化認定原則、有線廣播電視法、有線廣播電視法施行細則、衛星廣播電視法、衛星廣播電視法施行細則；二、廣告物及廣告活動之法規：如廣告物管理辦法；三、與廣告創意有關的法規：如著作權法及其施行細則等。

除此之外，「總統及副總統選舉罷免法」也有相關對競選廣告之規定。如第四十七條也規定報紙、雜誌所刊登之競選廣告，應於該廣告中載明政黨名稱或候選人姓名。第四十八條候選人印發以文字、圖畫從事競選之宣傳品，應親自簽名；政黨於競選活動期間，得為其所推薦之候選人印發以文字、圖畫從事競選之宣傳品，並應載明政黨名稱，二個以上政黨共同推薦一組候選人者，應同時載明共同推薦之所有政黨名稱。另外第九十條也如同前述公職人員選罷法般地，意圖使候選人當選或不當選，以文字、圖畫、錄音、錄影、演講或他法，散布謠言或傳播不實之事，足以生損害於公眾或他人者，處五年以下有期徒刑[19]。

第三節　反制消毒、攻守兼具及告急催票廣告

在競選廣告中，有幾類的廣告其中正負面訊息皆有，故筆者將其於本節中進行討論，這類的廣告包括：(1)反制消毒廣告；(2)攻守兼具廣告；(3)告急催票廣告。以下分別進行討論。

反制消毒廣告

反制消毒廣告的意義、特性及使用原因

反制消毒廣告即是針對對手的攻擊、作法或可能進行的攻擊、作法，來進行防守、澄清或預先呼籲的廣告作為。這種先發制人的消毒

式廣告在本質上屬防禦式廣告，候選人可藉此抵銷對手可能對其過去的背景、紀錄、言行等的攻擊，或針對可能的攻擊進行預先消毒的工作。至於對手的攻擊、作爲或可能的攻擊、作爲大致包括廣告宣傳、黑函耳語、或是爲求勝選而可能會採取的一些步驟；而攻擊點通常會以被攻擊者的弱勢點來發動攻擊，是以，可能被攻擊的一方亦會針對自己的相對弱勢來進行防堵，而有時會在以正面訊息防堵之後又馬上以負面訊息來回擊對手，是以，正負面訊息皆有可能於廣告中呈現。一般典型的例子如二〇〇四年國親聯盟的第一波廣告，即連戰在家鄉台南以「億載金城」爲背景拍攝，內容陳述連家十代在台灣且數代對台灣都有貢獻的「連戰篇」，便是很明顯的「反制消毒」廣告；因爲坊間耳語攻擊連戰或連宋配「不愛台灣」或「本土性不強」，爲了消除這些耳語，國民黨便製播了該廣告，就是希望藉此消除相關對連宋

圖8-7　「自己的子弟II」廣告
以家人牌對抗戰爭牌的反制消毒廣告
（圖片提供：民主進步黨）

陣營的負面耳語。而正負面訊息皆在廣告中呈現的例子則如扁陣營於二〇〇〇年選舉時在陳水扁家鄉台南官田所拍攝，包括他親戚、鄰居、朋友都入鏡的「自己的子弟——台灣平安篇」（圖8-7）；該廣告除了是針對國民黨「戰爭牌」透過正面且溫情的「家人牌」來進行的反制之外，同時在廣告中陳水扁亦透過自述的方式以負面訊息暗打了宋楚瑜及張昭雄家族多人旅美且有美國護照的情事，以作爲對比。

由以上的論述不難發現，反制消毒廣告使用的原因或情境，大致可歸納如後：(1)預先針對可能會被對手攻擊的相對弱勢點進行補強或消毒，如陳水扁對於台獨的反制消毒、連宋對不夠本土的反制消毒；(2)針對對手對本陣營候選人已提出的無的放矢或刻意的抹黑攻擊提出反擊，以澄清事實同時以正視聽；(3)針對對手握有相關證據而進行對本陣營之攻擊行動進行反制，避免負面效應日形擴大，如二〇〇〇年總統大選宋楚瑜陣營對興票案的反制廣告；(4)針對對手可能會進行的「選舉招數」對選民進行提醒，以免選民上當；如二〇〇〇年總統大選時國民黨就於選前一個禮拜於報紙上刊登了「請小心！選舉最後關頭的十大花招」廣告，就暗指對手陣營會以渲染悲情、無中生有、移花接木、裝神弄鬼、造謠滋事、栽贓嫁禍、誘之以利、先聲奪人、混水摸魚及挑撥分化這十種花招以求勝選，並進而提出國民黨的連蕭配最穩健可靠。

彭芸（1992）有提出Pfau和Burgoon兩人於一九八八年之研究結果，其也認爲競選廣告預防的功能可能在以下三種特殊情況下出現：(1)減低政治攻擊來源潛在的傷害；(2)緩和某些特別政治攻擊的內容；(3)降低政治攻擊可能影響收視者投票意願的可能性。他們也建議預防廣告要使用也最好在競選之初，原因是預防的時間與攻擊時間距離愈大，抵抗性就愈強，同時對於消極的接受者而言，電視是預防性廣告最理想出現的通路[20]。

㈤反制消毒廣告的策略

賀光輝、時蓓蓓（1993：37-39）指出，當遭逢對手實際或抹黑之文宣攻擊時，瞭解來龍去脈、蒐集選情相關資料便爲第一要務，其指出選情彙整包括：(1)受攻擊之強度：對手使用何種媒體攻擊？其流傳範圍多廣？攻擊內容是刻意栽贓或掌握證據？可信度多高？(2)受攻擊深度：對手攻擊之目的爲何？被控事實反擊可能性多高？對手攻擊議題之延伸性如何？他們也認爲在摸清對手底細後，就應該研究可能的反應策略，而回應方式通常分爲：(1)淡化處理：對手攻擊力不強時；(2)平衡處理：對手攻擊犀利時，應提出有利事實積極反駁；(3)強勢處理：對手之攻擊對我方造成大影響時，可以另外議題反攻，轉移選民注意。除此之外，前節所述學者針對負面廣告所提出之反擊或反應方式，亦皆可於此適時運用。

通常來說，負面攻擊廣告常常都是針對候選人的形象來進行攻擊，故反制消毒廣告亦有很大的部分是要針對形象來進行反制或消毒。而當形象有遭受破壞的可能發生時，如何維護或補救才是有效的方式？Benoit（1997: 177-186）即提出了「形象修護策略」，這些策略主要是爲了恢復個人或組織受損的形象；筆者認爲，其修補形象之相關策略亦可用於候選人或政黨在面對攻擊時，而欲以反制消毒廣告來作反應，以補救形象之參考。

Benoit（1997）提出形象修護策略及執行方式包括：(1)否認（denial）：表明被攻擊之惡行或行爲與他無關；亦即候選人可表明他沒做過此事，或藉以來反擊對方抹黑；(2)推卸責任（evasion responsibility）：希望降低自己對於被攻擊之行爲或惡行所應負擔的責任，包括：合理反應——即說明被攻擊的行爲是針對對方（不公平）或惡意行爲所提出的反擊；無力控制——說明因爲有其他不可控制的因素，而導致被攻擊的行爲一發不可收拾；純屬意外——說明被攻擊的行爲是突發事件、始料未及；動機純良——辯解自己動機良善，希望減低攻擊所造成可能被人嫌惡之可能；(3)導正（或補救）之方法或行爲（corrective action）：降低被攻擊的行爲中不被接受或眾人憎惡的程度；其內容包括：A.述說自己的長處：強調個人或組織的優點或正義行爲，來抵銷被攻擊行爲對其之傷害；B.對被攻擊的行爲所導致的傷害輕描淡寫；C.區隔化策略：區隔自己被攻擊的行爲與更不爲人所接受的行爲，以突顯被攻擊行爲並非不對之惡行，以求損害控制；D.轉換層次，企圖教育民眾從不同角度看問題，就會發現被攻擊之行爲並非十惡不赦；E.攻擊指控者，企圖以此動作來降低被攻擊行爲之正當性；F.提供補償：以物質補償來降低被攻擊行爲所造成的傷害；(4)療傷或後續承諾：保證惡行不再持續或發生，策略包括：A.回復原狀：承諾將情況回歸未發生之前的狀態；B.預防：作積極之承諾，避免被攻擊之行爲再度發生；(5)屈辱策略（mortification）：對別人攻擊的事務以承認的方式來面對並承擔責任，以尋求別人諒解，並誠懇地向社會大眾或受害者道歉同時請求原諒，是一種較屈辱的策略。

而Trent與Friedenberg（1995）所提出在選戰中的六項辭辯戰略，包括「測試」、「否認」、「支撐」、「區隔化」、「曖昧」（或稱「轉移焦點」）、「承認」等，其中亦有幾項和前述之策略有類似性，亦可作爲反制消毒廣告可以考慮的思維。

首先，候選人常會以「否認」的方式來反擊相關之指控。其次，「支撐」及「區隔化」是經常被使用的兩種戰略；以前者而言，候選人常會企圖用此種方式去呼應被選民所贊同的幾種價值，如柯林頓於性醜聞發生後，透過承認錯誤的方式來成就正直及誠實的美德，以平衡美國大眾或政敵對其的負面看法或攻擊。至於「區隔化」，則是將一些事實、情感、目標、關係從觀眾所歸咎的較大的關聯背景中區別出來，此亦如同前述之區隔化策略。

更甚者，候選人也會以「曖昧」（或「轉移焦點」）的策略來轉移觀眾對被指控議題的注意。如柯林頓就成功地以此策略將自己行爲上的缺點轉移到媒體濫權以致侵害人民隱私這個較抽象的議題上。最後，「承認」也是一個可以運用的策略，對於無法辯解的問題，候選人最好的方法就是去承認錯誤，以致能在此棘手的問題上脫困，去開闢另外的戰場。

從上面的策略分析中繼續深入討論則可發現，反制消毒廣告可能使用的訴求包括了說之以理的理性訴求、動之以情的感性訴求，而兩著兼有亦是可能的方式。如二〇〇四年國親陣營爲了反制綠營「外來政權」的說法，其就製播了一篇以李國鼎、孫運璿、八田與一等人爲台灣所作貢獻爲內容名爲「歷史篇」的廣告，就是要告知一般民眾，雖然他們可能是外省人或是外國人，但是對台灣的貢獻仍不可抹滅，也與台灣歷史息息相關；很明顯地，這篇廣告就是以理性訴求希望刺激民眾思考以破除「外來政權」迷思。陳水扁於二〇〇〇年選舉時製播的「自己的子弟——台灣平安篇」就充滿了理性與感性的訴求，如請出陳水扁的家人、鄰居、好友同時配合感性音樂，屬於感性訴求的部分，但片中期望藉由水扁的家人、朋友等入鏡配合陳水扁的獨白，則是期望建構一種「陳水扁的家人都在台灣，他不會如此不智，貿然宣布台獨讓中共武力犯台」的理性思維邏輯。倘若當候選人面對別人攻擊時，他亦可能以承認的策略，透過感性調性的陳述來宣傳，除了博取選民同情原諒之外，轉移焦點亦是其另外的企圖。

至於反制消毒廣告的表現手法或敘述方式，較常用的包括名人推薦式、生活紀錄片式、主題音樂式、媒體報導資料式、民眾證言式等。即候選人面對不實的攻擊或指控時，他們常會請公眾人物或是一般民眾來幫助他們做澄清；如二〇〇〇年大選時國民黨連蕭配面對坊間李登輝是暗地支持陳水扁的耳語時，國民黨陣營便製播了幾篇以李登輝爲主角的「主席的證言」廣告來反制此種耳語。而二〇〇四大選時國親的「連戰篇」其中就以許多紀錄片畫面來說明連家幾代爲台灣的貢獻；而前述的「平安篇」及「連戰篇」其中皆有音樂或歌曲來作背景。最後，爲了使民眾相信候選人是冤枉的或是被抹黑的，在反制廣告中透過數據或相關資料報導也是常會使用的方式；如二〇〇〇年大選民進黨在面臨「陳天福事件」對陳水扁的批評時，民進黨的反制即是以市府的相關公文來作澄清，又如二○○一年立委選舉時國民黨也以立院公報及相關報導來反制民進黨攻擊國民黨亂刪除預算的指控。

最後，廣告的發言人亦如正負面廣告般地，包括公眾人物、候選人本身、候選人家人、普通民眾、媒體引述、匿名聯盟支持者或後援會、特定行業代表及專業人士等。

攻守兼具型廣告

一、攻守兼具廣告的意義、特性及使用時機

顧名思義，這種類型的廣告一方面會攻擊對手，另外一方面也透過該廣告的訊息來形塑對自己相對有利的態勢；意即一方面可能藉以防守自己的弱點或立場，另一方面可能是在該攻擊點的基礎上創造出在選民心中的相對優勢。而為何會產生此種態勢或情況，主要是透過廣告訊息中的「比較」概念或策略的運作；如二○○○年大選時民進黨陣營的一篇「陳水扁＋李遠哲——你準備把台灣的未來交給哪些人？」（圖8-8），除了透過廣告來呼應「李遠哲挺扁」外，亦將連戰和宋楚瑜的身邊加上一些頗具爭議性的政治人物，來和「扁哲」進行對比，突顯相對優勢。而二○○四年總統大選民進黨在後期亦使用了同樣的廣告策略，又進行了攻防，足見這類型的廣告有其市場性，亦即選民的接受程度或印象應是很深刻的。其間的訊息在攻擊的部分自屬負面訊息，但防守或強化自身特性的部分便常會使用正面訊息，故此種廣告亦包括著正負面訊息。

然而何時較會用到攻守兼具的廣告，筆者認為有下列幾種時機：(1)當本身擁有對方沒有的資源或優勢時；如二○○○年李遠哲挺扁為民進黨陣營在民調的支持度上開創了競逐大位的可能空間，而這種資

陳水扁
李遠哲
連戰
伍澤元
羅福助
宋楚瑜
顏清標
你準備把台灣的未來交給哪些人？
我們是一群關心台灣未來的法律工作者，這麼多年來，我們親眼目睹，一個又一個的黑道大哥，先盤踞地方議會，再堂而皇之進入國會殿堂。
當政者，不僅沒有將他們繩之以法，反而爭相拉攏，奉為上賓。
對於這種光怪陸離的現象，我們實在無法認同。
全民政府，清流共治，用愛和希望改寫歷史
陳水扁⑤呂秀蓮
律師界支持陳水扁競選總統後援會 製作

圖8-8　「你準備把台灣的未來交給哪些人？」廣告
攻守兼具廣告
（圖片提供：民主進步黨）

源是其對手連宋兩陣營皆沒有的，是以扁營就據此大作文章，以「身邊的人」來相互評比；(2)本身的優勢和對方的劣勢屬於同一屬性的時候；如二〇〇〇年時民進黨以「改革」來形塑本身的形象，同時將對手國民黨定位爲「黑金」的形象，即是在同一屬性——「形象」中來突顯自己的優勢，建構對方的弱勢，而這種優勢及劣勢亦剛好符合當時一般選民的「刻板印象」時，其所能發揮的力道亦頗大。又如二〇〇〇年時宋陣營的一篇「宋連勘災篇」亦屬於此類型，其就是以紀錄片的方式來對比連宋二人勘災一個用心、一個敷衍，藉此廣告除了攻擊連戰之外，亦有藉此訊息來突顯宋比連適合作總統，並進而強化宋楚瑜「親政愛民」的特色及競選主軸；(3)對方的攻擊不實，且同時我方握有相關證據可以藉此澄清對方不實指控的情況：此時，該反擊陣營通常會藉由攻守兼具的廣告，除了攻擊對方抹黑中傷、毫無道德之外，亦可藉相關資料為自己自清，以強化形象；而這種情況亦屬反制消毒廣告的內容；(4)通常這類的廣告在選舉後期階段出現最多，因為在選情混沌的時候，這種含有比較訊息的廣告較能夠幫助選民來作決定。除此之外，政黨有時會要貫徹戰略的考量，也可能使此種廣告不一定會出現在選戰後期，而是在中期就會出現；如二〇〇〇年總統大選國民黨及宋陣營的最高戰略分別為「政黨對決」及「宋扁對決」，是以在選舉中期之後這兩陣營就會出現這種攻守兼具的廣告，其考量就是要先將對方打出局後，才能貫徹本身的戰略，和扁陣營一較高下，不然以基本盤來看，分裂的藍軍不可能會贏團結的綠軍。是以這種廣告若以選戰階段來看，在後期出現是最有可能且會較多，但選戰中期時也有可能會出現。

三、攻守兼具廣告之策略

攻守兼具廣告之策略要掌握一些原則。首先，攻擊的施力點應該要有強烈的對比性，而此強烈的對比性要能夠觸動選民可欲的正面情感；如二〇〇四年總統選舉時民進黨有一篇名為「慢跑篇」（圖8-9）的電視廣告，其中透過一個跑步者路跑的路程情境來宣揚民進黨執政的政績（如八里左岸公園、十三行博物館等），而在跑者的路線行徑中又特別點出了一個國民黨執政時代的「貪污遺址」，以作為強烈的對比，企圖建構民進黨執政能力比國民黨好的例證。就選民來說，當然是希望政黨能創造相關之政績而非貪污，民進黨該廣告就是以民眾的所欲作出發點，來進行攻守之相關論述。其次，除了攻擊之外，在廣告的訊息中應該儘可能置入一些正面的訊息，以創造攻擊者之正面優勢；如當國民黨在攻擊民進黨執政搞衰經濟的同時，也應儘可能提出一些能夠重振經濟的方式，這樣才能夠在選民心中突顯出對比的印象，進而認知國民黨比民進黨要強，倘無此訊息的話，除了會將廣告流於負面攻擊廣告的窠臼中外，選民也只是會有「國民黨只會罵，但

圖8-9 「慢跑篇」廣告
攻守兼具廣告
（圖片提供：民主進步黨）

似乎也拿不出藥方解決問題」的感覺。再者，主要內容訊息的產製對選民來說，應該有顯著的重要性；亦即攻守兼具廣告的主題，應該是該項選舉中的重要議題，或是選民有興趣的議題，因爲隨便拿些不具顯著性或新聞性的議題來進行攻防，選民根本不會注意，當然不會對其投票決定有任何影響。

前文也提到這類廣告一個重要的策略敘述方式，即是對比或比較，以此來說，有幾種對比或比較的基礎點：(1)形象對比：如二〇〇〇年大選及二〇〇四年大選民進黨的「你準備把台灣的未來交給哪些人？」廣告，就是藉由李遠哲的光環強化民進黨的改革形象來對比其所建構國民黨的「黑金」形象。而這樣的形象對比亦包括個人特質的對比，如學歷、服務經歷、年齡等；(2)政績對比：前述民進黨「跑步篇」的例子即屬此類；(3)政策對比：如攻擊者可藉攻擊對方的政策導致錯誤的結果來作出發，進而提出一己在政策上的補救方案來取信於民；(4)人才團隊對比：攻擊者會指出對方團隊的弱點來進行攻擊，同時突顯出自己團隊的相對優勢，來進行攻守。

至於攻守兼具廣告的表現手法或敘述方式，較常用的包括名人推薦式、生活紀錄片式、媒體報導資料式、民眾證言式等。如以「李遠哲挺扁」（圖8-10）來形塑對比的扁陣營廣告很明顯地就是名人推薦式；而二〇〇〇年時宋陣營「連宋勘災篇」即是以紀錄片方式來突顯連宋對民眾的關心程度，既攻擊連戰又強化自己「勤政愛民」的主軸。媒體報導資料式最明顯地即是以「民調數字」為佐證的廣告，如二〇〇〇年大選時連陣營就有一篇「壓扁超宋，大勢所趨，連戰第一，後勢看漲」的報紙廣告，其中就以《聯合報》連續八個月的民調來佐證連戰支持度「快速上揚，穩居第一」，同時以民調數據來指稱陳水扁「欲大不易，繼續盤整」，宋楚瑜「持續下滑，失望崩盤」。而民眾之支持或反對也會於廣告中對比陳述；不論如何，這些表現方式

腐化
黑金
向下沉淪的力量很大
我相信他一定可以做得很好

圖8-10　「李遠哲挺扁」廣告
以李遠哲挺扁來強化優勢
（圖片提供：民主進步黨）

總是希望能夠建立此類廣告之訊息可信度，才能夠創造出攻守兼具廣告效果的可能空間。

至於廣告的發言人亦如其他廣告般地，包括公眾人物、候選人本身、候選人家人、普通民眾、媒體引述、匿名聯盟支持者或後援會、特定行業代表及專業人士等。

攻守兼具廣告之效果分析

鈕則勳（2002）的研究以前述「你準備把台灣的未來交給哪些人？」這篇廣告針對選民作效果分析的結果中可發現，這類攻守兼具型的廣告比只具攻擊性的廣告較能影響選民認知，有影響中立選民投票傾向之趨勢及可能。其中欲進一步提出說明的是，攻守兼具廣告之所以比攻擊廣告要能影響中間選民投票傾向，主要是在於「比較訊息」的傳輸，突顯候選人相較於其他競爭者之特殊優勢，除可對自己之正面形象進行強化之外，亦能再以比較爲基礎的單一議題上發揮攻擊效果。

以此作基礎，國親聯盟於二〇〇四年在廣告中除了釋出攻擊扁之經貿人才及經濟下滑之論述外，也應提出「救經濟」的積極論述，才能夠積極突顯兩者之差別，創造出攻守兼具廣告可能產生拓票功能的空間。

告急催票廣告

告急催票廣告之特性、類型及使用原因

每當選戰接近尾聲，候選人的文宣攻防便自然進入了白熱化階段，告急搶救文宣也順勢出籠；不論民調高低，「喊告急、話搶救」似乎變成了選舉最後階段的必然之舉，究其最根本的原因，當然是想藉以因發選民之同情心，凝聚選票助其當選。

一般來說，告急催票文宣大致有下面幾類：(1)「就差你一票」型：這種傳統告急文宣，候選人會拚命喊「搶救」，但並無對選民說出值得搶救的理由，是一種「只知其然、不知其所以然」的文宣；(2)第二種是以自己以往選舉高票落選的實際經驗呼籲選民集中選票全力支持的告急文宣，此類型亦包括因爲高民調所累而致選民「分票」以致落選的情況；如二〇〇四年選舉國民黨的賴士葆及丁守中就分別以「別讓高民調讓他再次落選」及「民調非選票，投票最重要」的訴求來固票，以避免二〇〇一年雖高民調但卻落選之情況再度上演；(3)「配票」式文宣：通常是由政黨黨部主導，用於選戰後期以凝聚選票，並協助平均分票；如民進黨北市南區「金牌五戰將，台灣最閃亮」的文宣就呼籲支持民眾以身分證尾數來進行配票；(4)「棄保」式文宣：該文宣除了在總統及縣市長等單一選區的選戰中常用之外，複數選區的選戰亦有候選人以民調佐證呼籲集中選票「救最後一席」，此即隱含了「放棄無希望當選者」的企圖；(5)「返鄉投票」式文宣：通常用在政黨對決的單一席次選舉中，如二〇〇〇年時民進黨藉由呼籲返鄉投票期望拉大南部之領先差距（圖8-11）。

其中最特別的類型應該屬於「棄保」式的告急催票廣告。針對棄保，游盈隆（2000）認爲其產生的情境包括：(1)三組候選人強勢競爭，其中兩組要有強烈共同性；(2)其中兩組要有相當強烈的差異性（敵意原則）；棄保的發生要看這兩原則是否存在[21]。由二〇〇〇年大選觀之，連宋間共同性頗大，而扁宋間差異性頗大，似乎已爲棄保提供了可能的運作空間；進一步分析，倘在考量統獨問題之後，扁宋支持者間流動的可能性並不高，這就相當程度地排除了「棄宋保陳」、「棄陳保宋」的可能性[22]；最可能的合理推論就是連宋間的棄保了。除此之外，「棄保效應」在某種意義上而言，也和省籍情結的操弄有聯繫關係，而除了省籍因素之外，政黨因素也是影響棄保發生之關鍵；蓋選民對政黨的喜好亦有優先順序，這些在足以影響選舉結果時，都可能改變選民的投票行爲，更可能發生所謂的「棄保效應」。由二〇

圖8-11 「返鄉投票」廣告
呼籲返鄉投票
（圖片提供：民主進步黨）

○○年選舉看來，連宋陣營在後期積極運作棄保，扁營也對是否棄保有其爭辯；可見，在選戰的讀秒階段中，棄保性應無疑是左右選情的關鍵性變數。

而愈是接近選舉，棄保的耳語便被喊得漫天響，以二○○○年大選來看李遠哲答應加入陳水扁國政顧問團之後，可謂正式啓動了棄保的按鈕，特別是加速了連宋之間的票源流動。李登輝從陳水扁第二波國政顧問名單發布後，甚至南下到高屏地區在造勢場合中澄清棄連保扁的謠傳。此外，連蕭陣營於十六日在十六縣市舉行記者會，喊出「棄宋保連」；而宋陣營則在猛打「棄獨保宋」與「棄連保宋」，選戰前夕，連宋兩陣營的棄保戰爭，已由組織、耳語到文宣全面開打，同時雙方陣營更互指散布「假民調」[23]。直到大選決戰關頭，棄保已經跳脫了耳語層次，到了公開喊話的境地。

總括來說，告急催票廣告亦常常是正負面訊息皆可能使用的廣告類型，如使用告急廣告的一方通常會表示「對方候選人正用『惡步數』來夾殺（我方支持的）候選人，以致（我方支持的）候選人陷入苦戰，大家一定要集中選票讓他當選」，其中指稱對方候選人的作爲通常是屬負面訊息的運用，而要集中選票支持便屬正面訊息使用；此外，「棄保」型的告急催票廣告，通常都會透過比較的基礎來突顯出我方候選人比對方候選人優秀來催促棄保；二○○○年總統大選時，如連陣營的廣告就會暗喻「宋張（昭雄）配」是隱性台獨，連蕭配才是正統，而宋陣營也以「要改革不能指望連戰」來形塑「棄連保宋」的氣氛。很明顯地，這當然亦涉及了負面及正面訊息的使用，而傳播者通常會先使用負面訊息攻擊對方，再以正面訊息突顯自己的好。

㈢告急催票廣告之策略

然而當大家都在喊「告急」的同時，告急文宣要如何才能在最後關鍵發揮臨門一腳，又有哪些部分是應當避免的呢？平心而論，現今的選戰中，許多候選人的告急文宣仍是以上面所述的第一種爲主；以大大的「告急」或「搶救」兩個字，就期望選民以選票支援，在政黨控制力下降及選民自主性升高之時，單純想以此種文宣獲致選票，無異緣木求魚。基於此，告急催票文宣就必須有其策略性，才能夠予選民有「非救不可」的理由，同時在訊息設計中來進行傳輸。

首先，「強化優勢」仍是最大關鍵。當選民看到其想要支持的候選人們都在打「搶救牌」的時候，「誰最值得搶救」變成了選民決策的依據；而建構「最值得搶救」的印象，仍和候選人的「獨特銷售主張」或本身優勢及特質有密切關係。如林重謨就以在立院中常針對泛藍重量級政治人物叫陣之「性格」特色，打出「對抗國親，唯一選擇」來反制「穩當選」的耳語；陳學聖則以「民生第一名、泛藍第一名、國民黨問政第一名」此「第一名」的政績優勢來強化認同；周守訓則以其「年輕」的特色來呼籲「力挺泛藍唯一年輕立委候選人」尋求固票。

其次，以「訊息一致性」來創造選民的「印象累積性」同樣可用在告急催票文宣中。候選人通常以其優勢建構主軸，再以文宣烘托主軸，就是希望在民眾心中有個鮮明清晰的印象，同時創造區隔性，提高被選擇的可能；如「馬家軍」吳育昇從頭至尾就一直強化和馬英九之關聯性，除了定裝照及廣告皆有馬英九之外，其主軸從最初的「戰將出馬」到催票的「萬馬同心」及「疼惜馬英九，搶救吳育昇」皆是在強化其與馬英九之連結，此種策略當然也有「要搶救，先搶救吳育昇」的考量。當選民對選情並不關注之同時，其投票決定可能是當場或是前一兩天決定，而其決定就可能是以印象爲主，當選民覺得眾多候選人皆差不多，且其又無政黨傾向之同時，印象之鮮明度就成爲其可能投票的關鍵。

最後，「告急」要有可信度，才能讓選民覺得有「非救不可」之必要性。以民調突顯可信度是一個方式，親民黨北市南區立委林郁方祭出「和王世堅力拚最後一席」的告急文宣，就是以二〇〇四年十月至十一月媒體公布之民調做佐證，突顯林王二人在當選邊緣纏鬥之態勢，以烘托搶救的眞實性；而上次因爲高民調而致選民「分票」以致落選的賴士葆及丁守中就分別以該次落選事實做基礎，同時分別以「你忍心讓他二次落選悲劇重演？」及「民調非選票，投票最重要」的訴求來固票。另外，輔選天王背書的方式也是可以說服選民的賣點，如台聯陳建銘就以「阿輝伯說：陳建銘絕對不能落選」的論述企圖來催票入櫃；但該策略的問題是，倘若許多候選人都以輔選天王的相關言論作爲催票文宣的內容，則力道及可信度都會明顯降低，同時亦無法和其他候選人區隔，創造獨特性。

從上面的策略分析中繼續深入討論則可發現，告急催票廣告可能使用的訴求也包括了理性訴求、感性訴求，而兩者兼有亦是可能的方式。一般來說，感性訴求是這類廣告使用較多的訴求類型，因爲告急的候選人總是會形塑「哀兵」形象，爭取選民的同情，在廣告的圖像中也常見候選人孤獨的背影走在冷冷街上的場景；傳播者總希望藉以觸動選民的情感，進而促發選民依照傳播者所下的指令——「就差你一票」、「力保最後一席」等，來進行投票支持的行為。以理性訴求來說，棄保類型的廣告也特別可能用到，因為廣告通常會透過某程度的理性比較來突顯出某候選人確實應該被「棄掉」。而兩種訴求皆有的方式，通常會以理性訴求將該候選人之政績，如施政績效、在立法院的問政有口皆碑，或是媒體評鑑「第一名的好立委」等實際具體之論述進行描述，接著會透過感性訴求在廣告文案中也常會出現「你願意讓這麼好的民意代表（或再度）落選嗎？」的文字或畫面，促進民眾思考。其中可發現恐懼訴求有運用於其中，而二〇〇四年連營「催票篇」（圖8-12）亦屬此類。

從上述的策略分析中，也可瞭解告急催票廣告的表現手法或敘述方式，大致也如同正負面廣告的方式一般，可用問題解決式、名人推

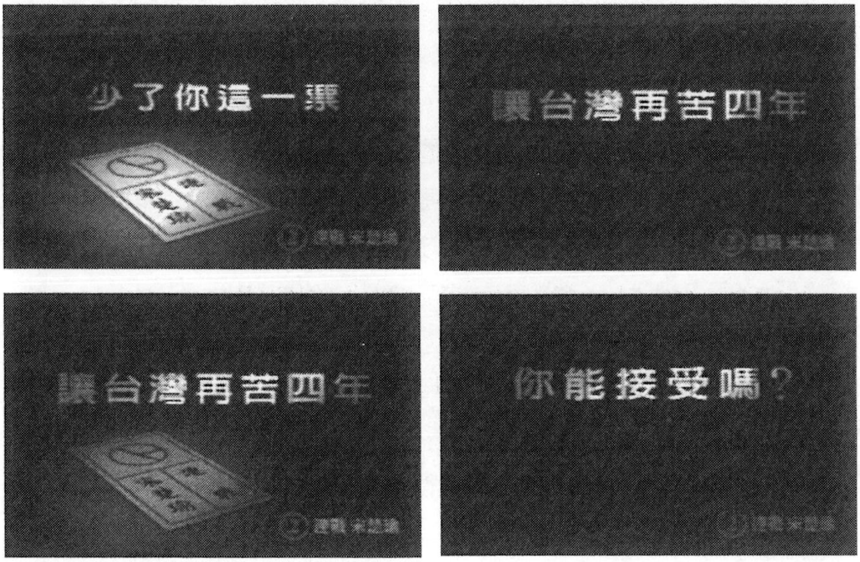

圖8-12　「催票篇」廣告
告急並呼籲選民投票
（圖片提供：中國國民黨）

薦式、生活紀錄片式、主題音樂式、媒體報導資料式、民眾證言式等。如北市北區立委林重謨的告急廣告中就指出「若林重謨不在立法院，則泛藍立委歡喜、連宋幾乎登天，無人能制衡泛藍」等論述，來建構要避免此種問題就要讓林重謨繼續留在立法院。吳育昇以馬英九來形塑告急、台聯陳建銘以李登輝來呼救，皆是名人推薦的方式；而二〇〇四年大選時，國親聯盟也製播了以馬英九、王金平呼籲集中選票的廣告來強化支持。生活紀錄片式則是二〇〇〇年總統選舉時宋楚瑜陣營最常使用的方式，透過「眞實的呈現、眞實的宋楚瑜」系列廣告來固票；若以主題音樂式的方式來製播告急廣告，通常會選擇較哀怨的曲目，以觸動選民心弦。媒體報導資料式則如前述立委陳學聖尋求連任的廣告般地，以媒體評鑑數字來作論述之主要內容；民眾證言式通常會以政績或服務來作爲論述之內容，以建構候選人「値得搶救」的形象。

至於廣告的發言人亦如正負面廣告般地，包括公眾人物、候選人本身、候選人家人、普通民眾、媒體引述、匿名聯盟支持者或後援會、特定行業代表及專業人士等。

選戰每到最後關頭，候選人喊搶救要有策略及章法，而選民在這些眾多搶救之文宣作爲中亦應當以理性的態度來判定，才能突顯「神聖的一票」的「關鍵性」。鈕則勳（2004）建議選民三項判斷候選人告急文宣之方法；首先，仍是要以該候選人平時問政之表現、服務及政績爲主要投票依據，千萬別被候選人的「告急」給矇騙；其次，該候選人的確有在選區中無可替代且重要的特質時；最後，選民也可參考同時期多項民調，來看看該候選人是否如其所述「在當選邊緣」[24]。畢竟，理性的選民能選出專業的代議士，而藉由其專業問政才能造福國家社會。

註釋

❶Judith S. Trent & Robert Friedenberg (1995). *Political Campaign Communication: Principles and Practices*. Westport, Connecticut: Praeger, op. cit., pp.128-129.

❷K. L. Hacker, *Candidate Images in American Presidential Elections*(Westport, Connecticut, London: Praeger, 1995), p. xiv.

❸K. L. Hacker. op. cit., p.xiii.

❹K. L. Hacker. op. cit., p.xiv.

❺轉引自Susan A. Hellweg, "Campaigns and Candidate Images in American Presidential Elections," in K. L. Hacker, op. cit. (Westport, Connecticut, London: Praeger.pp, 1995), pp.1-2.

❻Dan Nimmo, "The Formation of Candidate Images During Presidential Campaigns," in K. L. Hacker. op. cit. (Westport, Connecticut, London: Praeger, 1995), pp.53-54.

❼張卿卿（2000）。〈美國政治競選廣告效果研究的回顧〉，《廣告學研究》，第十四集，頁四。

❽劉美琪、許安琪、漆梅君等，《當代廣告》（台北：學富，2000）。

❾鈕則勳，〈2004年大選綠藍陣營競選廣告策略之效果分析〉，台灣政治學年會研討會論文（高雄：義守大學，2004）。

❿M. Kern. *30-second politics: Political advertising in the Eighties*(NY: Praeger, 1989).

⓫James A. Thurber & Candice J. Nelson主編，郭岱君譯，《選戰必勝方程式：美式選戰揭密》（台北：智庫，1999），頁一三八至一四二。

⓬〈攻擊廣告最搶眼，民調高下不能少〉，《中國時報》，二○○○年五月二十三日，第十版。

⓭Dennis Kavanagh, *Election Campaigning- The New Marketing of Politics*(Blackwell Publishers Ltd., 1998), p.194.

⓮姚惠忠、林志鴻，《擊人之短：選舉文宣的攻擊戰術》（台北：書泉，1993），頁十三至十四。

⓯張卿卿，前揭文，頁十二至十三。

⓰同註❿。

⓱James A. Thurber & Candice J. Nelson主編，郭岱君譯，前揭書，頁一三八至一四二。

⓲鈕則勳，〈增加負面廣告之積極性〉，《中國時報》，二○○三年十一月十日，第十五版。

⓳中央選舉委員會網站：http://www.cec.gov.tw，選舉法規部分。

⓴彭芸，《政治廣告與選舉》（台北：正中書局，1992），頁一○八。

㉑張俊雄、邱義仁、游盈隆策劃，《破曉——二○○○陳水扁勝選大策略》（台北：時報出版，2000），頁二二三。

㉒劉義周，〈2000年總統選舉棄保策略之分析〉，選舉研究學術研討會，台北：政大選研中心，一九九九年十月二十一至二十二日。

㉓〈各營放話選民焦慮〉，《聯合報》，二〇〇〇年三月十七日，第三版。

㉔鈕則勳，〈候選人各各告急，告訴我為什麼非救你不可〉，《聯合報》，民意論壇，二〇〇四年十二月四日，第十五版。

chapter 9

第九章　二〇〇〇至二〇〇五年選舉之廣告策略

- 二〇〇〇年總統選舉
- 二〇〇一年縣市長及立委選舉
- 二〇〇二年台北市長選舉
- 二〇〇四年總統選舉
- 二〇〇四年立委選舉及二〇〇五年任務型國代選舉

本章將依據前面所述競選廣告之相關理論來檢視分析從二〇〇〇年到二〇〇五年的各項選舉，各個陣營之廣告策略擬定及相關呈現。

第一節　二〇〇〇年總統選舉

選戰空前激烈的第十屆中華民國總統選舉，終於在二〇〇〇年三月十八日八時許落幕。高舉「政黨輪替、掃除黑金」大旗的民進黨候選人陳水扁，分別以三十萬及二百餘萬的差距擊敗了標榜「新台灣人服務團隊」的獨立候選人宋楚瑜和以「台灣升級」爲訴求的國民黨籍候選人連戰，入主總統府；除了改寫國民黨在台統治五十年的歷史外，更樹立了「政黨輪替」的里程碑。

環境分析及各陣營之相對優劣勢

一、影響大選之事件因素分析

二〇〇〇年總統大選攸關台灣未來政、經發展，是以，領先的三組候選人無不卯足了勁全力衝刺；一般認爲，「陳呂配」及「宋張配」民意支持度雖多保持領先，但「連蕭配」仍占有組織之優勢，故三組領先的候選人在擬定策略之時，除了以本身及對手之相對優劣勢爲基礎之外，一切與大選相關之重要環境變數及議題也成爲了候選人及其陣營策略擬定之重要依據。基於此，筆者茲將本次大選足以影響候選人策略擬定之相關事件因素作一綜合分析。

■黑金政治問題

首先，黑金政治對政治之影響，是大多數選民最關心的問題。根據《天下雜誌》千禧年的國情調查中顯示，台灣人民認爲掃黑、改善治安是當務之急；而幾乎每四位台灣人（約25%）就有一位認爲，黑金政治讓他們覺得住在台灣不光榮；更有高達六成的人明確指出，正是黑金政治造成台灣貧富差距惡化[1]。

過去的研究也發現，執政的國民黨透過與地方派系之關係來穩定政權，以致黑金及派系便成爲了執政五十年的國民黨尾大不掉的夢魘。而此也促使民進黨候選人陳水扁也據此作爲其「政黨輪替，掃除黑金」策略訴求之重要基礎。

■興票案

國民黨立委楊吉雄於一九九九年十二月九日公布總統參選人宋楚瑜之子宋鎮遠在宋楚瑜擔任國民黨秘書長任內，前後購買中興票券一億餘元的詳細帳戶資料，迄今帳戶仍有一億四千多萬元。楊吉雄強烈質疑在一九九二年以宋鎮遠年紀輕輕，剛退伍，又沒經營事業，怎麼有錢買這麼多的票券？錢從哪裡來？立委楊吉雄的指控，點燃了大選期間最具爆炸性的震撼彈——「興票案」。興票案的發生，不僅對宋楚瑜的選情產生的重大的影響，也使大選進入了三強鼎立的時代。

即使千禧年二月監察院興票案調查結果出爐，證實了「宋楚瑜確實沒有A一毛國家政府的錢」。但是蓋洛普民調針對興票案後所做的民調中顯示，有高達54.1%的受訪者認爲此事會對宋楚瑜的清廉形象造成負面影響，宋楚瑜所獲的支持度雖仍維持最高的28%，卻是十一月以來最低的民調，陳水扁則由於副手搭檔底定的支撐，支持率從18.8%上升至21.8%；連蕭配變動不大，支持率爲17%[2]。TVBS十二日公布的民調中顯示，出現連宋支持度同時滑落，陳水扁則以三成一的支持度拔得頭籌，宋楚瑜支持度爲二成七，連戰支持度滑落爲一成八，顯然興票事件宋楚瑜首當其衝，連戰也遭池魚之殃[3]。

■李遠哲挺扁

中研院院長李遠哲於三月十日與民進黨總統候選人陳水扁會面，答應在陳水扁當選後，出任國政顧問團顧問，協助推動國政。會後李遠哲指出，他很佩服陳水扁的改革魄力與掃除黑金的決心，他並表示，陳水扁也已深切體會國家利益一定要放在政黨與個人利益之上，國家領導人最重要的是保障人民福祉[4]。李遠哲更強調，新總統選出後，應該推動改革，讓「向上提升」的力量克服「往下沉淪」的力量，將國家帶到更高的境界[5]。

李遠哲的挺扁與陳水扁公布首波國政顧問團的名單，爲進入倒數階段的大選憑添了足以撼動選情之變數；在各陣營皆想拉攏李遠哲未果之情況下，李遠哲提出「向上提升或往下沈淪」的關鍵論調後同意擔任陳水扁之國政顧問團首席顧問之大動作，使原本已混亂的選局，更形緊繃。但一般認爲，李遠哲的挺扁動作已經使權力平衡的槓桿往陳水扁傾斜；並可能間接使「棄保效應」發酵。

TVBS民調中心主任王業鼎指出，在二〇〇〇年三月十日李遠哲挺扁後，隔天（三月十一日）的民調只上升一個百分點，爲26%，此時連、扁、宋三人支持度相同。再隔兩天（三月十三日），李遠哲宣布辭去中研院長決心挺扁，當晚民調則立即顯示扁上升四個百分點，支持度高達30%，連下降三個百分點而降至23%，落後扁達七個百分點之多[6]。由上述分析可知，李遠哲挺扁對於破壞三強權力平衡有舉足輕重的影響，對扁實屬利多。

■九二一大地震

一九九九年九月二十一日的凌晨，一場突如其來的大地震，在台灣各地造成了嚴重的損害及傷亡，也由於台灣地區發生百年來最大地震，包括副總統連戰、陳水扁、宋楚瑜等總統參選人都宣布暫停競選活動，全力投入救災工作。總統李登輝在二十二日及二十六日的晚上在總統府召開高層會議，分別通過由副總統連戰擔任「救災督導中心」召集人、行政院長蕭萬長擔任「災後重建推動委員會」主委的重要決議，由李連蕭三人爲主軸的救災體系於焉展開[7]。

隨著大地震從救災作業進入重建工程，民眾對中央政府的感覺，也逐漸有了一些正面的回應，TVBS周刊針對中央政府之救災效率所做的民調就顯示出，民眾對中央政府救災的滿意度從九月二十六日的37%提升到十月初的48%[8]。同時，多家媒體的民意調查結果都顯示，「連蕭配」的評價上揚，雖然和宋楚瑜仍約有十個百分點的差距，但已經逐步擺開陳水扁；而救災方面，也有近六成民眾給及格的分數[9]。TVBS周刊於十月三日的調查中亦指出連戰的民意支持度從九月十九日的16%提升了五個百分點到21%[10]。世新大學十月下旬的民調顯示，連戰之支持度已經緊追宋楚瑜，雙方各為24.8%及22.9%，陳水扁則以14.4%的支持度落為第三[11]。

■朱鎔基喊話

三月十五日，中共總理朱鎔基以前所未見的強烈語氣表示，日前台灣股市重挫六百十七點，其中反映了台灣人民對台獨勢力囂張的擔心；他說，台獨勢力上台會挑動兩岸之間的戰爭，破壞兩岸和平。他更以嚴厲的口吻痛批台獨說：「誰要是搞台獨就沒有好下場」；他並呼籲說「台灣同胞，你們要警惕啊！」[12]他並暗示台灣民眾要做出「明智的歷史抉擇」，否則兩岸的戰爭可能成為一種「邏輯的必然」[13]。朱鎔基的談話可說是近年來對台恫嚇最嚴厲的一次，他也為倒數讀秒的總統選情頻添變數。

各主要陣營之競選廣告策略

陳水扁陣營

■陳水扁的優勢、劣勢、機會及威脅（SWOT）

倘以陳水扁在這次大選中的優劣勢、機會及威脅而言，筆者可作如下之分析。首先，以優勢及機會而言，《天下雜誌》所作的民調，以哪位總統候選人能提升「民主品質」、「生活品質」、「政府效能」和「前瞻未來」四大議題為導向、二十三個項目的意見調查中，陳水扁在改革的問題，包括改善賄選買票文化、改善黑金民代及國會亂象、促進司法獨立、杜絕貪污等項目的支持率，皆領先位居第二的宋楚瑜高達20%以上[14]。《遠見雜誌》的民調中顯示，在領導能力方面，陳水扁及施政滿意度，也得到三成民意肯定。而在台北市長任內延攬不同黨派人士的陳水扁，在清廉與懂得用人的選項上，則領先宋楚瑜，獲得民眾最高之評價[15]。

若就改革魄力與能力而言，陳水扁在多次的民調中皆領先群雄；如山水民調於一九九九年四月底所做的民調中就顯示：有四成民眾認為陳水扁最具改革魄力與能力[16]。宋張配及陳呂配確定後的一波民調中也顯示：最具改革能力及魄力的是陳呂配，有三成八五的支持率[17]。而《新新聞週報》的民調中也顯示：倘就有魄力、政績好及做事認眞此三者而言，陳水扁則特別具有一定的優勢[18]。

以劣勢及威脅而言，陳水扁雖然在魄力、政績好及做事認眞此三方面具有一定的優勢；然而其強勢的個性卻也給民眾較鴨霸、言語尖銳、偏激及較愛作秀等較負面的形象[19]。根據《卓越雜誌》與密西根調查公司所做的民調中顯示民進黨陳水扁的最大弱點為台獨訴求；有48.6%的受訪者不相信陳水扁在當選之後能維持台海安全與和平，也超過25.8%的相信比率[20]。《天下雜誌》民調「誰最能使台灣避免戰爭」問題中，陳水扁（10.2%）的支持度幾乎只是連戰（32.8%）的支持率的三分之一[21]。

■陳水扁之競選廣告策略及呈現

一九九九年八月二十五日，扁陣營確定了未來一個月的文宣主軸，以「年輕台灣、活力政府」兩項主張，作為為大選定調的首波主要訴求。陳水扁表示，活力政府的內涵有三，一是輕便、省油、快速、穩定，二是架構簡單、權責分明、層級減少、資訊透明，三是地方能做的事，中央不做，民間能做的事政府不做，四是年輕台灣的政府應具效率、效能與效益，以最少的錢做最多的事，以一樣的錢做更好的事[22]。基於陳水扁的論述，同時為了將「年輕台灣、活力政府」的概念發揮最大的擴散效果，扁營在一九九九年八月底就推出了第一波報紙廣告「台灣年紀小，政府卻老的動不了」，除了批判國民黨政府機器老化，天災人禍不斷之外，更藉此來呼籲民眾支持政黨輪替。

九月三日扁總部又公布了第二次報紙廣告「政府這麼老，難怪吃油凶得不得了」，羅文嘉批評，連宋陣營近日竟然互批誰的負債多，而不是計較誰最能控制成本，可說是五十步笑百步，都是不負責任的政府㉓。九月中的第三波「政府一旦老，關卡就會多得不得了」，直接訴求反官僚及提升政府效率㉔。

以本次大選扁政營之中後期的競選主軸（或是總競選主軸）而言，應該是鎖定「政黨輪替、掃除黑金」。陳水扁自從一九九九年五月下旬表態參選後，即以「政黨輪替」作爲競選基調，強調「結束國民黨半世紀的一黨統治，追求國家社會的正常化」㉕。扁陣營指揮中心總幹事張俊雄引述某報的民調數字指出，去年中有46%的民眾支持政黨輪替，但是到今年一月，已增加到54%，超過半數的民眾認爲要落實民主政治的精神，必須經過政黨輪替㉖。羅文嘉表示民進黨此次大選的主訴求是「政黨輪替」，在攻擊的層面是主打國民黨黑金；其次是要補強陳水扁的形象，強調他的平民出身民間形象㉗。

從興票案發生之後，扁陣營正式開始做出擊動作，在討論競選主軸時是針對國民黨最大罩門——黑金，進行攻擊。羅文嘉認爲在興票案發生一個禮拜後，首先推出的「包公打黑金」廣告，在策略上雖不介入國民黨及宋之爭鬥中，但剛好也可配合攻擊連宋皆爲國民黨且脫不了黑金的本質，進一步採取正面訴求，強化反黑金形象及提出打黑金的具體七點訴求來呼應㉘。當時民進黨也推出三張報紙稿配合批判國民黨的黑金；如「國民黨除了選舉時會給你買票錢，其他時候皆在A你的錢」，「大哥作議長，小弟作鄉長，台灣的政治怎麼會白回來，主張黑道十年之內不得參選」，及「爲了塡補高達新台幣六千六百多億的鉅額呆帳，台灣人民每人都爲國民黨A了三萬元」等三張報紙稿在一個禮拜內連續推出配合電視包公廣告，達成讓選民更加討厭黑金。

扁陣營在評估主要三位候選人的競爭優劣勢之後，認爲陳水扁「平民總統」的形象可再積極強化，故於二〇〇〇年一月上旬推出第一支陳水扁的正面形象廣告「自己的子弟」；其標榜「夢想就要實現、陽光已經看見」，同時以平凡人物爲主題背景，讓人覺得扁是眞正自己的子弟，隔壁鄰居小孩。以彌補劣勢而言，扁營就預判國民黨一定會攻擊陳水扁太年輕，再等四年也不遲，事後證明的確如此，且相似的耳語殺傷力也頗大；故透過製播「年輕領袖」的廣告，且用了孫中山、柯林頓四十六歲當總統的一些例證來強調扁的年輕不是問題，而是優點，此後陳水扁太年輕的耳語從此之後就消失了[29]。此外，在情人節所推出的「鐵漢柔情」（圖9-1）廣告，扁營亦希望透過此廣告來軟化陳水扁被視爲「鴨霸」的形象[30]。

將「護己之虛」的打底工作完備之後，扁陣營則回到了競選主訴求「政黨輪替、掃除黑金」的攻擊性作爲上，同時在中後期階段，扁

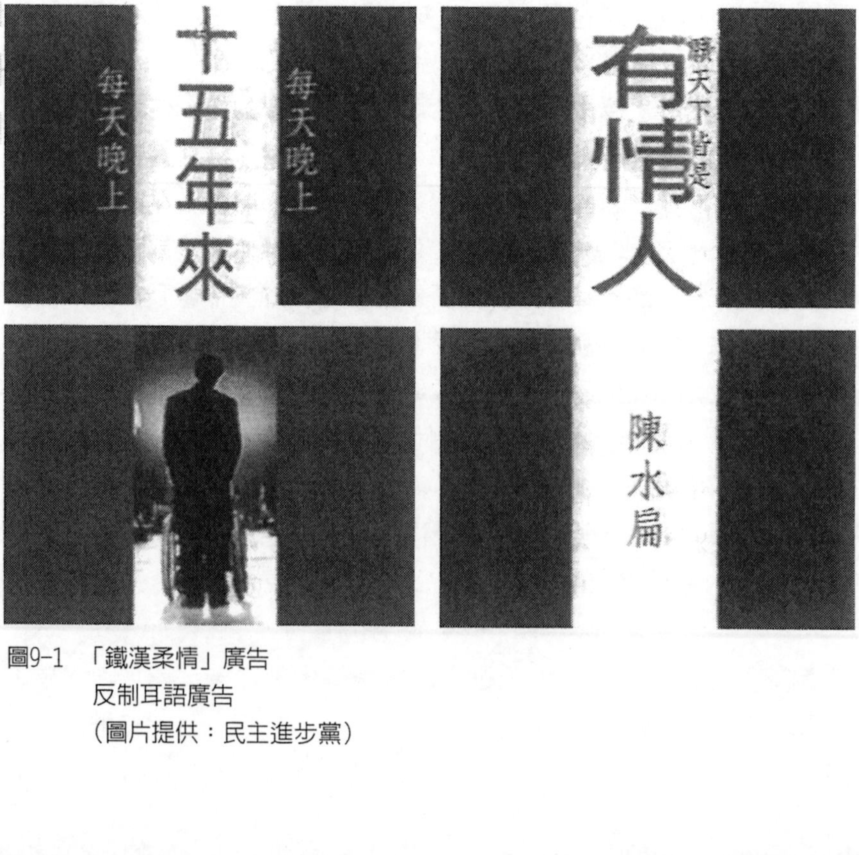

圖9-1　「鐵漢柔情」廣告
反制耳語廣告
（圖片提供：民主進步黨）

陣營也提出「七分打連，三分打宋」的攻擊策略[31]；接續前一波「反黑金」的攻擊廣告後，其次就是要把政黨輪替的種子散播於選民心中。透過訪談方式組合成攻擊力十足的「政黨輪替」廣告，扁陣營企圖放入國民黨什麼壞事都做過了的印象，故它應能夠成爲有力的在野黨[32]。他繼續表示選舉除了說自己好之外，仍要以攻擊代替防守，當時選戰策略主要攻擊對手是連戰，故也連續作了三支都是以連戰爲主題的電視廣告——「搶銀行」篇、「小白球」篇及「連米酒都買不到」篇。而扁陣營也配套地在報紙上連續刊登「連戰無能篇——治安最差的行政院長」、「跳票篇——他八次宣布要肅貪，結果光採購弊案就一千四百二十億」及「奢靡篇——他嫁女兒用的蛋糕，一個二十五萬」的廣告，希望在打擊連戰上能有更大效果，同時也推出了「老佛爺也比不上國民黨」及「國民黨其實更老佛爺」的兩波強打政黨輪替的廣告來貫徹主軸。

二〇〇〇年三月十日李遠哲挺扁的舉動似乎強化了「政黨輪替、掃除黑金」的競選主軸，甚至更進一步地孕育出了「全民政府、清流共治」的概念。在此階段中，從扁陣營在廣告中之呈現多少能夠窺知其欲以「李遠哲牌」反制「朱鎔基牌」的企圖。首先，針對國民黨利用兩岸緊張而製播的「我現在要出征」廣告，扁陣營則以李遠哲及許文龍、殷琪等國政顧問牌強打「希望篇」，呼籲大家站出來用愛和希望讓台灣站起來；同時配合「返鄉投票以鞏固票源——催票篇」、「寶貝篇——自己選總統，寶貝我們的民主」及用李遠哲談話「一個候選人的好壞及將來執政的品質看其身邊的人就可知道，而決定站出來支持阿扁」來強化「黑金向下沉淪、改革向上提升」的「李遠哲講話篇」，來企圖制衡朱鎔基及鞏固票源。最後，扁陣營則在三月十八日以報紙廣告「今天我們要告訴全世界，台灣做到了——政黨輪替」廣告，來呼應競選主軸「政黨輪替」。

參、宋楚瑜陣營

■宋楚瑜的優勢、劣勢、機會及威脅（SWOT）

倘以宋楚瑜在這次大選中的優勢及機會而言，《天下雜誌》所作在以哪位總統候選人能提升「民主品質」、「生活品質」、「政府效能」和「前瞻未來」四大議題為導向、二十三個項目的意見調查中，宋楚瑜雖在「民主品質」及「政府效能」的相關議題中，落後於陳水扁；但是在「生活品質」中「最能照顧一般人民」的項目中，他則以39.1%的支持率超越陳水扁及連戰的26.2%及13.2%[33]。由此可見宋楚瑜六年省府任內中，勤政愛民形象多少已深入民心。《中國時報》於一九九九年十一月下旬所公布的民調中亦顯示三成二的受訪民眾認為宋張配的施政能力最強[34]。

以劣勢及威脅而言，宋楚瑜關心民眾、平民化、做事認眞及省長政績等，雖一直是民眾最欣賞之處；然而宋楚瑜卻也給民眾心機太深、忘恩負義（脫黨參選）及較愛作秀等較負面的形象[35]。

■宋楚瑜之競選廣告策略及呈現

宋陣營主軸策略最初是以「超黨派」來強調參選動機。以超黨派而言，宋楚瑜似乎為其建構了一套足以爭取選民支持的論證，提出「超黨派全民政府」概念；宋楚瑜強調，現在政壇太輕忽「主權在民」的民主內涵，而世紀總統大選更重要的意義，就是重新提醒政黨，確認民意才是主流，沒有任何政黨可以為特定人事量身裁衣，設計特殊的制度[36]。

興票案爆發後，宋陣營並無太多著墨在澄清的廣告上，而開始強打親政愛民的形象，同時亦開始攻擊。除透過文宣加以澄清外，宋陣營也開始發動攻擊廣告針對連戰陣營進行反擊；如總部刊登的「民眾有難連扁在哪裡？」廣告，就是企圖突顯宋楚瑜努力救災、為民服務的特質以諷刺連扁，是屬於比較溫和的負面文宣；另外，以「小市民聯誼會」及「小市民清流聯盟」名義刊登的「連老爺、懶老爺」、

「國際笑話」、「假農民」、「法院，是連戰開的嗎？」等全版及半版廣告，用字辛辣似乎把連戰罵得一文不值，算是宋陣營中最大的負面文宣作手。電視廣告方面對連戰的攻擊雖然不如報紙廣告多，但火力仍然頗爲強勁，除了對連戰濫開支票且跳票連連有著墨外，透過連戰到南投仁愛鄉視察只上了廁所便離去，但宋楚瑜勘災時對民眾的聲音「聽到了、也看到了」之事例對比以強調連戰忽視民意，而宋楚瑜才眞正關心民意的「九二一連宋震災對比篇」，給人印象亦頗深刻。若深入觀察可發現，宋陣營對此則是分爲兩部分呈現；首先廣告是喚起選民對其政績及勤政之印象；其次是強打政見，突顯治國能力，欲透過此二者以轉移焦點。以前者而言，相關的文宣廣告作爲包括「眞心愛台灣才是台灣人」上下篇、「超過八成台灣省民肯定的第一品牌」、勤政第一愛民第一的「宋楚瑜第一」、爲貧窮地方解決問題「只有宋楚瑜能」等報紙廣告，而在電視廣告中的表現，大多是以正面的方式呈現其政績；如以中投公路、冬山國小等爲基礎的「地方建設篇」、少女自述感謝宋楚瑜照顧原住民的「泰雅少女篇」、鼓勵殘胞的「殘障婚禮篇」、以關心癌症小朋友爲主題的「我長大要當醫生」等皆然。較後期時更打出了「眞實的呈現，眞實的宋楚瑜系列」——透過爲民服務的政績，如「抽水機篇」、「自來水普及率提升篇」、「賀伯颱風勘災篇」等，來喚起民眾對宋楚瑜勤政愛民、用心治國的印象，以平衡興票案對其形象之殺傷力。

爲了強化這樣的印象，宋陣營更透過民進黨六縣市長之證言來形塑跨黨派支持之效果，強化「超黨派」，同時配合以上的政績紀錄片來喚起民眾記憶，進而支持宋省長。

從政見或政策面向來看，強化文官系統及歸還婦女權力的「馬上做、趕快去做」系列、標榜敬老政策的「阿公、阿嬤安啦」、突顯勞工權益的「第一品牌的勞健保政策」及主張警察權益的「警察心事誰人知」等報紙廣告，則是以政策之提出來與勤政愛民之主軸作連結以強調宋楚瑜政策全盤規劃之能力。政見方面，平面文宣亦有配合；如

「最正確的選擇，宋楚瑜說到做到」這則以台北縣爲主的政策廣告，不僅將其對北縣的政績列入，更以「網路新城、交通運輸、住宅政策、都市更新、生活品質、治山防洪、休閒遊憩及河系水域」等主題分別提出政策，來爭取認同及突顯執政能力。

選戰後期，各陣營開始短兵相接，宋陣營除了打既定之「勤政愛民」形象政績策略之外，「棄保」似乎也漸成爲了攻防的重點。以棄保而言，宋陣營則強打禁發民調前的最後一波結合攻擊火力及民調數據的「連老三已經出局」的報紙廣告，其用意不只在於在禁止發布民調前以此文宣爲自己的領先優勢定調，也有營造「宋扁對決」的戰略考量，進而達到「棄連保宋」的效果。其中也傳達「選連戰缺乏改革，選阿扁缺乏安定」的強烈企圖，選宋楚瑜則「既能安定又可改革」；更進一步地，宋陣營接續火力更強打「要和平不要戰爭，要安定也要改革」報紙廣告，以延續前述的主軸，同時給予選民選宋楚瑜能避免戰爭、能維持安定、更能持續改革，以突顯選擇連戰或阿扁皆有所失，選宋楚瑜才能全贏。故後續的一波內容強化投連戰是放棄改革，投阿扁是選擇戰爭的報紙廣告「連扁都是一半，宋楚瑜才是全部」及「要錢也要命」廣告，很明顯的都是前一波報紙廣告主軸的延續，繼續攻擊連扁。而選前幾天，宋營的平面廣告則以更明顯的棄保訴求，呼籲選民集中票源；如十六日的「棄連保宋，救黨救國」、突顯中產階級挺宋的「雖然我們沒有站出來」，強調若棄連保扁會戰爭、棄連保宋會安定的「三月十八日你怎麼選擇」等，及選前一天的以身著日本軍服的李登輝操控連扁的「棄連保宋安啦」、「改革不能指望連戰——棄連保宋」、「棄連保宋不受騙」、吳思鍾署名的「連戰眞的已經出局」等皆可爲明證。除此之外，宋楚瑜本人撰擬的「給國民黨員的一封信」及其他名人署名的信函，其中亦有「棄保」訊息；選舉當天以連蕭賄選買票被抓到之報載爲基礎製刊的「連蕭買票、人贓俱獲」廣告，雖是猛力批連的攻擊廣告，但是最後一天刊登此廣告，多少有催促「棄連保宋」之意圖。

㊂連戰陣營

■連戰的優勢、劣勢、機會及威脅（SWOT）

在二〇〇〇年選舉前，《天下雜誌》所作在以哪位總統候選人能提升「民主品質」、「生活品質」、「政府效能」和「前瞻未來」四大議題爲導向、二十三個項目的意見調查中，連戰在「民主品質」的四個議題中，包括改善賄選買票文化、改善黑金民代及國會亂象、改善台灣民主品質及促進司法獨立等，支持率皆敬陪末座；在哪位總統候選人最能「提升政府效能」、「提高立法品質」、「建立現代化政府」、「尊重專業，用人唯才」、「組成高效能政府團隊」及「杜絕貪污」等「政府效能」的六個子題中，連戰之支持比率仍然落後於扁宋。唯有在安定牌及台海安全的議題，幾乎還是國民黨占優勢；有三分之一的受訪者，肯定執政的國民黨還是最能掌握兩岸關係的和平互動，如在「誰最能使台灣避免戰爭」一項，連戰則以32.8%的支持率首度領先，宋楚瑜以27.7%緊跟其後，陳水扁只得到10.2%的信任[37]。

在許多關於「誰最能維持經濟成長與發展」爲題的民調中，如《新新聞週報》於一九九九年十一月十一日左右所作的民調在促進經濟發展的議題上就顯示連蕭配以26.6%的支持率勝過宋張配的21.6%[38]。

■連戰之競選廣告策略及呈現

連蕭陣營於一九九九年十一月二十三日公布以蝴蝶作爲競選標誌，並提出以「心手相連、台灣起飛」作爲競選文宣主軸。而此時亦正值「處理宋楚瑜黨籍」的事件，國民黨的攻宋動作似乎是鎖定「開除黨籍」的合理化解釋上；如十一月中下旬於報紙刊登「大是大非、仁至義盡——對處理宋楚瑜黨紀案的說明」廣告，及電視廣告兩則剪接宋楚瑜「我是黨員，我服從黨的決定」、「民主和紀律同等重要」的廣告，以封殺其參選正當性。以電視廣告而言，雖有從最初的兩篇打宋廣告，突顯連戰做事，隱喻宋扁只會批評的「玩家，那知持家的辛苦」，及暗諷阿扁經常批評別人卻忘了反省自己，「要刮別人鬍子，先將自己的刮乾淨」的「刮鬍篇」等較隱喻的負面廣告；然而從有「信義房屋」廣告特色的「政績篇」、新聞局製播的「行政院國家團隊」篇、以先進科幻動畫構築的「守門人及魔鬼球隊」篇及以「台灣是大家的，應不分族群共同打拚」爲主軸的《台灣是咱兜》、誓言在下一世紀打造台灣成爲《美麗新樂園》等競選歌曲看來，正面的形象塑造廣告似乎仍占了頗重要的篇幅。而在總部成立，連戰宣布「黨產信託」後，隨即推出「連戰向黑金宣戰」的報紙廣告，企圖切斷長久以來國民黨與黑金掛勾的負面形象；二〇〇〇年二月初農曆年前後，連陣營以「連年有餘」作爲主題，整體地強化連戰的施政績效；諸如電信三法、全民建保、週休二日、亞太營運中心及使台灣免於金融風暴肆虐等，以突顯連戰之施政能力。

在選戰中後期開始，雖說興票案爲國民黨的攻擊發起線，但是其在廣告中具體的攻擊行動約是從二〇〇〇年二月三日以後才陸續明顯，國民黨（及連蕭陣營）於二月三日密集推出大幅平面廣告，緊抓著興票案及宋楚瑜一家在美國有五棟房子，發動打宋攻勢；如「禮義廉恥——請問宋楚瑜」的廣告，以電影海報和奧斯卡頒獎的創意構想的「錢、謊言、興票案」廣告，及列舉出十五項疑點，呼籲宋楚瑜應該退選的「興票疑雲」廣告等。電視競選廣告中，則是以宋楚瑜記者會爲背景的「假清廉眞A錢」、「國家領導人誠實與守法是最基本的要求」及針對宋楚瑜「國旗篇」而製播的「美國國旗」反制廣告來接續打宋的火力。

除了打宋之外，電視競選廣告亦製播了宣揚政績、提出政策的「連戰堅決這樣主張」系列；如延長國教爲十二年的「教育篇」、加速司法改革淘汰不適任法官的「司法改革篇」、效法格雷沙修女精神的「照顧弱勢團體篇」、將原本未納入保險體系的民眾全部納入醫療保險體系的「全民健保篇」及宣揚電信自由化的「大哥大篇」等，皆屬於此類型的正面廣告。同時連陣營並配合「連戰主張說到做到」、「第三波改革」及「台灣升級」的競選主訴求，希望營造出執政的國家團隊可信賴及前瞻性的優勢。

農曆年後，連營才開始加重打扁的力道；如報紙廣告的「阿扁的大陸政策包不住台獨的危險」、「台獨之子鴨霸扁唬爛篇」、「阿扁的政策變化球是威脅安定的最大風險」、批評扁度假致使台北市民死於非命的「鴨霸扁栽贓篇」、「反政黨輪替篇」、「阿扁做事不保險篇」，及電視廣告攻擊扁個性爲主的「扁扁扁騙騙騙篇」、「搖擺、矛盾、危險篇」等，皆是此階段對扁提出攻擊的負面廣告。

選戰後期，從李遠哲挺扁之後，「棄保」亦成爲最後階段的攻防主軸，連蕭陣營指出，面對民進黨打出「棄連保扁」及宋陣營的「棄連保宋」，連陣營最後六天廣告文宣策略將就棄保效應消毒，文宣作爲不僅繼續批宋，也持續打扁。如這階段署名以國民黨或連蕭總部的報紙廣告，其中「阿扁吃案灌水篇」、「李登輝挺連戰篇」、「戰爭與和平」、「對陳水扁的不信任票」、「台獨萬萬碎」、「不能讓台灣重頭來過」、「如果變天，你的鈔票會變扁」、「危險的阿扁，你投的下去嗎？」、「如果天變綠，股票的顏色會好到哪裡去」及「台獨建國」等，皆是對陳水扁進行攻擊的負面廣告；除此之外，電視廣告中的「我現在要出征」、「吹笛人篇」、「賀伯颱風篇」、「總統證言篇」、「反政黨輪替篇」、「M族飛彈篇」及「彩券篇」等，亦皆是針對陳水扁的屬性、訴求或施政所進行的攻擊。總之，後期的攻扁廣告其中主要的論點大致皆把「陳水扁、台獨、戰爭及股票慘跌」劃上等號，其中亦不乏有「釋放恐懼」的訊息。

就打宋的部分而言，包括「給宋楚瑜支持者的一封信」、「同樣是面對選舉補助款，有人是私心，有人是愛心」、「台獨陳水扁＋隱性台獨張昭雄與宋楚瑜的搭檔企圖促成陳水扁執政」及「棄宋保連、打敗阿扁」等，則可發現打宋是將其鎖定在「棄宋保連」的戰略上。而電視廣告中的「興票案篇」及「棄宋保連篇」則如前述一般，連陣營欲將打宋及棄保掛勾的意圖則非常明顯。

為了撲滅「李登輝棄連保扁」的耳語，連陣營及國民黨在選前幾天也不斷透過報紙及電視廣告來進行消毒；如報紙廣告「挺連戰、乎阿輝安心交棒」、「李登輝說：『連戰是我唯一保證的國家領導人』，阿扁是『鴨霸政權』、『現在還早』」，以及剪接造勢大會中李登輝挺連戰的畫面的電視廣告「總統的證言」等，皆可為例。另前述反制李遠哲的那些名人，如蔣宋美齡、馬英九、辜振甫、高清愿、林弘宣、陳履安等製作的電視或報紙廣告，除了塑造出連營人強馬壯的印象外，「棄保」仍是其中重要的考量。而在選前兩天的「台灣通史篇」再度宣傳連家三代對台灣的貢獻來強調連戰愛台灣的形象，亦有在選前希望集結票源之考量。

第二節　二〇〇一年縣市長及立委選舉

政黨輪替後首次縣市長及立委選舉，終於在二〇〇一年十二月一日晚八時許落幕。以縣市長方面來看，總投票率接近七成(66.45%)，標榜全面執政的民進黨囊括九席的縣市長寶座，國民黨則取回了台中以北的大部分縣市，從一九九七年的八席提升至九席，與民進黨分廷抗禮，初試啼聲的親民黨則獲得台東及馬祖兩個縣分，無黨籍兩席，新黨則攻克金門。在國會議席方面，國民黨則遠不及縣市長的表現，席次甚至從上屆的過半敗落至六十八席，不僅遠落後於民進黨的八十七席，就連和親民黨的四十六席之差距都不到三十席。

本部分筆者將以民進黨及國民黨之間的廣告攻防作一描述，之所以如此主要是由於兩者間互相交鋒的情況較明顯，至於親民黨的廣告則是置焦於以宋楚瑜光環希望能將其立委候選人送進立法院之廣告，與前二者交鋒明顯的情況有明顯區隔，故先不討論。

環境分析及相對優劣勢

本部分筆者仍將著墨於足以影響大選之事件因素來作分析。

一、國內政治面向

就此面向而言，足以影響大選之相關變數包括了扁政府掃除黑金的動作、在野之政黨合作或與民進黨之對決等。黑金問題向來是國內政治議題的焦點，民進黨於二〇〇〇年總統大選時提出的「政黨輪替」主張，其中掃除黑金是項重點。陳水扁政府在上台後，不斷宣示掃除黑金，杜絕賄選的決心。但是在如拉法葉案的偵查沒有明顯的進展時，在選舉時，掃蕩黑金，杜絕賄選事件，便是掃除黑金主要的方向。

在陳水扁政府宣布停止續建核四，以及在野聯盟推動總統副總統罷免案的氣氛下，國內的政治氣氛儼然形成泛藍軍與泛綠軍的政黨對決形態，國、親、新的政黨整合一直在嘗試，雖然其中仍有不少的問題，如在縣市長選舉的提名過程中，可以看出泛藍軍整合的困難度。另一方面，台灣團結聯盟的加入選舉，使泛綠軍的陣營產生一些變化，陳水扁總統提出的「國家安定聯盟」構想，更替選舉期間政黨對決以及政黨整合投下了一項變數，「本土」、「非本土」，「愛台灣」、「不愛台灣」，「統派」、「獨派」的二分法更加重了政黨對決的味道。

而以敗選的國民黨來說，敗選的刺激使其開始從事「改造」工程，除了成立改造委員會掌理相關改造工作外，更從組織精簡開始在制度上進行改革，而選舉提名相關制度的納入「牌黑條款」、黨主席直選、立委初選、中央委員行使對不分區立委的同意權，亦是國民黨期望藉以貼近民意的具體作法。

經濟面向

就此而言，足以影響大選的相關因素包括了經濟衰退、失業率攀升。陳水扁政府執政之後，經濟似乎有衰退的傾向，從陳水扁就職到選舉前一個禮拜，股市的市值縮水了將近新台幣五兆元（二〇〇〇年五月十九日指數九千一百十九點市值十三點二兆元，二〇〇一年十一月二十三日指數四千五百十九點市值八點二五兆元）[39]。二〇〇〇年的經濟成長率是5.86%，二〇〇一年的經濟成長率是-1.91%[40]。二〇〇〇年的失業率是2.99%，二〇〇一年的失業率是4.57%[41]。TVBS民調中心在二〇〇一年二月二十六至二十七日所做的「內閣聲望調查」中指出，內閣團隊滿意度降至25%新低，比就職滿月時的36%及就職三個月的45%都要來的低[42]。在政黨輪替一週年TVBS所做的「政黨形象調查」結果亦顯示有65%的人認爲民進黨執政表現不好[43]。

此外，民眾亦認爲在經濟發展、溝通能力及危機處理上，新政府都比舊政府差，特別是經濟方面，超過六成（63%）認爲新政府在促進經濟發展方面的表現比舊政府差[44]。

由此來看，在本次大選的攻防中，經濟情況勢必成爲朝野政黨交鋒之重點，「民進黨守，在野黨攻」則成爲必然之趨勢。

社會面向

WTO入關問題所帶來的米酒衝擊，似乎變成了一個頗重要的社會議題；在台灣加入WTO之後，米酒的價格將會開始飆漲，使得在入關之前米酒在民間的銷售一度出現搶購的現象，二〇〇一年十一月底政府開始實施米酒配給制，宣布以戶口名簿來登記配給米酒，引起社會高度的重視，在野黨強烈的批評[45]。米酒的配售制度，儼然成爲一個重要的選舉議題。

兩岸關係面向

就此而言，民進黨台灣問題決議文位階的提升、戒急用忍政策的鬆綁，可以作爲觀察的基點。民進黨於二〇〇一年十月的全代會上通過將「台灣問題決議文」的位階提升至黨綱，等於將台獨黨綱進行了一番修正，是民進黨在國家定位政策路線上的一大轉變，這項重大路線的修正，象徵了民進黨在國家定位方向的形式上更向中間靠攏一步，這種正名的行動可以當作驗證社會上對於台獨疑慮是否眞正消除，檢驗中國大陸是否對民進黨會比較友善的指標[46]。

「積極開放、有效管理」的提出更是象徵了「戒急用忍」政策的修正與鬆綁，雖然在實際運作上的具體成效還有待檢證，但是無疑將兩岸經貿交流的實質限制解除了一些，讓產業的發展以及與大陸之間的互動關係得到了改善的機會。但眾所矚目之「三通」議題，仍充滿不確定性，同時在中共本就對民進黨執政抱持「聽其言、觀其行」的同時，兩岸關係仍是足以影響選舉之變數。

各主要陣營之競選廣告策略

民進黨陣營

由上述環境因素來看，民進黨最能強化之優勢應仍是改革之特質，包括掃除黑金之持續推動；而國內經濟惡化導致失業率攀升等負面因素，著實爲民進黨執政的最大絆腳石，是以要如何說服選民這些都是「在野黨制肘」，要如何要求選民「再給民進黨一次機會」，是民進黨欲求勝選之當務之急。

民進黨執政，達成了其「變天三步曲」的極終目標，雖掌握中央及地方大部分的執政權，但是左右法案制定的立法部門，民進黨仍處劣勢，是以國會的劣勢似乎成爲了民進黨在擬定相關選舉策略的重要發想，「國會最大黨」很自然地成爲了此次選舉的最高戰略目標。如陳水扁於二〇〇一年十一月九日到宜蘭助選時便明白說出「……政黨輪替後，應該完成國會輪替，讓民進黨成爲國會第一大黨」[47]。

由此概念作出發，民進黨很自然地可以將國內政局不穩及經濟惡化的原因，推給掌控立院多數的泛藍集團，進一步地，「國家要進步，台灣不走回頭路」的競選主軸及「綠色腳向前走，藍色腳向後退」的競選識別系統，亦成爲了支持讓民進黨全面且眞正執政的合理化論述。故民進黨則將攻擊的炮火大致集中在立法院上，針對泛藍聯盟提出猛攻；如陳水扁批評在野黨扯後腿的「國會輪替論」。

此外，「三強鼎立」一直是民進黨或是陳水扁能夠異軍突起的關鍵性原因，亦即以團結的民進黨對抗分裂的泛藍軍，民進黨勝選的機率則會較高；是以，選戰後期陳水扁拋出「國家安定聯盟」議題及與李登輝前總統一手拉拔的台灣團結聯盟結合成緊密的「泛綠軍」，皆成了合理之邏輯。

二〇〇一年十月十七日第一波「把進步力量帶到國會」很明顯地是民進黨呼應競選主軸同時強化改革形象的作品，廣告訴求讓民進黨成爲第一大黨，才有機會改革國會穩定政局；同時亦提出席次減半，單一選區兩票制的政見。

十一月七日民進黨在廣告上開始進入攻擊發起線，一系列的「在怎麼野蠻」廣告，爲政壇掀起了一波波的驚濤駭浪。首先是攻擊桃園、宜蘭及台北縣的泛藍軍立委亂刪兒童福利預算的「兒童福利篇」，企圖建構國民黨不顧兒童福利的形象。其次「網路學習篇」亦是如法泡製，點名了台中縣市、南投、雲林、高市、屏東等泛藍立委刪除了十六億兩千萬中央政府補助中小學網路學習的經費，最後則強調出「在怎麼野蠻也不要阻礙學習的動力」來攻擊國民黨的蠻橫。「排水改善篇」批在野全數刪除各地排水改善之補助預算二十四億九千九百萬，造成縣市政府無法在風災水災過後及時搶修該項系統；更特別的是其攻擊的幾乎皆是泛藍軍的縣市長候選人，包括新竹市林政則、台南市陳榮盛、花蓮縣張福興及桃園縣朱立倫，形塑國民黨縣市長候選人「根本不關心地方」的形象。「地方建設篇」中，民進黨則是攻擊在野黨拿地方建設當作人質，論述中批國民黨凍結中央補助地方基本建設經費牽制行政院，而且二十一縣市共凍結了一九四億，讓地方建設「動不了」、頭家「凍未條」。

這幾則廣告皆是透過「在怎麼野蠻，也不要……」的字幕來強化主要訴求「在野黨野蠻，不顧民生疾苦」，以呼應主軸「國家要進步，台灣不走回頭路」及建構民進黨成爲國會第一大黨「撥亂反正」的合理性；而「在野」這兩字則是以親民黨的橘色及國民黨的藍色來呈現。

在建構了在野黨野蠻及亂刪預算之後，「國會篇」接續著相關立院攻防的邏輯，先透過立法院吵鬧打架畫面配合字幕「審一個法案竟然要一千零七十三天」、「錢坑法案要花掉五兆七千億」等論述，來符合其「在野爲國會亂源」的策略，進而提出民進黨政策立場「國會席次減半，單一選區兩票制」，朝國會最大黨目標邁進。

報紙廣告則計有「開跑」、「東德共產黨」、「國家安定聯盟」、「配票動員令」及「吃選票吃鈔票」等五篇。「開跑」則是除了呼應「國家要進步，台灣不走回頭路」的競選主訴求外，並將在野黨定位成拒絕改革的「反動保守力量」，以建構「國會輪替」的合理性。

十一月二十三日民進黨配合了清查國民黨黨產的議題製作了「中國國民黨不如東德共產黨」廣告來進行負面攻擊，其中列舉東德共產黨垮台後坦然面對國家調查黨產，並還財於民的具體論述，來諷刺國民黨對黨產處理遮遮掩掩，只說不做。

隨著陳水扁拋出的「國家安定聯盟」議題，民進黨文宣部亦刊登了由一百二十一個以泛綠爲色彩人型構築的大型聖誕樹，以「國家安定，台灣前進」來呼應。在廣告最後則揭櫫了「國家安定聯盟」——支持國會改革、支持國家主權、推動社會福利及振興經濟發展等四大綱領。而爲延續「國家安定聯盟」的火力，選前刊登了「中央黨部配票動員令」，呼籲台北市及台南縣的民進黨支持者以身分證最後一位數字，台南市南投縣及高雄市北區以出生月分，分別來進行配票。

選舉投票當天，民進黨一反過去催票之廣告，卻集中火力再批國民黨「今天吃選票，明天吃鈔票」；內文中彙整了黨產、弊案、杯葛法案等負面論述加諸於國民黨，欲強化其負面印象，讓選民不要投給國民黨，進而削弱其在國會之力量。另一層面則仍是配合競選主軸的相關論述，呼籲讓民進黨成爲國會最大黨，讓民進黨把進步的力量帶到國會，以終結國會亂象。

國民黨陣營

綜觀政黨輪替到選舉期間，國民黨的電視廣告如前面章節所述可分兩個部分來探討，首先是以「黨的改造」爲主訴求所形成的「改造」階段，主要是屬於政黨形象廣告之論述，另外則是因應選舉之「選舉」階段，本部分指就競選部分加以說明。主要是從二○○一年十月中旬所製播的「國旗篇」及「國會亂源篇」開始的九波，則進入了實際的競選廣告時期。

「競選階段」的廣告中，強化國民黨過去執政績效及攻擊民進黨政府搞衰經濟則是頗爲明顯的廣告作爲。如在十月二十五日所推出的「國民黨有經驗，給大家過好日子」電視廣告中，突顯出國民黨執政時期經濟繁榮的景象來強化國民黨有經驗，能給民眾過好日子，同時搭配「台灣同胞齊步走」的競選歌曲，以暗諷及對比民進黨執政後經濟蕭條、景氣衰退的現象。

另從十月中下旬的「貢丸湯篇」開始，國民黨則開始在廣告上發動對民進黨的猛攻。十月二十九日國民黨推出第五波以呼籲民進黨政府「台灣不能再等，人民不能再忍」爲主題的電視競選廣告「等一等」篇；其中暗諷陳水扁及民進黨「到了選舉就口才一流、抗議一流；然而一旦獲得執政機會後，卻發生搶救股市要『等一等』，搶救失業率也要『等一等』，什麼事情都要『等一等』」。接續火力的「卡拉OK篇」

延續著攻擊主軸，發言人王志剛說，這支廣告「陳水扁」在片中唱「等一下呢」，是為延續上一波訴求，突顯民進黨政府什麼都爭地一，造勢第一、作秀第一，但搶救失業要等一等、搶救股市要等一等[48]。以清潔隊員招考為背景，標榜柔性訴求的「求職篇」廣告，則是配合「民進黨執政一年半，台灣失業人口增加一倍半」的口白，來強化主訴求「找回你的頭路，國民黨才有法度」[49]。

報紙廣告則包括「國會亂源篇」、「全民『反失業』大遊行」、「到底誰砍了七百億」、「民進黨欺騙選民」、「配酒令」、「糧票」、「阿扁！麥擱騙啦！」、「雞犬升天——民進黨！麥擱騙啦！」、「向下沉淪——民進黨！麥擱騙啦！」、「農民悲歌——民進黨！麥擱騙農民啦！」、「國民黨競選專刊——經濟奇蹟篇」、「勞工惡夢——麥擱騙勞工啦！民進黨！」、「國民黨致農漁勞工朋友的一封公開信」、「國民黨致工商企業界朋友的一封公開信」、「國民黨致軍公教朋友的一封公開信」、「女性夢魘——民進黨！麥擱騙婦女啦！」、「國民黨競選專刊——政府無能篇」、「開創願景——給台灣一個機會」、「民進黨混淆視聽」、「張俊雄說」、「國民黨競選專刊——要繁榮不要蕭條篇」、「終結惡夢」、「力挽狂瀾 捨我其誰」、「國民黨競選專刊——創造台灣新希望篇」、「變調保證——投民進黨，就是選這些人！」、「代誌絕對不是憨人想得這呢簡單」、「集中火力投國民黨」、「黑金共舞——讓我們來大掃除！」、「咱的一票　決定明天」等二十九篇。

從廣告之內容中亦能發現，選戰中期以後至晚期時，攻擊廣告之比例已大幅上升。從改革時期開始國民黨似乎就已將此次選舉定義成為一場「苦日子與幸福生活」的抗爭，用「幸福生活」來作為對民進黨攻堅的法寶；由此作出發，國民黨則企圖將民進黨定位成一個「搞衰台灣經濟的無能政府」。這樣的思維之所以成形，則與民進黨執政一年多來各項民調的數據也絕對密切之關係，從失業率攀高、經濟成長率銳減，民眾不僅對內閣團隊及民進黨的執政能力沒有信心，更甚者，對陳水扁總統的支持率也都下降。這樣的訊息對剛被輪替的國民黨而言，無疑是天大的機會，是以，在國民黨競選階段的文宣及廣告作爲中，幾乎各有一半以上是針對民進黨的執政缺失，特別是經濟部分進行攻擊，企圖突顯了其欲呼應「經濟、族群」主軸的企圖。

及至選前幾天，國民黨開始訴諸「集中選票」、「黨員回家」、「團結投藍」的相關概念，筆者認爲其中仍有與和親民黨作區隔，同時形塑「棄保」氣氛之意圖。從其論述配合廣告作爲來觀察，「棄保」似乎不言可喻。

但深入觀察其廣告，國民黨並未充分強化自己的優勢來和廣告做呼應。分析其內容顯示國民黨雖企圖以相對優勢——人才、團隊及政策來強化攻擊的火力，但是在廣告的呈現中，似乎犯了總統大選時一樣的錯誤，即雖有提到此優勢，但仍是輕描淡寫將其帶過，並無在選民心中造成深刻的印象，同時此類的廣告篇述亦屬有限（電視約一篇、報紙約八篇），故與主軸「拯救經濟」仍有距離。

雖然在策略及呈現上仍有值得斟酌之處，但是此次競選廣告已經比總統大選時的有其進步之處，首先，就定位是否能持之以恆而論，國民黨置焦於將民進黨政府定位爲「搞衰經濟的無能政府」而進行的相關攻擊，亦多所能符合行銷專家所言，在現今傳播過度溝通過度的社會中，最好的定位策略重點應該放在讓產品定位深入人心，「簡化」與「一致」是最好的選項，是以總訴求或是形象定位應該力求首尾連貫。

第三節　二〇〇二年台北市長選舉

解嚴後第三次北高市長選舉，於二〇〇二年十二月七日晚八時許落幕。就台北市而言，國民黨提名的現任市長馬英九獲得八十七萬三千一百零二票（得票率64.11%），以三十八萬四千多票之差距擊敗民進黨候選人李應元，在十二個行政區皆取得領先優勢連任成功，也爲國民黨保住了首都執政的優勢。民進黨雖然傾府院黨之資源全力挺李，但終不敵；李應元共囊括四十八萬餘票，得票率35.89%，穩住民進黨的基本盤。回顧這次的首都執政權之爭，可清楚地發現馬李兩陣營在競選期間透過媒體傳播管道進行文宣廣告及造勢活動之頻率及作爲日益增加；以李應元言，更從投票前三個月就開始製播電視競選廣告，挑戰馬英九。

環境分析及相對優劣勢

馬英九的優劣勢、機會及威脅

倘以馬英九的優勢來說，最明顯的就是執政者優勢，馬英九的形象與魅力促使其有著高人氣與高支持度，從各項民調中亦可發現，台北市民對馬英九施政的支持均高居五、六成以上，良好的政績即對市政的熟稔程度亦成爲了其最大的資產，故民進黨台北市長候選人的產生也因此而一波三折。

就與整體環境關係密切的機會及威脅而言，執政的優勢及歷次居高不下的民調結果，均爲馬英九的連任路鋪出了一片坦途；此外，各方對全面執政的民進黨仍有諸多批評，及對泛藍整合抱持期望贏回政權的同時，馬英九在這樣的政治情勢中，均能獲取更多的政治養分，對其勝選多少均創造了加分的效果。以威脅來說，執政三年，民進黨的資源漸漸豐厚，加上陳水扁總是視馬英九爲最大對手的情況下，府院黨集結力量對抗馬英九，應是馬英九再連任之路上的一項最大威脅。

李應元的優劣勢、機會及威脅

就李應元而言，博士學歷與馬英九不惶多讓，本身擔任過立委、駐美副代表及行政院秘書長，從政資歷頗完整，形象亦是無多可挑剔之處，有其優勢；但問題是對手馬英九太強，使民進黨台北市長人選的產出都一波三折，被徵詢的政治人物多不願蹚這場渾水，最後由當時行政院秘書長李應元披掛上陣，在時間及氣勢上已陷入較不利的情況，此爲劣勢一。進一步來看，李應元形象雖不爭議，但倘將其與馬英九相比，則就陷入黯然失色的困境，從民調來看，李應元更一直在10-20%的支持率間盤旋，更形成了其相對的劣勢。平心而論，不是因爲李應元不好，而是由於馬英九太突出。

若以機會及威脅來看，府院黨資源對其的灌注，對李應元政見的背書，陳水扁的站台遊行，無疑是其挑戰馬英九入主市府的最大機會，另外，前總統李登輝亦允諾幫李應元助選，看似也有可能爲其選情加分；然而府院黨資源齊發，是否又會使民進黨背負著「拚選舉」的罵名，落實了民進黨搞衰經濟、治國無能的負面框架，進而使選民不願投票給李應元，某程度的也爲李應元形成了威脅。其次，李應元此次參選，坊間及媒體並未將焦點置於他身上，而是將重心放在「扁馬對決」及「總統前哨戰」上，似乎「邊緣化」了李應元，若李應元無法化解此項困境，其根本無法將自己拉高與馬英九平等的地位，強化主體性，故此亦爲李應元本身的另一威脅。最後，競選團隊的問題也爲李應元陣營投入了變數，即羅文嘉等人退居第二線，會否使其文宣策略及呈現出現變化，影響選情，也是值得觀察的焦點。

各陣營之競選廣告策略

國民黨馬英九陣營

馬英九之競選主軸鎖定在「繼續打造世界級首都」上，亦是延續四年前選舉時「打造世界級首都」的主軸概念，期望藉此告訴市民支持馬英九打造世界級首都的目標不僅不會停頓，還會看到一定的成果，而「台北未來不是夢」則是強化確認主軸的元素[50]。而之所以有此定調的作爲，筆者認爲與馬英九的個人特質與環境亦有關係，首先，馬英九以現任市長的優勢，同時在競選對手與其差距頗大之情況下，大可在其熟稔市政規劃的願景上多做規劃，給予台北市民希望；另一方面，大環境中政治經濟的混亂多少使民眾對政治沒興趣，跳脫政治選舉的框架來看問題，民眾較能接受。至於形象定位的部分，亦是延續四年前的論述，以「一路走來、始終如一」來強化馬英九的形象特質。

從二〇〇二年十月開始，馬陣營開始打出一波波的電視廣告，對此馬陣營強調電視廣告秉持「重質不重量」原則，以三波競選廣告爲限，且文宣以塑造溫馨氣氛爲主；發言人金溥聰表示，馬陣營想要強調的是多元包容的台北面貌，不希望在文宣中畫大餅、說大話[51]。

十月三十日，馬陣營打出首支電視廣告「台北未來不是夢」，主要內容取材眞實畫面；金溥聰說，整部廣告最大特色就是「眞實」，沒有臨時演員，沒有虛構腳本，從馬市長致力市政建設，進而突顯競選主軸「一路走來、始終如一」[52]。

第二波電視廣告「台北水噹噹」則於十一月十二日推出，目的在呈現台北市悠閒、美麗、精緻與人性的一面；分別是四部長二十秒的廣告，即「腳踏車篇」、「台北理想家篇」、「教堂結婚篇」及「黎明來臨篇」，內容記錄了台北各式各樣的景觀及生活片段，如高大建築、充滿年輕朝氣的女子樂儀隊表演、教堂前拍攝婚紗照的新人等，背景音樂是輕哼「我的未來不是夢」爲襯底，夾雜著小孩嘻笑聲及雞啼聲等。而四則廣告最後畫面的字幕，分別是搭配以《美國新聞週刊》調查「台北市是亞洲最適合居住的城市之一」、《天下雜誌》報導「在台灣，台北市是最多人想往居住的城市」、《康健雜誌》報導「最多民眾肯定馬英九對女性福利的重視」；從內容不難發現馬陣營透過報導證據推銷政績的企圖。

十一月十四日，總部發表第三支電視廣告「智慧篇——給陳總統鼓一個掌」，金溥聰指出，該支電視廣告主要在強調馬英九堅持優質選舉絕非口號，片中以對比的方式來突顯馬英九對優質選舉的堅持；如陳水扁指馬「香港腳走香港路」、李應元指馬「未見笑」，但馬英九仍稱許陳總統爲台北市做了貢獻，仍要給他鼓一個掌爲內容來突顯。金溥聰亦坦承這支廣告是略帶對照的比較性，強調馬英九的正面形象[53]。

深入就內容來分析，馬陣營實踐了「高格調選戰」的原則，故廣告中皆是以「塑造或延伸其好形象」（以強調候選人、政黨特質、政績、口號標籤、感性事績、他人保證或推介來贏得選民好感，以強化本身形象）爲宗旨，幾乎沒有攻擊對手的謾罵聲出現，也符合其「一路走來、始終如一」的形象定位；此外，馬英九施政成果亦反映在居高不下的民調支持度上，是以以「政績」爲主的「執政者策略」便順勢的反映在其廣告中（約占八成）。

就報紙廣告來看，最初的幾篇報紙廣告是以全版來釋放總部成立邀請全民參加的訊息；分別是「馬來了」、「揚蹄出發」及「請上座」。廣告影像內容則是選取與馬有關的事務，如一大群馬、馬蹄及馬鞍，以搭配馬英九的形象。

十一月初到十二月初則分別是「看！馬英九做的好事」、「垃圾袋」及「捷運婦女候車區」等三篇「政績式」廣告：「好事篇」以密密麻麻的文字臚列了馬英九對台北各行政區的貢獻，「垃圾袋」則是以台北市榮獲「亞洲廢棄物管理傑出獎」的例證來突顯「垃圾費隨袋徵收」的政策，「捷運婦女候車區」則突顯馬市長任內對婦女政策的用心，來爭取婦女選票。

此外，總部從十二月二日起一連五天在各大報刊登平面催票廣告，包括「馬吃草篇」、「搶飯碗篇」、「畢業紀念冊篇」、「垃圾車篇」、「耍特技篇」、「營養午餐篇」、「破碗篇」、「斷筷篇」、「筷子團結篇」、「泛藍泛綠篇」、「蓋章篇」及「抹黑篇」等十二篇。這些催票廣告不論是以何種論點作出發，最後會以呼籲選民十二月七日一定要出來投票給馬英九的訊息來做結論，是明顯的催票文宣。而「搶飯碗篇」、「畢業紀念冊篇」、「垃圾車篇」、「耍特技篇」、「營養午餐篇」、「破碗篇」、「泛藍泛綠篇」及「抹黑篇」等，則是以略有攻擊色彩的訊息文字來呼應民眾對現狀的不滿，以進行催票的企圖，較屬於攻勢的文宣。至於「馬吃草篇」、「斷筷篇」、「筷子團結篇」及「蓋章篇」則是標榜馬英九一貫平和、不抹黑的競選方式，呼籲民眾認同，進而激起選票團結的正面表述。

進一步分析，在主軸策略上，以正面塑造形象的廣告爲主，約占56%，略帶攻擊（勢）色彩的廣告也約有44%。就攻勢文宣而言，鎖定在民進黨執政對大環境的負面影響上，但攻擊火力並不強，可說仍謹守著「高格調」的分寸；以形象來說，政績仍是主要的論述，包括做好事篇、捷運婦女篇。

至於在攻擊方式的部分，帶有直接攻擊訊息的廣告占75%，比較訊息者約25%；至於攻擊的議題主要是對大環境的問題作楔子，攻民進黨的執政能力（約占74%），如「畢業紀念冊篇」及「垃圾車篇」皆是。其餘對對手人格及黑金政治問題者也占13%。攻擊的時間方向上則以回溯性攻擊爲主，此點亦能配合大環境部分，同時質疑對手執政能力；前瞻性攻擊則占13%，其中恐懼訊息搭配使用，意即倘對手投票給對手，將會爲台北帶來災難等，如「抹黑篇」[54]。

(三)民進黨李應元陣營

從選前三個月，大約是二〇〇二年九月初開始，李應元的大選主軸「讓台北IN起來」開始設定，李應元表示，IN是一個年輕的語言，而這樣的語言也適合如台北市這樣一個年輕的城市；而IN也有「硬」的意思，代表做事情肩膀要硬。此外，李應元也解釋了「世界級台北，百分百行動」的意義，他表示在世界各大城市不斷在進步的同時，台北的腳步相對來說已經慢下來了，所以需要百分百的行動力來推動台北市建設[55]，而欲將自己形塑成「有魄力、有擔當」的形象。

而「世界級台北」似乎也隱含了「中央背書」的強力奧援，亦將李應元、陳水扁、民進黨及總統府作了更形緊密的連結。

綜觀李應元陣營這次的競選廣告，有攻擊馬英九施政的部分，亦有提出形象、政見的部分；以前者而言則包括「點字篇」、「色情篇」、「老鴇篇」、「小姐篇」、「哈啾篇」、「畢業紀念冊篇」及「草率篇」。與形象政見有關的則有「魄力決心篇」、「機場篇」、「公園篇」、「客家風情篇」及「棒球篇——再見大地轉」。

從二〇〇二年九月開始李應元陣營就開始製播電視廣告，而前幾篇大多是攻擊性的廣告，首支競選廣告是以盲人點字，配合時間滴答聲的「點字篇」，李應元對此表示就四年來台北市的交通不順、色情再起，整體情況變差了，透過廣告中盲人點字、時間滴滴答答的流逝，提醒台北市民不能再等待了，台北市要重回往日光榮，需要有魄力的李應元[56]。筆者認為此篇廣告最重要的一個重點就是李陣營擬具了攻擊馬陣營的主調——魄力不足。接下來的幾篇廣告，李陣營則進一步將其鎖定馬英九施政上的問題與「魄力不足」作連結。

以「色情篇」來看，李應元競選辦公室表示，過去因為有「社區參與條款」，大型色情酒店根本無法開張，可是，今年二月五日，馬市長卻刪掉「社區參與條款」，從此經營色情酒店變得容易許多。十月二日北台灣最大的色情酒店開幕，色情行業肆無忌憚的「騎馬入京城」，完全不將公權力放在眼裡，是台北市民的悲哀[57]。進而的兩支與色情有關的廣告「老鴇篇」及「小姐篇」，內容是以類似知名品牌的證言式手法，批評馬英九縱容台北市色情業氾濫，以呼應前一支廣告。

接下來的兩篇，「搖頭丸」變成了主攻標的。在十月二十四日公布的「哈啾篇」中，李應元表示，以前搖頭丸在PUB才買的到，現在竟然在公園就可以買到；今天台北市的搖頭丸問題卻日漸嚴重，公權力已蕩然無存[58]。「畢業紀念冊篇」畫面則是呈現紀念冊中四十個人搖頭晃腦的樣子，加上「對你而言，這些是別人的孩子。但，別人的孩子，卻會影響你的孩子」的文字旁白來主打北市搖頭丸氾濫情形。

十一月開始，廣告呈現了李應元對政策的主張，包括概念相互連貫的「機場篇」與「公園篇」，訊息傳達的皆是「遷機場、蓋公園」。十一月另外呈現的廣告主軸則是形象；以月初的「魄力決心」來看，內容以現身說法的方式來呈現，李應元表示，他的魄力與決心絕非是信口開河，而是用生命換來的體驗。「再見大逆轉」則藉由棒球賽好戲總在最後一局上演的「常態性」，隱喻李應元將秉持著奮戰不懈的精神，逆轉局勢，贏得台北市長選舉。至於「客家風情篇」則是爭取特定族群的競選廣告，以李應元之客家背景爲基礎，片中找出許多客家大老，以類似背書的方式，來爭取客家票源。

作爲挑戰者的李應元，在策略上明顯地表現出「挑戰者」慣用的攻擊策略，以十二支電視廣告來看，約有六成（58.33%）皆呈現出攻擊的元素，其大都置焦於所設定之馬英九施政的色情及搖頭丸問題上；其次是形象塑造類型（約25%）及政見類型（約17%）。至於政見類型的廣告都圍繞在「遷機場、蓋公園」的機場遷建交通問題（包括交通運輸的維護或增加）上，這也是李應元在選戰中後期所強打的政見，而陳總統及游院長都對其有某程度的背書，其他的政見訴求在電視廣告中並無出現。

形象塑造的廣告有三支，「客家風情」是標準的強調血緣派系的廣告，「魄力決心篇」則是強調李應元的個人特質，在廣告中其以個人自述的方式來強調自己的決心與魄力，很明顯地其是想用這篇廣告來形塑自己有魄力，並落實其建構「馬英九無魄力」的主軸訴求。「再見大逆轉」亦是同前兩篇以自述的方式來突顯形象。

根據鈕則勳（2003）的研究指出，李陣營推出的負面廣告，直接攻擊占最多數（約57.1%），即以影像、言語及文字來直接攻擊其他候選人或政黨的錯誤和缺失；其次是以藐視性幽默——戲劇手法或剪輯方式，醜化候選人或政黨，占28.6%，如「老鴇篇」及「小姐篇」皆是以暗喻的方式嘲諷對手對此類問題的處理能力。在攻擊對象方面，約有七成一（71.4%）的負面廣告是對馬英九施政的攻擊，占了最大多數，如色情及搖頭丸問題；其次才是馬英九的特質與作爲，約占29%。政黨部分李陣營則並未開火。在攻擊議題方面，以抨擊治安及社會現況爲最多，占71.4%，如「色情篇」、「老鴇篇」、「小姐篇」、「畢業紀念冊篇」等皆然，而在其中亦直接表明「馬英九做不好，李應元做」的訊息，期望形塑「換人做做看」的心理。另外，這些攻擊廣告在時間方面大多是回溯性攻擊（約85.7%），只有「小姐篇」中提到了「再給馬市長四年，台北的色情會更氾濫」，較屬於前瞻性攻擊的內涵。

第四節　二○○四年總統選舉

競爭空前激烈的二○○四年總統大選，在綠營小勝藍軍兩萬九千多票的情況之下，維持了其執政權；三一九槍響戲劇性地將原本有利於國親的權力槓桿轉向了原居落後的陳呂配，也由於了槍擊事件導致國親提出「選舉無效之訴」，大選雖結束，但爭議仍未解決。即使如此，在這次的競逐中，兩陣營透過媒體進行宣傳之攻防，可謂非常慘烈；國親資源遠不如二○○○年時，此亦導致了在宣傳機制上的簡單化及統整化，所製播的相關廣告亦引起了媒體及民眾之注目，而執政的民進黨原本就以文宣廣告見長。故在這次之競選廣告攻防戰中雙方針對對方弱點進行攻擊之廣告似乎皆成爲了注目之焦點，本節觀察一下兩陣營之廣告。

環境分析及相對優劣勢

影響大選之相關因素分析

　　本次大選是泛藍整合欲對抗陳水扁連任的對決型選舉，戰況廝殺頗為慘烈，其中亦有許多相關事件對選情皆造成了重大之影響。

1. 國親聯盟形成：二○○三年五月連宋配成局，民調支持度超過50％，藍軍士氣大振，也替扁政府形成莫大壓力；由於二○○○年選舉國民黨連宋分裂，扁陣營三強分立之戰略奏效，國民黨喪失五十年來的執政權，是以大選落敗後的藍軍漸認知唯有團結的泛藍軍才能對抗擁有行政資源的扁政府。是以連宋配成局對藍軍是大利多，也使此次大選進入了兩強對決之型態，選情因而緊繃。

2. 經濟面向：扁政府執政後在經濟發展的部分一直為在野黨所詬病，所以在前幾次的選戰中，藍軍大多置焦扁政府的經濟痛腳進行攻擊，而政府拚經濟的承諾也不斷變成了扁政府一再宣誓的執政目標。

3. 兩岸關係面向：扁政府上台後，兩岸關係並無多大進展，雖然將行之有年的「戒急用忍」政策，作某程度地放寬及調整，但三通的未見展開，卻一直使兩岸關係停滯不前，而台商轉機從商路程往返之問題持續存在，都使兩岸問題在台灣選舉中皆占有舉足輕重之地位。

4. 台灣意識擴張：以前總統李登輝為精神領袖，標榜台灣本土意識台聯崛起，在立法院中占有一席之地，皆對綠營選票擴張有其助益；而接連幾次舉辦「台灣正名」、「公投制憲」等大遊行，不僅將該項議題進行某程度之設定，也連帶使「台灣意識」

變成了台灣之主流價值。而價值的重新建立，挑戰原有「中國概念」的相關意識形態，也為這次的選戰提供了另外一場論辯的交鋒。

相對優劣勢分析

■國親聯盟部分

以本次選舉來說，國親之優勢為政策能力、人才團隊、處理經濟事務之能力、處理兩岸關係之能力，此些能力是較被一般民眾所認知的，同時從坊間民調中亦能佐證；至於劣勢部分，國民黨之黨產問題持續未解決是一大弱點、改革性格及成果並不明顯、缺乏行政資源等。

至於機會及威脅之部分，民進黨執政經濟下滑為環境所賦予國民黨的一個頗大的機會點，倘能配合相關經濟優勢，應能利用機會進行優勢行銷；至於威脅的部分，民進黨掌握議題主導能力亦善於創造議題，如公投議題或台灣民族相關議題（如台灣正名、制定新憲等）就幾乎是民進黨主導，國民黨多次陷入被動因應。

■民進黨部分

以優勢及機會來說，由於執政而來的行政資源是民進黨競選的一大強項，競選支票之兌現即為政績的展現，透過執政政績企圖囊括選票，遠比相對弱勢的國親聯盟有其利基。其次，民進黨的議題主導能力也多能為民進黨加分，如公投、正名及制憲的遊行或活動，皆能夠成為新聞焦點，進而主導議題，而國親聯盟對此總是陷入被動接招之境。

以弱勢及威脅來看，民進黨執政經濟未見好轉，失業率未明顯改善，一直是國親攻擊的主要項目，應該如何防守，是民進黨之當務之急；其次，雖有行政資源但政績不亮麗，也是這次民進黨可能會面臨的盲點，如何進行解套，亦考慮著民進黨的智慧。再者，兩岸關係的停滯不前也是扁政府現階段無力突破之困境；最後，面臨整合的泛藍軍，基本盤原居相對弱勢的扁政府要如何擴張原有結構，攻城掠地，也是其面臨的一大挑戰。

各陣營之競選廣告策略

㈠民進黨陳呂陣營

二〇〇三年十二月民進黨推出了第一支廣告「阿扁加油——國歌篇」(圖9-2)，其中除以國旗國歌做背景外，亦將陳水扁執政之相關政績作爲主要的訊息，同時於末尾時打出了「相信台灣，堅持改革」的主訴求及識別系統；其中除了有彌補對手攻擊「沒有政績」的相對弱勢外，強化既定印象「改革」所形塑之優勢這項企圖亦不言可喻。倘將電視廣告進行階段性之分期來看，前期主要是攻擊，包括對連戰

圖9-2　「阿扁加油—國歌篇」廣告
強化政績
(圖片提供：民主進步黨)

個人、國民黨黨產等；如諷刺連戰只會拿香跟拜的「鸚鵡篇」（圖9-3）、呼籲國民黨歸還黨產的「黨產篇」三篇及攻擊連戰父子兩代公務員致富傳奇的「連戰財產篇」、「連戰到底多有錢篇」及攻擊連戰個性的「連戰沒擔當篇」。其中，「鸚鵡篇」則是以「諷刺性幽默」的方式將連戰類比成一隻只會學人說話的鸚鵡，而只會效法陳水扁，而「黨產篇」及「連戰財產篇」則是期望將民眾所厭惡的黑金與國民黨及連戰產生所謂「連結」的效果。

從「拜年篇」開始進入選戰中期並開始強打政績，如宣傳政績的「又快又省錢篇」、「有阿扁，私房錢多一點篇」，而搶客家票的「客家女婿篇」或是「阿扁學客語篇」（圖9-4）則是明顯地欲彌補客家票之相對弱勢。

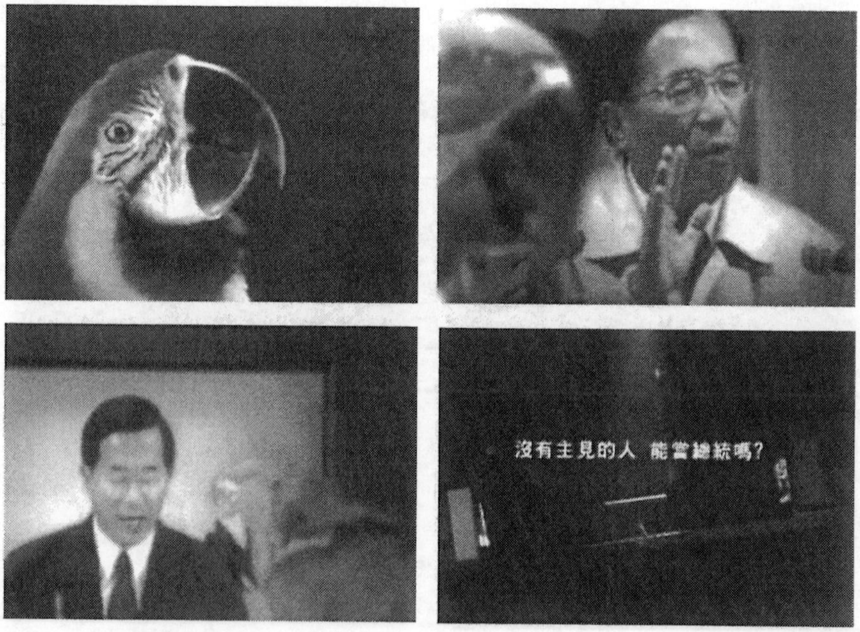

圖9-3 「鸚鵡篇」廣告
諷刺連戰拿香跟拜
（圖片提供：民主進步黨）

圖9-4　「阿扁學客語篇」廣告
突顯陳水扁對客家族群之重視
（圖片提供：民主進步黨）

攻擊連戰和黑金難脫關係的論述仍是主要之攻擊點，如以美國政治人物安格紐逃漏稅爲內容，企圖攻擊藍軍的「台灣也有安格紐」篇、藉海外通緝要犯來諷刺國民黨仍與黑金脫不了關係的「黑金篇——我等著你回來」等。總部新聞部主任鄭文燦表示，這支廣告所表達的就是國民黨與黑金掛勾的緊密關係，過去台灣的黑金在民進黨執政時期已經漸漸消失，所以許多期待國民黨能再次執政的人，包括潛逃海外的通緝犯，都公開支持連宋反對阿扁，爲的就是希望能藉著選前站出來，然後在選後通通回來[59]。

後期則置焦「公投」並進而催票，大致是從二二八牽手護台灣之後。包括以二二八牽手場景製播的「台灣長城篇」（圖9-5）、突顯民進黨對民主的貢獻並強化「公投的一小步是台灣安全一大步」觀點的「堅持進步篇」，標榜陳水扁重視女性的「相信女性、台灣第一」，強

圖9-5 「台灣長城篇」廣告
強化推銷活動之成果
（圖片提供：民主進步黨）

化相信台灣堅持改革主軸的「慢跑篇」，透過小老百姓挺扁的「認眞打拚篇」及最後一天的「李遠哲挺扁」皆與此後期主軸有密切關係。除此之外，攻擊連宋仍是後期重點，包括「連戰只想占位子篇」、「選票只投給做事的人篇」，及以東南亞國家副總統挑戰總統權威爲背景論述進而挑撥連宋關係的「各懷鬼胎篇」等。以「台灣長城篇」來說，總部發言人吳乃仁指出，二二八當天高達五百公里的兩百萬人龍，已經成爲全世界媒體注目的焦點。而且美、日、歐洲等國際各大媒體多以「台灣兩百萬人龍抗議中國飛彈」的標題，報導這個活動的政治意義。因此，競選總部以「我們都是台灣長城」的概念，製作成九十秒的電視廣告，呼籲全民「二二八手牽手，三二〇來公投」[60]。而「堅持進步」廣告除了宣揚公投理念外，亦是對比國民黨的不改革，鄭文燦指出，台灣的進步，是在民進黨堅持改革，而國民黨以危險爲由反對之下，一步一步向前走。從解除戒嚴、國會改選、總統直選到政黨輪替，都是如此。而公投是深化台灣民主、維護台灣安全的重要一步。

進一步以廣告內容訊息來看，大致可分爲三種類型，首先爲「相信台灣，堅持改革」之主軸系列，基本上是以政績爲出發點。第一篇「國旗篇」除了宣傳扁政府政績以彌補連宋陣營批評其無政績的弱勢之外，亦將大選主軸作陳述；此外還有標榜交通政績的「棒球篇」、福利政績的「私房錢篇」、後期的「相信女性」、「慢跑」、「認眞打拚」等。至於「堅持改革」之另一面向，扁陣營則將其置焦於「反黑金」的論述上，包括三篇打國民黨黨產的「黨產篇I、II、III」外，亦將戰線拉長到連戰家產的部分，是以有暗喻連戰父子是靠特權才累積龐大家產的「兩代公務員篇」，中後期的「安格紐」及「我等著你回來」等。而除了上述將連戰與黑金劃上等號的攻擊之外，第二類則是針對連戰個性及施政或是連宋關係作出的攻擊廣告，「鸚鵡篇」、「連戰沒擔當」、「只想占位子」屬於此類；至於連宋關係也是扁營著墨之重點，如選前兩天的「各懷鬼胎篇」。

第三類則是與「公投」有關之廣告；包括「台灣長城」、「堅持進步」等。

至於報紙廣告，民進黨似乎並非將此部分列爲主打；綜合來看大致有幾類型，其中訊息和電視廣告頗有呼應。

首先，是以攻擊連戰及國親陣營爲主；包括打連戰漏報財產的「連戰品格篇」、打國親兩岸政策並強打反飛彈公投的「反飛彈公投」、呼籲繼續反黑金的「全民站出來，一起反黑金」，另外又有如二〇〇〇年大選時的廣告般，扁陣營刊登了兩篇「你選哪一邊」，其中將連宋與陳由豪、伍澤元連結來對比陳呂、李遠哲及林義雄，呼籲民眾作出抉擇，其中亦有反黑金的策略意涵。

其次，報紙廣告的重點似乎是放在公投上，如以二二八牽手活動照片爲訊息進而呼籲大家「三二〇我們去公投」的「公投篇」，以懷孕婦女爲畫面之「爲下一代多投一票」(圖9-6)，以威爾遜、邱吉爾等領導人的言論所建構的「眞正的領導人才知道和平」，呼籲參加的「三一三牽手公投大遊行」。

再者，是以小市民作爲代言人的挺扁系列，包括強打陳水扁金融改革之「企業主挺扁篇」、婦幼政績的「婦女挺扁篇」。至於催票部分則包括呼籲電話催票的「反攻台北城」及呼籲參加造勢活動以進行固票的「守護勝利、守護台灣」。

總括來說，阿扁於二〇〇〇年「扮黑臉打黑金」強化了改革形象，當與勝選有關；但現今民進黨的正面廣告中，打黑金的相關論述

圖9-6 「為下一代多投一票」廣告
宣傳公投
(圖片提供：民主進步黨)

只於前期的「國歌篇」中些許呈現，在中期廣告中皆無。現雖有企圖建構連營與通緝犯連結之「我等著你回來」、批逃漏稅的「台灣安格紐」兩篇，或早先「打黨產」的廣告，但這些論述充其量只是「破」，而無法創造出眞正能夠烘托主軸、強化優勢之「立」的格局，不僅無法告訴民眾阿扁在原本的優勢——改革魄力上有多少成果；更甚者，其執政能力及改革魄力同樣會被懷疑。

民進黨絕對不能忘了「改革形象」是阿扁二〇〇〇年勝選時的關鍵利器；扁營雖有追討國民黨黨產的負面廣告，但該些廣告卻無法告訴民眾，阿扁在原本的優勢——改革魄力上有多少執政成果。沒有積極強化形象的結果使得阿扁的「改革形象」日漸消融，從相關的民調中年輕族群選票支持度的下滑，可見一般。故如何傳輸民進黨及阿扁改革魄力之訊息，仍應是日後扁營或民進黨廣告策略當務之急。

㈢國親聯盟連宋陣營

倘以此次國親競選主軸來看，其是置焦於「拚經濟、拚和平、救台灣」的三項論述上，多少能夠符合以上經濟及兩岸政策之相對優勢上。王金平說，將拚經濟作爲連宋主軸，主要是考量此爲台灣當前最需要的，而「政局安定」也是連宋將宣示的目標，連宋將訴求兩岸穩定、平和，國內則訴求族群和解[61]「同心協力，打拚救台灣」，國民黨主席連戰強調，國親合騎協力車，代表國親只能靠自己，腳踏實地，同心協力，齊力斷金，讓「台灣領先，繁榮重現」[62]。中期之後，國民黨則開始建構「改變才有希望」，期望藉此形塑「二次政黨輪替」之可能性；至於「換總統，救台灣」則是後期主訴求，亦可將其認知爲一切訴求的總和，而此訴求則是從「三一三大遊行」之後具體強化。

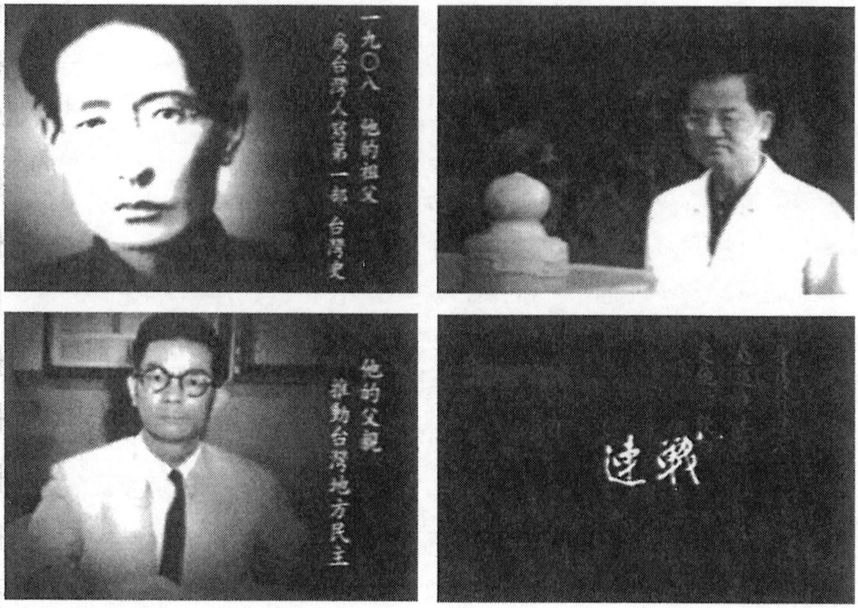

圖9-7　「台灣歷史篇——連戰」廣告
強化連戰本土性格
（圖片提供：中國國民黨）

競選初期（二〇〇三年十二月至二〇〇四年一月）——拚經濟、拚和平

二〇〇三年十二月，藍綠陣營的競選廣告戰儼然已經開打，藍軍則推出了強化連戰本土形象的「台灣歷史篇」、諷刺陳水扁從三級貧戶變成和財團同一國的「一邊一國篇」、反高失業高學費及健保雙漲的「無麥安奈篇」及攻擊陳水扁搞衰經濟的「不樂透——爸爸買不起篇」。從廣告策略上來看，國親的競選廣告都有在「強化優勢、彌補弱勢」的策略基礎上下工夫，同時和「競選主軸」皆有某程度之連結。好比說，「台灣歷史篇——連戰」（圖9-7）就是在補強連戰之於陳水扁之相對弱勢，即本土性的不足，所以廣告中才有連戰父祖輩，如連橫及連震東對台灣貢獻之相關論述。而藍軍之所以打「爸爸買不

起篇」（圖9-8）及「無麥安奈」，則很明顯的是希望藉由其與綠軍在經濟上之相對優勢，來猛攻陳水扁政府搞衰經濟，此舉亦頗有和競選主軸「拚經濟、救台灣」有相互呼應之處。

而「無麥安奈篇」則是用了「以子之矛攻子之盾」的方式，用扁自己說過的話「就是好運當上總統，無麥安奈」來攻擊其施政，同時配合失業勞工、繳不起兒子學費的農民及交不起健保費的病人作爲代言人來鋪陳「選民反對你」的策略。

二〇〇四年一月十日上午公布一支名爲「媽媽黨——孩子的背影」（圖9-9）的最新一波大選電視廣告，片中以一位母親的獨白，訴說教改失敗後，孩子壓力沉重，美麗不再，這位母親憂心的質問同爲人母的第一夫人吳淑珍，若把小孩交給這樣的政府，四年後不知道孩子會變成什麼樣子，實在「不應讓我們的孩子再這樣過四年」！國民黨發

圖9-8 「爸爸買不起篇」廣告
攻擊扁政府搞衰經濟
（圖片提供：中國國民黨）

圖9-9 「媽媽黨─孩子的背影」廣告
攻擊扁政府教育政策
(圖片提供：中國國民黨)

言人周守訓說，這波電視廣告主打台灣媽媽的心聲，她們不關心政治不在乎定位、認同等口水爭議，基本上「媽媽黨」不問政、不偏激也不支持特定政黨，但是，看到民進黨執政近四年所造成的各種亂象衰退，「媽媽黨」可以有權利換一個給他們孩子更好、更安定、更幸福的政府[63]。十五日，國親繼續推出「媽媽黨」第二支「買菜篇」，片中旁白因此特別表示，「不支持任何一黨，只希望能擁有安定、快樂、美麗、富足的生活」[64]。一月下旬推出強調連戰沉著穩健的「領航者篇」，其透過邱吉爾及羅斯福爲例，指出「冷靜、沉著、穩健」是穩定大局的領航者必備之條件，而連戰擁有這些條件，是能夠帶領台灣在全球穩定發展的領航者[65]。雖然有「連戰——台灣歷史篇」及「領航者篇」這幾篇正面廣告，但以此階段來看，負面攻擊廣告幾乎是連陣營在此階段的主要戰略，畢竟，第二品牌對執政者通常會使用「攻擊策略」。

競選中期（二○○四年二月）——改變，從現在開始

過年之後，國民黨推出了「道歉篇」，以詼諧的反諷方式呈現民進黨執政以來青年朋友所面臨失業、經濟能力不足的困境，希望藉此喚起青年選票「棄扁效應」，爲連宋爭取青年族群票源[66]。其後則陸續推出以鄭成功、劉銘傳等並非生於台灣但對台灣做出重大貢獻以對抗「外來者」耳語的「台灣歷史篇」，及對勞工、農民、運將、學子等的「連戰承諾系列」；陸續又有強調族群融合的「愛使我們在一起篇」，標榜改變從現在開始的「社會篇——民眾心聲」、宣傳競選主題曲的「台灣人的願望」等電視廣告等。以此階段來看，正面文宣已經開始出籠，主軸概念漸漸聚焦於「改變從現在開始」及強化族群融合之概念。以社會心聲篇來看，片中以各階層的民眾對國家社會未來發展的憂心作出發點，以建構「改變，從現在開始」的合理邏輯。

競選後期（二○○四年三月）——換總統救台灣

三月份開始，競選廣告的力道開始加強，針對民進黨兩波客家廣告形成對國民黨在客家票源產生威脅之際，國親也馬上製播了一支「客家考試篇」（圖9-10）來作反制，其中突顯扁政府在國家考試中竟用河洛話出題，根本是不顧客家人之權利，其後又有以宋楚瑜省長印記爲主要訊息的廣告。至於爲何用「宋楚瑜牌」主要是希望以省府團隊成績喚起客家鄉親的記憶，宋楚瑜也從三月五日左右開始勤走桃竹苗客家選區固票[67]。三月三日電視競選廣告「麥擱打篇」及代替因爲李遠哲抗議而臨時決定下檔的「無麥安奈II篇」；「麥擱打篇」是以詼諧的方式突顯陳水扁執政以來，平均每年增加三千四百六十五件暴力犯罪、四萬四千七百六十三件刑案，一個連人民生命、財產都不能保護的政府，人民當然要用選票讓他下台[68]。

三月六日則公布最新一波電視廣告「公投篇」（圖9-11），影片透過小老百姓對公投需要花費五億元舉行，結果卻對政府毫無拘束力來

對啊！陳水扁不是在學客家話嗎？
國家考試用閩南語出題
都四年了，怎麼還在學啊?
尊重客家人

圖9-10 「客家考試篇」廣告
攻擊扁政府不重視客家族群
（圖片提供：中國國民黨）

呈現陳水扁執意違法公投的荒謬。發言人周守訓指出，三二〇公投的兩項題目，國防部及陸委會已經分別回應說，不論結果如何，反飛彈裝備還是要買，兩岸還是要和平談判並互派代表；這樣的公投有何意義？三二〇公投可以說是多此一舉的廢話公投及賣台公投[69]。為何於此時針對「公投」進行著墨，筆者認為在民進黨「二二八牽手」活動開始，民進黨已經聚焦「公投」，並強調「台灣第一次，世界都在看」；是以國民黨透過此篇廣告，多少也有反制的意味。

十四日連宋陣營公布最新電視競選廣告「台灣您好篇」、「唐先生篇」及「水餃篇」。「台灣您好篇」是取「二號」、「你好」的諧音，希望能形成「台灣有禮貌」風氣，大家見面能互道「你好」，緩和社會因選舉而瀰漫的暴戾之氣。「水餃篇」是諷刺陳水扁的總統府已成為政商勾結中心；至於「唐先生篇」則是引用廣告主角「唐先

圖9-11　「公投篇」廣告
反制公投
（圖片提供：中國國民黨）

生」，四年前不愼選錯陳水扁，造成經濟下滑、景氣蕭條、公司倒閉，唐先生的生活也無以爲繼。四年後，翻身的機會來了，唐先生決定選擇會治國的二號連戰、宋楚瑜，從此可以告別苦日子。而在「三一三大遊行」後，許多廣告皆是剪接當天畫面，特別是連宋親吻土地的畫面，配合競選歌曲，希望能夠將氣勢持續到最後，此時「換總統，救台灣」的訴求，幾乎在每支廣告中都會出現（如圖9-12台灣人民站出來篇）。

以後期藍軍的廣告來看，大約有三個趨勢；其一爲針對公投來作反制，如以小人物爲主角批評公投花大錢的「公投篇」，文中亦再以陳水扁「無奓安怎」的論述畫面來配合以突顯陳水扁的鴨霸。其二則是環繞在「三一三大遊行」的訊息上，主打「換總統救台灣」，相關的廣告包括「奓擱打篇」、「三一三遊行」、「求神明篇」、「連鎖反

圖9-12 「台灣人民站出來篇」廣告
強化宣傳活動成就
（圖片提供：中國國民黨）

應篇」等。第三個趨勢則是進行催票，「王金平、馬英九呼籲篇」、「再沉淪四年篇」等皆屬之。

以本次國親的廣告策略而言，主要是由國民黨文傳會負責，文傳會主委蔡正元表示，競選總部文宣組依照當初的分工，廣告是國民黨的業務，但廣告的原始創意不一定來自國民黨；至於連宋陣營推出的每支廣告，製作的廣告公司也不盡相同，蔡正元說，「一切以比稿決勝負」，所有的廣告都經過比稿，誰的劇本好，預算可控制在兩百萬元以內，誰就可以獲得，他不會在乎廣告公司的大小[70]。以廣告目標對象來看，蔡正元表示每支廣告都有清楚的訴求對象，將視選情播出[71]。

從主軸策略來看，攻擊對手之廣告占最多數，約56.41%，其次是形象塑造類型的十二支，約占30.77%，政見部分有五篇，占25.75%[72]。

連宋陣營主軸策略之最大部分爲攻擊廣告，頗合乎一般文獻所載挑戰者常使用攻擊戰略，由此亦可窺見藍營企圖藉攻擊扁政府施政之弱點，希望能多少發揮選票轉移之效。倘細部來看攻擊廣告，直接攻擊占了最大部分，共十七支，約占77.27%；以攻擊對象來看則是以扁的施政政績爲最大宗，約有十六篇，占了72.73%，攻擊議題以執政能力爲主，約占36.36%；攻擊時間則是以回溯性攻擊爲主，占95.45%，因爲其是主攻績效之故[73]。

至於報紙廣告的部分，階段大致如前，筆者亦可依其屬性分成下列幾大類型。首先，是屬於「負面攻擊」部分，包括二○○三年十二月的「玩火的孩子」，二○○四年一月「陳水扁請閉嘴退選」；二月開始國親陣營火力全開，其中包括「陳水扁是三反五反的反對派」、「中共指條當聖旨篇」、「衰退篇」，「陳水扁僞造政績篇」、「繼續過苦日子篇」、「投資衰退篇」、「把客家人當選舉道具篇」「烏魯木齊共和國團隊」。爲了配合二二八紀念日及婦女節，有相關廣告，如「捐血篇——千萬人心連心」、「族群和諧篇」，「妳能爲台灣做些什麼」等。

其次，攻擊至一定程度後開始出現主打政見或之前政績之廣告，包括總體政見之「改變才有希望——連戰承諾系列」提出青年十大政見的「連戰肩膀讓你站篇」（圖9-13），主打公投北中高縣市合併的「縣市合併」及「公投合併三都會」，還有募兵制訊息訴求「我支持募兵制篇」，強化兩岸政策優勢的「我們支持直航篇」，還有強化特定軍警族群支持的「連宋給警察的一封信」；政績則有「做事的人尚讚篇」，而「拚經濟要靠眞本事」則有強化國親基本優勢之意圖。

「換總統」系列則是呼應主軸「換總統救台灣」，此類廣告亦有形塑連戰在個性上之相對優勢來建構連戰的「總統板」，同時亦有呼籲民眾參加三一三反扁嗆聲活動之訊息，亦頗有「攻守兼具」的特色；包括「換總統救台灣——全民總動員」、「人民不應這樣被對待篇」、「換總統——終結阿扁的鬥爭篇」、「站出來篇」、「換總統，終結阿

圖9-13 「連戰肩膀讓你站」廣告
政見行銷（青年政策）
（圖片提供：中國國民黨）

扁的獨裁」、「換總統——終結阿扁的魔咒」、「爲了台灣全家上街頭」、「沉默火山爆發篇I、II」、「換總統——相信連戰的謙卑」、「換總統——選擇連戰的包容」、「換總統——給孩子一個機會」、「換總統——選擇連戰的視野」、「換總統——選擇連戰的穩健」及「換總統——找回眞正的台灣」。此類的廣告亦有將「三一三遊行」的照片配合文字作強化處理，頗有強化動員能量之意圖。

最後一類是屬於「催票」系列；包括「緊急搶救台灣」、「我又催到一張票」、「不能沒有你這一張票」、「美好明天只差一站」、「輸贏關鍵只有1%」（圖9-14）、「二次政黨輪替」、「總統你選誰」、「馬英九篇」、「國旗不能消失篇」。總括來說，連宋陣營這次報紙廣告大約有五十篇。

綜觀國親聯盟的廣告，筆者認爲其中有一個較大的問題，即「經濟及人才」團隊之優勢，在廣告中亦無多少呈現。國親打了那麼多攻擊阿扁施政搞衰經濟的廣告，但是並無強大的廣告訊息告知選民「我國親聯盟多的是經濟人才、政策及堅實的團隊，能振興台灣經濟」的相關論述。或有謂在造勢活動中及白皮書發表的記者會中，有端出經濟政策牛肉；但要知道，大部分的民眾都是不參加造勢活動，無法得知有經濟政策出籠，或是相關白皮書之內容於媒體中之陳述，並無原

輸贏關鍵只有1%
明天，不能少你這一票！
緊急搶救台灣 黃金24小時！
不能輕敵，不能鬆懈！
研究資料顯示，綠軍投票率90%，高過藍軍的70%
綠軍已運用各種方式到處搶票！
把握最後一天，隨時隨地拉票，
你的行動，決定台灣的未來！
② 連戰 宋楚瑜
換總統！救台灣！延燒318的熱情，今晚參加晚會，帶著國旗與螢光棒揮舞藍色創意！

圖9-14 「輸贏關鍵只有1%」廣告
告急催票
(圖片提供：中國國民黨)

本預期之力道。即使後期國親聯盟有請諾貝爾數位經濟學者為其背書，但是鮮少將此訊息透過廣告進行宣傳。

另外，「拚和平」的訊息，即國親兩岸關係之相對優勢在廣告中亦幾乎無呈現，筆者認為可能是扁陣營一直宣傳公投、正名等「台灣民族主義」論述，或是不斷質疑國親是否「愛台灣」，是以國親就不太敢於原本較熟稔的兩岸關係上作文章，以免被綠軍扣上「賣台」的帽子。但筆者認為，原本以自己之相對優勢建構主軸，但其後卻無強化進行宣傳，實為國親在廣告訊息展現上值得斟酌之處。故在自己能夠完全掌控內容的競選廣告中，多陳述「我們會比他做的好」的原因，並以「複式行銷」的原則加以強化，才有擴大接觸民眾，促動其支持的可能。

第五節　二〇〇四年立委選舉及二〇〇五年任務型國代選舉

二〇〇四年立委選舉及二〇〇五年任務型國代選舉分別敘述如下：

二〇〇四年立委選舉競選廣告

爲了因應二〇〇四年底之立委選舉，民、國兩黨分別於十八歲黨慶及十六全四中全會中揭示了該兩陣營的競選主軸，分別爲「立委過半數，改革大進步」與「走對的路，台灣有出路」；而在立委登記截止後，年底立委選戰也正式開打。初步來看，各陣營皆是以本身的戰略位置立基，民進黨打執政牌，訴求立委過半數，讓政府好辦事，和國民黨執政時的思考如出一轍；而國民黨並無以挑戰者常用的直接攻擊的方式強力批判民進黨政府，而是以隱喻暗諷的方式來建構其主軸，亦期望以比較柔性且中性的訴求能擴大票基。然以兩黨的主軸及相關宣傳作爲來看，雖然各以其訴求點利基皆有機會囊括中間選民，但其間亦充滿著應極力破解之盲點。

首先，以民進黨來看，若能以此主軸加以貫徹，能夠突顯兩項機會，其一即爲「安定牌」的使用，其二爲「改革牌」的強化。以前者來看，大選至今，台灣社會割裂之情況日益嚴重，不僅朝野對立，民眾間的藍綠隔閡亦漸深化，執政黨之政績亦乏善可陳；訴求立委過半數，且強化行政及立法間的連結與配合，落實施政成效，當可以滿足民眾安定、安心的企求，穩固執政地位。以後者來看，「改革形象」總爲民進黨與國民黨比較中之相對優勢，將立委過半數與深化改革加以連結，便是透過傳統優勢期望爲過半強化力道的一步好棋。

其次，以國民黨而言，其並未以直接攻擊的訴求來建構主軸，筆者認爲國民黨主要期望在選民厭惡或不相信政治及選舉的氣氛中，以較柔性且低調的方式，以台灣民眾都能夠接受的「最大公約數——台灣有出路」作爲思考的邏輯，期望迎合民眾期望政治安定的需求並抵銷民進黨「安定牌」擴大中間選民支持的企圖心頗爲明顯；即使如此，但國民黨在主軸中仍然以隱喻暗諷的方式來批評民進黨政府沒有走對的路，終將形成台灣在國際上的困境，以攻擊的元素置於主軸中，仍是希望藉以鞏固藍軍基本票盤，驅動藍軍支持者出來投票。

在各陣營建構了選舉主軸之後，綠藍兩陣營接連分別推出了立委選舉頗具看頭的首波政黨廣告。綠營以足球比賽來暗諷藍軍輸不起，導致政局動盪不安，並以「Just Stop It——比賽還有下一次」（圖9-15）呼籲藍軍「麥擱亂了」；而藍軍則請出了奧運銀牌國手、亦爲該黨不

圖9-15　「Just Stop It—比賽還有下一次」廣告
攻擊藍軍選後抗爭
（圖片提供：民主進步黨）

分區立委排名第三的黃志雄，以代言人的方式拍攝了欲強調清新、祥和、奮發政黨形象的「跑步篇」廣告。初步來看，兩黨廣告皆是以其利基作爲訊息產製之出發點，且欲強化競選主軸之企圖頗爲明顯。綠軍是打執政者慣用的「安定牌」，欲藉廣告來突顯藍軍不僅是國會亂源，更是台灣亂源，以烘托「立委過半數、改革大進步」之主軸；而藍軍則是以奧運銀牌得主黃志雄這位國民黨的「優勢」，以心路歷程之描寫方式來突顯出國民黨欲重新奮發之心情，並以「走對路、台灣才有出路」的主軸來自我期許。

其次，倘以廣告與議題之搭配程度來看，綠軍似乎稍占上風。頗明顯地，民進黨似乎已經將廣告訊息和其主打的「政變」議題掛勾；姑且先不論是巧合或是預先的策略安排，其透過廣告及重量級政治人物不斷聚焦藍軍在三二〇之後的一連串抗爭行動，並賦予其負面化，就是希望透過整合傳播使其在任何管道中所傳遞之訊息產生「一致性」以便在受眾心中產生「累積性」效果。反觀藍軍，近來似乎缺乏主導議題之能力，而「政變說」又轉移了原本輿論及媒體質疑的「歷史綱要」議題，漸次地彌補了綠軍的失分；藍軍無法成功地開拓議題，又陷入被動因應的困境，廣告既然沒有強力議題作爲施力點，勁道當然不足。

若從廣告之內容訊息來看，兩黨皆有可斟酌之處。綠軍部分，由於大選司法判決對綠軍有利，所以民進黨似乎在「塑造在野黨是國會亂源」的論述上更加理直氣壯，此舉固然是廣告策略考量，除鞏固基本牌之外，當然是向中間選民拓票；然筆者認爲，理性中間選民固然期望安定，但期望之安定是「弭平紛爭」的安定，而非綠軍所宣稱過半讓政府好辦事這種「表象安定」。基於此，故綠軍之廣告表現更應擴大執政者之格局，大可不必每次都在廣告中擺出咄咄逼人的「勝利者」態勢，因爲謙虛才是王者應有的美德。

最後，以國民黨來看，其當然也想吸收中間選票，但問題是黃志雄並無法與國民黨等同類比，片中黃志雄的態度及精神絕對值得肯定，但選民絕不會因爲肯定黃志雄的精神就將票投給國民黨，選民會將票投給國民黨的關鍵不是在於黃志雄拍國民黨形象廣告，而是在於國民黨到底有無制衡及改革動能，這才應是國民黨要宣傳的最大賣點。同時國民黨亦要在宣傳中針對其相對弱勢，即民進黨強攻之「藍軍是亂源」論點進行防堵，不然當此種感覺成爲主流聲音時，中間選民可能都會陷入「沉默螺旋」效應中，對藍軍絕非好事。

二○○五年任務型國代選舉競選廣告

二○○五年的任務型國代選舉，因爲連宋相繼出訪大陸使選情一片冷颼颼，即使如此，但是於選前兩個禮拜左右競選廣告戰仍然開打，民國兩黨皆推出的有關國代選舉的電視廣告。民進黨一口氣推出了三支廣告，其中包括以「諷刺性幽默」方式暗喻親民黨及台聯對修憲承諾反悔來對比民進黨堅持修憲的「改革第一品牌」篇；有以主席蘇貞昌自敘方式暗打連宋只想去中國握手，連修憲這種根本的事都不顧的「主席篇」；還有以女性民眾接受訪談的方式來呼籲民眾支持堅持改革民進黨的「訪談篇」。國民黨部分則祭出了「給和平一個機會」爲訴求的「鋼索篇」（圖9-16）及以小朋友爲主角的「和平篇」兩則廣告，前一篇內容則以走鋼索來比喻兩岸關係，呼籲「挑釁不是解答，和平才是雙贏」，同時配合連戰訪大陸行程來建構「國民黨的一小步，兩岸關係的一大步」的邏輯，來尋求支持；至於後一篇則是以小朋友來拚“peace”這個英文單字，以突顯兩岸和平對下一代是至關重要的。

初步來看，兩黨廣告皆是以其利基作爲訊息產製之出發點，且欲強化競選主軸之企圖頗爲明顯。民進黨是打著其最基本的相對優勢「改革牌」，欲藉廣告來突顯其「堅持改革」的承諾，以側攻其他政黨之前贊成修憲全然是出於選票考量的投機心態，以突顯對比性，也有建構民進黨有執政黨氣度格局之意圖；而國民黨則是以傳統之相對優

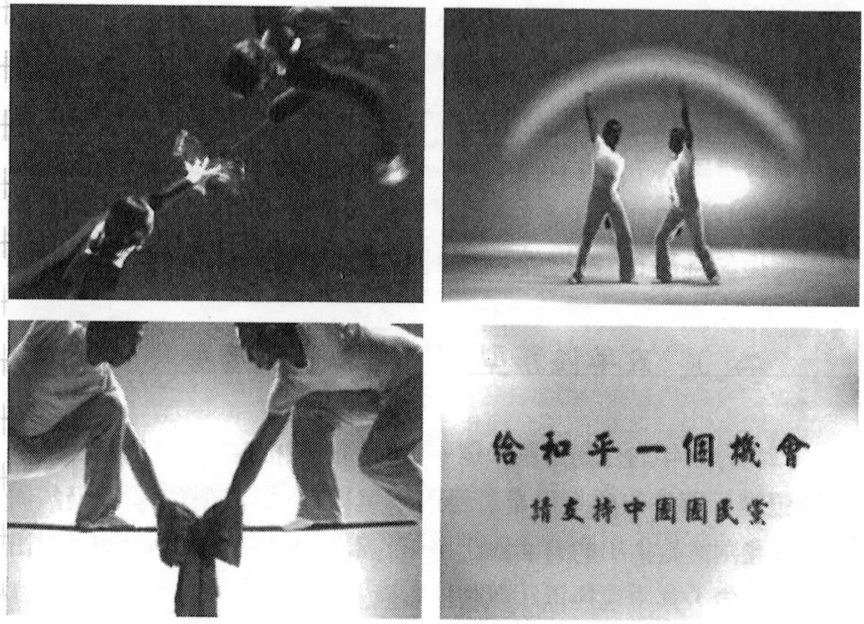

圖9-16　「鋼索篇」廣告
呼籲兩岸和平
（圖片提供：中國國民黨）

勢——「兩岸事務之處理能力」來建構文本，同時以最大多數民意期待「和平」之需求來突顯只有國民黨有此種能力，以其強項攻擊執政民進黨弱點的企圖心不言可喻。

其次，倘以廣告與議題之搭配程度來看，國民黨似乎稍占上風。頗明顯地，國民黨黨似乎已經將廣告訊息和現今連戰訪大陸此主導版面之議題結合；姑且先不論是巧合或是預先的策略安排，其透過廣告來配合新聞媒體對連戰訪大陸行程之不斷報導，就是希望透過整合傳播使其在任何管道中所傳遞之訊息產生「一致性」，以便在受眾心中產生「只有國民黨有能力處理兩岸關係」這種「累積性」效果。反觀民進黨，其之所以用了三篇廣告來強打「國會改革」或「修憲」之相關議題，總是希望能夠以廣告來「補強」這幾天有關民進黨新聞報導

量之不足，或者企圖將新聞焦點往修憲方面來轉移，然而從媒體之相關報導觀之，焦點仍然無法被成功地轉移。民進黨無法成功地轉移議題，又陷入被動因應的困境，連戰訪大陸新聞議題之顯著重要性、民眾對此次國代選舉認知不足且興趣缺缺，都是促使民進黨廣告勁道不足的原因。

若從廣告之內容訊息來看，兩黨仍有可斟酌之處。民進黨部分，「主席篇」及「訪談篇」中，不時出現了諷刺或暗喻連宋赴中國大陸是不顧台灣利益或根本的訊息，以突顯民進黨的「爲台灣著想」或「愛台灣」；平心而論，這樣的訊息著實有些故步自封或昧於時事，當台灣大部分民眾企求兩岸和平之當時，該訊息策略可能只有達到鞏固基本牌之效果，向中間選民拓票之能力應屬有限。基於此，綠軍之廣告表現更應擴大執政者之格局，大可不必總以自己的意識形態來否定對手的作爲，因爲只有包容才能滿足現今多元的社會。

最後，以國民黨來看，當民進黨已推出爲促銷國代選舉的競選廣告時，國民黨的廣告訊息操作便應該仍有順勢回應或應有爲選舉備戰的氣氛，而不只是單純地爲特定事件或相關理念來進行陳述；同時在廣告相互攻防的過程中，國民黨也應有統整相關訊息的思維，亦即在廣告中應該將國民黨的形象、連戰訪大陸議題與國代選舉建構出一個更清楚的邏輯，將原本的相對優勢和該次選舉的本質作連結，才能促動選民的投票決定。

註釋

❶〈黑金政治人民的最恨〉，《天下雜誌》，第二二四期，二〇〇〇年一月一日，頁九二。

❷〈票券風波，近五成不相信長輩說〉，《聯合晚報》，一九九九年十二月十一日，第二版。

❸〈長輩說57%民衆不相信，阿扁漁翁得利支持度第一〉，《TVBS周刊》，第一一一期，一九九九年十二月八至十四日，頁一〇〇。

❹〈李遠哲同意擔任陳水扁國政顧問〉，《中國時報》，二〇〇〇年三月十一日，第一版。

❺〈李遠哲：陳水扁承諾兩岸問題國家利益重於政黨利益〉，《中國時報》，二〇〇〇九年三月十一日，第二版。

❻〈總統大選棄保效應，民調數字會說話〉，《中國時報》，二〇〇〇年四月一日，第十五版。

❼〈李連蕭危機意識高，三合一體系更緊密〉，《新新聞週報》，第六五七期，一九九九年十月七日至十三日，頁六六。

❽〈政府救災滿意度增加11%，連蕭配支持度也提升5%〉，《TVBS周刊》，第一〇一期，一九九九年九月二十九日至十月五日，頁九三。

❾〈連蕭走透透，流言殺傷不再沉沒〉，《商業週刊》，第六二〇期，一九九九年十月十一日，頁三六。

❿〈政府救災滿意度增加11%，連蕭配支持度也提升5%〉，《TVBS周刊》，第一〇一期，一九九九年九月二十九日至十月五日，頁九三。

⓫《中國時報》，一九九九年十月二十九日，第四版。

⓬〈朱鎔基：台獨勢力上台會挑起戰爭〉，《自由時報》，二〇〇〇年三月十六日，第二版。

⓭〈朱鎔基：任何形式的台獨都不容許〉，《中國時報》，二〇〇〇年三月十六日，第一版。

⓮〈誰能領導台灣邁向二十一世紀？〉，《天下雜誌》，第二二五期，二〇〇〇年二月一日，頁一五三至一五五。

⓯〈誰是人民心中的最愛？〉，《遠見雜誌》，一九九九年五月一日，頁二一六至二一七。

⓰〈連扁對決，連戰首度領先〉，《聯合報》，一九九九年五月三日，第四版。

⓱〈宋張整體支持度衝至38.5%〉，《自立晚報》，一九九九年十一月十三日，第二版。

⓲〈宋楚瑜攻陷民主聖地，阿扁屈居第二〉，《新新聞週報》，一九九九年八月十九日至二十五日，頁三四。

⓳同前註。

⓴《卓越雜誌》，第一八六期，八十九年二月一日，頁三四。

㉑〈誰能領導台灣邁向二十一世紀？〉，《天下雜誌》，第二二五期，二〇〇〇年二月一日，頁一五三至一五五。

㉒〈文宣主攻年輕活力，扁營對手鎖定連戰〉，《新台灣新聞週刊》，第一七九期，一九九九年八月二十九日至九月四日，頁三八。

㉓〈扁營：連宋互批負債，五十步笑百步〉，《中國時報》，一九九九年九月四日，第四版。

㉔〈阿扁第三波文宣主打效率〉，《中時晚報》，一九九九年九月十八日，第二版。

㉕夏珍著，《造反的人代》。台北：商周，一九九九年七月一日，頁五。

㉖〈民進黨：若棄扁保連，等於讓宋當選〉，《中國時報》，二〇〇〇年三月四日，第四版。

㉗〈扁陣營競選廣告策略〉，羅文嘉、范可欽演講後訪談羅文嘉，台北：台灣大學，二〇〇〇年五月一日，PM9:15-25。

㉘同前註。

㉙同註㉗。

㉚同註㉗。

㉛〈扁營創意打了場漂亮勝仗〉，《勁報》，二〇〇〇年三月十九日，第十三版。

㉜同註㉗。

㉝〈誰能領導台灣邁向二十一世紀？〉，《天下雜誌》，第二二五期，二〇〇〇年二月一日，頁一五四。

㉞〈連宋扁治國能力，各擅勝場〉，《中國時報》，一九九九年十一月二十四日，第三版。

㉟同註⑱。

㊱〈宋楚瑜：政黨解組後有信心重建秩序〉，《聯合報》，一九九九年四月十一日，第二版。

㊲〈誰能領導台灣邁向二十一世紀〉，《天下雜誌》，第二二五期，二〇〇〇年二月一日，頁一五三至一五五。

㊳〈連蕭救災優勢不再〉，《新新聞周報》，第六六三期，頁四十七。

㊴〈每日一比〉，《中央日報》，二〇〇一年十一月三十日，第二版。

㊵網址：http://www.dgbasey.gov.tw/dgbas03/bs4/econdexa.xls.

㊶同前註。

㊷TVBS民調中心，「內閣聲望調查」研究資料，調查日期：二〇〇一年二月二十六至二十七日。

㊸「政黨輪替──週年政黨形象調查」研究資料，TVBS民調中心，調查日期：二〇〇一年三月十二至十四日。

㊹「總統選舉週年」研究資料，TVBS民調中心，調查日期：二〇〇一年三月十五日。

㊺〈連米酒都買不到，民進黨自打嘴巴〉，《聯合報》，二〇〇一年十一月二十一日，第二版。

㊻吳釗燮，〈台獨黨綱退位，民進黨路線正名〉，《聯合報》，二〇〇一年十月二十一日，第十五版。

㊼〈扁疾呼，國會也應輪替〉，《聯合報》，二〇〇一年十一月十日，第二版。
㊽〈KTV模仿秀，國民黨再推新廣告〉，《聯合報》，二〇〇一年十一月九日，第五版。
㊾〈找回你的頭路，國民黨才有法度〉，《中央日報》，二〇〇一年十一月十日，第二版。
㊿吳育昇，〈深入訪談〉，二〇〇二年十二月十七日，台北：市政府新聞處。
51〈馬陣營：台北水噹噹〉，《自由時報》，二〇〇二年十一月十三日，第十三版。
52〈馬首支電視廣告，剪掉李應元〉，《聯合報》，二〇〇二年十月三十一日，第六版。
53〈馬陣營反諷對手脫軌演出〉，《中央日報》，二〇〇二年十一月十五日，第二版。
54鈕則勳（2004），〈台北市長選舉馬英九之競選廣告策略〉，《華岡社科學報》，第十八期，頁六一至八六。
55李應元競選網站：http://www.intaipei.org.tw。
56同前註。
57同註55。
58同註55。
59「我等著你回來」與「為了『戰』位子」CF發表新聞稿，民進黨全球資訊網：http://www.dpp.org.tw，二〇〇四年三月一日。
60「台灣長城」新聞稿，民進黨全球資訊網：http://www.dpp.org.tw，二〇〇四年三月五日。
61〈拚經濟拚和平，連宋競選主軸敲定〉，《中國時報》，二〇〇三年十二月二日，第A6版。
62〈連宋共騎協力車亮相〉，《自由時報》，二〇〇三年八月九日，第四版。
63〈連宋陣營公布最新競選廣告〉，連宋陣營新聞稿，連站：http://www.lien.org.tw，二〇〇四一月十一日。
64〈媽媽篇CF發表〉，連宋陣營新聞稿，連站：http://www.lien.org.tw，二〇〇四年一月十五日。
65〈藍推政見，說連沉穩領航〉，《自由時報》，二〇〇四年一月二十一日，第三版。
66〈藍綠廣告再交鋒〉，《自由時報》，二〇〇四年一月二十八日，第四版。
67〈搶客票，綠軍猛攻，藍軍吃力〉，《中國時報》，二〇〇四年三月五日，第A4版。
68〈麥擱打篇〉，連宋陣營新聞稿，連站：http://www.lien.org.tw，二〇〇四年三月三日。
69「公投篇」，連宋陣營新聞稿，連站：http://www.lien.org.tw，二〇〇四年三月六日。
70〈無麥安奈，藍營點子冒出來〉，《自由時報》，二〇〇三年十二月二十九日，第三版。
71同前註。
72鈕則勳，〈國親陣營之競選廣告策略〉，世新大學民調中心研討會（台北：世新大學，2004）。
73同前註。

第四篇　政黨及利益團體廣告

本書已經用以上的篇幅深入敘述了政府廣告及競選廣告之相關類型及策略，然而和政治廣告有關的仍包括政黨所製作的相關廣告及利益團體為訴求理念或政策時所製播或刊播之廣告型態；是以，本篇將聚焦於此兩個亦頗重要的政治行為者，來探討其政治廣告之策略及類型。

以政黨來說，和其關係最密切的就是上一篇所敘述的競選廣告，政黨作為競選廣告的發動者之一，只要一碰到選舉，各政黨的文宣或傳播部門必將大部分的心力集中在競選廣告之產製上。然而在平時，政黨仍會進行政治廣告之產製；如政黨亦會如政府機關般地，透過形象廣告來塑造一己之形象，同時政黨也會透過廣告來進行理念政策之行銷，政黨為舉辦擴大性或公益性的活動也會透過廣告來招攬群衆參加。凡此種種，政黨都有極大的可能透過廣告來進行宣傳，因為廣告主是政黨，而相關作為（即使舉辦公益活動），亦皆會有政治考量於其中，當然屬於政治廣告之討論範疇；故後面的篇幅，筆者皆會將相關廣告納入討論，同時歸納其策略。

至於利益團體，和政治亦有密切關係。利益團體為保障其相關利益或價值，皆會透過政治性的動作期望能對立法機關或行政機關產生影響；政治性的動作可能包括遊說國會議員，亦可能包括透過宣傳影響輿論，更可能走上街頭示威、遊行、抗議來爭取媒體曝光可能。其不管是用何種方式，皆和宣傳有關係；以遊說來說，要能夠說服國會議員，其間訊息產製必定要有其力道，而透過廣告宣傳影響輿論更要透過簡單之宣傳訊息讓一般民衆能夠瞭解，才能產生支持或同情的可能。而現今的示威遊行更要能夠掌握媒體的需求，才能夠在衆多的新聞或活動中突顯出來；是以，廣告中圖像式的宣傳方式，便成為各利益團體在相關行動時的重要參考，如幾年前的農漁民大遊行為了爭取媒體青睞，連「神農大帝」的芻像都被請了出來。基於此，利益團體（包括非營利組織）和政治廣告或宣傳之聯繫性亦頗強，筆者亦將其納入討論。

chapter 10

第十章　政黨廣告

- 政黨之定義、特色與功能
- 政黨活動的方式及進行宣傳的原因
- 政黨之政治行銷與宣傳策略
- 政黨宣傳廣告之類型及內容

第一節 政黨之定義、特色與功能

周育仁（2002：326）指出政黨是由一群人所組成，透過黨的組織，試圖經由參選控制政府，進而主導政府政策；所以作爲一個政治團體，政黨存在之主要目的，在於取得對政府之控制。Isaak（1987）也認爲政黨是由個人組成的團體，目的在提名候選人參選，並主導政府決策。任德厚（1997：222）則認爲政黨是建立在特定社會及價值基礎上，經由政治資源與職位的取得，影響公共事務處理的制度化結合。熊彼得（Joseph Schumpeter）指出，政黨的首要目標是戰勝其他政黨，取得政權或維繫既有的政權[1]。以上相關論點不只對政黨的定義加以著墨，也頗清楚地點出了其目標爲獲取政權並加以維繫。

就Ranny（1991: 257）的觀點而言，政黨須具以下特徵：(1)由一群具有某種共同標語的人組成；這一標語可以是一種主義或理念，也可以是一種態度、取向的模式；(2)政黨把黨員組織起來，爲某種共同的目標，採取協調一致的行動；(3)社會承認政黨這些行動是合法的；(4)這些人所追求的目標，至少有一部分可經由代議政府的運作而獲得實現；(5)政黨主要的活動就是爲政府機關提出其候選人，並希望經由人民的支持而可以進入政府。

以政黨的功能來看，Heywood（1997）指出政黨的一般功能如後[2]：(1)公職代表的爭取：意指政黨有能力回應和連結黨員與選民間的意見，它督促政府必須留意整個社會的要求和期望；(2)精英的訓練及甄選：政黨提供了訓練政治人物的場所，灌輸其知識、技能及經驗，且提供這些政治領袖來給國家選用；(3)目標的擬定：政黨爲了促進其目標的實現，會追求權力，也會藉其擬定的政綱來爭取選民的支持；(4)利益的連結與彙集：在發展集體性目標的過程中，政黨亦有助於聯絡和彙集社會上各種不同的利益；(5)社會化與動員：透過內部之辯論及討論、競選活動與選戰，政黨成爲政治教育與社會化的重要機制；因爲政黨所選定的議題，有助於政治議題之設定，而政黨所欲灌輸的價值與態度，也構成政治文化的部分；(6)組織政府：政黨會給予政府一定程度之穩定及團結，特別是當政府成員來自同一黨時。周育仁（2002：327-330）將學者Roskin與自己的意見融合也指出了政黨的功能；其中利益整合、政治社會化、動員選民、組織政府與Heywood所言大致相同。另外值得一提的則包括：(1)作爲人民與政府間的橋樑：透過政黨，政府得以瞭解社會大眾之需求及聲音，而透過選舉對某一政黨的支持，民眾亦能間接經由政黨影響政府決策；(2)將社會成員整合入政治體系：透過政黨，社會成員得以參加和政治有關的各種活動，表達對政治的看法，由於有管道可參與政治，甚至影響政府政策，社會大眾則較易形成對政治體系之認同，並感受到其利益受到政府的照顧；(3)提名候選人與從事競選活動：既然政黨的首要目的在控制政府，自然須於選舉時提名該黨候選人參與選舉，而爲協助其當選，各黨皆會透過組織動員與文宣機器，尋求民眾支持及造勢。

呂亞力（1991：252-258）則點出了政黨與社會之關係，他從政黨與民間、政黨與議會及政黨與行政機關此三面向來討論。就政黨與民間的關係來看，他指出政黨有賴人民支持才能存在，爲取得人民支持它必須反映其願望及促進人民之利益；是以，政黨在維繫與民眾關係上之策略是三方面的：(1)政黨要加強與支持者之關係；(2)爭取可能的支持者；(3)避免不必要的冒犯政黨支持者。以政黨與議會關係來看，由於政黨在議會中之團結程度是決定其影響力之因素之一，故政黨會加強對黨籍議員之約束，而國會中的政黨組織及黨鞭等幹部便成了必要之機制。至於政黨和行政機關之關係可從政體是否民主來看，在不民主之國家中，行政機關權力高於議會，議會成爲行政權之「橡皮圖章」，而行政首長本身通常是政黨實際領導者；民主國家中，政黨與行政機關之關係，是按其爲執政或在野黨而不同，執政黨掌握政權，對行政機關有大影響力，而反對黨對行政機關之影響則在於監督權之行使，而指出行政弊端通常是反對黨累積政治資本以便日後爭取選戰勝利之好方法。

第二節 政黨活動的方式及進行宣傳的原因

政黨活動的方式及政黨宣傳的原因及理由，茲分述如下：

政黨活動的方式

前項諸多學者們提出了政黨的功能，而這些功能的達成亦代表了政黨在從事該方面的活動；如政黨在平時的時候為了聯絡黨員或擴大社會參與的基礎，其就會辦理一些輔助政黨成長或擴張的一些輔助性活動，包括餐會、郊遊、黨慶活動及其他活動。而在選舉的時候，政黨的主要活動即是以選舉或勝選為核心，包括提名候選人、從事競選活動及組織政府；以提名候選人來說，政黨就需要擬定提名的初選（primary）機制[3]，並公平地加以實行，以使勝選者代表政黨出征而落選者亦能尊重初選結果，不會產生扯後腿的情況。在從事競選活動的過程中，政黨往往就會出錢出力從事競選活動，使政黨的提名人能順利當選，除此之外，政黨亦會進行相關造勢活動，拉抬選舉氣勢；至於全國性大選勝選之後，贏得選舉的執政黨便要進行「組織政府」的工作，包括分配政府的職位及工作安排，同時進行施政。

進一步地，不論平時或選舉之時，政黨一定都會從事有關利益表達與利益彙集的相關活動；政黨為求執政，必會將民意當作其政見最主要的部分，是以，政黨黨部皆會有彙集民意之機制，這種機制包括基層黨部組織的定期蒐集民意及會報外，亦包括於前項輔助性的活動中獲得資訊。而政黨在蒐集了相關民意之後，便會據以擬定出政黨的政策或政見，透過不同的管道向政府表達，或是藉由選舉時提出以爭取民眾之認同，作為執政後的施政基礎。而政黨在執政後，執政政府亦會以執政黨之政黨組織持續進行利益彙集與利益表達的相關活動，之所以會如此做的理由很簡單，便是期望藉此以達成持續執政的目標。

而不僅是利益表達與彙集的活動，其他和選舉有關的活動皆涉及了政黨與民間的關係，前面已經指出呂亞力（1991：252-254）認為政黨與民間關係上的策略是三方面的；包括加強與支持者的關係、爭取可能的支持者及游離分子、避免不必要地冒犯其他政黨支持者。為了加強與支持者的關係，政黨必須明確地宣示其維護與促進其傳統支持者的利益，且與支持者維持密切的聯繫，提供其表達意見之管道，而此就有賴黨務組織或個人接觸來達成。而為了爭取可能的支持分子或游離分子，特別是年輕一代選民的支持，政黨無不努力探求民意的趨向，設計前瞻性的政治綱領，並在宣傳與組織上保持相當程度的彈性。至於如何避免不必要地冒犯其他政黨的支持者，呂亞力認為政黨不必顯示過強的「鬥爭性」，因為常常使用鬥爭性的言詞或行動，可能會過分地激怒其他政黨的支持者，對其可能的「變節」支持造成反作用力。倘政黨能夠以此三項策略穩定其與民間的關係，則可能換得民間社會在人員、經費及選票上的支持，對政黨的持續生存發展皆有助益。

政黨宣傳的原因及理由

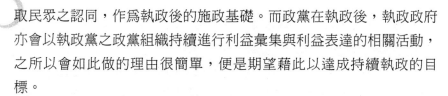

為了使前項的活動達到預期的效果，政黨勢必會以宣傳的方式來進行。以輔助性活動來說，前置的活動宣傳就能夠達到聚集人潮的功能；以提名候選人來說，政黨的宣傳除了可聚焦在公平公正的決定參選人的機制以建構民主政黨之形象之外，亦可使民眾認知到該經過挑戰而代表黨出征的候選人其基本的優勢何在；再以從事輔選來看，要讓最多的選民能夠認同黨提名的候選人及相關理念，政黨當然會以最

大的可能來進行宣傳，以期能夠在選民的認知、情感層次產生影響，進而促成選民的投票行為。

而在組織政府的部分，政黨當然也會藉由宣傳來形塑大有為政府的形象，此亦如同前面章節中所談到的政府形象及政策行銷廣告般的，期望藉廣告宣傳來接觸最大多數的民眾。而彙集與表達民意的活動，政黨也必須藉助宣傳之方式才能促使民眾進行建議的行為，而政黨在表達民意的部分，透過宣傳也是一個能夠提供民眾最基礎檢證之方式，政黨可以藉此宣傳讓民眾瞭解其是將民意置於政黨之重要位階上的，而此舉亦很明顯地有其選票之考量。

再以前項政黨與民眾的關係來看，宣傳皆在其間扮演了重要角色，鞏固基本支持者要靠宣傳，透過宣傳讓基本支持者知曉政黨對其利益保全所做的努力，讓其瞭解政黨在捍衛政黨理念上所下的功夫；爭取可能支持者支持的部分，政黨會透過民意調查探求民意趨向，以作為政黨之政見來持續推動，再藉以宣傳的方式讓民眾瞭解政黨所做的努力，目的皆是為擴張基本盤面。

第三節　政黨之政治行銷與宣傳策略

由上一節的敘述可知，政黨其實有很多需要宣傳的理由與時機；政黨活動要聚集人潮要靠宣傳，政黨的形象要進行改變，也要透過廣告進行普遍告知。所以廣告宣傳和政黨之關係不言可喻。然而政黨應該如何進行宣傳，其策略又該如何呢？筆者欲先將政治行銷的觀點引入政黨的討論中，再進一步的討論政黨之廣告宣傳策略。

倘以政治行銷的觀念來看政黨，筆者仍可將行銷大師Kotler架構中的四個定位；即領導者、挑戰者、追隨者與利基者來看，其套用在政治上亦是頗為恰當的，特別是在一個有少數競爭者的情況中。表10-1概略地敘述了這些定位、包括其屬性及戰略上可能之方向。在一般的使用的模式上，這四個定位會被定位在市場占有率上，市場分析可以提供必需的資料，而相關資料則會反映出許多單位的市場占有成績；在政治中相等的是市場調查，其可讓選民清楚地瞭解政黨的市場占有率[4]。

以領導者來說，其通常在市場上享有最高市場占有率，也因為如此所以常會面臨攻擊者的攻擊；對於各國的領導政黨（或稱執政黨）來說，通常會用到拓展總體市場、擴展占有率或鞏固防禦現有占有率等三種策略[5]。Neil Collins和Patrick Butler指出，擴展市場對領導者來說總是最困難的，而增加市場占有率的問題也轉變成為穩定優勢的表現和創新潮流間之平衡，這也使得領導者不能對特定議題進行太明確之表態，而可能稍微模糊。也由於擴張市場占有率相對較困難，所以很多領導者都將焦點至於如何保持或鞏固其市場占有率上面，其作法包括在政黨支持者中強化政黨之既存形象，同時提醒支持者對其之

表10-1 市場定位、特徵及戰略指導

定位	屬性特徵	戰略指導	舉例
領導者	最高的占有率；而此也是使他受到不斷攻擊的原因	擴展總體市場 擴展占有率 鞏固防禦現有占有率	民主運動黨（斯洛伐克） 社會勞工黨（西班牙）
挑戰者	選擇終結領導者統治通常是許多挑戰者的選擇	攻擊領導者 攻擊相似的競爭對手 攻擊較小的競爭者	共和聯盟（法國） 社民黨（奧地利）
追隨者	有目的專注目標市場；模仿而非創新；地方或區域優勢	複製 模仿 改編	自民黨（德國） 進步民主黨（愛爾蘭）
利基者	在特別定義的市場或利基市場中之領導者；專家訴求	創造利基優勢 擴張利基 鞏固防守利基	自由黨（奧地利）

資料來源：Neil Collins & Patrick Butler(2002). "Considerations on Market Analysis for Political Parties," in Nicholas J. O'Shaughnessy & Stephan C. M. Henneberg (eds.). *The Idea of Political Marketing*, Westport Conn.: Praeger Publishers, p.6.

忠誠。但是此策略對領導者可能面對的是防禦措施通常很少會足夠，如傳統支持人口之減少就會腐蝕支持的基礎[6]。基於此，是以對市場領導者來說，最好的策略通常是透過既定優勢的強化及創新回應策略並行，而其也包括了政策產品及促銷溝通活動的結合。

以挑戰者來說，其基本策略如前述是以攻擊爲基礎，而攻擊包括三方面。首先，侵略者可以直接攻擊市場領導者，此是高風險但獲益可能亦高的策略；其次，是攻擊和他同樣大小的競爭者；最後，是攻擊較小的在地或區域性的競爭者。Neil Collins和Patrick Butler指出，正面的挑戰者有可能針對產品的相似處來比較，挑戰者所提出之政策通常也和領導者（或執政黨）的腐敗或無能有關。而較「不正當」（back-door）的戰術也常對挑戰者有吸引力；如挑戰政黨可將議題搬上檯面而使議題提早被重視，但問題是當議題有明顯注目度時，它的對手（領導政黨）便可能輕易竊取其想法。不論如何，挑戰者所使用的行銷手段或策略也要以環境爲依據[7]。

以追隨者來說，Neil Collins和Patrick Butler指出，有三種廣泛的策略是被認定的；首先是複製，即藉以不斷複製領導者之優勢（然可能涉及違法）；其次是模仿，即模仿製造領導者之（產品）特點，但有相當程度之不同以避免違法。最後是改編，即追隨者改造領導者之產品到不同市場販售以避免直接衝突。追隨者通常是大的黨派且有穩定的市場占有率，其策略常是保護占有率而非鬥爭領導者，他們估計全力攻擊會造成相當的危險；而追隨者須避免傳統選民票源的分散，是以，這種黨派會注意當地的網絡工作和民代的品質，可能較不重視全國性的標語和攻擊廣告。總之，追隨者採取相當的防守策略，且避免公開地在媒體上攻擊對手，就某種意義來說，其行銷溝通是「在檯面下」（below-the-line），較注重當地網絡脈絡工作甚於大眾傳播媒體[8]。

至於利基者策略，Neil Collins和Patrick Butler認爲，利基者可透過自己選定之利基此相對優勢勝過其他競爭者，在商業上此策略會比專注在大量銷售上還獲得更加好之利潤。他們也認為此策略的方針包括創造、擴張及鞏固防守該項利基。而我們也可以常看到使用利基策略的政黨或候選人透過一連串行銷手段去達到其戰略目標；相關的行銷溝通及促銷活動必須先行展開，同時和戰略的指導原則相互搭配，才能創造出利基策略之效果[9]。

以政黨的宣傳或廣告策略來看，以上的理論即是其定位宣傳之基礎。若是以「領導品牌」的政黨來看，筆者擬針對前項理論作為基礎，試著歸納出其在從事形象、政策、或相關活動之廣告宣傳時，可以採納的策略原則。

1.政黨形象塑造廣告宣傳策略：領導品牌的政黨亦通常是執政黨，建立品牌的宣傳策略應包括：(1)與民意作最大之接軌：即政黨應該在廣告宣傳中突顯民意對其作為之重要性，以呼應最多數民眾支持的情況或事實；(2)宣傳政黨之施政政績：此策略在政府形象塑造及競選廣告中亦常使用，畢竟事實是最容易說服民眾繼續支持政黨的基本原因；(3)儘可能不要攻擊對手政黨：此包括主動攻擊及被動反擊；不反擊或不隨之起舞是避免陷入挑戰者政黨之策略中，而不主動攻擊主要是領導品牌政黨應給予民眾「前瞻性」之觀感，要讓民眾覺得該領導政黨能夠帶領國家社會進入更美好之境界；(4)突顯最大的格局與氣度：此項策略亦是不攻擊原則能帶來的另一項優點或好處，避免將政黨格局作小；而此策略運用也常會以領導者的形象來形塑政黨之形象，進一步突顯正面性。

2.政黨政策行銷廣告宣傳策略：基礎之策略原則包括：(1)突顯政策之正當性、合理性及可能之貢獻：執政黨要推動政策總要讓民眾覺得該政策是領導政黨前瞻的思考所致，同時要強化政策實施後之貢獻，才能強化執政黨格局；(2)突顯政策是民意需求之最大公約數：相關行銷概念用於政黨身上亦包括了政黨所要推動的政策勢必也是透過科學方法所測知的民意需求，是以領導政黨也要以民意來作爲政策推動的動能，同時突顯政黨作爲或扮演有意義政策之捍衛者或推手的角色。

3.活動及其他：倘活動爲特殊議題活動的話，則要突顯活動之正當性及政黨在其中所扮演有意義且正面之重要角色，同時也要突顯該活動之正當性及公義性，儘可能將活動之預期效益轉嫁到政黨身上。

其次，以「挑戰者政黨」來看，筆者亦針對前項理論，歸納出其在從事形象、政策、或相關活動之廣告宣傳時，可以採納的策略原則。

1.政黨形象塑造廣告宣傳策略：挑戰品牌的政黨亦通常是在野黨，特別是最大的在野黨，其建立品牌形象的宣傳策略應包括：(1)攻擊執政黨政府之缺失：此是挑戰政黨宣傳時最常使用的基本策略，而此攻擊策略亦包括對相關執政黨政府官員，甚至政策之批評或攻擊；(2)突顯在野黨制衡之力道：在野黨最重要的存在價値，有許多學者都認爲是要有監督或制衡執政黨作爲的能力；是以挑戰政黨若能多在此部分著墨，應很快就能夠建立起其「不可或缺」的形象特質；(3)攻擊批評之外，也要提出正面之遠景：挑戰政黨攻擊絕對不是無的放矢，而是應該進行有計畫之攻擊或批評，同時在宣傳中應將攻擊之理由予以正當化，同時針對攻擊之議題亦能要提出解決方案或是更前瞻性之遠景建議，強化宣傳，才能讓民眾有「在野黨並非只是一味無理批評，而是有積極之貢獻」的感覺；(4)以最簡單之論述來爲攻擊策略合理化：挑戰政黨最常使用攻擊策略，但攻擊方式可能遭致民眾的反彈，是以，挑戰政黨在攻擊時一定要以民眾能夠瞭解及接受的簡單論述來爲自己之攻擊行爲合理化。

2.政黨政策行銷廣告宣傳策略：基礎之策略原則包括：(1)突顯政

府或執政黨政策之荒謬性及不合理性：此項亦是其基本攻擊策略之延伸，在廣告宣傳中突顯政府政策之荒謬及不合理；(2)攻擊政府或執政黨政策背離民意，而挑戰政黨所提出的政策才是民意之所需；(3)挑戰者所提出的政策必定要能夠找出與執政黨政策之明顯差異點或區隔，同時宣傳上要能以數據或證據證明挑戰者政策要比領先政黨之政策好，才較容易使民眾相信，產生宣傳效果。

3.活動及其他：若是舉辦特殊議題活動或議題廣告則在廣告或宣傳上要有「針對性」，即針對領導政黨或政府之相關負面作爲而提出此活動或刊播廣告來進行反制或攻擊；一方面以突顯執政黨作法之失當，另一方面亦能形塑挑戰政黨在該活動中之正當性角色，同時將議題在媒體聚焦，進而才能凝聚反對力量，將舉辦活動或刊播廣告可能展現的動能爲挑戰政黨作加分。如國民黨爲抗議二〇〇四年總統大選不公，所進行之一連串集會活動或是「民主在流血」的系列抗議廣告，其中訊息皆是針對民進黨操弄選舉致使選舉不公來做出發點；而其中亦會將需要民眾配合的動作作清楚的說明，以使認同的民眾能依照挑戰政黨的指令來配合行動，向執政黨施壓。

再者，以「追隨政黨」在各方面的宣傳或廣告策略來看，應仍是著墨於前述的複製、模仿或改編的策略。追隨政黨會避免攻擊領導政黨，但會在宣傳或廣告中刻意將其特色與領導政黨的特色作連結，甚至創造其和領導政黨區隔間的模糊性，期待能藉以獲得民眾的青睞。最後，「利基政黨」的宣傳或廣告策略一定是以其「獨特銷售主張」（USP）作爲宣傳之基調；不論是在形象塑造、政策行銷或其他活動宣傳時皆是如此，藉此才能將其獨特性突顯出來，進而強化其存在之價值。如其在形象塑造廣告宣傳時要將其獨特性告知民眾，進而使民眾瞭解及支持，這獨特性就可能是政黨的理念，及政黨抱持此理念之原因；針對此，民眾若能有相當的認知，而該政黨有能夠從各方面的活動宣傳中接受此相關訊息，對於以「獨特銷售主張」爲核心進行宣傳的利基政黨，才能夠突顯其和其他政黨之區隔，在政治版圖上占一席之地。

最後值得一提的是，不論是領導政黨、挑戰政黨、追隨政黨、利基政黨策略，就訊息產製來說，仍然是決定其成敗之關鍵點，是以各類型政黨在擬定宣傳廣告策略時，皆須掌握廣告策略中訊息產製的原則；包括訊息要能夠和民眾利害相結合或能解決問題，同時訊息要簡單、清楚、易懂、明瞭，另外訊息要有一致性才能在民眾心中產生累積性效果之可能。

第四節　政黨宣傳廣告之類型及內容

政黨出資所刊播之廣告，其目的不外乎建立或提升政黨之形象、宣揚政黨之理念與作爲，以博取民眾之好感及支持，進而吸收黨員、爭取黨友，鞏固資源並爭取執政機會。以台灣的政黨廣告來說，若以其內容加以細分，可分爲六類；第一類爲形象塑造廣告，第二類是政見行銷廣告，第三類則是政黨競選廣告，第四類爲針對特定議題廣告，第五類爲政黨活動或特定節慶廣告，第六類是政黨內部競選廣告。

形象塑造廣告

此類廣告主要目的在塑造政黨之形象，一方面期望將政黨印記在選民心中有強化記憶之可能，另一方面則有宣傳相關之意識形態或暗示投票支持之企圖。如早期一九八九年爲年底立委選舉暖身，國民黨就陸續推出了「愛到最高點，心中有國旗」、「好還要更好」等廣告及活動，此些訊息就有些意識形態宣傳的意味。更明顯的是國民黨在二〇〇〇年總統大選敗選後於「改造階段」的相關廣告作爲，便是以「形象塑造」——建立改革形象及強化「正統國民黨」爲主軸；如與國民黨主席直選有關，以二位小老百姓程普中及林萬教先生講述心聲的兩篇現身說法廣告，國民黨透過兩人陳述陳水扁執政經濟衰落，並連戰口述「國民黨要爭氣，苦日子才會過去」，企圖扭轉國民黨之負面形象。至於「國父」及「蔣經國」兩篇廣告，則有很強的「正統國民黨」訊息於廣告文本中，之所以提到二位國民黨前輩，主要是希望於李登輝敗選，黨的路線不明時，找到定位點，同時區隔親民黨，避免支持者流向親民黨，將國民黨邊緣化。而兩則廣告的主要訊息「國民黨要爭氣，苦日子才會過去」及「國民黨一定會還給人民幸福的生活」，除了有暗諷陳水扁執政搞衰經濟的攻擊元素外，也對國民黨的定位及作法有了較深的期許，而國民黨的「人民幸福工程」也因而推動。以民進黨來看，二〇〇四年的政黨形象廣告「樟樹篇」，民進黨就自比樟樹的成長，現今已經開枝散葉成樹成林，其同時以回顧的方式建構文本，從白色恐怖時期民進黨或黨外推動民主之事蹟開始說起，陳述其對台灣民主改革的貢獻，以建構形象。

政見行銷廣告

政黨期望透過此類廣告來推銷自己的政見及訴求，目的不外是希望透過反映民意之政見和民眾需求作結合；當然也期望透過政見以爭取選民在投票時的認同，並進而在執政之後藉由民意來推銷該項政見成爲政策。二〇〇四年的總統大選，民進黨將公民投票作爲主打的政見，所以政策綱領乃至於政黨廣告全都置焦於此議題；如當公投議題開始加溫之時，民進黨則推出「公民投票是人民當家作主」的系列廣告，在競選時期，公民投票的廣告更與競選策略結合，相關的廣告如「台灣需要你的一票」系列等。不僅如此，民進黨於二〇〇三年開始就將「公投」作為政見宣傳的主要內容，也製播了「問神篇」及「舉手篇」（圖10-1）兩波簡單易懂的廣告來配合宣傳。除此之外，面對外界對教改的批評，民進黨也有針對此製播了期許「累積經驗，教改要愈來愈好」的廣告，其欲透過片中學生的多元發展的情形讓父母親放心的企圖心頗為明顯。

政黨競選廣告

前面也敘述過，此種廣告應是政黨廣告中之主要部分，即政黨提名候選人，要使其當選，政黨便會負起宣傳或廣告的最主要工作，特別是在層次較高的單一選區選舉中，有政黨署名的競選廣告比比皆是。這類廣告就如前一篇競選廣告中所討論的一般，其通常於大選舉

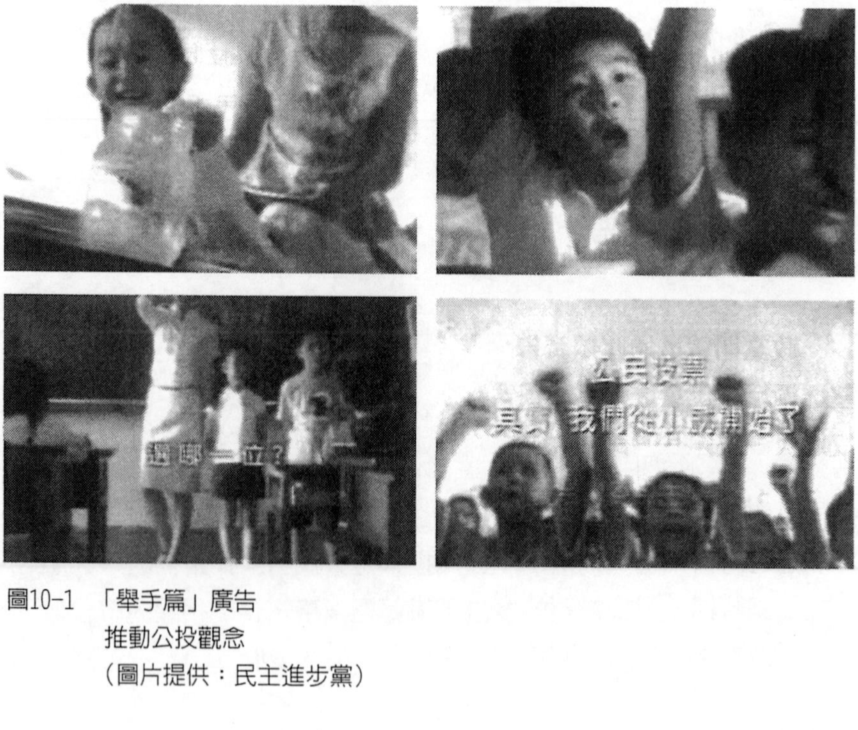

圖10-1　「舉手篇」廣告
推動公投觀念
（圖片提供：民主進步黨）

期間出現，而政黨於競選廣告中亦會突顯出自己的形象、政策或政績等；甚至可以說，政黨廣告之許多類型皆和選舉有或多或少之聯繫，因爲其廣告或宣傳之目的都是希望政黨能被民衆肯定，在選舉中能獲取政權。

特定議題廣告

政黨通常會針對特定議題或是具高度爭議性之議題，透過廣告宣傳來強化政黨之立場，同時針對對方予以攻擊。針對二〇〇四年大選前「三一九槍案」導致民進黨陳水扁連任，國民黨即針對了「選舉不公」、「選舉無效之訴」設計了許多廣告；如「民主在流血，公投拚眞相」（圖10-2）廣告中，就將國親聯盟三二七大遊行萬頭鑽洞的畫

圖10-2　「民主在流血，公投拚真相」廣告
呼籲以公投追求三一九真相
（圖片提供：中國國民黨）

面來做背景，呼籲民眾透過公民投票的方式來組成「三一九槍擊案眞相調查特別委員會」，廣告中也直接呼籲民眾進行公投連署。國民黨爲此也印製了《台灣人民心中最沉重的？疑雲重重三一九槍擊事件》文宣小冊，其中除了延續「眞相何在？」的主軸外，亦將值得懷疑的情節透過文宣小冊詳細說明。民進黨也於二〇〇三年針對SARS疫情製播了「心手相連，台灣一定平安過」的廣告，期望能發揮平復民眾心靈的效果；除此之外，其也藉疫情及中共不讓台灣加入「世界衛生組織」（WHO）的阻擋行動，配合其主打政黨政見製播了「全民公投加入WHO」的廣告，期望向中國抗議，向世界發聲。

政黨活動或特定節慶廣告

政黨亦常會藉廣告來傳遞活動訊息，動員民眾；如二〇〇四年大選泛藍過半，國民黨就刊登了「一張票一世情，感恩行動日，作伙來鬥陣」（圖10-3）半版廣告，期望透過活動來表示對民眾的感謝。而民進黨及「民主和平護台灣大聯盟」針對中國大陸反分裂國家法通過立法後所號召的「三二六百萬人民站出來活動」，也有製播兩波電視廣告來進行宣傳，分別是呼籲民眾參加遊行的「百萬人民站出來」及各族群民眾接受訪談的「族群篇」，兩篇的基本內容都是以中共粗暴的言論及行爲作背景，透過訊息安排來建構「向中國嗆聲，讓世界聽到」的主軸，以呼籲民眾參加遊行。而政黨也會借用「黨慶」來製播廣告，如民進黨於十七年黨慶時就製播了「永遠的堅持」紀錄片，將民進黨從黨外到成立及至政黨輪替間所推動的民主作爲一一列出，以形塑改革及追求民主之形象；又如其十八屆黨慶標榜「成長、責任、希望」的「十八歲的承諾」，則透過多元族群的一樣笑容來期許台灣的未來。而黨慶的廣告亦多少有形象塑造的意圖。

一票一世情・感恩行動日・作伙來鬥陣
時間：12月18日(星期六)下午二時至四時三十分
地點：台北市松山菸廠〈台北市忠孝東路四段425號，國父紀念館對面〉
交通資訊 ●捷運：板南線國父紀念站2號出口
●搭乘公車資訊：國父紀念館站搭乘 204・31232・235・340・345・254・261・263・266・270・278・282・288・299・311・621・651・662663・665・667・672・910

◎中國國民黨 敬邀

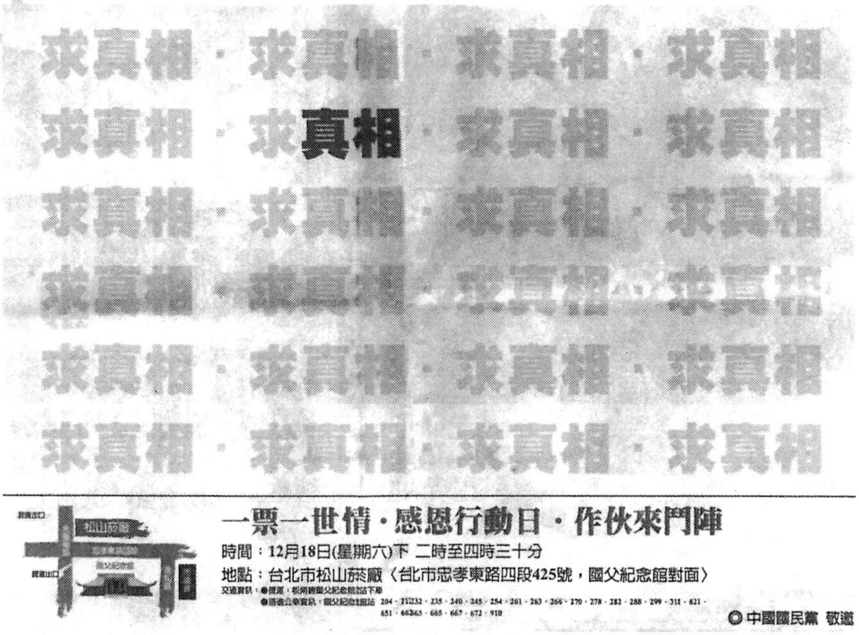

圖10-3 「一票一世情，感恩行動日，作伙來鬥陣」廣告
　　　　政黨活動廣告
　　　　（圖片提供：中國國民黨）

 ## 政黨內部競選廣告

　　政黨內部競選廣告出現的可能及時機包括：(1)角逐黨部或黨內職位：如黨主席選舉或地方黨部主委選舉及黨代表選舉，各候選人為求出線，都會以廣告宣傳來擴張知名度，同時爭取認同；二〇〇五年國民黨主席選舉「王馬競逐」，兩陣營都接連推出廣告文宣尋求黨員同志認同，如馬陣營推出了「黨主席要有腦、心、膽」，王陣營推出「捕手篇——我一定讓中國國民黨贏」等。除此之外，國民黨也推出呼籲黨員針對主席選舉投票的「誰先上藍」廣告（圖10-4），就是政黨針對內部選舉的實際廣告例子；(2)黨內初選：政黨決定公職人員提

圖10-4 「誰先上藍」廣告
宣傳主席選舉
（圖片提供：中國國民黨）

名人選時，通常會以初選的結果來做提名之依據，而初選則大多是黨員投票及民意調查支持度的綜合，候選人爲求出線，往往透過廣告來加以宣傳，除提高知名度以因應民調之外，透過廣告文宣分送至黨員手中，更有期望產生深入說服之企圖。

因爲此類廣告亦是由於選舉而產生的廣告，固其亦屬競選廣告的範疇；然之所以將其歸類於本章加以敘述，主要是因爲該類廣告主要是涉及政黨內部事務，同時該廣告產生的原因亦是政黨的緣故（如政黨之遊戲規則），故即使廣告主爲各候選人，仍將其列於此部分說明。

註釋

❶陳一新等譯，《現代政治與政府》（台北：韋伯，2001），頁一〇二。

❷林文彬、劉兆隆譯，《政治學》（下冊）（台北：韋伯，1998），頁三八一至三八七。

❸初選一般分為封閉式初選（closed primary）及開放式初選（open primary），前者只開放給是先向政黨註冊的選民或黨員，後者為所有合格選民都可自由參加任何政黨的初選。

❹Neil Collins & Patrick Butler, "Considerations on Market Analysis for Political Parties," in Nicholas J. O'Shaughnessy & Stephan C. M. Henneberg (eds.). *The Idea of Political Marketing*(Praeger Publishers, 2002), p.6.

❺Ibid., p.7.

❻Ibid., p.8.

❼Ibid., pp.9-10.

❽Ibid., pp.11-12.

❾Ibid., p.13.

chapter 11

第十一章　利益團體廣告

- 何謂利益團體
- 利益團體之活動方式
- 利益團體之行動宣傳策略
- 利益團體宣傳廣告之類型及內容

第一節　何謂利益團體

以下茲介紹利益團體之定義及特色、類型：

利益團體之定義及特色

在我們的社會中，常會看到一些團體為了爭取權益或保護自己之利益會走上街頭示威遊行抗議或是刊登廣告進行宣傳，將自己之理念向社會大眾宣導，他們通常被泛稱為利益團體（interest group）。學者Truman（1951）在其所著*The Governmental Process*一書中指出利益團體的成員具有共同的態度，其會透過政府機構向社會提出其特定主張。呂亞力（1991：274）認為，凡是具有政治目的，從事政治活動，或透過政治程序以爭取團體及其成員利益的，不論其為純粹政治性或混雜的，都可稱為利益團體。Heywood（1997）指出團體中有一種「社團型團體」（associational groups），此種團體的特徵是其存在有共同利益、共同期望和共同態度，其也會透過自願的行動以達到目的；而其就是一般所稱的利益團體或壓力團體[1]。周育仁（2002：292）也認為利益團體的成員具有某一或某些共同利益，他們因共同利益而結合，並企圖透過團體來影響影響政府及決策者，以確保或實現其所擁有或追求的利益。Herbert M. Levine（1993）也指出利益團體是一群人的結合，他們有著共同的目標，並藉由彼此的互動來達成這些目標。有時利益團體也被稱為是自願性組織（voluntary association）或壓力團體（pressure group），而代表這些團體來與政府官員打交道的則是專業的遊說人員（lobbyists）[2]。

任德厚（1997：204）認為利益團體關心並影響政治，是因為某些政治事務與議題，影響到團體與其成員的價值、利益及信念。當此種情況出現，利益團體就會運用本身力量，提出要求、施加壓力。舉凡組織動員、遊說宣傳、支持或反對政黨及候選人，乃至遊行示威等等，都是此時可能看見的現象。由於利益團體能就特定議題施加壓力，故他們也被稱爲壓力團體。然而呂亞力（1991：274）認爲壓力團體一詞，似乎不適宜用來指不民主的國家之利益團體，因爲在這類國家，團體所施加之壓力甚小，其主要功能似乎在向政府委婉地表示成員意見，以影響主要官員的看法，而便爭取成員的利益。民主社會中，具有共同利益或價值的人爲了爭取共同權益，即會組成團體，希望透過團體之力量向政府施壓。

利益團體之類型

呂亞力（1991：275-276）認爲利益團體可分爲經濟性及非經濟性的利益團體。以經濟性的利益團體來看；其關心的乃是成員的經濟利益，同時這類團體都是功能性組合，最具核心地位的是勞工、農民與工商業組成的團體；其次爲各種專業人員的團體。他進一步指出，以美國爲例，利益團體有最大的勞工聯盟：基本上是由各類工業的產業工會和少數白領工會的聯盟，政治態度上較支持民主黨；農民團體主要爭取對農民補貼金額提高及增加農產品外銷等；商界（企業界）利益團體有總商會及生產者聯盟等；專業團體有律師公會、醫師公會等，人數雖較少，但仍有影響力。

至於非經濟性的利益團體，係指爭取成員某種非經濟性的共同利益，包括公共利益的爭取，或爲特殊目的組成的團體，如反核及環保團體。而英國學者稱這類促進公益的團體爲「促進性團體」（promotional groups），有別於一般的經濟性利益團體。

Herbert M. Levine（1993）也指出七〇年代所出現的「公益團體」（Public Interest Group, PIG），其關心於如何改善經濟、社會及政治環境，而非提供其成員任何立即、直接或明確的利益；消費者團體及環保團體即屬此類型，另外如以人民自由及人權保障爲主要訴求的全美公民自由聯盟（American Civil Liberties Union, AGLU）也是公益性質的團體[3]。

有鑑於許多學者皆將公益團體劃歸於利益團體或壓力團體之範疇來進行研究，大致因爲其爲了促使相關法案或觀念的推動，亦會進行與法案訂定有關的遊說工作，或以活動宣傳來推廣特定理念；是以本章所討論的利益團體亦將所謂公益團體（或稱「非營利組織」）納入其中，一併討論。

此外，美國政治學者Gabriel A. Almond（1988: 68-70）也將利益團體做了分類；包括組織的利益團體（associational groups）、機構的利益團體（institutional group）、非組織的利益團體（nonassociational groups）及不軌的利益團體（anomic interest group）四種。首先，組織的利益團體是從事利益表達的專門機構，他們是爲了表達某些特定團體的目標而專門建立起來的；其社會基礎或目標如下：部落、種族、宗教、民族、專業或議題取向的。第二種機構的利益團體則存在諸如各政黨、公司、立法部門、軍隊、政府行政機構和教會中，在威權政體下，由於其他類型的團體或多或少受到中央機構的直接禁止和控制，機構的利益團體就更爲重要。在共黨政權中，教育官員、黨官、法官、工廠經理、軍官及其他許多以機構爲基礎的團體，都具有重要的利益表達作用。至於非組織的利益團體則沒有一個專門的組織，而是建立在共同意識到的種族、語言、宗教、地區和職業利益的基礎上，或建立在家族關係和血緣基礎上的；其以派系最爲普遍。最後一種稱爲不軌的利益團體，Almond認爲其是無組織的暴徒和騷亂，或多或少是不滿或抗議的自發表現形式，通常出現快，平息也快；而有許多騷亂和示威是組織團體煽動的，大致可分爲組織嚴密的抗議團體、自發性群眾運動中形成的集團。Herbert M. Levine（1993）則認爲利益團體可從很多層面來分析，如以議題區分可分爲多重議題團體與單一議題團體；另外可包括經濟性利益團體（如商業團體、工會組織、農業團體）、專業團體（如醫藥協會、律師協會、大學教授組織）、人權組織（如有色人種權益促進會、全國婦女組織）、公益團體（Public Interest Group, PIG）（如消費者團體或環保團體）、宗教團體及政府部門中的利益團體[4]。

周育仁（2002：293-294）則指出學者布隆鐸將利益團體區分爲「促進性」（promotional）或「保護性」（protective）兩種；促進性利益團體指那些追求特定理念、價值或目標（如環保、反墮胎）的團體，參與者並不限於特定團體；此種團體也被稱爲「公共利益團體」，因其成立的目的在於促進公共利益。保護性利益團體（如工會或商會）則係爲追求或確保特定對象的利益，一般而言，成員係來自特定團體；此種團體也被稱爲「功能性團體」（functional group）或「私利團體」（private interest group）。他進一步指出另一類團體是所謂的「制度型團體」（institutional group），此係指政府機構內的團體，如官僚機構、情治機構或軍隊[5]。

第二節　利益團體之活動方式

在現代國家中利益團體會透過各種不同的活動方式來進行利益的保全或推動，學者們亦有提出利益團體常會使用的方式。

呂亞力（1991：276）提出了遊說（lobbying）、宣傳及助選三個方式。以遊說來說，其是以各種方法（如文字或言辭）向立法者與行政人員表達團體的意見或要求，以便影響立法和行政機構的行爲。而他也指出西方國家現已發展出專業遊說人員（lobbyists），他們熟悉政治程序，尤其是國會議事法規及行政程序，對政治事務高度敏感，知曉政壇內情，又能言善道長於交際，經常以某個立法代表或公共關係主任等名義，活躍政界；遊說者對議員遊說的主要途徑有國會公聽會、私下和議員接觸及發動團體成員以書信或電話向議員表示意見。

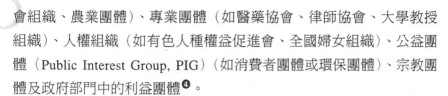

而除了議員之外，遊說者也向行政人員表示意見。至於宣傳，則是利益團體欲配合遊說的方式，其希望透過宣傳影響社會輿論，使其同情，或至少不反對利益團體之目標；而為達效果，利益團體僱用專業宣傳人員或公共關係專家以文字、言辭、圖畫或廣告來影響社會輿論。助選也是利益團體活動的重要方式，其助選活動包括以經費來支援某一同情該團體或該團體參與甄選的公職候選人、動員團體成員投票支持或為其義務宣傳等。

周育仁（2002：301-308）也引用Roskin在二千年所敘述的相關論點來說明利益團體影響決策之管道包括：(1)非正式接觸：亦即透過政治人物之交情來影響決策；(2)遊說：除了遊說國會議員外，另一遊說主要目標即行政部門，尤其是與該團體相關之部門；如農會團體向農委會遊說反對稻米開放進口、環保團體向農委會遊說保護野生動物等；(3)政黨：由於政黨對政策有相當大的影響力，利益團體若能獲得政黨支持，其利益獲得實現之機會自然增加；(4)大眾傳播媒體：利益團體為促成其目的實現，也會試圖創造對其有利之民意，而大眾傳播媒體正是利益團體創造民意的最佳管道；利益團體之立場若能透過大眾傳播媒體之傳播，獲得民眾認同，可間接發揮對政府決策之影響力；(5)訴訟：當利益團體對國會與行政部門之遊說，無法如願實現其利益時，向法院提出訴訟，有時反而可能會有所斬獲；(6)示威：示威遊行較易獲得社會大眾與媒體的注意，甚至出現在電視新聞節目中；由於成本不高，易於博取同情與注意，未來示威遊行仍將被利益團體廣為採用，而政府也不可能對利益團體之示威遊行視而不見；(7)罷工：罷工之目的主要在實現經濟目標，如提高最低工資、減少工時、改善工作環境及保障就業機會等；(8)暴力：暴力係利益團體在透過前述各種管道所產生的效果均絕望的情形下，被迫採取的一種極端表達方式；亦即在正常情況下，利益團體應不會輕率使用暴力。Heywood（1997）也提到了與前述學者相似的途徑：(1)官僚機構：利益團體活動會集中於政策形成過程中的主要機制；(2)向議會遊說；(3)提供政黨競選經費向其施壓請求爲利益團體代言；(4)大眾傳播媒體：利益團體常會透過傳媒與民意造勢活動企圖影響政府決策；其包括請願、示威遊行、公民不服從甚至暴力行動等；(5)跨國組織：利益團體可能建立跨國組織同時使議題產生國際化；如綠色和平組織（Green Peace）已在超過三十個以上的國家內成立辦公室[6]。

綜合以上論述可發現，「遊說」常爲利益團體爲影響政策過程常用的最主要方式。Berry（1977: 212, 253-254, 268-270）則將其分爲指導性的戰略（strategy）與技術性戰術（tactics）；前者爲團體將資源組合後加以運用之行動模式，爲較具廣泛與原則性之遊說途徑，後者則通常是指遊說方式。他進而針對了利益團體影響政策過程之戰略分爲「聯盟戰略」及「影響戰略」；前者即指單一團體與某程度利害相同的團體聯合來對目標機構施壓，後者則包括法律、困窘與對抗（embarrassment & confrontation）、資訊、選區壓力。困窘與對抗戰略之假設則是把政府不良政策充分揭露，以刺激政府官員去改變此政策，製造衝突的結果將會帶來新參與者及關注者。資訊戰略則將焦點放在利益團體會提供專業有用之資訊給機構，藉此來影響政府政策之制定；而選區壓力戰略則如前述之間接策略，即透過創造輿論或民意之方式，對議員施壓，此策略亦使團體性質更接近「壓力團體」之涵義。此外，江金山（1985：129, 138-139）另外又提出遲滯（拖延）戰略，即指利益團體透過傳媒、專家學者，對政策表示反對意見，或拜託立委針對其需求提出修正意見，拖延立法進度，以尋求討價還價之空間，或伺機而動。

而以戰術層面，即「遊說方式」來進一步加以分析，可發現學者對其著墨亦多。吳定（1997）將其分爲直接遊說與間接遊說，而此兩種遊說皆有其相關之方式，而他將直接遊說定義爲：「受到政策影響的標的人口或利害關係人，在政策運作過程中，透過各種可行的方式，直接向具有決策權者或對政策具有相當影響力者進行遊說活動。」而吳定（1997）、楊泰順（1993：22-45）、江明修、陳定銘

（2000：299-302）等指出直接遊說的方式大致包括提供資訊、陳情請願、在場旁（監）聽、互惠交換、參與訴訟、要求釋憲、直接溝通與直接代表。其中互惠交換則可能包括提供競選經費給國會議員以換取該議員對法案或議題之支持；參與訴訟則是當利益團體推動之議案無法在立法或行政單位通過的話，則會轉戰法院甚或控告行政單位；直接代表則是利益團體直接推出團體成員競選國會議員。至於要求釋憲則是透過要求大法官會議對憲法進行解釋，以其得到在法律上原無法得到的救濟。

至於間接遊說方式，根據上述學者們的說法，大致包括：向新聞界發布消息影響大眾傳播媒體之報導、於各大傳播媒體刊播廣告、發表談話演說或評論、向選民直接發送或寄送宣傳品（如錄影帶、光碟、刊物或平面文宣等）、舉辦公聽會、座談會或其他推廣活動、動員成員民眾向國會議員寫信打電話、示威抗議活動等；深入觀察可以發現，其目的之一則是期望透過相關宣傳動作以影響輿論塑造對其有利之輿論，同時其亦希望藉由選民的壓力來影響立法者，由於其是藉由基層、草根的民眾力量來進行遊說，故學者們亦將這種間接遊說稱為「草根遊說」。

以上所提到的是利益團體為達其目的一般可能會使用的方式，而Heath（1997: 165-179）則更進一步地將利益團體行動發展的可能邏輯建構了出來；亦即導致利益團體進行一連串動作以欲達到其目的之原因為何？該議題最後如何才能得到解決？而利益團體在此一過程中，可能的動作又為何？他指出利益團體相關的行動大概或多或少會歷經五個發展階段過程。首先，是「緊繃」（strain）階段，在該階段中團體之領袖人物會企圖將團體的主張引進社會中，而此主張有可能是站在社會的對立面或並非當下主流價值；而團體會不斷地爭取其主張或議題被媒體報導出來，倘若主張價值被報導出來引起社會廣泛注意後，該團體便會進一步鞏固其在該議題上的論述權力，以取得合法性。其次是「動員」（mobilization）階段，包括強化成員對團體的認同、獲取財力物力等；而團體亦通常會藉由遊行示威、遊說、發送公關新聞稿，或是印製出版品，期望獲得媒體對其行動及理念的報導，突顯其主張價值的社會意義。第三個可能階段是「對抗」（confrontation），即利益團體和特定機構進行對抗並要求其承認合法地位且滿足團體之需求，而當對抗態勢形成後，雙方亦會進入論述對辯的實質情況中。而為了尋求問題的解決，則雙方可能會進入第四階段，即「談判協商」（negotiation）階段，當此僵局是雙方或各方皆無法忍受的情況、彼此又無法透過一己之力解決僵局、同時當各方認同透過談判解決僵局是可行的時候，談判的條件即成立[7]。而透過談判相互妥協、尋求共識，以解決互相有爭議的議題，形成一種集體決策，亦不失為一個「雙贏」的結果；至此，亦順利進入第五個階段，即「解決」（resolution）階段。

除此之外，在討論利益團體活動為何會成功，或其如何能施展影響力的同時，也能發現學者對於「團體遊說能力及活動技術」與「大眾對團體及其目標之同情」這兩項與宣傳有關的原因上均有著墨。如呂亞力（1991：278-279）提到利益團體活動成功的原因包括：(1)團體人數：若其他條件相等，則一個人數較多的利益團體影響力較大；(2)會員之社會地位：有些團體人數雖不多，但是由於會員具較高之社會地位，其影響力也較大；如醫生、律師團體；(3)會員之團結性：有些團體人數雖然少，但是團結、凝聚力強，則較易達成目標；(4)領導才能與技巧：組織有領導力或是技巧較強之領導者，較易發揮整體作戰之能力；(5)遊說與其他活動之技術：若是利益團體之活動方式能運用得宜，較能夠發揮較大之影響力。Andrew Heywood（1997）也提到了一些關鍵因素，包括：(1)大眾對團體及其目標之同情；(2)團體成員數目或行動基礎的大小；(3)團體的財務力量和組織能力；(4)團體干擾政府或使其感到不便的抵制能力；(5)團體與政黨或政府單位間在人事或制度上的關聯[8]。由此可知，宣傳得當與利益團體是否能達到既定的目標有其相關聯性，而在宣傳過程中也如同企業與產品的宣傳一般，廣告、傳單與新聞議題造勢皆是利益團體常使用的技術。將於以下篇幅深入討論。

第三節　利益團體之行動宣傳策略

由以上學者之論點得知，利益團體活動之主要方式都與宣傳或大眾傳播媒體脫不了關係；以遊說來說，其需要說帖及相關有邏輯之內容陳述，故必須針對欲加以攻堅的議題有深入的背景分析，才能夠從其中建立欲達到的目標，同時根據目標擬定出簡單、易懂、清楚、明瞭的訊息主軸，進而根據該項主軸延伸出具邏輯性的策略論點，說之以理，才能夠說服目標群眾。而不論接觸國會議員、政府行政機構或政黨皆是以說帖上的論點為基礎來進行宣傳，期望能達到說服對方的效果。

若以Heath的論述來看，幾乎每一個環節都和宣傳有密切關係；首先，在「緊繃」階段中，團體有必要建構其價值之相關論述，同時要爭取媒體曝光，讓民眾瞭解，就需要將議題的核心價值透過宣傳，讓民眾瞭解。其次的動員階段也唯有當民眾認同相關理念之後，才能產生團體之動員能量，大規模能見度較高的行動（如示威遊行）才能獲得相對的奧援；在對抗階段中，倘若團體與政府單位之對抗態勢形成，則就會開始進行一場交互攻防戰，各方提出之論點皆無法避免社會大眾及媒體的檢驗，如何擬具強有力的論點進行說服，亦成為了利益團體當務之急。再者，在談判階段中，仍可以透過宣傳來影響輿論，創造額外的籌碼來施壓於對手；最後，當議題獲得解決時，利益團體更有必要針對相關結果，進行對其會員群眾及社會各界的說明，以進一步創造團體在該類議題上的權威地位，同時建立團體存在的正當及必要性。

至於示威遊行罷工甚至暴力等相對較極端的戰術，其目的之一就是要透過這些活動來爭取媒體曝光；其一方面在進行宣傳，另方面則企圖影響輿論及視聽，擴大或累積團體之動能。Andrew Heywood（1997）也提到一九六〇年代大量興起的宣傳性和運動性的團體（cause groups）；如綠色和平組織或地球之友會（Friends of the Earth）等。其目的就是在吸引媒體注意，以及刺激大眾的覺醒及同情；在反對核彈試爆、空氣與水質污染、森林濫墾等議題上，這些團體皆推動了頗富想像力的抗議活動[9]。而透過大眾傳播媒體來進行宣傳更是利益團體直接透過廣告企圖影響輿論或社會觀感的主要利器。

除此之外，前文所提到的間接遊說策略之相關方式，幾乎都與宣傳行銷脫不了關係；首先，要發布新聞爭取媒體曝光，團體必定要能夠產製出相關議題之驚爆點或重要性，才能吸引媒體報導及民眾重視。其次，發表談話、演說或評論，利益團體亦要能夠清楚瞭解利益團體對該議題之立場，同時要能很邏輯地陳述相關理由，以烘托該立場，以使主要之議題能說服受眾。再者，廣告、文宣、宣傳光碟或錄影帶，當然更屬於宣傳之範疇，更要謹守相關行銷宣傳策略擬定之方式。此外，筆者亦會將相關利益團體之宣傳策略針對其受眾之分類於下面篇幅進一步加以說明。

將焦點置於利益團體的行銷理論上，學者亦提到非營利組織與企業行銷之策略性概念亦有相同之處，而筆者也欲藉此原則針對一般的利益團體做解釋，看看是否亦能進行說明與分析。張在山（1991：231-234）於翻譯Kotler與Andreasen《非營利事業的策略性行銷》（*Strategic Marketing for Nonprofit Organizations*）一書中有提到Kotler與Andreasen兩人所提出的「策略行銷規劃程序」（Strategic Marketing Planning Process, SMPP）模式，其不僅指出非營利組織之行銷原則和企業行銷基本上是相同的，也提出要根據行銷策略擬定行銷實務的原則；其也說到策略行銷規劃程序是一連串的步驟，也是管理程序，藉此發展並維持一種策略，可使組織的目標及資源和市場環境中之機會相配合。該模式的第一步是要瞭解組織內外環境、優劣勢分析，進而建構出組織目標，而進行這些前置的分析工作，也是希望能進一步地爲組織做較明確之定位與發展方向。第二步則是分析行銷環境，藉由第一部分之分析結果來確定行銷目標與產品訂定行銷工作的任務，確定行銷核心策略，進行細部規劃，找出目標市場、組織定位與行銷組合以接觸並服務有效之顧客。第三步則是執行策略，並將成果與當初所決定之目標作評估；大約有兩種評估，一是注重過程的評估，即在非營利組織內，行銷控制所衡量的問題可著重在檢討顧客滿意度及組織形象之改進上，另一則是注重結果之評估，評估組織各方面之工作成果，及評估是否符合組織使命目標。

基本上來說，此非營利組織之行銷策略模式，亦能將其套用在一般的利益團體上；如利益團體在將其理念進行行銷的過程中，皆會考慮內外環境之因素，分析可能的利弊得失，進而進行該理念論述，甚至行動之定位切入點，確認其要影響之目標對象據此擬定行銷策略並加以執行，最後則是針對其策略之效果來做評估，進行策略之調整。是以，就基礎策略來看，非營利組織之行銷與一般利益團體之行銷皆有其相同之處。

綜合以上論述進一步來看利益團體之宣傳行銷策略，可以將利益團體之目標對象分爲對一般民眾、政府機構、政黨、媒體、會員這幾個部分來看。在策略之分析及建構中，筆者亦會以廣告行銷之策略原則配合不同之宣傳對象來進行說明；而此相關論述亦會配合上述行銷步驟作討論。

1.對一般民眾的宣傳策略

(1)團體要以最簡單、民眾能聽得懂得論述來突顯自己存在的必要性，同時強化團體之優勢。因爲許多團體成立的宗旨皆有其專業及複雜性，若無法以簡單易懂的論述來進行宣傳說服，社會或民眾皆無法瞭解其存在之必要性，不利於其理念及組織擴張。

(2)團體要以最簡單的論述讓民眾清楚瞭解團體的理念為何；除了讓民眾理解外，也要讓民眾便於傳送，才能將團體之理念進行擴散。

(3)利益團體在號召民眾參與其相關活動時，或在和民眾接觸進行觀念宣導時，其論述要以民眾的需求作為出發，進一步將訴求和民眾需求及利益作結合，才能爭取其瞭解與認同。

(4)利益團體以示威遊行活動來進行抗議，其應該以最簡單的說明方式來對社會進行說明與解釋，以便讓社會不會對其造成誤解，反而能激起對團體及活動之同情。

在上述間接遊說策略來看，有許多部分皆涉及和民眾部分之溝通；如廣告、平面文宣與光碟，甚至演講座談等，利益團團體便應掌握以上和其溝通之原則，至少能讓民眾理解團體在宣傳何種理念，及為何要宣傳該理念，才有可能達到民眾態度肯定或行動支持的目標。

2.對政府機構及政黨的宣傳策略

(1)利益團體對政府機關及政黨進行訴求的同時，要將其主張之必要性進行強化陳述；相對地，也要在說帖及論述中突顯現行相關法令及政策不合時宜或不適當之處，以建構利益團體論述之合理性及正當性。

(2)利益團體會透過遊說的方式向立法及行政機關進行說服，其說帖之內容應要能夠將其需求之利益點清楚說明，並透過相關論述反覆強化該需求點的合理性。

(3)利益團體在對民意代表進行宣傳說服的同時，也應該強化自己對該民代之不可或缺性或獨特性；如為弱勢團體就可以形象之光環效果來說服民意代表支持，

(4)利益團體在進行對政府機構遊說的同時，亦可以對民間社會進行此項行動理由之宣傳，爭取輿論支持，如此亦可能發揮間接影響民代或政府機構決策之效果，此點亦如上述。

(5)應對政府機構及政黨提出利益團體希望政府機構及政黨配合或採納之具體建議；如此做一方面可以作為利益團體效果有否達到之檢測，另一方面政府或政黨能針對利益團體之需求作較明確及具體之回應。

3.對媒體的宣傳策略

(1)相關活動或理念的宣傳陳述應該投媒體之所好，滿足媒體之需求並符合新聞特性，進而爭取該團體在特定議題中主導論述之可能。

(2)在示威遊行的活動中應該要清楚設定遊行主軸，並進行強化宣傳，同時透過次主軸來烘托主軸，讓媒體採訪時能夠清楚抓住利益團體的活動訴求，以便作精準報導。

(3)相關示威活動、座談會活動或其他造勢宣傳舉辦之後，利益團體應將媒體相關報導彙整，進行後續宣傳之用。

4.對會員的宣傳策略：針對利益團體會員、幹部及義工，利益團體亦要讓其充分、正確及詳細地瞭解組織之基本精神、理念、行動之理由及目的等；此亦如前面政府形象塑造章節所言之內部溝通或公關之部分，因為團體內部成員對相關欲宣傳之訊息能夠充分瞭解，則每個人都能夠做組織之宣傳者，更加能夠發揮宣傳之效益。當然，由於現今的宣傳，媒體占了非常重要的角色，所以組織相關人員亦要瞭解媒體生態及其運作，才能使效果相加相成。

第四節　利益團體宣傳廣告之類型及內容

若將利益團體之宣傳廣告做一內容分類可發現大致有以下幾類：

推銷理念型

此類型的利益團體大部分爲公益團體，透過廣告宣傳欲將團體所鼓吹的理念向社會大眾進行宣導，期望社會大眾能夠加以落實或貫徹，同時對社會能夠創造出正面的效益；如弱勢者的保護或公共利益或健康之推廣。而此種透過廣告進行理念之宣傳亦屬社會行銷（social marketing）的範圍。黃俊英（2004：24）指出社會行銷是指行銷人員爲了要推廣某一社會理念或議題所做的行銷努力；而社會理念諸如公共健康（如戒菸、戒酒與反毒）、環境保護、消費者保護、家庭計畫、人權、男女平權等，都是社會理念的範疇，也是理念行銷的領域。而最大力推廣戒菸及拒吸二手菸的董氏基金會除了會透過一系列活動向社會大眾宣導吸菸的壞處之外，也多會透過廣告、海報看板或是郵寄文宣來向民眾做戒菸訴求；如以影星成龍爲代言主角的「不吸菸、大自由」廣告，或是歌手張惠妹做主角的“Just Say No”廣告，於許多公共場所中皆可發現。近年來董氏基金會除了推廣戒菸之外，均衡飲食及心理健康（如抗憂鬱）也是相關推廣重點，故許多文宣廣告也針對此些項目著墨；如「每天吃半斤蔬菜及兩份水果」、「一天兩份水果三份蔬菜捍衛健康」、「均衡小玩家、健康大贏家」、「均衡飲食、健康之鑰」等海報廣告，及「大手牽小手健康跟著走」父母手冊等。

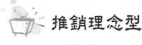

台灣環境保護聯盟的主張和政治則有密切之相關性，如其常年推動的環境立法工作及「反核運動」，都是針對政府相關單位來進行其理念的說服工作；以反核運動來說，該聯盟就進行各種監督、宣傳、請願、抗議等行動 ，並從一九八八年起，每年均舉辦全國反核大遊行[10]。而該聯盟也會將反核的相關訊息置於文宣廣告與說帖中，除了向一般民眾、鄉親訴求外，政府亦是其主要的目標說服對象。此外，該聯盟爲了宣傳相關理念，也出版了錄影帶光碟及書籍；如「台灣環境

觀察錄影帶」、「環境專題錄影帶」等，其中主題皆是環繞在其基本理念——環保及反核的框架下[11]。

這些公益團體進行廣告宣傳之目的非常簡單，即是希望當受眾看到廣告中的相關資訊時能夠產生耳濡目染的效果，知道團體在宣導的理念、認同該理念，並進而推廣該理念。

政策遊說型

此類型應是利益團體著墨最多的類型，通常利益團體不僅會以說帖中之內容向行政及立法單位進行遊說之外，亦會以相同的內容來向民眾進行宣傳。如民間監督健保改革聯盟於二〇〇二年針對「反健保雙漲」的「先補破口袋、再掏民眾錢」說帖，其中除了指出衛生署的疏漏之處外，並要求民眾參與連署。又如二〇〇三年中華民國基層醫療協會的「我們主張雙軌制的醫藥分業，反對單軌制的醫藥分業」說帖。

遊說宣傳之目的有二：首先是希望國會議員立法時能以團體之意見作爲重要參考；其次，期望行政官員在政策執行時能多考量特定團體之利益。

又如一九九一年，長榮集團申請成立航空公司與機場棚一案中，曾引發立委與長榮針鋒相對，於是長榮集團便以「長榮航空公司員工」的名義，在各大報章刊登「請民意代表勿扼殺民航事業」爲主題的全版廣告，引來媒體廣泛報導，也達到渲染事件以及防衛自己之目的[12]。

二〇〇四年四月二十日，標榜「顧民眾、救健保、廢總額」的醫界萬人大遊行登場，主辦單位認爲因現行健保總額執行不當，已造成全國醫療院所營運陷入台灣有史以來最艱困時刻，甚至整個醫療體系有面臨崩盤危機，爲了向政府、社會各界發聲，搶救岌岌可危的健保，故進行此次動員集合[13]。該聯盟爲爭取立法委員對四二〇醫界遊行訴求的支持與認同，亦於四月十五日至立法院拜會親民黨、國民黨、台聯、無黨聯盟及民進黨五大黨團；其特別亦針對活動設計了相關廣告及宣傳階段。活動前，準備吳南河理事長「給醫師的一封信」、陳情書、四大議題說帖、四二〇遊行Q&A以及十八至二十日三天報紙廣告，並於遊行前一天，發出新聞稿邀請立法委員、媒體朋友一同參加「醫界萬人大遊行行前記者會」；四二〇活動之後，蒐集平面媒體相關報導、評論、社論，並持續回應各界批評指教，另也安排接受新聞媒體訪問、參與電視訪談節目以及電台call-out連線節目，除了爭取媒體曝光機會外，亦希望喚起民眾對該議題之認識[14]。而該聯盟之所以連續刊登報紙廣告，主要是為使民眾瞭解目前健保制度究竟發生什麼問題？為何醫界必須走出診間，走上街頭？所以於十八至二十日於各大報紙刊登半版或全版廣告，希望透過廣告的暴露，喚起民眾對此議題之重視與關心[15]。

配合政策宣導型

利益團體亦會刊播或製作相關廣告或文宣手冊來配合政府相關之法令或政策，如靖娟兒童安全文教基金會為了配合二〇〇四年六月一日正式實施的「幼兒乘坐兒童安全座椅」新措施，就編印了《請安全上座——兒童安全座椅宣導手冊》，並進一步成立了「兒童安全座椅宣導聯盟」[16]。

至於配合政策宣導型的廣告文宣主要的目的則是期望擴大政策被知曉、瞭解及遵守的可能性，協助政策推動。

教育民眾型

利益團體也會透過文宣廣告來教育民眾或提醒民眾應該注意自身的權益。如民間監督健保改革聯盟就曾印製了「全民總動員，米蟲別

A錢」的文宣，其中除了指出「健保米蟲」吃健保之相關招數外，並提醒民眾可以透過檢舉或申訴的方式來處理，以免自己之權益受損。

利益團體透過教育民眾式的廣告，一方面期望藉此提高民眾之相關知識，另一方面則期望藉由相關知識能進一步保障民眾之權益。

又如「生命線協會」公益團體，其就有製播各種不同媒體之廣告；如其在電視廣告中邀請藝人曹啓泰作代言人，同時在訊息中亦將「25059595」（鬱卒嗎？找我吧！）放在其中，其目的亦是給目標視聽眾能夠有個簡單的途徑（即撥電話），來尋求協助。而在其他媒體（如報紙、網路、海報）中，主要的廣告訊息亦是以前述「撥電話」爲主，期望能夠對目標群眾產生教育之效果。

助選型

利益團體爲了使團體之利益和意見能在立法院或是政府單位中推動，故其往往會在選舉中支持某些特定之候選人；因此爲該候選人刊播或刊登廣告，同時藉以表達利益團體立場的宣傳動作在選舉期間亦頗常見。如二〇〇〇年總統大選時，中華民國投資協會及證券投資人協會也刊登了一篇「台獨證所稅」的廣告來支持國民黨的候選人。

利益團體於選舉時刊播廣告支持特定候選人同時表達意見立場之目的頗爲明顯，即是希望該團體支持的候選人若當選後，能夠在立法或政策執行上捍衛利益團體的立場及利益。但從另一面向來看，利益團體願意明白選邊替政黨或候選人造勢宣傳者，雖然會有，但並非多數，主要的原因仍是其希望各方交好，本身的利益才不會因爲換黨執政或力挺的候選人落選而遭致負面之影響。

最後，亦如前文所述，利益團體需要爭取民眾及輿論支持，作爲向政府遊說之利器，是以「訴求輿論支持」的廣告類型便順勢產生。

註釋

❶林文彬、劉兆隆譯，《政治學》（下）（台北：韋伯，1998），頁四一二至四一三。
❷轉引自王業立等譯，《政治學中爭辯的議題》（台北：韋伯，1999），頁三二一。
❸轉引自王業立等譯，前揭書，頁三二三。
❹轉引自王業立等譯，前揭書，頁三二二至三二三。
❺周育仁，《政治學新論》（台北：翰蘆圖書，2002），頁二九三至二九四。
❻林文彬、劉兆隆譯，前揭書，頁四二六至四三一。
❼劉必榮，《談判》（台北：時報文化，1992），頁三至六。
❽林文彬、劉兆隆譯，前揭書，頁四二六至四二七。
❾林文彬、劉兆隆譯，前揭書，頁四一四。
❿台灣環境保護聯盟總會網站：http://www.tepu.org.tw。
⓫同前註。
⓬黃漢鋒（1994）。〈利益團體在立法院遊說活動之研究〉，文大政治所碩士論文。
⓭《台灣醫界期刊》，第四十八卷第五期。網址：http://www.med-assn.org.tw。
⓮同前註。
⓯同前註。
⓰《請安全上座》宣導手冊，台北：靖娟兒童安全文教基金會，頁二。

第五篇　政治廣告新思維

前面已經將各類的政治廣告特色及策略進行了說明，本篇將把焦點放在三個面向上。首先，是政治廣告可使用的管道，現今除了四大媒體之外，新興媒介亦是廣告訊息可能載入的平台，它們的特色如何？是本篇關心的第一個焦點。其次，行銷傳播學界現今頗盛行的「整合行銷傳播」，在政治面亦可以使用；是以，筆者將討論政治廣告在整合行銷傳播時代中可以配合的相關機制，其特色、重要性及政治上使用的情況如何。最後，將針對政治廣告的正負面評價，及未來可能產生的新興議題作一說明，期望對政治廣告有一全盤整合的瞭解。

chapter 12

第十二章　政治廣告之傳播管道與整合行銷傳播

- 政治廣告之傳播管道
- 政治廣告之整合行銷傳播

本章擬就政治管道之相關傳播管道立論，探討各項傳播管道的功能及優缺點，並進一步論及到能夠與廣告配套之「整合行銷傳播」；包括公共關係（public relation）、事件行銷（event）、直效行銷（direct mail）與促銷。期望能藉全方位的討論，能夠更進一步強化廣告之功能。

第一節　政治廣告之傳播管道

政治與選舉的相關訊息要如何才能讓選民或受眾瞭解，這就有賴於媒體之傳播；一九五〇、六〇年代，當媒體逐漸在現代社會中扮演重要角色的時候，Nimmo（1970: 192-193）即指出先進的傳播工具（如電視）在說服選民參與政治活動的角色將愈來愈重要。在現今科技進步的網路世紀中，候選人能利用更多的傳播管道與技巧來塑造形象、宣傳理念，甚至是攻擊對手；凡此種種，更使政治傳播在選舉中之重要性益形提高。Nimmo（1970: 445）以政治傳播管道而言，主要可分爲人際傳播、組織傳播及大眾傳播。人際傳播是指二人或多人之間透過面對面方式所進行的口頭傳播，在古典的投票研究中也發現此種傳播比大眾傳播媒介在選民投票行爲上更具有影響力。而除了消息的傳遞外，人際傳播在政治上還有另一種功能，即政治決策的溝通與制定，如政治人物在政治談論或談判中，交換消息瞭解彼此的政治立場，以達成協議的模式就是如此。Lasswell（1949: 10）甚至認爲在非正式的場合中，運用政治符號所獲得的效果，比在正式場合中的效果爲大；同時政治人物在前者的談論內容也較後者更接近眞實。

Galnoor（1980: 104-105）認爲官僚體制、政黨與大眾傳播媒介皆可扮演政治與社會間的傳播通路；他認爲，官僚組織這種政治傳播的通路是用來動員金錢（稅）及人力（軍隊）；政黨的通路是動員政治支持；大眾傳播媒介的通路則用來告知、教育及宣傳。Fagen

（1969: 35）也認為官僚體系、政黨或大眾傳播媒介都是政治傳播中最主要的通路。

綜合言之，從管道觀點來看政治傳播，其與一般傳播最大之不同乃在其制度化、目的性與需要較正式的溝通網路，且這些網路的主要功能是政治性的，同時政治傳播網路的建立與政治制度的建立是息息相關的[1]。因此不管通路是人際、組織或大眾傳播媒介，它不僅是用來傳遞政治的訊息，也是介於傳播者與受眾間的聯繫，更是政治系統間輸入、輸出關係中的必然要項，所有政治制度之改變與延續皆與它有直接關係。以本書而言，焦點則以大傳播播為主要討論範圍，特別是政府機構、政黨、候選人、利益團體和政治相關之訊息究竟能以何種大眾傳播媒介加以傳遞出去；本部分筆者會將所有可能作為以上行動之傳遞訊息之載具加以進行討論，除了探討其特性之外，亦會兼論選擇之策略。

以競選來說，為了去創造有效的政治媒介，首先就必熟悉選民是如何想的及他們是如何行動，是以在競選中必須訂定媒體的戰略以迎合選民心目中所設想之不同需求，同時藉此來創造一個政治競選訊息能夠支配選戰過程的客觀環境[2]。由此亦可窺知在競選過程中，大眾傳播媒介扮演了非常重要的角色。一九五二年，美國共和黨總統候選人艾森豪（Dwight Eisenhower）第一次使用電視競選廣告來從事競選，使電視不僅成為選民獲取政治消息的來源，也是最值得相信的一種政治傳播利器，而政治人物對它的依賴也與日俱增[3]。至此，候選人在選舉中已會開始針對訊息及媒體的特性進行配合，期望能發揮更大的競選效果。

Trent及Friedenberg（1995: 114-116）也指出，候選人主要是利用大眾傳播通道來傳遞候選人的演說、活動報導、廣告及辯論等內容及訊息，同時也利用人際傳播來拉近選民與其贊助者之距離。而競選傳播管道也有以下的一些原則及特性：(1)媒介較少會產生直接說服之效果，而是透過提供資訊影響認知後，才可能產生說服的效果；(2)現在的候選人皆需要大眾傳播媒體，一方面是因為選民希望藉媒介獲得競選及候選人之資訊，另一方面候選人也能藉著媒介有效地接觸潛在的選民；(3)媒介有大的權力可以決定何種議題、候選人及事件能在當天曝光；(4)候選人雖想藉媒體達到其目的，但並無法總是掌握它；(5)媒介對選民獲取選舉過程之知識及評價有其重大之影響；(6)傳播媒介，主要是電視，改變了候選人以往角逐職位的方式；(7)媒介使競選過程產生了頗大的改變。

其實不只是選舉，其他與政治訊息有關的訊息傳播，不論是政府機構的形象塑造或政策行銷，還是政黨的政見宣傳，亦或是利益團體的理念行銷，選擇適合的傳播管道絕對是訊息能否成功宣傳的重要指標，所以以下就將政治傳播中常用的媒體及其特性作一說明。

電視

Trent和Friedenberg（1995: 279）認為最多數的媒體顧問皆認為廣告透過電視這個媒介來進行說服是頗好的宣傳方式，廣告訊息透過付費的方式於電視中展現，能夠如同獨立的新聞事件般在選民心中保持較久的印象；此外，在電視上刊播廣告會有幾方面的效益；首先，它較他種媒介更能夠滿足受眾視覺及聽覺方面的需求，且傳遞更多訊息。其次，電視能夠創造最大接觸面的受眾；最後，它能創造一種選民對候選人的信任感，同時也有某程度設定目標選民的效果。有線電視的特性在於它能夠以其區域的特性來設定目標選民。Pfau與Parrott（1993: 302）也認為電視通常被視為一種高度可靠的傳播媒介且滲透力強，但是在陳述複雜議題的效果上就不甚顯著。

迪克．莫理斯認為當前除了電視廣告，很少文宣品能真正接觸到選民[4]。Devlin（1986: 22-24）則認為競選廣告在電視中呈現，所能展現的政治功效最為顯著，較大者如下：(1)對新手而言可以提高知名度；(2)可向游離選民及低政治參與度的選民作訴求；(3)強化黨員及支持者的立場；(4)攻擊對手；(5)議題設定；(6)形象塑造；(7)部分的募款功能；(8)鎖定特定族群及選區；(9)順應選戰潮流；(10)選戰的必要元素。

此外，Trent和Friedenberg（1995: 282）也指出近來有線電視興起，以它地區化的特性來說，亦促使了許多候選人藉由它將自己之資訊或廣告訊息傳達給選民，而無形中亦產生了「區隔化」的作用；具體來說，傳播者能夠藉有線電視精密的估算要以哪些地理區為目標地區，而有線電台也能夠以興趣及背景來區隔受眾選民。這些有利點皆提供了候選人在設計訊息時，不僅可以將有限的資源作適當的分配，亦不會造成散彈打鳥之虞。

就以上整體而論，在傳統大眾媒體當中，尤以電視最為普及，而相較於其他傳統媒體的影響力也最大。目前台灣電視的普及率可以說接近100%，幾乎每一個家庭都有電視，而自一九九一年有線電視開放設立後，普及率也大幅成長，目前有超過80%的家庭裝設有有線電視，電視頻道數目也從過去的三台，急遽增加為近百台。從一連串數據的增加看來，足以說明電視的重要性，因此廣告主自然明白，電視是絕對不可放棄的廣告媒體，傳播者皆明白必須緊抓住電視所具有之特性普及率高、收視者注意力高、印象性及權威性，才可能進一步說服閱聽眾；以下便依照其分類的特性加以分論之[5]：

普及率高

由於電視已成為多數人最常接觸之媒體，因此大家對於電視所播出之內容都能有共同的收視經驗與印象，若廣告主能依循此一特性好好把握，推出不錯的廣告橋段，便能將廣告內容推演成一股趨勢或成為人們時下共同的談論話題。以二〇〇四年總統大選，泛藍陣營推出的「喜歡嗎？爸爸買不起」廣告內容，此廣告詞便成為當時人們朗朗上口的一句話。

(三)兼具聲光效果，收視者注意力高

收視者在觀賞電視節目時，必須放下手邊的事物守在電視機前，以免注意力不集中而錯過了電視的內容。電視內容是透過聲音及動態影像兩者組合而成的，因此對於收視者而言，電視廣告的效果當然比僅擁有靜態文字、影像的報紙，及只能有聲音表現的廣播來得強烈。

(四)印象性

由於電視兼具聲光效果，因此閱聽眾可以很清楚看到、感受到廣告內容所想要表達、呈現的部分，讓閱聽眾得以直接提出對廣告內容的評價，電視廣告可以說具有相當強烈的直觀效果。

(五)權威性

普遍人認爲，能在電視這個媒體當中所播出的內容自然是值得信賴的，當然其所廣告的內容也都賦予有同樣的移情作用存在，透過電視媒體的強力推銷之下，廣告的商品便自然能獲得社會性的信賴。

除了將競選廣告訊息透過電視展現外，Weaver（1996: 206-212）在說明候選人可利用的傳播通道時又進一步指出，公關活動也能吸引媒體注意，經記者報導後在電視中也能暴露相關訊息。

報紙與雜誌

至於以報紙及雜誌此項媒介來看，在王玉成、溫舜方、陳東升編著的網路電子書《方圓廣告戰》中，也個別論及兩者所具有之不同特性。首先就報紙而言，報紙爲了滿足讀者的多方面需求，總是撥出大篇幅的版面來服務讀者，因此，報紙可說是涵蓋了所有年齡、職業、階層的受眾，既然報紙的受眾包括了所有類型的讀者，那麼報紙也就成爲各類廣告的最佳載體，報紙之於廣告具有以下幾點特性[6]：

(三)普及率高

報紙內容分類漸細是爲了可以滿足所有讀者，也因此受眾群相當廣泛。

(四)信賴性

報紙媒體長期建立的專業度，使讀者對於報紙內容產生一定的信賴感，因此，既使報紙偶爾有報導錯誤的情形出現，但讀者對於報紙內容的正確度及信賴度仍是不受動搖，相同對於報紙廣告而言，也仍舊反映了讀者信賴的心理。

(五)免費宣傳的可能性

當廣告主將廣告主體的特殊性獨特出來時，廣告內容遂可能成爲報紙報導材料的一部分，這樣一則免費的報導，不但成效如同廣告一樣，也大大增加了廣告主的聲譽和形象。

而傳播者欲刊登報紙廣告時，版面選擇最爲重要，建議必須充分瞭解目標消費群的閱報習慣，再決定刊登哪一天哪一版；因爲各報有其不同屬性，如有以經濟爲主、也有以娛樂爲主的報紙，甚至報紙也會有些政治傾向，這些屬性皆吸引著不同的目標群眾。

而相較於報紙，雜誌則是以豐富固定的內容吸引特定長久的讀者，其所具備之特性，對於廣告主而言，也是另一項除了報紙媒介外，可以考慮選擇的優良廣告媒體。

(一)讀者區隔明顯

雜誌的發行，通常是鎖定固定讀者群，廣告主可以針對所刊登廣告的雜誌屬性進行廣告內容的設計，以塑造與廣告主題相同的氛圍，再加上雜誌的讀者群對自己閱讀的雜誌具有相當認同度的情形下，讀者對於廣告的接受度也將漸漸提高。

四廣告表現有彈性

雜誌廣告在呈現方式上，除了一般傳統廣告文字敘述、圖片之外，還有其他的表現方式，如報導式廣告、以優待券等形式出現的廣告，再加上印刷精美及豐富色彩，讓讀者不會產生排拒廣告的心態。另外，劉美琪等（2000：265-266）指出其亦有幾項特質：首先，廣告創意空間也較大，雜誌亦能配合廣告主需求，設計拉頁、摺頁等廣告版面；其次，重複接觸率高，如同一人一個月翻閱同一本雜誌的次數愈高，刊登在內的廣告被閱讀的機會就愈高。再者，讀者群的消費力也較高；一般而言，教育程度高者閱讀雜誌者的比例也較高，讀者對其信賴感亦較高，故對於其中廣告接受度亦較高。此外，其印刷品質亦頗高，稿件亦能作特殊處理。最後，雜誌的傳閱率亦頗高，若同一本雜誌一個月內被不同讀者翻閱的次數愈高，廣告接觸到的消費者便愈多。

Trent和Friedenberg（1995: 275）指出在廣告訊息透過報紙及雜誌上展現有其優點；首先，它們較能夠不受時間的影響，同時也較能快速地回應對手的攻擊；其次，此類型的廣告較其他付費媒介能提供候選人充分地表達其論點的機會。相對地，在目標群眾設定及成本方面則較不易掌控；但他們也認爲，較小型的報紙，因爲其流通會受到限制，故在選民設定上會較有用。即使如此，Pfau和Parrott（1993: 305）仍認爲若就深入特殊之地理區隔市場時，報紙則成爲最佳的傳播媒介。

廣播

Trent和Friedenberg（1995: 278）認爲廣播是一個較具彈性的媒介，它較能接近特定的目標選民，同時藉著聲音、音樂及音量的混合，較能有效地傳達政治訊息；而許多候選人喜歡利用廣播的原因就是它比電視廣告便宜，也因爲它缺少視覺上的力量，故許多的攻擊廣告也是透過廣播來呈現。除此之外，雖無法如平面文宣般有精密設定目標群眾的功能，然廣播仍能達到某種程度聽眾區隔的效果；同時在內容中，也可不斷地重複候選人的名字以強化選民對他的認知。特別是在鄉村地區或是層次較低的選舉，廣播更是一種頗佳的選擇。此外，廣播廣告具有之重要特性包括[7]：

製作費用低廉

相較於其他的傳統媒體而言，廣播廣告雖然僅只於聲音的呈現，但其低廉的製作費用，卻仍然深受廣告主的喜愛。

附帶性

相信大家一定都有這樣的經驗，那就是一邊收聽廣播，手邊也正在做其他的事情，這就是廣播所具備的「附帶性」。廣播所具備的這項性質，不必懷疑它可能會降低聽眾對於廣告的注意力，相反的，廣播的這項性質卻得以擴大傳播的範圍，對於廣播廣告者而言，所需眞正注意的則是如何做出引人注意的廣告。

抽象性

廣播廣告不能具體的展現廣告的主體，我們只能聽到廣告詞的描繪、廣告情境的音樂來想像，這就是廣播廣告抽象的一面，但卻也能引發聽眾的想像空間，提高聽眾對廣告主體的興趣與好奇心。

聽眾區隔明確

在廣播內容的製作上，各廣播電台早已經對於聽眾市場做了明顯的區隔，廣告主便可以針對鎖定的族群選擇廣告時段的配置，播放的次數，或是進行不同的廣告內容推銷，達到事半功倍之成效。

除此之外，劉美琪等（2000：260）也認爲廣播媒體還有時效性高及設備障礙性低的功能；以前者來說，對於即時性新聞或事件的報導可以馬上反映，就後者而言，收聽地點不受器材的限制，移動性大增，接收器亦可以電池發電，不受停電影響。

平面郵寄文宣

廣告媒體的另一種形式——平面郵寄文宣（direct mail），雖然它像極是「秘密」進行的廣告，不像其他傳統媒體「直接在檯面上進行」，不過卻也有它深受廣告主喜愛的特性：首先，通常收到這類郵寄的廣告文宣，人們都會以爲自己與眾不同，或是既然寄來就順便看看的心態接觸廣告文宣；其次，其鎖定特定顧客群的功能；換句話說，就是把文宣寄至有把握的人們手上。比如它能夠針對目標群眾不同之屬性而設計相關的區隔文宣，同時較多的訊息較能夠容納於其中。

是以，在政治廣告中常會利用平面郵寄文宣以達到多重的目的，甚至包括在競選中的籌募資金等。除此之外，Trent和Friedenberg（1995: 273-275）也建議了一些郵寄平面文宣的指導原則：(1)儘量避免使用信封；(2)給選民一個閱讀的理由；(3)使訊息內容儘量地方化；(4)讓受眾能在二十秒內將標題、訴求及圖片等主要訊息閱讀完；(5)要找一個專業的寄件機構以簡省平面文宣寄送之繁複事宜。而平面文宣也能夠針對區隔的選民而設計不同的內容，此外，它通常對於輔助其他宣傳管道的訊息也會有加強的效果。如一九九四年台北市長選舉時，陳水扁陣營就出版了一本認知程度頗高的文宣手冊《木瓜乾與大冰箱》，期望透過以候選人成長中的感人小故事爲主所編輯的手冊來讓民眾深入瞭解陳水扁；此外，民進黨在二〇〇一年立委選舉中，就印製了許多平面文宣；包括針對主軸《國家要進步，台灣不走回頭路》的小冊說帖，和持續寄發給黨員同志的《綠色限時批》。以前項而論，主要是以較理性且平鋪直敘之方式將相關議題呈現，同時提出民進黨的政策、對當前時局之看法，亦有對在野黨提出批評。然因爲發送頻率及效果之故，是以後來將其中相關文章配合網站進行複式宣傳。《綠色限時批》則包括「中央黨部內部重要消息」、「府院看板」、「國會觀察」及相關時事評論或專論等；其主要目的應是讓黨員同志瞭解黨中央對議題之相關立場，以便在進行宣傳時能與黨中央同調，發揮統合戰力。而二〇〇四年行政院更針對公民投票宣導而製作了一本手冊廣爲散發。

陳惠倫、吳崑玉（1993：130-131）認爲「快報」或「戰報」也是平面郵寄文宣的一種模式，其主要是於競選期間，候選人因應選情需要，對政見再加闡釋，或回應對手攻擊的一種快速印刷型的時效性媒體，對於鞏固票源和打擊對手有相當功效；其需要掌握時效性和新聞性兩項原則，也因爲如此，所以在媒體的設計上往往不是很精緻。國民黨亦於二〇〇四年大選時定期出版《幸福戰報》，定期配送給各縣市黨工幹部，除了期望基層幹部能夠對黨中央基本理念有所瞭解之外，更希望中央及地方以統一調性的方式來分進合擊。即便是在電子媒介如此盛行之同時，平面郵寄文宣仍然有其使用的空間及效果，其更能和電子傳媒發揮相輔相成的效果。

戶外媒體

當我們走在路上，或是搭乘大眾運輸工具時，一定不難發現到處都充滿著廣告的蹤跡，這些廣告有的稱之爲交通廣告，有的則是所謂的戶外廣告，是廣告主可以選擇嘗試的廣告媒介。所謂的交通廣告，最常見之處是在公車的車體、捷運站或機場內的燈廂、車廂；而戶外廣告，除了有普通的建築物看板之外，還有設置在馬路分隔島上的雙面旗子，稱之爲直布旗（又稱羅馬旗）。

倘進一步以其類別來看，許安琪、樊志育（2002：72）也指出戶外媒體也可粗分爲電子類和非電子類兩種。非電子類的廣告看板較新的有音樂海報機、資訊驛站、車體廣告、熱氣球、飛行船；較傳統的則有張貼於頂樓或大樓側面的大型印刷壁面廣告，或大型搭架式的廣告。電子類的戶外廣告媒體不勝枚舉，有電視牆、電子快播板（Q板）、LED電腦顯示板、電腦彩訊動畫看板等。

嚴蘭芳（2003）認爲交通廣告與戶外廣告能大大受到廣告主之青睞，除了廣告所運用之版面、表現質料之材質，以及呈現手法新穎等之外，還有一些其所具備之特性。包括：

1. 可移動性：由於流動的人天天都有，將廣告置於戶外看板、車體外、公車站、捷運站等處，可以增加廣告相當廣泛的範圍性，對不同流動的人群達到極高的接觸率。
2. 易吸引：等車、等交通號誌、坐車時，本來就無所事事，若是廣告做得色彩繽紛、版面清晰，文字簡單明確，便很容易吸引流動人群的注意。

然而，戶外廣告及交通廣告仍有一些原則必須遵守；如交通媒體主要針對的目標對象爲行動中的個人，次要對象則包含所有進行中的車輛，甚至可從室內觀看到室外景象的住戶或辦公大樓。刊登廣告的業者可依搭乘各種交通工具的主要族群、該族群選擇搭乘這種交通工具的情況，以及廣告暴露的地點與位置等因素，作爲購買之判斷[8]。除此之外，交通及戶外廣告必須以簡單清楚易懂明瞭的文字或圖案作爲主要之訊息，有時它可能就僅是一個標語（slogan），或是能烘托標語的圖像，因爲其所設定之目標對象可能在作行進的動作，不可能注意到太多的訊息或進行深刻的思考判斷，所以簡單的文字或圖案訊息，才較可能在其心中留下印象；至於創意可以突出，但儘可能讓受眾一看即能夠瞭解。然而，捷運或公車內廣告，則較可以依照主軸放置較多訊息，主要的原因是當乘客無聊時就有可能看廣告打發時間，但仍要注意相關訊息仍是要以能夠搭配或烘托主軸訊息爲主，內文仍不宜太多或太艱澀。創意人員發想戶外廣告前，先瞭解戶外環境條件亦是重要環節，能親自到場觀察最好，不然也應該看一下環境之照片，如此才能瞭解相關情事。

網際網路

高科技下的網際網路運用於選舉或政治上，大約是從一九九二年的美國開始，柯林頓政府開始透過網際網路以散發新聞稿或是相關的消息；一九九四年的選舉中已有候選人透過電子郵件或者是設計獨立網站開始從事競選[9]。及至網際網路普遍化之後，競選方式也隨之產生了重大的變革；以台灣而言，一九九四年的台北市長選舉可說是濫觴，各候選人爭相成立「BBS站」，希望與選民產生進一步的互動行爲；一九九六年的總統選舉，各候選人競選總部皆成立了直屬於競選總部的網站。其後，網際網路在選戰中之運用更形重要，一九九八年的台北市長選舉，馬英九及陳水扁兩陣營早已在網路上透過「小馬哥全球資訊網」及「阿扁網路競選總部」打的不可開交；二〇〇〇年的總統大選，三個主要陣營不論是陣營自己架構的或是支持者獨立建置的網站，其數目之多、功能之強，則更爲新型態的選戰建構了新的互動攻防模式。

目前台灣政治廣告最常見被運用在網際網路的廣告種類大抵有：橫幅式廣告（Banners）、按鈕廣告（Buttons）、推播技術（Push technology）、聊天室（Chat）、散播式廣告（Interstitial Ads.）、社論式廣告（Advertorial）以及電子郵件（E-mail）式廣告。不同於其他傳統媒體之廣告形式，網際網路這一新興媒體之廣告呈現方式，除了可以說極具豐富的彈性之外，也集其他一般傳統媒體之特性於一身，比較相關文獻可發現，網際網路所挾帶豐厚的基本特性，已然成爲不可忽視之廣告載具之首。根據丁源宏（2000）、許順富（2000：9-10）、嚴蘭芳（2003：42）等人的研究，可將其特性歸納分述如下：

地域性

網際網路可以突破空間距離的限制，只要將所想要傳達的廣告資訊內容傳送上線，便可以開始對各個區域乃至全世界各地進行廣告之傳播。網際網路此一無國界之特性，讓以往僅僅只能限於一地的區域廣告，更擴大其廣告的傳播範圍，可以使廣告之功能效益比預期更爲提高。以於新竹市政府網站上所刊登之「二○○四逍遙遊——新竹市沿海十七公里海岸觀光月」的系列活動廣告[10]爲例，這項屬於新竹地區之地方活動，很可能因爲僅只於地方媒體進行廣告，而使得該活動的知名度、人數的參與度等僅局限於新竹地區而已，所收之成效不大，但是透過網際網路廣告的傳布，不但可以提高此次活動的知名度外，也可以吸引其他外縣市的朋友一同共襄盛舉，兼收新竹市流動觀光人潮以及確立新竹市形象之利；另外，像是交通部觀光局「二○○四台灣觀光年」活動也是利用網際網路廣告，向國外地區進行活動之介紹。

費用低

過去政府用來公告捉拿十大通緝犯的媒體載具，就是大家在警察局門口、各航站港口所可以見到的平面文宣海報，這樣一大張的海報，光是設計、製版、印製等程序，總計所需的人力與花費可說是不少，但是花費如此之龐大，卻因爲張貼海報地方的局限，以及海報影像之呈現較爲粗糙，使得平面文宣海報所能收之廣告效益著實有限，相形之下，法務部透過網際網路進行廣告捉拿十大通緝犯之公告[11]，不僅通緝犯臉孔各個清晰明辨，廣告傳布的範圍也相形見廣。

網際網路的CPM（Cost Per Mille）低廉，與報紙、電視、雜誌、廣播、平面文宣等傳統媒體相較之下，網際網路廣告不僅可以減少印刷之廣告費用，也可以免去龐大之人事支出及相關製作作業的花費，節省執行廣告之單位的廣告預算。

時效性

在網路廣告的製作與刊登上，具有高度的時效性，並且由於網路族上網的時間不一定，因此網路廣告的宣傳效力是全天候的二十四小時，超越了時間的限制，如內政部「看新聞、抽大獎——全民監看家暴性侵害新聞」的活動廣告[12]。

彈性大

網際網路廣告內容的呈現方式，由於不受版面、位置、時間等因素限制，其創意空間可說是較一般傳統媒體來得大，並且在廣告主體內容的形容闡述上，同時也可以提供完整且豐富的資訊，可以說兼具資訊的深度與強度。以行政院新聞局網站上的「數位廣播」廣告而言[13]，它透過動畫、漫畫、文字、圖表四種呈現型式來介紹數位廣播這一新興科技，清楚地向受眾說明了何謂數位廣播、數位廣播的優點等。

互動性強

網際網路具有高度的互動性，當網路使用者遇到問題，或是有意見想表達時，可以隨時與網站廣告者進行溝通聯絡，甚至與其他網路使用者進行直接的互動，而網站廣告者也可以搭配線上遊戲、問卷等方式，增加網路使用者的參與度，提升廣告效果。在民進黨網站中，以扁帽娃娃爲主體的「水龍頭傳奇」[14]，就是明顯的一例，當中除了開闢名爲「水龍頭俱樂部」的討論區供網路使用者大談闊論外，還不時更新小遊戲、手機圖鈴、電腦桌布及螢幕保護程式等提供免費網路使用者下載。

全方位的傳播

網際網路最大特性，在於它可以做到全方位傳播；它既可以用文字來描述廣告主體，也可以加上視覺上的刺激，其傳遞的廣告內容可以從平面靜態文字、圖像到動態立體及附加聲音資料。以大家最熟悉的豆豆爲例，由行政院衛生署藥品管制局架設在新聞局的宣導廣告「豆豆反毒新聞」[⑮]，當中就融合了文字、動態影像和聲音，讓原本冗長乏味的認識毒品眞面目平面敘述文字增添了動態感。

網路使用者的主動傳播，使網站廣告者易於評估廣告之成效

不同於其他傳統媒體，網路廣告內容的讀閱，經常是靠著網路使用者的主動點取而成的，因此，需具有創意之設計才能吸引網路使用者的主動傳播，增強廣告的效果；而另一方面，網路廣告者也可以透過網路使用者的點閱率，評估廣告的成效，也可以追蹤網路使用者之位置，達到持續進行廣告的目的，進而與網路使用者保持聯絡的通道。就這一特性而言，這是一般傳統媒體所無法達到的特點。

以選舉之網路攻防來看，Holdren（1995: 50-52）指出以網路作爲競選媒介和其他媒介相比，有四大特色：(1)進入此媒介之費用比電視廣告低廉；(2)上網人數增加亦不會影響費用；(3)候選人可利用此互動過程，吸引選民討論；(4)與競選活動相關之利益團體原本就已存在網上。而在Gary W. Selnow（1998）的書中也有提到Balz於一九九五年的論述，其指出網路在傳輸大型圖檔較遲緩費時，同時候選人的網頁要具備把訊息組織成網上訊息的能力，所以或許就如許多研究者所說的一般，候選人的網頁只是爲了要彰顯其競選陣營而已，並沒有獲得從新媒介帶來的什麼益處。即使如此，網路運用在競選傳播之研究可爲方興未艾，候選人製作網站因應選舉的趨勢更爲明顯。Greer（2001）在觀察二○○一年美國參議員和州長的選舉網站後指出，候選人的經歷自述、政見議題立場及競選新聞是最普遍的資訊內容，形象建立則是首要之目的。

以台灣的情況來看，如民進黨主要是以中央黨部（全球資訊網）

爲主，有關選舉資訊皆納入「選舉博物館」項下，包括「選戰最新聞」、「文宣百寶箱」、「選舉結果」、「選戰主軸」及「選舉相關」等。細部分析則可發現「選戰最新聞」包括和選舉有關的新聞發布；「文宣百寶箱」則將歷次選舉廣告置於其中，「選舉結果」則將各次選舉之票數及當選人資料置於其中，作成資料庫；「選舉主軸」則是將歷次競選主軸納入；至於「選舉相關」則是列出和選舉有關之法規。

由於網路是最能接近年輕族群之通路，是以，民進黨於二〇〇〇年三月成立的「民主進步黨奇摩黨部」網站，就是鎖定年輕族群且以互動式資訊交流爲主的網站，其以「家族」形式招攬黨員並結合志同道合的夥伴來凝聚對民進黨的向心力。另外，根據筆者瞭解，民進黨青年部於選舉期間則時常會進入各大專院校的BBS站中與年輕人對話，討論相關時事，亦是黨部開闢年輕票源，進行文宣攻堅的一大利器。

值得一提的是，在二〇〇一年選舉時民進黨秘書長吳乃仁更進一步地想結合掌上型電腦（PDA）發展「數位戰情中心」，讓民進黨選戰更加「高科技」。承辦該項業務的新高山公關公司總經理林鳳飛表示掌上型電腦可以傳送即時性的資訊，包括候選人演講時的題材、攻擊的要點，以及隨時掌握最新選情，這些對候選人幫助都很大。民進黨前文宣部主任鄭運鵬指出，黨中央結合PDA手機所推動的「數位選戰中心」，主要是針對叩應節目，因爲立委候選人利用趕往電台的二、三十分鐘的車上時間，透過PDA手機上的重點提示資料，可以有不錯的事前準備工作[16]。

就國民黨來看，除了有官方政黨網站臚列相關訊息之外，於選舉階段中亦會有競選網站之呈現；如二〇〇四年大選就出現了官方網站「連宋當家、你來作主」網站及周邊的「藍教頭」網站；網站中除了選舉相關資訊外，亦有活動行程、政策白皮書、選舉活動新聞稿及競選廣告等，內容亦是頗爲豐富。此外，亦有針對黨員或黨友於平時寄發的「藍天電子報」，其內容則包括政黨理念、選舉事務及相關資訊外，對執政黨的批評或攻擊的相關言論內容也很多見。由上述不難發現政府機關、政黨、利益團體及競選總部早已將網路當作其施政、與民眾互動、釋放訊息、宣傳理念、吸納民眾意見及交互攻防的一個重要領域；可以預期的是，隨著網路發展，相關平台的使用機會及可能性，勢必會無限擴大。

除了以上較常被使用的媒體之外，Trent和Friedenberg（1995: 282）還指出在競選過程中以錄影帶或光碟來記錄候選人影音然後寄送給選民也是一項傳播管道，傳統上，透過這樣的方式來傳遞候選人的訊息，在價格上比較昂貴且比較無效，但是現今科技日新月異，以導致它在儲存及寄送上有其便利性；研究文獻也指出，倘以收到競選錄影帶的人來估算，其中約40%的人會將它打開來收看。更甚者，競選錄影帶也提供了候選人更多的時間去說服選民，其可能產生的效益也可能比透過三十或六十秒的廣告訊息藉電視呈現要來的大。另外，Trent和Friedenberg（1995: 206-213）也指出一些室外的旗幟、廣告、徽章、帽子、T恤等競選附加宣傳品或是高科技下的網際網路、競選錄影帶等，在競選場合及過程中也都會被使用，以加強宣傳效果。而現今政府機關、政黨、利益團體等亦會透過上述作法或管道來進行相關宣傳活動，之所以會如此做，總是希望期能擴大可能接觸到訊息的相關大眾，儘可能將所欲傳達的訊息告知受眾，進一步擴大達成目標的可能性。

最後，不論是選擇何種媒體作爲政治訊息的載具，當以主軸爲基礎所設計的訊息確立之後，進一步地，都要在宣傳過程中隨時地監控被傳播出去的主軸訊息；包括它是否具內部的一致性？是否能和宣傳過程中發生的事件及民眾態度的改變能夠配合？這些要項，傳播者則要透過民眾來評估而非內部核心而已。而爲了使媒體的選擇能夠花揮最大的效果，Shea（1996: 213）認爲最重要的步驟即是要規劃一個媒體計畫，其中各傳播管道的屬性及效果、整體預算、內容及時機皆是需要考量的因素；一旦此計畫獲得認可之後，就必須當作戰略指導方針般被遵守，除非環境產生顯著的改變，否則計畫不應改變。

第二節 政治廣告之整合行銷傳播

以下將行介紹整合行銷傳播意義及特色，之後說明整合行銷傳播如何應用在政治行銷的運作中：

整合行銷傳播之意義及特色

許安琪（2001：10-14）指出整合行銷傳播（Integrated Marketing Communication, IMC）的觀念出現於一九七〇年代中期，以整合廣告、宣傳活動等與促銷的相關要素，用數據和科學的方式來發揮傳播功能，將過去廣告主和廣告代理商上對下之垂直的客戶和業務代表關係，轉變爲平行的合夥人或工作團隊，建立起兩造雙方的長期關係、創造長期利益、分享長期效果爲目標。關於整合行銷傳播的概念及定義有許多種，從Schultz、Tannenbaum和Lauterborn（1993）、Duncan和Moriarty（1999）及許安琪（2001：25-27）對於整合行銷傳播的定義綜合整理的分析來看，整合行銷傳播包括了以下幾項重點：

1.形象整合，聲音一致：廖宜怡（1999：103-136）翻譯了Duncan與Moriarty所著的《品牌至尊——利用整合行銷創造極終價值》（*Driving Brand Value: Using Integrated Marketing to Manage Profitable Stakeholder Relationship*）一書中，其二人認爲對消費者而言，所接觸到的企業訊息，會對其有影響，而訊息則來自四個方向；包括產品訊息、服務訊息、新聞報導等未經設計的訊息及廣告活動等經過設計的訊息。而所謂的品牌一致性就是要將此四大品牌訊息加以整合，確保品牌訊息朝向

「創造品牌資產的有效關係」目標前進。故整合行銷傳播是將所有行銷傳播的技術和工具，採取同一聲音、同一作法、同一概念傳播與目標受眾溝通，主要目的在建立強而有力的品牌形象；並希望透過整合，影響目標受眾的行為，並對其品牌產生良好的態度，以達成行銷目標。

2.使用所有工具接觸：許安琪（2001：26）則認為使用傳播策略前，必須先決定「如何」和「何時」與消費者接觸：企業或品牌訴求的主題以何種管道傳遞給消費者。以整合傳播而言，企業和消費者有三種溝通途徑：產品使用經驗、通路接觸的印象，以及透過傳播工具的傳達，如何掌握最大效益、最低成本的溝通工具，是目前廣告主尋求的競爭武器。

3.達成綜效：整合行銷傳播的重要目標是希望透過整合傳播工具的一致訊息，傳達企業或品牌的一致形象予消費者，進而促使消費行為發生，並建立永續關係，此為整合行銷傳播達成綜效的關鍵。此即Duncan所稱策略性的整合效果，將大於廣告、公關、促銷等個別規劃和執行的結果，同時避免這些個別規劃執行的行銷工具會彼此競爭預算，或傳遞相互衝突的訊息。

4.由現有及潛在消費者出發並建立（長期）關係：以消費者導向的由外而內的互動過程，依消費者的需求、動機情報，量身打造適合的溝通模式，進而達成促購行為並建立品牌忠誠度。吳怡國等（1999：76-79）年翻譯Schultz、Tannenbaum和Lauterborn等人於所著的《整合行銷傳播》（*Integrated Marketing Communications: Pulling it Together and Make it Work*）一書中提到，Schultz等人指出整合行銷傳播的眞正價值在於運用長期資料庫的傳播計畫所發揮的效果；透過資料庫之運用可發現整合行銷傳播的另一重要觀點，即以消費者及潛在消費者的行為資訊作為市場區隔之工具。將整合企劃模式的焦點置於現有或潛在消費者身上，亦能窺見其雙向溝通的本質，藉此傳播者並與消費者建立長期之良好關係。

許安琪（2001：15-17）也歸納了整合行銷傳播的發展和以下幾個概念的發展有密切的關係，首先是行銷觀念從產品導向到消費者導向的轉變，從過去注重「行銷4P」——產品（Production）、價格（Price）、通路計畫（Place）、推廣（Promotion），到注重「行銷4C」——消費者（Consumer）、成本（Cost）、便利（Convenience）和溝通（Communication）觀念的轉變。以消費者作爲產品行銷的思考出發點，正是整合行銷傳播思考的首要主軸。而晚近學者羅文坤更提出了以「行銷4V」——變通性（Versatility）、價值觀（Value）、多變性（Variation）及共鳴感（Vibration），將商品或服務與消費者兩項主要變數由簡單的個別互動昇華爲能同時考量市場面與技術面的雙贏策略，其觀念在發展上由「滿足需求」提升至「提供更完善，更有效率的商品或服務」。

吳宜蓁、李素卿（1999：146-155）翻譯Ester Thorson和Jeri Moore《整合行銷傳播》一書指出其認爲系統的整合行銷計畫必須包括以下幾個步驟：(1)使用一種廣泛的市場層次的分析，以便決定所有對於達成行銷的目標的對象；(2)運用適當的消費者行爲模式，來確認購買的各個階段；(3)瞭解在購買過程的特殊階段中，會對消費者產生影響的議題和動機；(4)決定最佳的資源分配方式。

以策略面向而言，許安琪（2001：235-239）認爲整合行銷之策略發想過程須發展的策略有下列四項：

1.消費者行爲策略：包括消費者需求、精確區隔消費者並加以分類（已存在的消費者——忠誠使用者；潛在消費者——新品牌消費者、他品牌忠誠者、他品牌游離者）。
2.行銷策略：包括依據產品之相對優勢、劣勢、機會及威脅進行開發與定位，同時經營品牌。
3.傳播策略：整合行銷傳播主題設定。

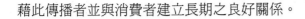

4.執行策略：以「基本行銷策略工具」（行銷4P）、「支援性行銷工具」（資料庫行銷、建立關係行銷、行銷話術，將通路的整合性思維貫穿其中）和「說服性傳播工具」（廣告行銷、直效行銷、公關行銷、事件行銷、促銷及網際網路）爲三大方向思考如何接觸到各種會影響銷售的族群。

以廣告來說，本書已經針對其相關策略、企劃等面向進行了深入的討論，而網際網路作爲訊息傳播工具的部分亦已於前一節討論，故於本部分筆者擬將其他和廣告配合的「說服性傳播工具」，特別是公關行銷或公共關係、事件行銷、直效行銷及促銷或銷售推廣等分別加以敘述：

1.公關行銷或公共關係：黃俊英（2004：325，362-363）認爲其是指爲建立企業及其產品的良好形象而設計的活動，公共關係可用公共報導、新聞報導或故事方式來傳遞訊息，較易取信於人。他也指出公關決策過程包括：(1)公關目標設定；(2)公關訊息與特定工具之選擇；(3)公關方案的執行；(4)公關成果的評估。孫秀蕙（1997：103）則指出Wilcox、Ault和Agee等人於一九九五年所提的公關企劃包含四個元素，即“RACE”的概念，包括研究（Research）、公關行動規劃（Action）、溝通（Communication）、評估（Evaluation）。姚惠忠（2004：75-76）則提出了公共關係“WHATS”的基本原則，分別是全員公關（Whole company public relations）、誠實爲上策（Honesty as best policy）、言行一致（Action concurrent with words）、雙向傳播（Two-way communication）及對等溝通（Symmetrical communication）。孫秀蕙（1997：8-13）也引述Wilcox、Ault和Agee等人於一九九五年的論述指出企業公關之工作項目包括：建立企業形象、資訊服務、行銷溝通、投資人關係、社區關係、員工關係、對於贊助活動之監督與管理、遊說與政治公關。孫秀蕙（1997：14-16）也進一步指出了非營利組織的公關工作項目：出版刊物鼓吹理念、募款、招募與訓練義工（會員）、建立媒體關係、政治遊說推動立法等。許安琪（2001：194-195）也認爲公關行銷決策過程包括著眼於企業和消費者及一切與行銷攸關事務的互動關係：包括新聞報導、聯絡及宣傳等基本公關工作；協同廣告行銷加乘效果；更甚而爲之，以行銷目標爲主的積極作爲——事前公關管理，和問題解決的事後危機處理。

2.事件行銷：許安琪（2001：203-204）指出「事件行銷」是指企業整合本身資源，透過具有企業力和創意性的活動或事件，使之成爲大眾關心的話題、議題，因而吸引媒體的報導與消費者參與，進而達到提升企業形象，及銷售商品之目的。Boorstin（1992: 11-12）將「事件」稱爲「假事件」（pseudo-events），且其具有一些特質：(1)事件是經過公關人員精心策劃而非自然或突發的；(2)事件之製造主要是希望搶攻媒體版面；(3)假事件之意圖時常是隱喻的或曖昧的，記者未必弄得清楚；(4)公關人員可藉假事件達到公關目標，所以其就如一種「自我實現的預言」（fulfilling-prophecy）。許安琪、樊志育（2002：247-248）則將事件行銷分爲七種類型，包括創新行銷戰略型、運用公益活動型、擘劃經營管理型、挑戰禁忌權威型、利用公權特權型、善用時勢環境型、導引教育新知型。姚惠忠（2004：333-346）認爲就事件本身要達到的目標來說，事件可以分成以下類型：(1)行銷性事件：包括頒獎、選拔賽、節慶日活動、紀念品（贈品）、愛用者俱樂部、試用品等；(2)形象性事件：包括提出代言人、改變名稱或組織改革等；(3)公眾訴求性事件：包括示威遊行、連署行動、民意調查；(4)危機因應事件：包括危機說明記者會、轉移焦點、回收產品等；(5)凝聚性事件：如餐會、聚會或會議等。

3.直效行銷：黃俊英（2004：390-394）認為直效行銷是一種可與個別閱聽者雙向溝通的互動溝通工具；包括郵購行銷、型錄行銷、電話行銷、電視行銷、票亭（kiosk）行銷、線上行銷等。是透過各種非人媒體，如信件、網際網路等，直接和消費者接觸，並賣給消費者商品的方式。許安琪（2001：215）則歸納了直效行銷的本質包括：(1)任何媒體皆可為直效行銷的執行媒介；(2)不需透過傳統的通路中間商，且廣告和銷售效果同時發生；(3)方便建立顧客快速回應系統——直接反應；(4)無地點、時間或空間限制，皆可進行直效行銷。

4.促銷或銷售推廣（Sales Promotion）：許安琪（2001：221-224）指促銷被定義為協調各種銷售所引起的努力，以建立銷售產品及服務或推廣某一觀念的說服與資訊管道；其中所肩負的任務為雙重的銷售與推廣。她也指出成功的銷售推廣必須考慮對象、方法、誘因（贈品等）和傳播途徑（媒體）等各方面因素；如對誰送（Who）、如何送（How）、送什麼（What）、如何說（Which）。黃俊英（2004：252-257）指出促銷類型可依對象分為三類，即：(1)消費者促銷：如免費樣品、特價品、贈品、折價券等；(2)組織購買者促銷：如展覽會；(3)對中間商促銷：包括廠商提供免費商品、合作廣告、銷售競賽或商展等。而黃俊英（2004：357-359）也提出了主要的促銷決策包括決定促銷目標、促銷工具選擇、促銷方案發展（包括誘因的大小、訊息、期間、預算等）、促銷方案的測試、促銷方案的執行及促銷成果的評估（可以銷售資料、消費者調查及實驗來評估）。

就整合行銷的觀念來看，廣告是一個頗重要之宣傳機制，但除了廣告之外，公關、事件行銷、直效行銷及促銷等「說服性傳播工具」也是能夠配合廣告或是所要傳達之主軸訊息，以達到整合行銷傳播之效果。學者許安琪（2001）則據此建構了一個整合行銷傳播架構，如圖12-1。

政治之整合行銷傳播

不論是以上所提的相關整合行銷傳播說服工具或是其架構，同樣的在某種程度上也可以應用在政治行銷的運作中，在愈來愈重視選民需求的民主政治社會中，行銷傳播在政府事務、政黨事務、利益團體影響政治及政治競選當中的地位已經愈來愈重要了。以競選來說，前文亦指出了Philip Kolter與Neil Kolter（2000: 8）以政治行銷之觀點勾勒出了候選人行銷策略之概念流程，以較全面之觀點將商業行銷的概念套用於政治上來進行整合分析。首先，選民結構等人文區位分析（選民之年齡、教育、收入等）、選舉制度及其關心之議題是整盤策略擬定之基礎；其次，候選人的優劣勢及機會、威脅也是左右其行銷策略不可或缺之元素。在前兩項基礎工作完備之後，就要開始區隔各類選民、設定目標群眾、作形象定位，並依此風格及形象建構傳播訊

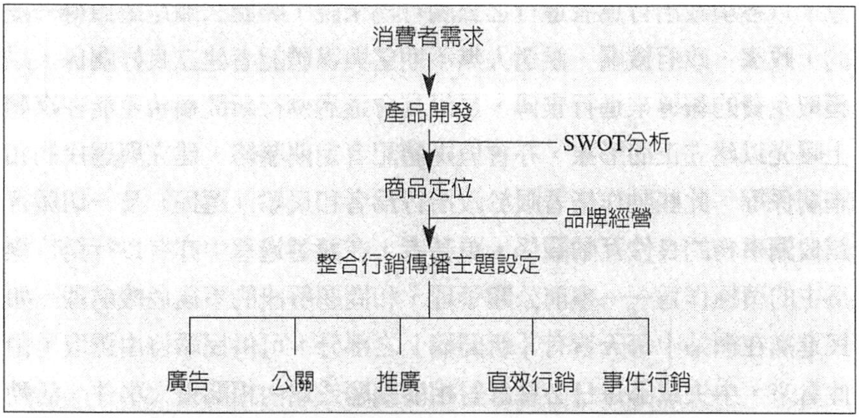

圖12-1　整合行銷傳播架構

資料來源：許安琪（2001）。《整合行銷傳播引論》。台北：學富，頁二三五。

息，亦包括議題及解決問題之方案，同時選擇各式媒介進行傳播，以求達成最初設定之目標及可欲之結果。而就政府之政策行銷來看，也如同前面章節所言，最初仍要考慮到民眾對該政策之需求程度，進而分析政策最可能被接受及可能受質疑之處來進行訊息產製及其定位，進而透過整合行銷傳播之各面向說服傳播工具來加以強化宣傳訊息，以求接觸最大多數的可能群眾，才有讓其瞭解並支持的可能，是以前項分析模式或架構，套用到政治上亦有其可適用之處。

最後，筆者即針對整合行銷傳播之相關說服性傳播工具配合政治上之相關面向，即本書所討論的政府形象塑造、政策行銷、競選行銷、政黨及利益團體行銷等來進行綜合的實務說明敘述。

廣告

各政治行爲者的廣告急如前面各章節所述，各有其不同類型，也會透過不同媒介加以傳輸，故本部分便不再詳述。

公共關係與事件行銷

除了將競選廣告訊息透過電視展現外，公關活動也能吸引媒體注意。以各項政治行爲者進行之公關行爲來說，媒體公關是最值得一提的，政黨、政府機關、候選人無不期望與媒體記者建立良好關係，以獲取免費的報導來進行宣傳，是以其會透過例行新聞稿希望能在媒體上曝光以建立正面形象，亦會與媒體記者定期聯絡，建立與選民的和諧關係等；此些動作皆著眼於政治行爲者和民眾（選民）及一切與行銷攸關事務的良性互動關係。更甚者，在競選過程中亦有以行銷目標爲主的積極作爲——事前公關管理，和問題解決的事後危機處理。如民進黨在網站中每天皆有「新聞稿」之部分，可供民眾自由選取，由此看來，中央黨部每日必會針對相關議題或黨內相關重大事件、活動或新廣告主動發布新聞稿；很明顯地，民進黨期望透過將訊息提供給大眾傳播媒體，使其免費發布成爲新聞報導，或持續維持與媒體之良好關係。此外，政治行爲者爲了和民眾建立良好關係，亦常舉辦相關地區性的座談、慶生會及其他民生休閒活動，凡此種種「社區公關」之經營皆是希望拉近政治行爲者與民眾的距離，以進而達到機構形象、政策推廣或選舉支持的目的。

「事件行銷」現今也成爲了政治行爲者經常使用，同時藉以搶攻媒體版面之利器；以競選來說，是指候選人整合本身資源，透過具有創意性及配合主軸訴求的活動或事件，使之成爲大眾關心的話題、議題，因而吸引媒體的報導與選民參與或認同，進而達到提升候選人形象，及吸納選票之目的。如民進黨於二〇〇一年立委選舉時，黨部各部門亦透過具有創意性的活動或事件，使之成爲大眾關心的話題、議題，因而吸引媒體的報導與選民參與，期望藉「事件行銷」進而達到提升民進黨形象，及贏得選戰之目的。如在二〇〇一年立委選舉時，民進黨青年部舉辦邀請剛成年的年輕人共同參加的「民主成年禮」，及針對「立委席次減半能改善立院亂象」及「區域立委應採單一選區制」等與政策有關之議題進行辯論的「『嗆聲世代』——民進黨第一屆青年辯論大賽」。社會發展部結合民間團體召開的「刪我預算，不要『凍蒜』」記者會，婦女部以改善國會亂象爲名的「讓仙子降臨，女人夢想成真」聯合記者會等，皆爲事件行銷之例證。二〇〇四年總統大選時，最能吸引媒體報導的活動行銷大概就是民進黨於二月二十八日舉辦的「牽手護台灣」活動及國親聯盟於三月十三日所舉辦的「換總統、救台灣」大遊行；而各政黨爲了延續活動之效益，也分別製作了廣告欲替該活動來進行「保溫」，也足見廣告與事件行銷之關聯性。此外，各縣市政府爲促銷該縣市特產或特色所進行的相關活動（如屏東「黑鮪魚季」、彰化花博會等），各利益團體針對政策所進行的示威遊行或是諷刺性的「行動劇」，政府單位於首長任期滿週年所舉辦的「施政博覽會」，機關爲促銷政策或宣傳公益觀念所進行的園遊會、博覽會或記者會，亦皆屬於事件行銷的範圍。

直效行銷

如前所述，「直效行銷」是透過各種非人媒體，如信件、網際網路等，直接和消費者接觸，並賣給消費者商品或提供消費者資訊的方式。套用於競選中則包括了平面郵寄文宣、競選錄影帶或光碟等，而某種程度上網際網路亦可算爲一種（如E-mail）。如國民黨於二○○四年大選郵寄給地方基層義工幹部的「幸福戰報」或是平時以E-mail至黨員電子信箱的《藍天電子報》，皆是透過國民黨所整理出的義務幹部及黨員資料庫名單爲基礎，而針對其進行直效行銷，期望產生說服效果的實例。

促銷或銷售推廣

最後，「促銷」是在短期內，利用商品以外之刺激物，刺激商品銷售的一種活動；在政治場域中行爲者也常有促銷方式的運用。如政治行爲者舉辦的相關活動，也常會以園遊券、抽獎或來就送贈品的方式招攬人氣，以達到推廣特定政策或候選人、機構知名度之目的。而筆者也認爲，藉由代言人或名人來促銷政策、機構、政黨、利益團體或候選人，以期望提高知名度或是借用名人光環以產生回饋的可能，此種方式亦屬一種促銷行爲；如以競選而言，就可將其定義爲「非候選人本身的知名人士對候選人所進行的推捧、拉抬，對選情可能造成加分效果的相關造勢行爲」。如陳水扁總統於二○○一年十月十八日出版《阿扁總統電子報》，十月下旬出版《世紀首航》一書，十一月展開「世紀首航助選團」全省巡迴造勢，所到之處不但多少能吸引媒體之報導，同時在場合中，陳水扁多能適時地針對相關時事進行回應，或是又拋出另外的議題，企圖左右媒體報導。由此可見，這樣的大型造勢活動仍是替選戰加溫、促銷政黨或候選人、鞏固鐵票或傳輸競選主軸的良方，同時它在配合競選廣告文宣的面向上，亦多少能發揮相輔相成之效。而各次選舉中，我們也能發現各黨主席、精神領袖、魅力型政治人物，如陳水扁、李登輝、連戰、宋楚瑜、馬英九等，爲了促銷其政黨或候選人，皆到處站台助講進行推銷，足見其亦可歸入促銷項目。

總之，隨著行銷傳播觀念之發展，機構、候選人、政黨，甚至是利益團體企圖藉相關概念塑造形象、宣傳政見政策理念，進而說服民眾或選民已成爲了一種必然之趨勢；至此，傳播媒介或管道之整合使用在政治的場域中，也已使政治傳播進入了一個新的領域。

註釋

❶Dan Nimmo (ed.). *Communication Yearbook*, Vol.5, p.103.

❷Mark R. Weaver, "Paid Media," in Daniel M. Shea(1996), *Campaign Craft: The Stratgies, Tactics, and Art of Political Compaign Management*, pp. 203-204.

❸Dennis Kavanagh, *Election Campaign-The New Marketing of Politics*(Blackwell Publishers Ltd., 1998), p.14, 40.

❹狄克·莫理斯著，林添貴譯，《選戰大謀略》(台北：智庫，1999)，頁一八三。

❺王玉成、溫舜方、陳東升編著，《方圓廣告戰》網路電子書：http://www.angelibrary.com/economic/fangyuan/index.htm。

❻同前註。

❼同註❺。

❽許安琪、樊志育著，《廣告學原理》(台北：揚智，2002)，頁七十六。

❾Robert E. Denton, Jr.(ed.). *The 1996 Presidential Campaign: A Communication Perspective*(Westport Conn.: Praeger, 1998), p.179.

❿網址： http://www.hccg.gov.tw/H_Festival/a01.htm。

⓫網址： http://www.wantedlist.moj.gov.tw/。

⓬網址：http://www.113850.net/events/lottery/。

⓭網址：http://eat.nctu.edu.tw/DAB/index.htm。

⓮網址：http://water.iparty.org.tw/html/movie.phtml?id=2。

⓯網址：http://dodo.gio.gov.tw/water/waterflash.htm。

⓰〈數位選戰鳴槍起跑〉，《新新聞週報》，二〇〇一年九月十三日至九月十九日，頁七十至七一。

chapter 13

第十三章　政治廣告的反思與前瞻

- 政治廣告的正負面評價
- 政治廣告的新興議題

經過了前面各篇幅的討論，相信大家對於各類型政治廣告的策略及特色皆有了一定程度的瞭解；是以本部分筆者將作一些有關政治廣告的結論及其未來發展可能趨勢及議題之討論。筆者擬分爲三個部分；首先，將探討政治廣告對社會有何正面之意義與影響，其次將討論政治廣告一般爲人所質疑之處或是可能對社會所造成的負面影響。最後則擬針對政治廣告未來可能的發展趨勢或可能導入的新議題作一推估。

第一節　政治廣告的正負面評價

平心而論，政治廣告雖然爲政府機構、政黨、利益團體及候選人創造了許多便利，也對民眾有其相當的助益，但是凡事皆有一體兩面，政治廣告受批評之處亦有許多。本節即是欲針對政治廣告對社會的貢獻及其所遭受的批評與質疑進行歸納整理，期望能夠從其中抽離出政治廣告未來發展的可能方向，使其所發揮的功能大過可能被批評之處。

一、政治廣告的正面評價

一般來說，政治廣告有其對民主政治及社會的貢獻，茲敘述如下：

(一)滿足民眾知的權利

各個面向的政治廣告都有此方面的功能。政府的形象塑造廣告能夠讓民眾深刻瞭解政府的基本功能，及其能夠爲民眾做些什麼事，而民眾若有需要政府機構協助的時候也能根據廣告中所傳遞機構之服務項目而能夠得到精確之判斷；政策行銷廣告，能夠讓民眾知曉政府現今的重大政策爲何，有何需要民眾配合之處，以免民眾因資訊稀少之故沒有遵守政策相關規定而導致受罰。以競選廣告來說，值得一提的是倘若候選人政見廣告能夠創造出理性的相互交鋒，不僅能夠讓民眾較清楚地認知或判斷哪個候選人所提出的政見能夠創造較好的利益，對國家社會較有幫助，也能夠使眞理透過辯論的方式而愈辯愈明。以政府之公益廣告來說，能夠將社會中的良善價值作正確的宣導，除了能夠讓民眾對社會正面的觀念有正確的認知之外，更有可能因爲民眾的配合，在整體行動上產生對社會的積極助益。

政策能夠貼近民意

在此部分，主要在強化行銷的基礎功能。就如同前面所述，對民眾實施的政策，其必定要能夠滿足民眾的需求，才能解決民眾的問題，同時換得他們對政策的眞心支持，進而產生對國家社會的進一步認同，而此亦是民主政體與獨裁政體最大的不同。而政府機關透過行銷及廣告之相關策略，將民眾之需求進行瞭解、將政策施行的對象進行設定而後進行廣告行銷，自然能節省許多時間及資源，達到政策行銷之目標也相對增大。

政治行爲者和民眾的距離拉近

以往政府施政往往並非是以民意需求爲出發點，政府總是站在較高的地位上來進行對民眾的「統治」，使政府與民眾的距離非常遠，民眾對政府機構甚至是政府官員常有高不可攀的無奈感；反觀現今民主時代，政府以不得不由高高在上的地位走下台階與民眾近距離對話，是以政府常常會透過形象塑造廣告企圖告知民眾政府是很貼心的、是和民眾站在一起的。而在廣告中也常會有首長直接來進行訊息的傳輸，更可能讓民眾覺得有較親切的感覺；除了廣告之外，相關政府機構也常會以主辦相關的活動（如施政博覽會、園遊會等），來和廣告作搭配，企圖建立機關及首長親民的形象。不僅是政府機關，政黨及候選人就更得放下身段和民眾「博感情」，所以政黨或候選人除了在媒體上透過廣告訊息告知民眾相關基本訊息、塑造形象定位之外，更要深耕基層以強化廣告中所企圖傳達或建立的形象。至此，政治行為者和民眾的距離明顯縮短，而政治廣告訊息中所「說」的訊息和政治行為者的行動表現所傳輸的「行」的訊息，亦是前一章節所提公關「言行一致」的實際內容。

公民社會的形塑

郭承天（2004）指出公民社會（civil society）是指獨立於政權控制之外的各種社會團體，為了維護團體會員的利益，對於政治決策發揮持續的影響力。學者也認為公民社會的存在對民主政體之正常運作有其重要貢獻：(1)集會結社權本就是基本的民主權利之一；(2)社會團體可促進其他民主權利，如言論、新聞、政治參與權的伸張等；(3)社會團體是學習民主價值的教室；(4)社會團體可以監督民主政府和民意代表[1]。據此，利益團體在民主社會中透過廣告表達自己之權利即是公民社會中之一項特徵；此外，政府透過相關政策行銷廣告傳達政策相關訊息，經過民主洗禮的利益團體便可能會對該政策有其自己本身的看法，倘該政策利益團體認為侵害到其權利，利益團體便會透過遊說、請願等影響政治的過程，去捍衛團體之權益。周育仁（2002：236）也指出公民社會是最能發揮人的能力之社會；就此而言，參與公民社會的政治過程，乃是人性中的基本要求。然而人絕非天生就懂得如何做公民的，要成為公民社會中的公民，還必須要學習與其相關的政治價值、態度、信念及認知。易言之，公民是被培養（cultivated）出來的。基於此，各類型的政治廣告其中所傳遞之相關訊息，皆能夠對公民的政治態度、信念及認知有所形塑功能；即公民從廣告中能夠知曉政府是要為民眾謀福利的，公民可以表達其需求，公民可以選擇他認為最好的政黨來組織政府，公民亦可瞭解他有必要對政府、政黨或政治人物進行監督。是以政治廣告對公民社會的形塑有其重要的功能。

政治廣告所遭受的批評

即使政治廣告有相當的貢獻，但批評它的論點亦頗多；如筆者於第七章時討論競選廣告時曾提出了學者對其的批評；然而，綜合來說，筆者將相關被批評之論點歸納討論。

負面競選廣告使選風敗壞

負面廣告在現今選舉中似乎占了選舉廣告的最大宗，其針對候選人的人格進行批評或是抹黑早已為人所詬病，候選人及政黨間針對不實負面廣告的指控也常使用按鈴控告的司法方式處理。雖然其可能透過司法機制處理相關爭議，但候選人也將「按鈴控告」這個動作當作造勢事件來進行操作，仍是以選舉為最終考量；是以，負面廣告不僅在政治及社會層面的確造成了相當的負面影響，包括社會撕裂、族群對立等，亦違反了傳統社會中的道德觀念。雖然筆者前文也針對負面廣告之積極正面性提出建議，但是能否落實，仍有很大的問題，畢竟選舉競爭是資源分配之爭，一方獲得愈多，另一方就獲得愈少，甚至有可能是全得全失之爭；所以要使負面廣告對社會的負面影響降到最低，除了政黨及候選人陣營間應該自制之外，提升選民之民主素養及教育選民判斷其訊息的可信度亦非常重要。

政治作秀拚免費廣告

由於刊播廣告所費不貲，所以特別是政治人物都會想盡辦法爭取媒體曝光可能性，期待透過這種「免費廣告」來替自己加分；基於此，政治人物（如國會議員）可能就會利用問政的場合進行某程度的「表演」，甚至是某程度的「衝突」。以前者而言，即其可能會製作許多道具、海報，配合誇張的言論期望媒體青睞而達到搶攻版面之目的；以後者來看，許多政治人物在質詢時甚或以激烈、攻擊，甚或讓對方難堪的言語，來符合新聞的「衝突」特性。政治人物可能會藉此上媒體，而其搶占媒體版面或秒數可能比作廣告更划的來；也就基於此，政治人物可能會競相以此廉價的廣告方式來獲取相對高額的利潤（媒體曝光），久而久之，政治風氣日益敗壞，選民對政治人物的信任度必會隨之降低，進而影響其投票之意願，對民主政治的發展亦會造成負面的反噬。

虛僞不實總是老問題

商業廣告中常會有所謂「虛僞不實」的問題，而政治廣告中此種情況亦無法避免；以競選廣告來說，這樣的情況特別明顯。候選人由於競選公關公司的包裝，總是會將其形象賦予重新的生命，此是在行銷時代中必然的趨勢，但問題是候選人爲了配合專業公關傳播人員所爲其設定的形象，便在廣告相關訊息中進行某程度的不符事實的資訊載入，如假學歷或假經歷的情況時有所聞。尋求連任的候選人希望透過政績宣傳以喚起選民再支持，不實的政績當然亦可能出現。更甚者，許多候選人爲求當選而承諾一堆政見立志當選後落實，但是當選後便將這些支票視之無物，當選民發現其所託非人、受騙上當時，除了透過程序頗繁複的罷免外，也無法有立即有效的方法來對其進行反制。反此種種皆是政治廣告中虛僞不實的問題。

競選中難以避免匿名廣告、黑函或耳語

鄭自隆（1995：391-395）則指出在競選廣告的問題上還包括「匿名廣告」、黑函及耳語的問題。以匿名廣告來說，如在報紙上的攻擊廣告中有些廣告皆是以「失望的小市民」、「正在觀望的游離選民」等署名出現；明眼人一看都知道這些廣告應是有組織的行爲，而且在報紙上刊登，廣告費用亦可能高達百萬元，絕非報上署名者能加以負擔。他亦指出廣告要求可以辨認廣告主，主要是強調廣告的負責態

度，就競選廣告而言，則是對自己的政治理念負責；不敢以眞面目示人，把廣告弄得和黑函一樣，似乎有違廣告倫理。而黑函中會有更多憑空捏造的攻擊性言論，爲了避免法律責任，故以此形式出現；另由於其會涉及法律上之誹謗問題，但其並無署名，故亦難以追究法律責任，但在廣告倫理上亦應予以譴責。耳語亦是不能證實的傳聞或是憑空捏造的不實言論，爲避免法律責任，故以此形式希望能達到抹黑之效果，亦違反廣告倫理應予譴責。

筆者認爲這種企圖避免法律懲處之行徑就如同前文所述，違反廣告倫理，實不可取，但是在競選各方爲求勝選的刺激下，卻又很難避免；基於此，只有透過選民理性清楚地判斷候選人及政黨的行爲與承諾，政府相關機關勿罔勿縱的深入調查施以懲罰，及政黨候選人的自制，不然此問題仍可能是我國走向民主先進國家的一塊絆腳石。

㈢電台屬性與「平等原則」間的落差

現今媒體自由化，但很難避免媒體自己有本身較主觀的立場或是有偏向某一政黨屬性的可能，是以對其他政黨所提出欲刊播的廣告不一定會秉持「公平機會原則」的原則，特別是競選廣告會遭遇這種情況的可能性最大。鄭自隆（1995：403）亦指出，平等機會原則可能會被電視台甩到一邊，甲黨要上廣告，沒問題，熱門時段照排，但乙黨、丙黨要上廣告，電台則可會以「對不起，滿檔了」來加以拒絕。依稀可見的，二○○四年大選國民黨與民視電視台之間爲了一支批評扁政府搞衰經濟而製作的「無麥安奈」廣告無法上檔播出，所導致頗爲激烈的言辭交鋒，則是與此相關頗爲顯著的議題。

第二節　政治廣告的新興議題

由於時空的轉變，政治廣告除了其產製技術或行銷方式可能會邁入一個新境界之外，同時也會引發新的議題，甚至是立場意見迥異的爭議性議題，皆是相關單位及政治行為者應該討論或進而形成共識的議題。本節即提出這些政治廣告可能會導致的新議題，至於如何解決，現今可能尚未有一致的看法。

新科技發展與政治廣告

彭芸（2001：29）引述Blumler和Kavanagh等人於一九九年的說法，人們漸少接觸政黨的宣傳，而從新聞、廣告討論節目中接觸較多不同的觀點。現在我們正處於政治傳播的第三代中，傳播的主要途徑不斷擴充，媒介充足而豐富，新聞的花樣更多，有各式公共事務的節目形式，二十四小時的新聞台，新聞中有圖表夾雜的視覺內容，人們也可以透過各種不同的接收方式來接觸多元管道的訊息。由此論述可知，科技的一日千里亦可能使廣告的型態產生可能的改變，網際網路的使用普及，使廣告可以透過E-mail的形式寄入受眾的電子信箱，姑且不論受眾會否馬上將其刪除而不閱讀，這項改變已使其目標群眾的設定能更精準；而各廣告主亦能配合相關網站的屬性及推估可能的目標群眾，上網刊登屬性相似或能投該些消費者所好的產品廣告。而網頁上的點選式廣告可能亦是以後數位電視發展普及後的可能廣告形式；除此之外，數位化後頻道更加開放，政黨或政府可能都有專用頻道，亦可能於專用頻道中釋放相關政治訊息。凡此種種都和新科技有密切關係，而廣告的發展勢必亦和新科技密不可分。如許多政治人物也會透過網路廣告來進行相關的事件行銷；如以競標方式拍賣自己的臉頰供宣傳用，或是競標拍賣議員一天的生活等，皆是結合網路、廣告及事件行銷的明顯例子。

政治訊息的「置入式行銷」

置入式行銷是行銷手法的一種，是指將產品、品牌名稱及識別、包裹、商標，置入任何形式的娛樂商品中，例如，電視節目、電影、歌曲、大型活動等等。所以會看到商品在節目進行中，不斷以各種方式出現，如戲劇主角貼身或喜愛的物品，或是節目中贈送給來賓的禮品等型式，來增加其知名度，以達到廣告的效果。置入式行銷可以說是一種「隱藏式的說服」，使得商品可以透過隱匿的手法來行銷，它通常讓人無法明確指出它在打廣告，置入性行銷和廣告最大的差別就是 「是否有清楚顯示是誰在打廣告？」。置入性行銷的效果很好，但卻也相對的讓消費者「知」的權利受損，透過置入式行銷，可以在觀眾不知不覺中影響他對產品的態度[2]。倘以此觀念繼續延伸討論在政治上的置入式行銷，被置入的標的物可能還會包括政府的政績、政策或其他相關活動；而這些訊息置入就會引發出相當的爭議，如在野黨就會認為此舉可能會有利於執政黨去作為自己有力的政治宣傳，同時會造成媒體使用的不公平情況。但不管如何，政府政策透過戲劇節目來置入早已開始，相關單位在推動塑膠袋減量政策時，便利用《烏來伯與十三姨》的劇情來做宣導，而在地方產業活動方面，而戲劇《親戚別計較》就曾配合彰化花博會來進行推廣。

鄭自隆（2003）則針對了置入式行銷提出了建議，他認為下列四點是可採用置入式行銷的標的：(1)政府政策：已確定或推動之政策，如經貿政策、塑膠袋限用、兩岸政策等；(2)公共服務訊息：如申報所得稅期限、酒後不開車、騎機車要戴安全帽、防制登革熱等與民眾生活攸關之訊息；(3)政府機構或公務人員形象之提升：如強化民眾對警察、軍人、醫護人員或基層公務員之好感，以激勵公務人員之士氣；(4)產業、地區或其他相關之商品介紹：展示我國產業或地方特色，及該產業或地區之商品，以促進產業及地區發展，如介紹花蓮石雕、屏東蓮霧、白河蓮花，或介紹具特色或政策獎勵之產業，惟應避免突顯特定品牌或企業。除此之外，他也指出政黨政策說帖、政黨形象塑造、有關統獨的意識形態宣揚、對特定政黨或人物之負面評論，則應該列入禁止置入的標的[3]。除此之外，筆者也認爲有關政府政績的部分也應列爲禁止置入的標的，因爲政府政績和執政黨有密切關係，若將政府政績置入，等於替執政政黨進行形象之塑造或宣傳，恐會引發政治爭議，徒增口水論戰，應予避免。

政治廣告刊播之時間性及經費使用的問題

此部分應是特別針對政府形象或政績類的廣告。應該斟酌之點則在於刊播此類廣告的時間點，特別是在接近選舉投票日的期間，此類廣告便應儘量避免；原因有二：(1)該類廣告於選舉前出現，或多或少、直接或間接都有暗示投票支持執政黨之意味，對在野黨來說頗不公平；(2)該類廣告所使用之預算爲該機關之預算，而政府預算來自於納稅人所納之稅款，倘該廣告於選舉前出現，除有圖利執政黨之嫌外，而以眾多納稅人的稅款替執政黨進行宣傳，似有以公家資源替私人造勢的疑慮，故實屬不妥。話雖如此說，但現今的問題是「距離選舉的時間點」到底如何算起才算合理，則眾說紛紜；爲了使選舉的爭議降到最低，同時突顯政府強化公平選舉之決心，政府相關單位似有必要針對此點進行相關規範，才能以昭公信。再者，從政府機構運用經費製播廣告來討論，倘使用經費過大，自然亦會引起不必要的聯想與爭議，然而經費的上限爲何？或者如何編列廣宣經費才較經濟合理，政府相關機構應該拿出一套標準，才能夠平息爭議。

政府會否以廣告來間接掌控媒體報導內容？

一般來說，經濟不景氣，企業廣告主有可能會考慮刪減自己的廣告預算，若這樣的可能性成立，則政府相對地則可能變成最大且最有力的廣告主，當媒體賴以生存的廣告量也下降可能或正在急速下降的同時，政府作爲廣告主對媒介的挹注便成了源頭活水；至此，亦可能形成政府權力遠大於媒體之情況。而此情況從另一面向來推估，媒體對於政府或其相關單位之報導，是否就會某程度地「手下留情」？業界「專業新聞報導」的自我期許或規約，是否敵不過現實利益及激烈的競爭生態的考量？皆可能是值得討論的議題。彭芸（2001：29）亦指出多元頻道下之媒介生態，商業競爭的壓力愈增，媒體爲爭取閱聽眾、廣告主支持等，有時也非得犧牲一些理想。倘此種不爲人所樂見的情況眞的發生，新聞報導之內容亦可能成爲政府的另一種廣告宣傳，而「多元、中立且眞實地滿足人們知的權利」這樣的新聞本質，將變成遙不可及的海市蜃樓。

政治廣告國際化或本土化的問題

由於國情的不同，有關競選或相關政治廣告的策略思維不一定全都要師法國外，有時從本土的角度作出發，才是解決當地問題的最佳方式；我國廣告學界亦應該針對自己的相關環境及實際情況來做政治廣告的策略思維分析，以更充實學界對該領域的研究。相反地，倘若師法國外，視野更加宏觀，除美國學界之相關研究外，重要的歐洲國家，甚至是亞洲的日本，其對於政治廣告的研究，亦可能值得我國學界參考。

註釋

❶陳義彥主編（2004），《政治學》（上）。台北：五南，頁一四二。

❷取自公共電視「媒體小百科」資料庫：http://www.pts.org.tw/~web02/look/ex.htm。

❸鄭自隆，〈置入式行銷應該規範，不必禁止〉，《自由時報》，二〇〇三年十二月九日。

參考書目

一、中文部分

(一) 專書

Al Ries & Jack Trout著，沙永玲譯（1986）。《行銷戰爭》。台北：遠流。

Duncan T. & Sandra Moriatry S. 著，廖宜怡譯（1999）。《品牌至尊——利用整合行銷創造極終價值》。台北：美商麥格羅．希爾。

Kotler & Andreasen著，張在山譯（1991）。《非營利事業的策略性行銷》（第三版）。台北：授學。

Schultz, D. E., Martin, D. & Brown, W. P. 著，劉毅志編譯（1987），《廣告運動策略（2）》：廣告創意、預算、SP，頁一至四。

Schultz, D. E., Tannenbaum, Stanley I., Lauterborn, R. F. 著，吳怡國、錢大慧、林建宏譯（1999）。《整合行銷傳播》。台北：滾石文化。

Thurber, J. A. & Nelson, C. J. 主編，郭岱君譯（1999）。《選戰必勝方程式：美式選戰揭密》。台北：智庫。

卜正珉（2003）。《公共關係——政府公共議題決策管理》。台北：揚智。

孔誠志、李宜錦等（1998）。《形象公關——實務操演手冊》。台北：科技圖書。

方蘭生（1999）。《個人形象魅力塑造——塑身DIY》。收錄於廣告精英開講，中國時報廣告部。
王業立等譯（1999）。《政治學中爭辯的議題》。台北：韋伯。
任德厚（1997）。《政治學》（第四版）。台北：三民書局。
朱鎮明（2003）。《政治管理》。台北：聯經出版社。
吳定（1997）。《公共政策辭典》。台北：五南。
吳宜蓁、李素卿譯（1999）。《整合行銷傳播》。台北：五南。
吳庚（2004）。《行政法之理論與適用》（增訂八版）。
呂亞力（1991）。《政治學》（第四版）。台北：三民書局。
李孟麗、徐村和（1999）。《廣告學：策略與管理》。台北：五南。
狄克·莫理斯著，林添貴譯（1999）。《選戰大謀略》。台北：智庫。
周育仁（2002）。《政治學新論》。台北：翰蘆圖書公司。
林文彬、劉兆隆譯（1998）。《政治學》（下）。台北：韋伯。
林磐聳（1993）。《企業識別系統》。台北：藝風堂出版社。
俞利軍等譯（2003）。《社會營銷——改變公共行爲的方略》，北京：華夏書店。
姚惠忠（2004）。《公關基本教練》。台北：威肯公關顧問公司。
姚惠忠、林志鴻（1993）。《擊人之短：選舉文宣的攻擊戰術》。台北：書泉。
夏珍（1999）。《造反的年代》。台北：商周。
孫秀蕙、馮建三（1998）。《廣告文化》。台北：揚智。
徐佳士（1966）。《大眾傳播理論》。台北：台北市記者公會。
徐雙敏主編（2002）。《公共部門公共關係學》。北京：中國財政經濟出版社。
祝基瀅（1986）。《政治傳播學》。台北：三民書局。
高希均（1985）。《企業形象——良性循環的原動力》。台北：天下文化。
張永誠（1991）。《選戰行銷》。台北：遠流。
張永誠（1992）。《選戰造勢》。台北：遠流。

張明新（2004）。《公益廣告》。廣州：廣東經濟出版社。
張俊雄、邱義仁、游盈隆策劃（2000）。《破曉——二〇〇〇陳水扁勝選大策略》。台北：時報出版公司。
許安琪（2001）。《整合行銷傳播引論：全球化與在地化行銷大趨勢》。台北：學富。
許安琪、樊志育（2002）。《廣告學原理》。台北：揚智。
陳一新等譯（2001）。《現代政治與政府》。台北：韋伯。
陳惠倫、吳崑玉（1993）。《展己之長》。台北：書泉。
陳義彥、黃麗秋（1992）。《選舉行爲與政治發展》。台北：黎明出版社。
陳義彥主編（2004）。《政治學》（上）。台北：五南。
彭芸（1986）。《政治傳播》。台北：巨流出版社。
彭芸（1992）。《政治廣告與選舉》。台北：正中書局。
彭芸（2001）。《新媒介與政治：理論與實證》。台北：五南。
彭懷恩（2002）。《政治傳播與溝通》。台北：風雲論壇出版社。
鈕則勳（2002）。《競選傳播策略：理論與實務》。台北：韋伯。
鈕則勳（2003）。競選策略與整合行銷傳播：以2001年選舉民進黨爲例，收錄於孫以清，郭冠廷（2003），《政治與資訊科技》。台北：揚智，頁九十七至一四八。
黃文博（2000）。《關於創意我有意見》。台北：天下遠見出版。
黃俊英（2004）。《行銷學原理》。台北：華泰書局。
黃榮護主編（1998）。《公共管理》。台北：商鼎。
楊泰順（1993）。《建立遊說活動管理制度之研究》。行政院研究發展考核委員會。
榮泰生（2000）。《廣告策略》。台北：五南。
熊源偉（2002）。《公共關係學》。台北：揚智。
劉必榮（1992）。《談判》。台北：時報出版公司。
劉建順（1995）。《現代廣告概論》。台北：朝陽堂。

劉美琪、許安琪、漆梅君、于心如等著（2000）。《當代廣告：概念與操作》。台北：學富。
鄭自隆（1992）。《競選文宣策略：廣告、傳播與政治行銷》。台北：遠流。
鄭自隆（1995）。《競選廣告》。台北：正中書局。
鄭自隆（1997）。〈一九九六年台灣總統大選四組候選人文宣策略觀察〉，《廣告年鑑1996-1997》。
鄭自隆（2004）。《競選傳播與台灣社會》，台北：揚智。
蕭富峯（1994）。《廣告行銷讀本》。台北：遠流。
蕭湘文（2000）。《廣告創意》。台北：五南。
羅文坤（2002）。《廣告學》（全）。台北：華視教學處。
饒德江（2003）。《廣告策劃與創意》。武漢：武漢大學出版社。

（二）期刊及研討會論文

丘昌泰（1998）。〈市政府政策的宣導〉，《公訊報導》，第八十期，頁三三至四十。
江明修、陳定銘（2000）。〈台灣非營利組織政策遊說之途徑與策略〉，《國立政治大學公共行政學報》，第四期，頁一五三至一九二。
吳圳義（1969）。〈國際宣傳〉，《新聞學研究》，第四集，台北：政治大學新聞研究所，頁三八四。
吳定（1998）。〈政策行銷的時代意義〉，《公訓報導》，第八十期，頁五至六。
李明強（2002）。〈公關目標與形象塑造〉，收錄於徐雙敏，《公共部門公共關係學》，頁一六一至一六二。
林建山（1998）。〈政府政策行銷〉，《公訊報導》，第八十期，頁七至十三。
邱坤玄（1997）。〈重返聯合國與兩岸關係〉，《國際關係學報》，第十二期，頁九十至九一。

芮正皋（1993）。〈參與聯合國及其周邊組織的研析〉，《問題與研究》，第三十二卷，第十期，頁一一至二四。

夏立言（1998）。〈參與聯合國：一項長期艱鉅之工程〉，《新世紀智庫論壇》，第三期。

孫秀蕙（1997）。〈公共關係活動效果初探——閱聽人對公益廣告的認知與學習效果研究〉，《廣告學研究》，第一集，頁一八一至二〇九。

張世賢（2002）。〈電子化政府的政策行銷〉，《國政研究報告》，台北：國政基金會。

張卿卿（2000）。〈美國政治競選廣告效果研究的回顧〉，《廣告學研究》，第十四集，頁一至二十九。

鈕則勳（2003a）。〈2002年民進黨台北市長候選人李應元之競選廣告策略——定位行銷理論之檢證〉，《中國廣告學刊》，第八期，頁一三一至一七〇。

鈕則勳（2003b）。〈政黨輪替後國民黨之廣告策略：以2001年選舉之攻擊廣告爲例〉，《理論與政策，第十七卷，第一期，頁五十三至八十六。

鈕則勳（2003c）。〈「參與聯合國」之國際宣傳策略研究〉，《全球政治評論期刊》，第四期，頁四十七至九十八。

鈕則勳（2004a）。〈2004年大選國親聯盟之競選廣告策略〉，發表於「2004年總統選舉：傳播策略與方法」學術研討會，台北：世新大學民調中心。

鈕則勳（2004b）。〈2002年選舉馬英九的競選廣告策略——領導品牌之政治行銷〉，《華岡社科學報》，第十八期，頁六一至八六。

鈕則勳（2004c）。〈2004年大選民進黨之競選廣告策略〉，發表於「第十二屆廣告與公關學術研討會」，台北：政治大學廣告系。

鈕則勳（2004d）。〈2004年大選綠藍兩陣營之競選廣告策略效果〉，發表於「2004年台灣政治學會年會暨『關鍵年代與多元政治』學術研討會」，高雄：義守大學。
劉義周（1999）。〈2000年總統選舉棄保策略之分析〉，選舉研究學術研討會，台北：政大選研中心。
劉義周，〈2000年總統選舉棄保策略之分析〉，選舉研究學術研討會，台北：政大選研中心，一九九九年十月二十一至二十二日。
鄭自隆（2000）。〈2000年總統大選三組候選人電視廣告表現與文宣策略關聯性分析〉，台北：世新大學民意調查中心，公元2000年總統選舉：傳播、行銷暨策略理論與實務學術研討會論文，頁三。
黎劍瑩（1969）。〈傳播效果研究〉，《新聞學研究》，第四集，台北：政治大學新聞研究所，頁一六八至一六九。

（三）學位論文

丁源宏（2000）。〈不同媒介特性、廣告訴求與產品涉入度對於廣告效果影響之探討——比較平面媒體與網際網路〉。中山大學傳播管理研究所碩士論文。
丁榮祿（1978）。〈中共國際宣傳策略之研究〉。中國文化大學哲學研究所新聞組碩士論文，頁八至九。
朱丹妮（1986）。〈中共國際宣傳組織及策略之研究〉。政戰學校新聞研究所碩士論文，頁二十四至二十五。
江金山（1985）。〈公共利益團體影響公共政策之研究——消費者文教基金會的個案分析〉。政治大學公行所碩士論文。
江惠君（1993）。〈商業銀行形象之研究及與其往來意願之相關分析〉。國立交通大學管理科學研究所碩士論文。
袁怡文（1990）。〈台灣地區人壽保險公司企業形象之研究〉。淡江大學管理科學研究所碩士論文。
許順富（2000）。〈網路廣告特性類型與廣告效果之探討〉。國立台灣大學商學研究所碩士論文。

陳士斌（1985）。〈企業形象之研究——人壽保險業實證探討〉。國立台灣大學商學研究所碩士論文。

游慧琳（1994）。〈比較性公益廣告效果研究〉。台灣大學商學所碩士論文。

黃漢鋒（1994）。〈利益團體在立法院遊說活動之研究〉。文化大學政治所碩士論文。

嚴蘭芳（2003）。〈政黨競選廣告媒體策略分析：1994-2002〉。政治大學廣告學研究所碩士論文。

(四) 政府資料

〈無線電視公益廣告審查要點〉，《新聞法規彙編》（下冊），二〇〇四年八月修訂，行政院新聞局編印。

田弘茂（2000）。〈我國參與聯合國策略之檢討〉，立法院第四屆第四會期外交及僑務委員會報告。

立法院秘書處，立法院第八十二會期外交、教育、內政三委員會第一次聯席會議記錄，《立法院公報》，第七十八卷，第四十五期（一九八九年六月七日），頁二四三至二四四。

胡志強（1993）。〈一年來重大國際傳播專案之檢討與展望〉，台北：行政院新聞局，一九九三年六月二日向國民黨中常會報告。

新聞局「參與聯合國」、「參與世界衛生組織」說帖及廣告。

葉國興。〈我國的國際宣傳工作〉，立法院外交僑務委員會施政報告，二〇〇三年五月十二日。

錢復（1993）。〈我國參與聯合國與大陸政策的互動關係〉，立法院外交委員會的報告，台北：外交部，頁四至五。

(五) 報紙文章

吳釗燮，〈台獨黨綱退位，民進黨路線正名〉，《聯合報》，二〇〇一年十月二十一日，第十五版。

胡志強（1993）。〈中華民國參與聯合國的十大理由〉，《中央日報》。
鈕則勳。〈增加負面廣告之積極性〉。《中國時報》，時論廣場，二〇〇三年十一月十日，第十五版。
鈕則勳。〈負面廣告、競選加分〉。《中國時報》，時論廣場，二〇〇三年十二月二十八日，第十五版。
鈕則勳。〈競選廣告催游離票〉。《聯合晚報》，聯合論壇，二〇〇四年二月二十六日，第二版。
鈕則勳。〈競選廣告超級比一比〉。《中國時報》，時論廣場，二〇〇四年十一月十九日，第十五版。
鈕則勳。〈候選人各各告急，告訴我爲什麼非救你不可〉。《聯合報》，民意論壇，二〇〇四年十二月四日，第十五版。
鈕則勳。〈改革牌、和平牌，獨缺修憲牌〉。《聯合報》，民意論壇，二〇〇五年五月七日，第十五版。
鄭自隆。〈置入式行銷應該規範，不必禁止〉。《自由時報》，二〇〇三年十二月九日。

（六）網站

〈公投篇〉，連宋陣營新聞稿，連站：http://www.lien.org.tw，二〇〇四年三月六日。
〈台灣長城〉新聞稿，民進黨全球資訊網：http://www.dpp.org.tw，二〇〇四年三月五日。
〈我等著你回來〉與〈爲了「戰」位子〉CF發表新聞稿，民進黨全球資訊網：http://www.dpp.org.tw，二〇〇四年三月一日。
〈連宋陣營公布最新競選廣告〉，連宋陣營新聞稿，連站：http://www.lien.org.tw，二〇〇四年一月十一日。
〈麥擱打篇〉，連宋陣營新聞稿，連站：http://www.lien.org.tw，二〇〇四年三月三日。
〈媽媽篇CF發表〉，連宋陣營新聞稿，連站：http://www.lien.org.tw，二

○○四年一月十五日。
〈電視廣告客家女婿發聲〉新聞稿，民進黨全球資訊網：http://www.dpp.org.tw，二○○四年一月二十七日。
《台灣醫界期刊》，第四十八卷第五期，網址：http://www.med-assn.org.tw。
2004台灣觀光年：http://202.39.225.133/2004fes/festivals_index.htm。
2004台灣觀光年宣傳影片與歌曲：http://vty.tbroc.gov.tw/event/0826/welcome/down.htm。
2004台灣觀光年短片：http://202.39.225.133/30cf.avi。
2004無菸家庭、戒菸就贏：http://www.quitandwin.org.tw/。
DAB數位音訊廣播：http://eat.nctu.edu.tw/DAB/index.htm。
Yahoo!奇摩新聞：http://news.yahoo.com.tw。
二○○四逍遙遊——新竹市沿海十七公里海岸觀光月：http://www.hccg.gov.tw/H_Festival/a01.htm。
中央選舉委員會網站：http://www.cec.gov.tw，選舉法規部分。
中時電子報：http://www.chinatimes.com.tw。
中華民國內政部網站：http://www.moi.gov.tw。
中華民國交通部觀光局：http://vty.tbroc.gov.tw/event/0826/welcome/main.asp#。
中華民國行政院新聞局多媒體觀賞：http://www.gio.gov.tw/live/av/。
中華民國行政院新聞局短片：http://www.gio.gov.tw/info/2003html/gio_s.wmv。
中華民國醫師公會全國聯合會：http://www.med-assn.org.tw。
內政部「看新聞 抽大獎——全民監看家暴性侵害新聞」：http://www.113850.net/events/lottery/。
公共電視「媒體小百科」資料庫：http://www.pts.org.tw/~web02/look/ex.htm。
水頭龍傳奇：http://water.iparty.org.tw/html/movie.phtml?id=2。

王玉成、溫舜方、陳東升編著，《方圓廣告戰》網路電子書：http://www.angelibrary.com/economic/fangyuan/index.htm。
台北市政府網站：http://www.taipei.gov.tw。
台灣環境保護聯盟總會網站：www.tepu.org.tw。
交通部網站：http://www.motc.gov.tw。
交通部觀光局：http://www.taiwan.net.tw。
行政院核定重大案件通緝犯：http://www.wantedlist.moj.gov.tw/。
行政院勞工委員會：http://www.cla.gov.tw。
行政院衛生署網站：http://www.doh.gov.tw。
行政院環境保護署網站：http://www.epa.gov.tw。
李應元競選網站：http://www.intaipei.org.tw。
豆豆反毒新聞：http://dodo.gio.gov.tw/water/waterflash.htm。
那魯灣客棧：http://vty.tbroc.gov.tw/event/naruwan/。
珍愛生命：http://www.kland.com.tw/event/bhp/index.html。
高雄市政府網站：http://www.kcg.gov.tw。
高雄市專業特色主題街網站：http://invest.kcg.gov.tw/specstreet/。
健康100職場跑跳碰：http://health99.doh.gov.tw/job100/healthy100.htm。
國民健康局網站：http://www.bhp.doh.gov.tw/ch/。
無菸餐廳：http://smokefree.so-buy.com/front/bin/home.phtml。
新聞局網站：http://www.gio.gov.tw。
新聞局駐紐約新聞處網站：http://www.taipei.org。
經濟部網站：http://www.moea.gov.tw。
聯合新聞網：http://www.udn.com.tw。

二、英文部分

(一)英文專書

Almond, G. A. & Powell, G. B. Jr. (1988). *Comparative Politics Today a World View*. Boston.

Benoit, W. L. (1995). *Accounts, Excuses, and Apologise: A Theory of Image Restoration Strstegies*. Albany, NY: State University of New York.

Berger, C. R. (Eds.)(1987). *Handbook of Communication Science*. CA: Sage Publications Inc.

Berry, J. M. (1977). *Lobbying for the People: The Political Behavior of Public Interest Groups*. Princeton, New Jersey: Princeton University Press.

Boorstin, D. J. (1992). *The Image: A Guide to Pseudo-Events in America*. NY: Random House Inc. Vintage Books; Reissue edition.

Boulding, K. (1956). *The Image: Knowledge in Life and Society*. Ann Arbor: University of Michigan Press.

Breaken, D. & De Loughry, T. J. (2003). *The New PR Toolkit: Strategies for Successful Media Relations*. Upper Saddle River, NJ: Prentice Hall.

Chaffee, S. H. (1975). *Political Communication: Issues and Strategies for Research*. Beverly Hill, CA: Sage.

Denton, R. E. & Holloway, R. L. (eds.)(1996). *The Clinton Presidency: Images, Issues and Communication Strategies*. Westport, Conn.: Praeger.

Denton, R. E. & Woodward, G. C. (1985). *Political Communication in American*. Praeger Publishers.

Denton, R. E. Jr. (ed.)(1994). *The 1992 Presidential Campaign: A Communication Perspective*. Westport, Conn.: Praeger.

Denton, R. E. Jr. (ed.)(1998). *The 1996 Presidential Campaign: A Communication Perspective*. Westport, Conn.: Praeger.

Easton, D. (1965). *A System Analysis of Political Life*. Chicago: IL: University of Chicago Press.

Fagen, R. R. (1969). *Politics and Communication*. Boston: Little Brown.

Friedrich, C. J. (1963). *Man and His Government*. NY: McGraw-Hill.

Hacker, K. L. (eds.)(1995). *Candidate Images in Presidential Elections*. Westport, Conn: Praeger.

Hart, B. H. Liddell(1967). *Strategy-The Indirect Approach*. London: Faber and Faber Ltd.

Heath, R. L. (1997). *Strategic Issues Management: Organizations and Public Policy Challengs*. London: Sage.

Henneberg, S. C. M. & O'Shaughnessy, N. J. (eds.)(2002). *The Idea of Political Marketing*. Westport, Conn.: Praeger Publishers.

Heywood, A. (1997). *Key Concepts in Politics*. NY: St. Martin's Press.

Hovland, Carl, Lumsdaine, A. & Sheffield, F. (1949). *Experiment on Mass Communication*. New Haven, Ct. : Yale University Press.

Hovland, Carl., Janis, I. & Kelley, H. (1953). *Communication and Persuasion*. New Haven, Ct. : Yale University Press.

Isaak, A. (1987). *An Introduction to Politics*. Glenview, Ill: Scott, Foresman.

Jackall, R. & Hirota, J. M. (2000). *Image Makers*. Chicago: The University of Chicago Press.

Janis, I. & Hovland, C. (1959). *Personality and Persuasibility*. New Haven, Conn.:Yale University Press.

Johnson-Cartee, K. S. & Copeland, G. A. (1991). *Negative Political Advertising: Coming of Age*. Hillsdale, NJ: Lawrence Erlbaum.

Johnson-Cartee, K. S. & Copeland, G. A. (1997). *Inside Political Campaign: Theory and Practice*. Westport,Conn.: Praeger.

Joslyn, R. A. (1984). *Mass Media and Elections, Reading*. MA: Addision-Wesley.

Jowett, G. & O' Donnell, V. (1999). *Propaganda and Persuasion*. CA: Sage Publications Inc.

Kaid, L. L. & Bystrom, D. (eds.)(1986). *The Electronic Election: Perspectives on 1996 Campaign Communication*. Mahwah, NJ: Lawrence Erlbaum Associates, Publishers.

Kaid, L. L., Nimmo, D. & Sanders, K. R. (eds.)(1986). *New Perspectives on Political Advertising*. Carbondale, IL: Southern Illinois University Press.

Kavanagh, D. (1998). *Election Campaigning-The New Marketing of Politics*. Blackwell Publishers Ltd.

Kern, M. (1989). *30-second Politics: Political Advertising in the Eighties*. NY: Praeger.

Kotler, P. (2003). *Marketing Management*, 11th ed. Upper Saddle River. NJ: Pearson Education.

Lasswell, H. (1949). *World Politics and Personal Sincerity*. NY: McGraw Hill.

Lasswell, H. D. (1963). *Politics: Who GetsWhat, When, How*. NY: The World Publishing Co.

Lazarus, R. S. (1991). *Emotion and Adaptation*. NY: Oxford University Press.

Lerner, M. J. (1980). *The Belief in a just World*. NY: Plenum Press.

Luke, J. (1998). *Catalytic Leadership: Strategies for an Interconnected World*. San Francisco: Jossey-Bass Publishers.

Mauser, G. A. (1983). *Political Marketing: An Approach to Campaign Strategy*. New York: Praeger.

Morgenthau, H. J. (1978). *Politics Among Nations: The Struggle for Power and Peace*. 5th ed.rev.. NY: Random House.

Newman, B. I. (ed.)(2000). *Handbook of Political Marketing*. London: Sage Publication,Inc.

Nimmo, D. & Sanders, K. R. (eds.)(1981). *Handbook of Political Communication*. Beverly Hills, CA: Sage.

Nimmo, D. & Savage, R. L. (1976). *Candidates and Their Images*. California: Goodyear Publishing Co.

Nimmo, D. (1970). *The Political Persuaders: The Techniques of Modern Campaigns*. Englewood Cliffs, NJ: Prentice-Hall.

Nimmo, D. (1978). *Political Communication and Public Opinion in American*. California: Goodyear Publishing Company.

Pfau, M.& Parrott, R. (1993). *Persuasive Communication Campaigns*. Boston: Allyn and Bacon.

Ranny, A. (1991). *Governing: An introduce to Political Science*. Upper Saddle River, NJ: Prentice Hall,Inc.

Ries, Al & Trout, J. (2001). *Position: The Battle for Your Mind*. McGraw-Hill Inc.

Robert, N. C. & King, P. J. (1996). *Transforming Public Policy: Dynamics of Policy Entrepreneurship and Innovation*. San Francisco: Jossey-Bass Publishers.

Rutherford, P. (2000). *Endless Propaganda: The Advertising of Public Goods*. Toronto Buffalo, London: University of Toronto Press.

Sanders, K. R., Kaid, L. L.&Nimmo, D. (1985). *Political Communication Yearbook: 1984*. Carbondale: Southern Illinois University Press.

Selnow, G. W. (1998). *Electronic Whistle-Stops: The Impact of the Internet on American Politics*. Westport, Conn.: Praeger.

Shea, D. M. (1996). *Campaign Craft: The Strategies,Tactics,and Art of Political Campaign Management*. Westport, Conn.: Praeger.

Swanson, D. L. & Nimmo, D. (eds.)(1991). *New Directions in Political Communications: A Resource Book*. Newbury Park, CA: Sage.

Trent, J. S. & Friedenberg, R. (1995). *Political Campaign Communication: Principles and Practices*, 3rd ed. Westport, CT: Praeger.

Truman, D. (1951). *The Government Process: Political Interests and Public Opinion*. NY: Alfred A. Knopf.

Walters, C. G. (1974). *Consumer Behavior: Theory and Practice*. Homewood, Ill: Richard D. Irwin, Inc.

Weimer, D, L. & Vining, A. R. (1992). *Policy Analysis: Concept and Practice*. New Jersey: Prentice-HInc.

Weiss, W. (1966). *Effects of the Mass Media of Communication*. NY: Hunter College, Center for Research and Social Psychology.

(二) 英文期刊、專書論文與學術會議論文

Addis, A. (1988). "International Propaganda and Developing Countries," *Vanderbit Journal of Transational Law*, 21(3), 493-520.

Arkin, R. M., & Shepperd, J. A. (1990). "Strategic self-presentation:An overview," in M. J. Cody & M. L. McLaughlin(eds.). *The Psychology of Tactical Communication*(pp.175-193), Clevedon, Philadelphia: Multilingual Matters Ltd.

Atkin, C. & Heald, G. (1976). "Effects of Political Advertising," *Public Opinion Quarterly*, 40, 216-228.

Bagozzi, R. P. & Moore, D. J. (1994). "Public Service Advertisements: Emotion and Empathy Guide Prosocial Behavior," *Journal of Marketing*, 58, 56-70.

Baines, P. R. (1999). "Voter Segmentation and Candidate Positioning," in Newman, B. I. (ed.), *Handbook of Political Marketing*. Thousand Oaks, CA: Sage.

Barich, H. & Kotler, P. (1991). "A Framework for Marketing Image Management," *Sloan Management Review*, 94-104.

Benoit, W. L. (1997). "Image Restoration Discourse and Crisis Communication," *Public Relations Review*, 23(2), 177-186.

Benoit, W. L., Pier, P. M. & Blaney, J. R. (1997). "A Functional Approach to Televised Political Spots: Acclaiming, Attacking, Defending," *Communication Quarterly*, 45, 1-20.

Benz, J. G. & DeClerq, E. R. (1985). "Content of Television Political Spot ads for Female Candidates," *Journalism Quarterly*, 62, 278-288.

Burton, S. (1999). "Marketing for Public Organizations: News Ways, News Methods," *Public Management*, 1(3), 375-385.

Buurma, H. (2001). "Public Policy Marketing: Exchange in the Public Sector," *European Journal of Marketing*, 135(11/12), 1287-1300.

Cialdini, R. B., Borden, R. J., Thorne, A., Walker, M. R., Freeman, S., & Sloan, L. R. (1976). " Basking in Reflected Glory: Three(football)Field Studies," *Journal of Personality and Social Psychology*, 34, 366-375.

Collins, N. & Butler, P. (2002). "Considerations on Market Analysis for Political Parties," in Nicholas J. O'Shaughnessy & Stephan C. M. Henneberg(eds.). *The Idea of Political Marketing*(pp.1-18), Westport Conn.: Praeger Publishers.

Devlin, L. P. (1986). "An Analysis of Presidential Television Commercials, 1952-1984," in Kaid, L., Nimmo, D. & Saders, K. (eds.). *New Perspective on Political Advertising*(pp.21-54), Carbondale, Il: S. Illinois University Press.

Devlin, P. L. (1995). "Political Commercials in American Presidential Elections," in L. L. Kaid & C. Holtz-Becha(eds.). *Political Advertising in Western Democracies: Parties and Candidates on*

Television(pp. 186-205). Thosand Oaks, CA: Sage.

Dowling, G. R. (1986). "Managing Your Corporate Image," *Industrial Marketing Management,* 15, 109-115.

Dowling, G. R. (1988). "Measuring Corporate Images: A Review of Alternative Approaches," *Journal of Business Research*, 17, 27-34.

Faber, R. J., Tims, A. R., & Schmitt, K. G. (1990). "Accentuate the Negative? The Impact of Negative Political Appeals on Voting Intent," In P. Stont(ed.). *Proceedings of the American Academy of Advertising*(pp. 10-16). Austin, TX: American Academy of Advertising.

Galnoor, I. (1980). "Political Communication and the Study of Politics," in Dan Nimmo(ed.). *Communication Yearbook 4*, International Communication Association.

Garramone, G. M. (1983). "Issues versus Image Orientation and Effects of Political Advertising," *Communication Quarterly*, 10, 59-76.

Greer, J. (2001). "Cyber-Campaigning Grow up: A Comparative Content Analysis of Senatorial and Gubernatorial Candidate' Web Sites," 1998-2000. Paper for delivery at the 2001 Annual Meeting of the American Political Science Association.

Hellweg, S. A. "Campaigns and Candidate Images in American Presidential Elections," in Hacker, K. L. (1995). op. cit.. Westport, Connecticut, London: Praeger, 1-2.

Holdren, J. (1995). "Cyber Soapbox," *Internet World*, 8, 50-52.

Johnson-Cartee, K. S., & Copeland, G. A. (1989). "Southern Voters' Reaction to Negative Political ads in the 1986 Election," *Journalism Quarterly*, 66, 888-986.

Jones, E. E. & Pittman, T. (1982). "Toward a General Theory of Strategic Self-Presentation," in Suls, J. (ed.)(1982). *Psychological Perspectives on the Self*. Hillsdale, NJ: Erlbaum, 1, 231-263.

Joslyn, R. A. (1981). "The Impact of Campaign Spot Advertising on Voting Defections," *Human Communication Research*, 7, 347-360.

Joslyn, R. A. (1986). "Political Advertising and the Meaning of Elections," in Kaid, L. L., Nimmo, D. & Sanders, K. R. (eds.). *New Perspective on Political Advertising*(pp.139-183), Carbondale, Il: S. Illinois University Press.

Kaid, L. L. & Davidson, D. (1986). "Elements of Videostyle: A Preliminary Examination of Candidate Presentation through Television Advertising," In L. L. Kaid, Nimmo, D. & Sanders, K. R. (eds.). *New Perspectives on Political Advertising*(pp. 184-209). Carbondale: Southern Illinois University Press.

Kaid, L. L. & Tedesco, J. C. (1999). "Tracking Voter Reactions to the Television Advertising," in Kaid, L. L., & Bystrom, D. (eds.). *The Electronic Election: Perspectives on 1996 Campaign Communication.* Mahwah, N.J.: Lawrence Erlbaum Associates, Publishers, 244-245.

Kaid, L. L. (1976). "Measures of Political Advertising," *Journal of Advertising Research*, 16, 49-53.

Kaid, L. L. (1981). "Political Advertising," in Nimmo, D. & Sanders, K. R. (eds.). *Handbook of Political Communication*(pp.249-271), Beverly Hills, CA: Sage.

Kaid, L. L. (1994). "Political Advertising in the 1992 Campaign," in Denton, R. E. (ed.). *The 1992 Presidential Campaign: A Communication Perspective*(pp.111-127), Westport, Conn.: Praeger.

Kolter, P. & Levy, S. J. (1969). "Broadening the Concept of Marketing," *Journal of Marketing*, 33, 10-15.

Kotler, P. & Kotler, N. (2000). "Political Marketing:Generating Effective Candidates, Campaigns and Causes," in Newman, B. I. (ed.).

Handbook of Political Marketing(pp.3-18), London, Sage Publication, Inc.

Miller, W. H. (1987). "Issue Management, No longer Sideshow," *Industry Week*, 235, 15.

Nelson, B. H. (1962). "Seven Principles in Image Formation," *Journal of Marketing*, 20(1), 67-71.

Nimmo, D. (1995). "The Formation of Candidate Images During Presidential Campaigns," in Hacker, K. L..op.cit. Westport, Connecticut, London: Praeger, pp.53-54.

Roddy, B. L. & Garramone, G. M. (1988). "Appeals and Strategies of Negative Political Advertising," *Journal of Broadcasting & Electronic Media*, 32(4), 415-427.

Rogers, E. M. & Storey, J. D. (1987). "Communication Campaign," in Chaffee, S. H., Scott, M. B., & Lyman, S. M. Accounts, *American Sociological Review*, 33, 46-62.

Rudd, R. (1986). "Issues as Image in Political Campaign Commercials," *Western Journal of Speech Communication*, 50, 102-118.

Scott, M. B. & Lyman, S. M. (1968). "Accounts," *American Sociological Review*, 33, 46-62.

Shapiro, M. A. & Rieger, R. H. (1992). "Comparing Positive and Negative Advertising on Radio," *Journalism Quarterly*, 69, 135-145.

Shyles, L. C. (1983). "Defining the Issues of Presidential Election from Televised Political Spot Advertisements," *Journal of Broadcasting*, 27, 333-343.

Sigel, R. S. (1964). "Effect of Partisanship on the Perception of Political Candidates," *Public Opinion Quarterly*, 28, 483-96.

Snavely, K. (1991). "Marketing in the Government Sector: A Public Policy Model," *American Review of Public Administration*, 21(4), 311-326.

Spector, J. H. (1961). "Basic Dimension of the Corporate Image," *Journal of Marketing*, 10, 47-51.

Stephen C. M. Henneberg, Understanding Political Marketing; in Nicholas J. O' Shaughnessy, Editor & Stephan C. M. Henneberg, Associate Editor(2002). *The Idea of Political Marketing*. Praeger Publishers, 99-100.

Thistlethwaite, D., Haan, H. De & Kamentezky, J. (1955). "The Effects of Directive and Nondirective Communication Procedure on Attitudes," *Journal of Abnormal and Social Psychology*, 51, 107-113.

Weaver, M. R. (1996). "Paid Media," in Shea, D. M., *Campaign Craft: The Strategies, Tactics, and Art of Political Campaign Management*(pp.206-212), Westport, Conn.: Praeger.

Weiss, W. & Fine, B. (1956). "The Effect of Induce Aggressiveness on Opinion Change," *Journal of Abnormal and Social Psychology*, 52, 109-114.

NOTE...

NOTE...

NOTE...

NOTE...

政治廣告—理論與實務　廣告公關系列 2

著　　者☞ 鈕則勳
出 版 者☞ 揚智文化事業股份有限公司
發 行 人☞ 葉忠賢
總 編 輯☞ 林新倫
執行編輯☞ 吳曉芳
登 記 證☞ 局版北市業字第 1117 號
地　　址☞ 台北市新生南路三段 88 號 5 樓之 6
電　　話☞（02）23660309
傳　　真☞（02）23660310
郵政劃撥☞ 19735365　戶名：葉忠賢
法律顧問☞ 北辰著作權事務所　蕭雄淋律師
印　　刷☞ 鼎易印刷事業股份有限公司
初版一刷☞ 2005 年 11 月
I S B N ☞ 957-818-756-4
定　　價☞ 新台幣 500 元
網　　址☞ http://www.ycrc.com.tw
E-mail ☞ service @ycrc.com.tw

國家圖書館出版品預行編目資料

政治廣告：理論與實務 / 鈕則勳著. -- 初版.
-- 臺北市：揚智文化, 2005[民 94]
面；　公分. --（廣告公關）

ISBN 957-818-756-4（平裝）

1. 競選活動 2. 廣告

572.35　　　　94017896